汽车工业管理科学与工程丛书

汽车产品开发项目管理：
端到端的汽车产品诞生流程

王睿智　著

机 械 工 业 出 版 社

本书介绍了汽车整车产品和部件开发的流程及项目管理知识，从项目管理团队的人员组成、分工讲起，分别介绍了开发流程中各环节的关键要素、知识工具和工作成果，以实际开发项目为基础，具有可操作性和借鉴性，适合从事汽车研发工作的项目管理人员以及车辆工程专业、项目管理专业的高年级本科生和研究生阅读。

图书在版编目（CIP）数据

汽车产品开发项目管理：端到端的汽车产品诞生流程/王睿智著. —北京：机械工业出版社，2020.7（2025.3 重印）

（汽车工业管理科学与工程丛书）

ISBN 978-7-111-65950-1

Ⅰ.①汽… Ⅱ.①王… Ⅲ.①汽车-工业产品-技术开发-项目管理 Ⅳ.①F407.471

中国版本图书馆 CIP 数据核字（2020）第 109874 号

机械工业出版社（北京市百万庄大街 22 号 邮政编码 100037）

策划编辑：母云红　　　责任编辑：母云红　徐　霆

责任校对：王　欣　　　责任印制：单爱军

北京虎彩文化传播有限公司印刷

2025 年 3 月第 1 版第 9 次印刷

180mm×250mm · 21.5 印张 · 391 千字

标准书号：ISBN 978-7-111-65950-1

定价：79.90 元

电话服务	网络服务
客服电话：010-88361066	机　工　官　网：www.cmpbook.com
010-88379833	机　工　官　博：weibo.com/cmp1952
010-68326294	金　　书　　网：www.golden-book.com
封底无防伪标均为盗版	机工教育服务网：www.cmpedu.com

前言

汽车产业是国民经济的支柱产业，1986 年 4 月 12 日，第六届全国人民代表大会第四次会议批准的《国民经济和社会发展第七个五年计划》中就首次确定了汽车制造产业作为国民经济支柱产业的地位，至今已经 30 余年。经过几十年的发展，中国的汽车产销量早已位列全球第一。国内越来越多的企业、高校和个人参与到汽车产业中来，在多方的共同努力下，我国的汽车产业正在由大转强。产品也从早期的技术引进逐渐转变为自主开发，一些国际知名汽车企业也纷纷在国内设立研发中心。

在这个大背景下，全新的汽车产品开发或技术升级项目也越来越普遍，从业人数也逐年增多。遗憾的是，系统介绍汽车开发项目管理知识的书籍鲜有公开出版，这也给打算从事汽车项目管理工作的新人造成一些困惑，感觉无从入手。此外，近些年在节能与环保的政策驱动下，新的汽车设计和制造企业如雨后春笋般诞生。但是，由于缺乏管理积淀，企业在进行汽车产品开发时，除了需要解决大量的技术难题，也要面临汽车项目管理的挑战。

为了解决上述问题，本书将主题定为如何管理汽车产品开发项目。一个产品开发项目的成功需要依靠完善的流程体系、有效的工具和技术，以及合适的人员。而将这三者组织和运作起来的人就是项目经理。本书总体上是根据项目经理的需要设计各个章节及内容。全书采用“总 - 分 - 总”的结构。其中，第 1 ~ 3 章属于“总”，第 4 ~ 10 章属于“分”，第 11 章属于“总”，各章节的简要内容如下：

第 1 章总体介绍汽车产品开发项目的特点和目标，以及汽车产品开发项目经理的角色定位、所需承担的职责和需要掌握的技能。

第 2 章总述汽车研发的总体流程，即数据收集与分析流程、产品和技术组合规划流程、技术开发流程、项目管理流程，并阐述流程之间的关系。

第 3 章总体介绍汽车产品开发项目，包括项目开发级别的划分、主要流程及裁剪建议、团队构成及其职责、沟通和决策机制。

第 4 ~ 9 章，按照汽车产品开发的六个阶段，即产品策划、产品定义、设计和验证、生产准备、试生产和伴产，分别介绍了各个阶段的主要成果、工作步骤、管理要点，以及需要应用的知识、工具和技术。

第10章，鉴于动力总成开发的特殊性，用一章的篇幅简要介绍其与整车开发的异同和关系。

第11章，针对汽车产品开发项目中的重要关系做专题阐述，帮助读者构建自己的汽车产品开发体系。

附录A，突破产品开发项目各阶段的限制，分角色叙述各自在整个产品开发项目中的工作及步骤。

附录B，提供名词解释；附录C，提供知识、工具与技术清单，方便读者更好地查阅相关内容。

本书的项目管理部分融合了最新的第六版PMBOK内容，质量管理部分融合最新的IATF 16949的内容，能够方便读者了解并应用最新的项目管理和质量管理方法。在内容设计上，偏向于实践，通篇硬功夫多，软技能也更具操作性。在编写的过程中也借鉴了国内和国际主流汽车企业产品开发的成熟经验，并在总体上与之兼容。

本书主要目的是帮助汽车产品开发项目经理、产品经理、技术总监、汽车企业的中高层管理者了解汽车产品诞生流程和管理要点。同时，对汽车零部件企业管理者、项目经理、技术开发人员管理零部件开发、服务整车企业也具有一定的指导意义。

致　谢

写作这本书是我最具成就感的历程之一，收获与挑战并存。我重温了进入职场以来几乎全部的资料，也查阅了前辈们分享的宝贵总结。整个写作过程与其说是知识的输出，不如说是知识的输入和提升。庞杂的整车开发管理体系及几十万字的写作规模，对我来说无疑是很大的挑战，幸运的是我得到了一大批专家的支持，以及亲友的帮助，在此，我由衷地感谢他们。他们是（排名不分先后）：

王东教授，我的研究生导师，他所教授我的不仅仅是科研及工程知识，他一直鼓舞我在生活和工作中勇往直前。在我写研究生论文时，他对我的指导和鼓励，是我立志写这本书的重要动力来源。

汪小金教授，国内著名项目管理专家，我的项目管理知识领路人。他不仅教授了我很多的项目管理知识，也让我理解了“专业人士”的精神内涵。他为本书的内在逻辑脉络及项目管理知识的运用提供了非常宝贵且专业的建议。

曹礼军、封万程、韩令海、李剑钊、杨玉彬、张晶伟、张永伟、朱宏志等业界同仁，他们都是国内一流的汽车产品开发专家，也是我的领导、同事和朋友。他们都有着令人赞叹的专业精神和个人品质，与他们交流使我获益良多。在书稿审校的过程中，他们都给出了专业的指导和建议。

最后，我还要感谢我的妻子佳佳、女儿优优以及我的父母，他们给了我幸福的生活，也给予我无尽的鼓励和关怀。他们是我动力的源泉。

缩写词表

缩写词	英文释义	中文释义
8D	Eight Disciplines Problem Solving	8D 问题解决方法
A	After Sales	售后
APQP	Advanced Product Quality Planning	产品质量先期策划
BOM	Bill of Material	物料清单
C	Cost Engineering	成本工程
CAE	Computer Aided Engineering	计算机辅助工程
CAS	Computer Aided Styling	计算机辅助造型
CBS	Cost Breakdown Structure	成本分解结构
CCC	China Compulsory Certification	中国强制认证
ConBS	Contract Breakdown Structure	合同分解结构
DFMEA	Design Failure Mode and Effects Analysis	设计失效模式和影响分析
DVP	Design Verification Plan	设计验证计划
E	Engineering	设计及验证
EC	Engineering-Calculation	计算
ED	Engineering-Design	设计
EE	Electrics & Electronics	电子电气
EOP	End of Production	停产
ES	Engineering-Styling	造型
ET	Engineering-Testing	试验
EVM	Earned Value Management	挣值管理
F	Finance & Controlling	财务控制
FBS	Functionality Breakdown Structure	功能分解结构
FF	Finish-to-Finish	完成到完成
FMEA	Failure Mode and Effects Analysis	失效模式和影响分析
FS	Finish-to-Start	完成到开始
H	Homologation	认证
IBS	Infrastucture Breakdown Structure	基础设施分解结构
IT	Information Technology	信息技术

（续）

缩写词	英文释义	中文释义
JIT	Just in Time	准时
L	Logistics	物流
LCC	Life Cycle Cost	生命周期成本
LCM	Life Cycle Managemet	生命周期管理
M	Manufacturing	制造
MB	Manufacturing Build-up	试制
ME	Manufacturing Engineering	制造工程
MP	Manufacturing Planning	设施规划
MSA	Measurement System Analyse	测量系统分析
NA	Not Available	没有或不适用
OBS	Organization Breakdown Structure	组织分解结构
OTS	Off Tooling Sample	工装样件
P	Purchasing	采购
PBOM	Produce BOM	生产 BOM，书中泛指工艺 BOM 和制造 BOM
PBS	Product Breakdown Structure	产品分解结构
PDM	Product Data Management	产品数据管理
PE	Purchasing Equipment	设备采购
PEST	Politics，Economy，Society，Technology	政治、经济、社会、技术
PFMEA	Process Failure Mode and Effects Analysis	工艺失效模式和影响分析
PM	Project Manager	项目管理者
PMBOK	Project Management Body of Knowledge	项目管理知识体系
PMO	Project Management Office	项目管理办公室
PP	Purchasing Parts	零部件采购
PPAP	Production Part Approval Process	生产件批准程序
Q	Quality	质量
QE	Quality Engineering	工程质量
QM	Quality Manufacturing	制造质量
QS	Supplier Quality Engineering	供应商质量
RASCI	Responsible，Accountable，Supported，Consulted，Informed	执行、负责、支持、咨询和知情
RBS	Risk Breakdown Structure	风险分解结构
ResBS	Resource Breakdown Structure	资源分解结构
RFQ	Request for Quotation	报价邀请书
RPN	Risk Priority Number	风险顺序数
S	Sales	销售

（续）

缩写词	英文释义	中文释义
SBS	Systems Breakdown Structure	系统分解结构
SE	Simultaneous Engineering/Synchronization Engineering	同步工程
SF	Start-to-Finish	开始到完成
SOP	Start of Production	量产启动
SPC	Statistical Process Control	统计过程控制
SS	Start-to-Start	开始到开始
SWOT	Strengths, Weaknesses, Opportunities, Threats	优势、劣势、机会与威胁
TCO	Total Cost of Ownership	总拥有成本
WBS	Work Breakdown Structure	工作分解结构

目 录

第1章 概述

孙子兵法有云“兵者，国之大事，死生之地，存亡之道，不可不察也。”意思是说军事活动是一个国家很重大的事情，决定着国家的生死存亡，不能不重视。汽车产品开发项目与军事活动相近，是典型的高投入、高风险、长周期的项目，对于一个汽车企业来说也是关乎生死存亡的大事，企业及项目经理“不可不察也”。

为了干好这件“大事”，作为汽车产品开发项目的从业者有必要理解以下问题：

1）汽车产品开发项目的特点及其管理的目标。汽车产品作为众多工业制成品之一，其开发项目的特点，既有与普通产品开发项目的相同之处，也有其独特之处。理解这些才能更好地理解“汽车开发”的真实含义，对其管理目标的理解也将更为深刻。

2）项目经理在实现目标的过程中发挥什么作用。企业所处的环境是不同的，企业内部的权力分配也是不同的，在不同的环境下，项目经理的业务重点及角色和职责也是不同的。

3）项目经理需要具备哪些能力。

1.1 汽车产品开发项目的特点及其管理目标

1.1.1 产品开发项目的特点

汽车产品开发项目管理是项目管理的一个分支，是项目管理知识在汽车行业的具体应用。想要了解汽车项目管理的特点，有必要掌握一些基本的项目管理概念。

首先是项目的概念，根据 PMBOK 的定义，项目是为了创造独特产品、服务或成果而进行的临时性工作。项目具有临时性、独特性和渐进明细性等特点。对于汽车产品开发项目来说，除了传统项目这三大属性，还有四点特殊属性：

1）临时性。强调了汽车产品开发项目有明确的启动时间和投产时间，即需要在限定的时间完成产品开发任务，这点区别于汽车批量生产。汽车的生产需要持续进行，属于运营管理的范畴。

2）独特性。强调了每一个总成或整车的开发项目都有其独特性，这种独特性不仅仅体现在技术（结构、材料、工艺、造型等）上，也体现在开发所面临的外部环境、团队构成、节点要求、目标市场以及当前的竞争态势上。独特的地方往往是项目风险（威胁或机遇）高发的地方，因此这也是汽车项目管控的重点。

3）渐进明细性。强调了在总成或整车开发项目启动之初，项目团队并不能对项目的任务有非常清晰的了解。对项目的了解是随着项目的推进而逐渐清晰的。这个属性与项目的独特性有着密切的关系，我们对项目不清晰的地方往往就是项目独特性的地方。

4）以目标为导向。这点和大多数的工作是一致的，但汽车产品开发项目也有其独特之处，主要体现在汽车产品开发项目的目标更具专业性和复杂性。专业性体现在汽车产品开发项目将一般项目管理目标（范围、进度、成本和质量）中的质量目标进行了深入细化，通常包括动力性、经济性、NVH、造型美观等多个子目标。复杂性体现在汽车是由成千上万个零部件集合而成，不同零部件需要协同运作才能够支撑整车目标的达成，这是非常复杂的。

5）整合资源。任何一项工作都需要某种程度上的资源整合，对于复杂的工业产品——汽车来说更是如此。在成千上万个零部件中有50%以上的零部件是由供应商设计开发的，这就要求汽车产品开发项目管理人员需要整合外部供应商资源，此外还需要整合不同专业和不同层级的内部资源。整合是项目管理人员的核心技能之一，这将在后续的章节中进行详细介绍。

6）驱动变革。一款汽车产品有其固有的生命周期，一般包括导入期、上升期、成熟期和衰退期。产品的生命周期给我们的启发是一款产品如果不更新换代，那么必然要逐渐衰退。这种现象正是汽车产品开发项目存在的理由，即成功的汽车产品开发项目能够改变逐渐衰退的产品现状，驱动变革。

7）创造商业价值。商业价值是企业所有有形资产和无形资产的组合。开发一款新车的根本目的是创造商业价值，当然有些时候这种商业价值并不完全体现在利润上，也有可能是体现在市场份额、政策满足度、产业链话语权等多个方面。

1.1.2 汽车产品开发项目的特殊性

相对于其他工业制成品，汽车有其独特之处。相对于家电、手机、个人计算机等产品，汽车的单价更高、产品更复杂。它通常是一个家庭中最昂贵的工业制品，此外，一款汽车有近百个控制器和几千个零部件，它的复杂度也是最高的。同时，汽车不仅是一个工业制成品，它也体现了车主的艺术品位。因此，汽车又与艺术和价值观等抽象事物相关。产品的特殊性也会反映到产品开发项目管理中。相对于常见工业品的开发管理，汽车产品开发项目管理具有如下特点。

1.1.2.1 项目规模较大

从时间角度看，全新平台的整车开发项目周期一般不少于4年，较小的升级改款项目也长达1年，这是显著超过家电等工业品的。从参与人员角度看，全新整车平台开发项目所需的核心开发人员有近百人，如果将统计范围拓展到工程师、调试技师、试验工程师这个级别，人员将达300~500人。这还不包括供应商参与研发的人员，如果将这些人员也计入在内，那么开发人员将超过1000人。从零部件数量方面看，较大的总成及部件约有1000余个，如果拆散至零件级别，那么数量将达到7000~10000个。从开发费用上看，一款全新整车平台产品的开发需要几亿元的资金投入，如果还需要新建设生产线，那么费用可能多达几十亿元。这种规模的资金需求在工业制品的开发中是很庞大的。对于规模较小的汽车企业来说，这种规模的资金投入可能意味着企业背水一战。

汽车产品开发项目规模较大，与普通的工业品存在量级上的差异，管理此类项目要特别关注管理的效率，其中包括资金和资源的利用效率。

1.1.2.2 系统复杂

系统可以简单地理解为能够实现特定功能的单元，单元内有不同的零件协调发挥作用。汽车本身可以简单地分为车身系统、电气系统、底盘系统和动力系统。每个系统又可以分为若干子系统，如动力系统可以分为发动机系统、变速器系统等子系统。依次分下去有近百个子系统，图1.1为整车的系统构成示例。单纯从汽车角度看，系统的构成非常复杂。

各个系统需要协调统一，才能实现整车的功能与性能目标。为了准确评价汽车这个系统的性能，一款整车有200余个主要评价项目，详细的评价项目超过1500项。忽略其中的任何一项，轻则会造成用户抱怨，重则会影响乘员的生命安危。

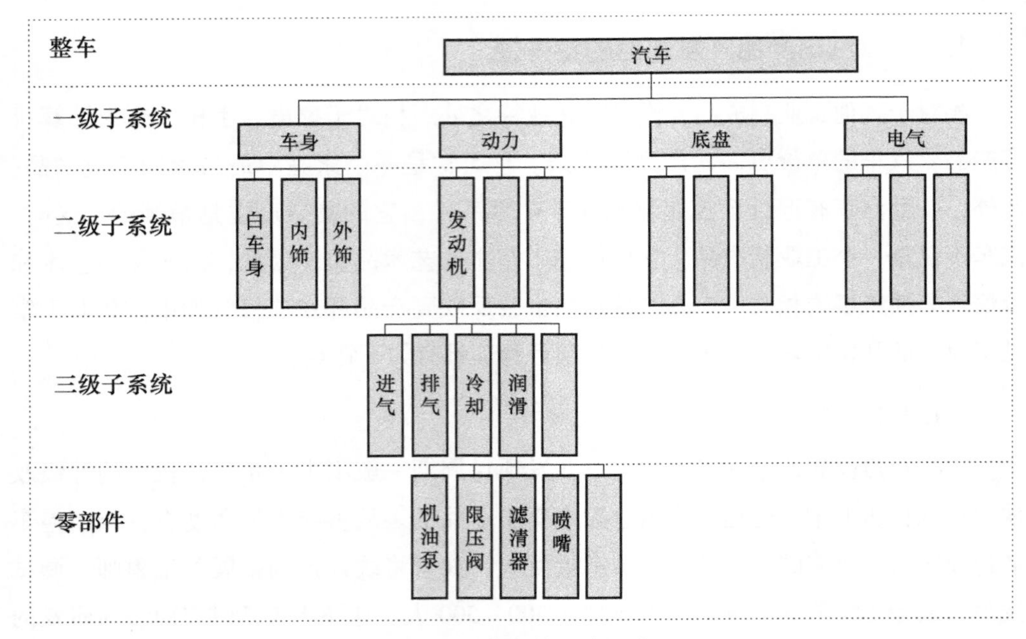

图 1.1　整车的系统构成

从更为宏观的角度上看，汽车也是更大系统的一部分，如汽车是交通系统的一部分，交通系统又包含交通管理系统、道路系统、服务站等，具体如图 1.2 所示。汽车系统需要与其他系统协调才能实现其功能、创造其价值。

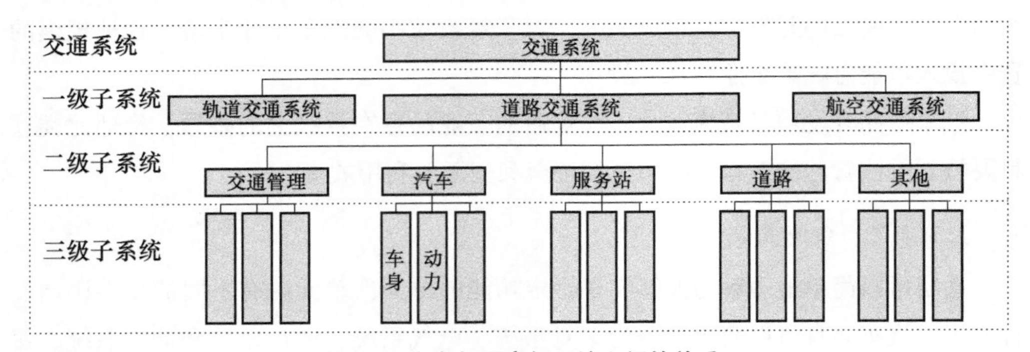

图 1.2　汽车与更高级系统之间的关系

因此，汽车产品开发项目管理既需要审视其内部各个系统的关系，也需要审视汽车与外部系统的关系。系统工程思维是汽车产品开发项目管理者非常重要的思维模式。

1.1.2.3　产业链长

汽车产品的复杂性、汽车系统的复杂性都决定了汽车产品有很长的产业链，从基础原材料（如动力蓄电池中的锂矿、汽车燃料中的石油等），到下游的汽车维修保养、二手车、汽车报废与回收。因此，汽车产品开发不仅需要关注汽车产品本身，也需要关注其上游和下游，上游的波动会造成产品成本的波动，下游的诉求可能直接影响汽车产品的设计方案。在汽车产品开发项目管理实践中需要有产业链思维，从产业链的角度审视汽车和汽车开发管理本身。当然，汽车产品的整个生命周期都在产业链中发挥作用，也需要用生命周期管理（LCM）的思维指导汽车产品开发项目管理工作。

1.1.2.4 社会高度关注

汽车是可以移动的固定资产，从国家角度上看，它是重点关注对象。因为它是国家的经济支柱、是重大污染源、是经贸往来的重要载体、是民生改善的手段、是关乎百姓生命的工具，所以，国家和行业有一百余项的法规和标准约束着汽车产品。从个人角度上看，汽车是家庭资产、是身份与品位的象征、是关乎家人安危的工具、是谋生的手段，因此，汽车产品开发项目要特别关注产品的法规符合性和日益多样化的用户需求。

1.1.2.5 充分竞争的市场环境

有些工业制成品的开发项目规模和系统复杂度是高于汽车的，如高铁、飞机、轮船等。但是汽车产品与他们最大的不同在于，汽车产品处在充分竞争的市场环境中。充分竞争的市场环境使得汽车产品开项目要具有以下属性：

1）产品开发和更新速度更快。市场需求是瞬息万变的，政策红利的窗口是有限的，竞争是十分激烈的，所有的这些都要求汽车产品开发项目要快，要比竞争对手更快。

2）产品要具有竞争力。在选购哪一款车这个问题上，用户有充分的自主权。这就要求产品要具有市场竞争力，产品的质量要可靠、售价要低、造型要美。

3）开发的费用受市场限制。几亿至几十亿元的资金投入，对于任何一个企业都不是小数目。而且，在多数情况下这些资金还需要企业自筹，这考验着企业的资金实力与融资能力。

4）开发失败的风险由企业独自承担。

5）人才是高度流动的。优秀的人才是企业的核心资产，可惜的是，人才不是固定资产。在高度竞争的市场环境下，人才是高度流动的，这不仅考验着企业的人才政策和人才管理能力，也考验着项目经理的团队建设能力。

1.1.3 汽车产品开发项目管理的目标

汽车产品开发项目管理的目标是高质、高效地完成汽车产品开发任务。所谓高质（有些书籍也称之为效果）是指完成目标车型的开发、技术指标满足项目要求、商业目标达成，强调的是目标达成。所谓高效（有些书籍称之为效率）是要求项目管理者在规定的节点前，利用有限的资源完成汽车产品开发任务，强调的是资源利用效率。

高质和高效也是很多产品开发项目管理的目标，但是，只有充分理解汽车产品开发项目的特点，才能深刻理解这个目标的复杂性。汽车产品开发项目管理需要以目标为导向，整合资源，驱动产品和公司的变革，实现商业价值。同时还受到项目规模、复杂的系统构成、产业链的上下游、红海竞争以及一百余项法规的制约。因此，实现高质、高效这两个看似简单的目标，需要一套完整、深刻、严谨的开发管理方法。本书将对这套方法进行详细的介绍。

1.2 项目经理的角色和职责

1.2.1 项目经理所处的企业环境

项目经理所处的环境会显著影响项目经理的角色和职责，可以从企业所处的位置及企业内部的权力分配两个方面理解企业环境。

1）关于汽车企业在产业链中所处的位置，以设计方案冻结为界可以分为以下三种类型：

① 汽车设计企业。企业主要负责设计冻结之前的开发工作。较为典型的是在集团范围内分别设立技术中心和生产厂，且两个公司为平级单位，其中的技术中心就是汽车设计企业。除此之外也有少数的独立汽车设计企业。

② 汽车生产企业。企业主要负责设计冻结之后的工作。较为典型的是目前在国内广泛存在的合资整车生产厂，所负责的工作主要是国外设计成熟产品的导入、制造、销售和售后等。

③ 汽车产品开发企业。企业负责从策划立项到产品投产的全过程。较为典型的是一些自主整车厂。

2）关于企业内部权力分配，可以根据项目经理与业务部门经理的权力对比情况，划分为以下三类：

① 项目经理的权力小于业务部门经理的权力，可以称为职能型组织结构或弱矩阵型组织结构。

② 项目经理的权力等于业务部门经理的权力，可以称为平衡矩阵型组织结构。

③ 项目经理的权力大于业务部门经理的权力，可以称为强矩阵型组织结构或项目型组织结构。

1.2.2 项目经理的角色

在不同的企业环境下项目经理的工作方式，特别是汇报程序上有着很大的不同，工作内容上也有着显著的差异。项目经理在组织中扮演的角色，按照权力从小到大进行排序，依次是沟通者、协调者、组织者和领导者。

1）对于沟通者而言，项目管理的主要工作是沟通信息，典型工作包括组织会议、编写会议纪要、在各职能或业务经理之间传递信息。沟通者在工作中几乎不做任何决策。

2）对于协调者而言，项目管理的主要工作是协调分歧，将项目引导到正确的轨道中。典型工作包括协商解决业务部门之间的矛盾、召开专题会议、协助编制项目计划、协助确定项目目标等。协调者在工作中能够做出较小的决策。

3）对于组织者而言，项目管理的主要工作是组织推进项目，典型工作是召开项目启动会、编制项目计划、协助确定项目目标、做出项目团队成员的项目绩效评价等。组织者在工作中是牵头人，对进度计划负有最终责任，但是对项目的范围及目标影响较小。

4）对于领导者而言，项目管理的主要工作是启发和激励团队开发出有竞争力的产品。典型工作是组织项目策划、确定项目目标、任命全职项目管理助理、任命子项目经理、对子项目经理进行考核，对项目的进度及后续的整车商品力负有最终责任。

项目经理需要根据自身企业的环境选择自己的主要管控业务及所需扮演的角色。关于不同环境下的项目经理主要业务及角色见表1.1，供读者参考。

表1.1　不同环境下的项目经理主要业务及角色

管理类型	设计企业		生产企业		产品开发企业	
	业务	角色	业务	角色	业务	角色
职能型	设计	沟通者	生产准备	沟通者	全链条	沟通者
弱矩阵	设计	协调者	生产准备	协调者	全链条	协调者
平衡矩阵	设计	组织者	生产准备	组织者	全链条	组织者
强矩阵	设计	领导者	生产准备	领导者	全链条	领导者
项目型	设计	领导者	生产准备	领导者	全链条	领导者

担任不同的角色的项目经理所需要承担的职责也是不同的。总体而言，从沟通

者到领导者，所需承担的职责是依次增大的，而且高层级角色的职责也能够覆盖低层级角色的职责（如领导者的职责覆盖组织者的职责）。为了让汽车项目管理从业者能够全面地了解和掌握项目管理技能，本书总体上是以担任整车产品开发企业项目领导者的视角编写的，对于在职权和职责较弱情况下需要特殊关注的事项略加说明。

需要注意的是，本书中所说的项目经理、项目管理者除特殊说明外均指汽车产品开发项目的项目经理或项目管理者。

1.2.3 项目经理的职责

项目经理的职责可以从项目内部和企业内部两个方面来理解：

1）在项目内部，项目经理需要领导团队实现项目目标，而达成项目目标的关键在于整合，项目经理是一个整合者。项目经理需要整合各业务领域的任务，整合项目团队成员，整合项目团队成员背后的资源。

2）在企业内部，项目经理是项目的代表，代表项目汇报项目状态、协调企业内部资源、协调项目与项目之间的关系、协调项目与组织战略的关系。

因此，项目经理主要承担两种职责，在项目内部负责整合，在企业内部作为项目代表。

1.3 项目经理所需能力

美国项目管理学会（Project Management Institute，PMI）提出的 PMI 人才三角（图 1.3）指出了项目经理需要具备的三个关键技能组合，即技术项目管理技能、战略和商务管理技能和领导力技能。

这三类是通用的技能需求，对汽车产品开发项目管理人员也是适用的。为了能够更好地胜任汽车产品开发项目经理的角色，需要基于汽车产品开发项目的特色对这三种基础技能进行拓展。

王阳明提出的“知行合一”理论，对于我们提升项目管理技能是非常具有指导意义的。我们需要时刻提醒自己，所有的技能都是通过行为表现出来的，外界（领导、团队成员、业务的其他相关方）衡量我们是否掌握某项技能，也只能基于我们的行为表现。因此，在本章对所有技能的阐述上，既叙述其理论内涵，也列出体现这种能力的行为表现。在提升技能的道路上我们最好先学习理论及内涵，然后在行为上表现出来，也可以同步进行，即理论学习与实践同步进行。

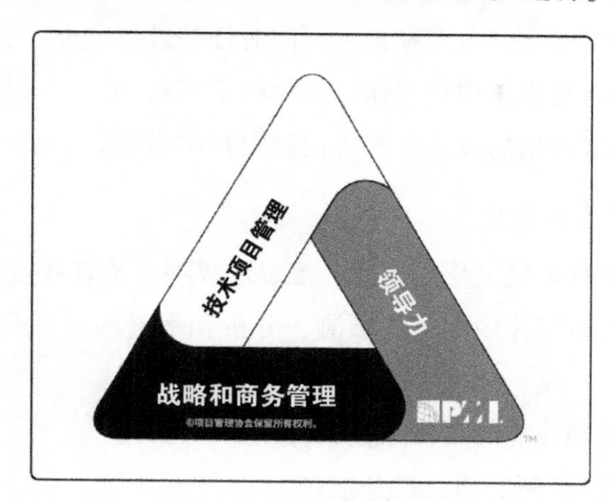

图 1.3　PMI 人才三角

1.3.1　技术项目管理

技术项目管理是指与项目、项目集和项目组合管理特定领域相关的知识、技能和行为，即角色履行的技术方面。需要加以区分的是这里的技术项目管理并非指汽车产品开发相关技术（如设计技术、CAE 技术、试验技术等），而是指项目管理技术，如进度管理、预算管理、风险管理等。优秀的汽车产品开发项目经理需要重点关注以下几项关键技能。

1.3.1.1　进度计划管理技能

进度计划管理是指确定工作范围和目标，设定工作优先级，统筹活动资源，编制行动计划，实施并检查方案的执行情况。

具有良好的进度计划管理技能的项目经理表现出如下行为：

1）随时准备一份体现最新进度状态的进度报告，能够在任何时候对项目进度进行汇报，对影响进度的原因、措施和解决进展了然于胸。

2）计划目标清晰，清楚地知道计划要解决的问题，做任何工作前首先考虑对目标的影响。

3）在项目立项之初，甚至在项目策划阶段，能够评估出项目的开发周期，识别出项目的关键路径。

4）随时掌握计划的关键路径（项目可能不只一条关键路径），对于次关键路径也有所了解。

5）站在全局的高度整合资源，包括人、财、物等资源。

6）清楚地知道任务之间的逻辑关系，了解任务之间的接口。

7）能够按照重要度、紧急度和扩大倾向对任务进行分类，要事第一。

8）按照计划指导与推进项目工作，及时纠正偏差。

9）能够识别影响计划的风险，并提前制定预防措施。

1.3.1.2 预算管理技能

预算管理是指估算单项工作的成本、汇总形成项目预算并监督预算的落实情况，及时调整预算。在具体工作中需要能预测、分析和平衡项目资金支出，保证项目预算的高效利用。

具有良好预算管理技能的项目经理表现出如下行为：

1）随时准备一份最新的项目财务报告。

2）能够组织编制出合理的项目总体预算和年度预算。

3）了解关键、重大活动所需要的资金，在项目实施中予以保障。

4）能够通过预算化解进度、质量和技术等方面的问题。

5）时刻知晓项目的财务指标情况，保障财务指标能够达成。

6）能够通过统筹资源（如借用外部资源、样车重复利用、试验并行设计）节约项目预算。

7）尝试各种方法提高资金的利用率，如提高专业技能、创新工作方法、工作精细化等。

1.3.1.3 质量管理技能

质量管理技能是指设定并分解质量目标、规划质量行动、管理和控制项目及产品质量的技能。

具有良好质量管理技能的项目经理表现出如下行为：

1）随时准备一份问题清单，深入了解其中的重大质量问题、解决思路、解决进展及需要公司提供何种支持。

2）了解公司的质量目标和质量工作方针。

3）掌握质量管理五大工具：APQP、FMEA、PPAP、SPC、MSA，能够在项目中根据五大工具安排质量行动。

4）掌握8D质量问题解决思路，能够通过8D的思路指导团队成员解决质量问题。

5）掌握基本的质量体系审核知识，能够对产品开发过程和产品进行审核，提出并落实改进方案。

6）通过技术途径解决质量问题后要寻找管理上的漏洞，质量问题折射出的管理问题需要同步解决。

7）项目档案完整、准确、分类合理，便于查阅。

1.3.1.4 资源管理技能

资源管理技能是指识别、获取、管理资源的技能。具有良好资源管理技能的项目经理表现出如下行为：

1）随时掌握项目的关键资源，如关键人员、设备、供应商等，亲自推进落实关键资源。

2）能够平衡项目资源需求，保证项目的资源负荷基本平稳。

3）能够在并行的项目之间消除资源冲突，能够从公司或外部获取资源。

4）编制资源日历，使团队成员及资源部门了解资源使用的开始和结束时间。

5）能够识别资源风险，对关键资源的关键部件要有备份，对关键人员的输出物要归档。

6）具有投入产出意识，追求资源的高效利用。

1.3.1.5 风险管理技能

风险管理技能是指识别和分析风险、规划风险应对方案、落实并监督方案执行情况的技能。

具有优秀风险管理技能的项目经理表现出如下行为：

1）具有风险意识，不忽视每一个识别出的风险。

2）能够通过会议、交谈、文件等各个渠道识别出项目风险，并登记跟踪。

3）将风险的应对计划并入项目计划中管理。防止风险应对计划和产品开发计划割裂，强化风险应对计划的执行。

4）亲自跟踪并推进解决概率和影响较大的风险。

5）时刻意识到机会也是风险的一种，善于发现每一次机会，能够创造条件促成机会变为现实。

1.3.2 领导力

领导力是指指导、激励和带领团队所需的知识、技能和行为，可帮助组织达成业务目标。优秀的汽车产品开发项目经理需要重点关注以下几项技能。

1.3.2.1 自我驱动力

自我驱动力是指无需外部推动就能够主动推进工作、接受挑战、解决问题和学习提升。自我驱动力体现在工作主动性、成就导向、学习意愿和自我完善四个方面。

具有良好自我驱动力的项目经理通常表现出如下行为：

1）工作主动性。

① 具有积极乐观的工作态度，对任何人员、事件和行为都做出正向的解释。

② 对现有工作具有浓厚的兴趣，愿意深入钻研工作。

③ 能够发现当前工作的问题，积极同其他同事或部门交流发现的问题，为解决现实问题主动提出建议和寻找解决办法。

2）成就导向。

① 愿意接受新的挑战，不满足现状，自觉地为自己和团队成员设定高标准、高质量的工作目标。

② 能够通过目标的实现完成自我激励，进而设定更高级的目标。

③ 对出现的新问题总是表现出极大的热情，愿意牵头解决问题。

④ 能够承受各种压力，不气馁。做事执着，遇到困难竭尽所能想办法。

3）学习意愿。

① 以解决实际问题为出发点，主动学习，不断拓展知识和技能，利用一切机会和渠道去学习。

② 学以致用，能够把学习成果应用到实际工作中，并在实际工作中不断思考和总结。

③ 关注产品、公司、行业甚至跨行业的发展信息，主动更新知识。

4）自我完善。

① 能够客观地评价自己。

② 主动反思与改进自己的思维和行为方式。

③ 善于从成败中汲取经验与教训，不断总结和积累，完善自我。

1.3.2.2 问题解决能力

问题解决能力是指善于发现问题并分析问题产生的根本原因，制定出合理的解决方案，确定正确的行动方向和目标并能有效推进。问题解决能力是一项基础能力，几乎每一项能力（计划管理、质量管理、风险管理等）背后都有问题解决能力，所以项目经理需要高度重视此项能力，掌握常见的问题解决工具，如8D、丰田八步法等，能够用解决问题的思维模式去思考问题。

具有良好问题解决能力的项目经理通常表现出如下行为：

1）能够发现工作中现实需要解决的问题（凡是与目标不符或阻碍目标达成的

事项都是问题)。

2）能够分析出问题产生的根本原因，并为解决问题设定明确目标。

3）把目标快速转化为计划或行动步骤，同时明确计划、责任人、预算和验收标准。

4）通过各种渠道，找到解决问题所需要的资源，并能够协调相关部门或人员保障工作进度。

1.3.2.3 创新能力

创新能力是指摆脱思维束缚、发现创新机会、落实创新行动、营造创新氛围的能力。

具有良好创新能力的项目经理通常表现出如下行为：

1）不因循守旧，能够快速接受新事物。

2）善于在工作中创造新的机会，发现工作中需要做出变化的内容。

3）直面挑战，为推动创新制定具体计划，面对压力或阻力有具体的措施。

4）肯定同事提出的任何新想法或建议。如果创意确实存在问题也需要通过团队评估给出建议，而非项目经理武断地给出结论。

1.3.2.4 决策能力

决策能力是指能够慎重地做出决策并愿意承担决策后果的能力。具有良好决策能力的项目经理通常表现出如下行为：

1）慎重决策，在决策前会多方收集信息或多方了解情况，形成多个候选方案。

2）深入思考决策可能导致的后果，对可能产生的问题和风险采取应对措施。

3）对自己做出的决定承担完全责任，不推诿或逃避责任。做到“集体决策，个人负责”，而非“个人决策，集体负责”。

1.3.2.5 沟通能力

沟通能力是指具备主动沟通、清晰表达、认真聆听和营造良好氛围的能力。具有良好沟通能力的项目经理通常表现出如下行为：

1）当发现问题时，主动、直接、尽早地与相关方沟通，沟通出现问题时，积极寻求其他人员的支持。

2）能够理解他人，能够发现双方的分歧点及分歧产生的原因。

3）能够清晰地表达自己的观点，营造氛围，制定方案，化解分歧，达成沟通目标。

1.3.2.6 协作能力

协作能力是指能够赢得他人合作，并通过合作取得更好的工作成果的能力。具有良好协作能力的项目经理通常表现出如下行为：

1）关注利益而非立场，能够找到合作的目标。

2）能够发现合作者的长处，包容合作者的不足。

3）积极贡献自己的观点，主动征询合作者的观点。

4）在合作中积极贡献自己的资源。

5）能够兼顾双方利益，主动寻求综合最优方案。

1.3.2.7 团队建设能力

团队建设能力是指通过促进团队成员互动、改善团队氛围等手段，进而提升团队绩效的能力。具有良好团队建设能力的项目经理通常表现出如下行为：

1）凝聚共识，统一团队成员的思想和目标。

2）认清项目经理的角色定位，主动承担困难工作，主动协调解决团队成员的困难，发挥管理示范作用。

3）具有他人意识，关注团队的情绪反应，主动化解分歧。

4）创造机会，帮助团队成员提升业务技能。

5）关心团队成员的个人发展目标，为其职业发展贡献力量。

1.3.3 战略和商务管理

战略和商务管理技能是指关于行业和组织的知识和专业技能，有助于提高绩效并取得更好的业务成果。

优秀的汽车产品开发项目经理需要重点关注以下几项技能。

1.3.3.1 大局观

大局观是指理解公司的价值观、使命、愿景和战略，做决定时要服从组织的整体和长远利益。具有良好大局观的项目经理通常表现出如下行为：

1）理解公司的战略目标，清楚项目在公司战略目标中的定位，能结合目标推进项目工作。

2）认同和践行公司的文化和价值观。

3）遇到问题时服从组织的整体和长远利益。

4）支持公司战略或工作重点，有需要时义无反顾地投身工作。

1.3.3.2 基础运营技能

基础运营技能是指了解运营知识，具备基础的运营能力。通常需要了解职能部门的业务知识，包括业务流程、基本技能、管理架构等。涵盖的部门主要包括财务控制部、市场部、生产部、人力资源部、法律合规部等。

具有良好基础运营技能的项目经理通常表现出如下行为：

1）能够向其他人介绍项目的商业价值、产品的市场定位、竞品信息。

2）了解职能部门的组织架构及业务流程，能够迅速地识别出某项活动需要哪些职能部门支持。

3）理解各职能部门的业务关注点，在项目工作中能够从职能部门的角度评估风险及问题。

4）与职能业务流程中的关键环节负责人建立良好的个人关系，能够便捷地获得其支持。

1.3.3.3 产品开发技能

产品开发技能是指汽车从概念到投产过程中涉及的技术技能，一般包括设计、仿真、试制、试验、生产工艺等方面的技能。汽车作为复杂的工业制成品，在开发过程中涉及复杂的技术，作为项目管理人员如果不掌握基础的产品开发技能，很难与工程师们（项目团队的主要构成者）沟通，这也将直接影响项目的绩效。

掌握良好的产品开发技能的项目经理通常表现出如下行为：

1）掌握技术之间的接口，能够判断一项技术边界发生变化对其他专业的影响。

2）掌握关键开发环节的工作流程，如产品总布置、工程图设计、试验设计等。

3）具有一定的产品设计经验，如担任过整车总布置工程师，或某一专业的工程师。

4）能够与工程师顺畅地探讨技术问题，能够理解技术相关会议所探讨的内容并形成会议纪要。

5）能够总结汽车产品开发过程中出现的主要技术问题，能够识别一个汽车产品开发项目所将面临的技术难点。

6）知晓组织内关键技术领域的专家。

1.4 本章小结

1）产品开发项目的特点：临时性、独特性、渐进明细性、以目标为导向、整合资源、驱动变革、创造商业价值。

2）汽车产品开发项目的特殊性：项目规模大、系统复杂、产业链长、社会与家庭关注度高、充分竞争的市场环境。

3）根据汽车企业所在产业链位置的差异，可以将其划分为汽车设计企业、汽车生产企业和汽车开发企业。

4）随着项目经理权力的增大，项目经理的角色依次是沟通者、协调者、组织者和领导者。

5）项目经理在项目内部是资源整合者，在企业内部是项目的代表。

6）项目经理需要三大类能力：技术项目管理能力、领导力、战略和商务管理能力。

7）技术项目管理能力主要包括进度、预算、质量、资源和风险管理技能。

8）领导力主要包括内驱力、问题解决能力、创新能力、决策能力、沟通能力、协作能力和团队建设能力。

9）战略和商务管理能力包括大局观、基础运营技能和产品开发技能。

第2章
汽车研发总体流程

汽车产品开发流程是汽车研发总体流程的一部分，为了更好地胜任汽车产品开发项目经理的角色，有必要了解汽车研发总体流程并适度参与到各个流程的相关活动之中。

汽车研发总体流程分为以下几个部分：

1）数据收集与分析流程。

2）产品和技术组合规划流程。

3）技术开发流程。

4）产品开发流程。

5）项目管理流程。

在研发中各个流程之间的关系中需要特别注意的是，各流程的关系并非线性，更非完全彼此独立而存在，而是紧密联系的，在有些流程之间甚至是深度嵌入的。

图2.1所示的是汽车研发总体流程中各子流程的关系。其中数据收集与分析流程的输出物是产品和技术组合规划流程、技术开发流程和产品开发流程的输入，主要提供宏观环境分析报告、技术趋势分析报告和市场分析报告。

产品和技术组合规划流程的输出物是产品开发流程和技术开发流程的输入，主要提供产品组合规划和技术组合规划，为未来5~10年的产品开发和技术开发指明方向。

技术开发流程的输出物又是产品开发流程的输入，主要提供经过开发验证的、可行的技术方案。

所有流程的落地一般都依托于项目，如情报项目、产品和技术组合规划项目、技术开发项目和产品开发项目。因此，项目管理流程环绕所有类型项目的各个阶段。

在后续的章节中，将对数据收集与分析流程、产品和技术组合规划流程、技术开发流程及项目管理流程进行简要说明。产品开发流程是本书的主要内容，将在第3~11章进行详细阐述。

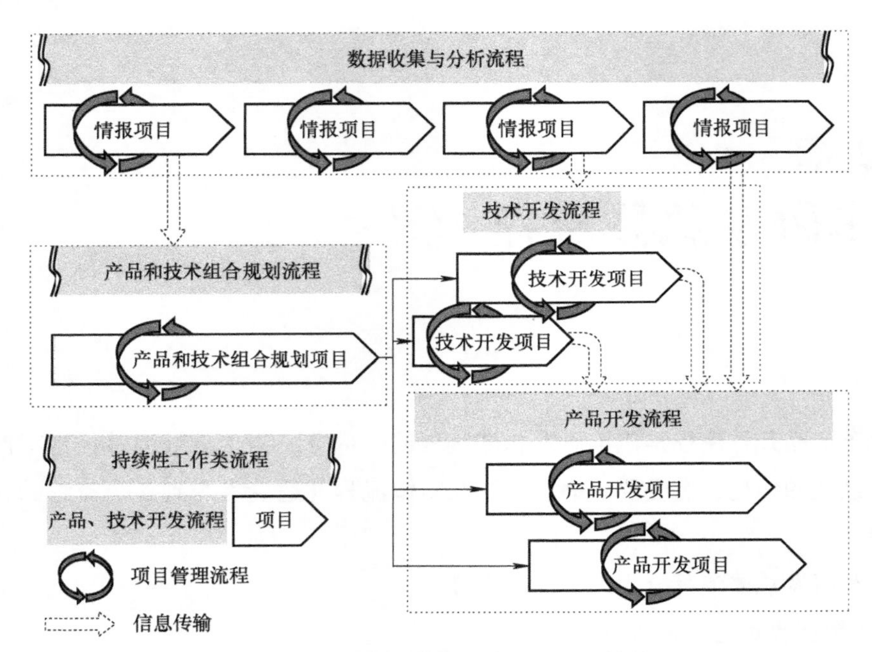

图 2.1　汽车研发总体流程内各子流程的关系

2.1　数据收集与分析流程

数据收集与分析流程是指持续性地对影响汽车产业、汽车企业、汽车产品、汽车用户及相关方的数据进行收集并分析，最终形成报告（图 2.2）。它为其他流程提供信息输入。

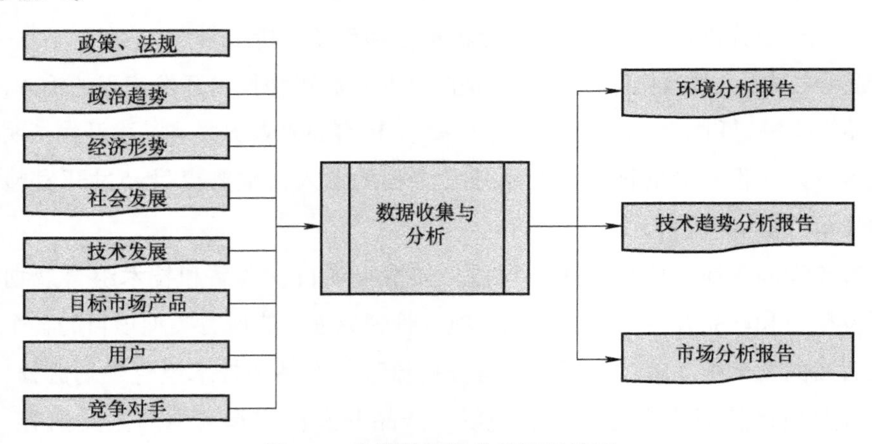

图 2.2　数据收集与分析流程简图

2.1.1 主要成果

1）宏观环境分析报告：主要包括对影响企业规划、生产和经营的外部因素的分析结果。具体如下：

① 国家（或国际）政策（如汽车购置税、关税等）。

② 行业法规。

③ 地方法规（地方环保、安全等法规）。

④ 技术法规（油耗、排放、NVH、行车安全、行人保护等法规）。

⑤ 产品认证要求（油耗、噪声、排放、CCC、安全等）。

⑥ 国内（或国际）政治形势、国内（或国际）的政治发展趋势。

⑦ 宏观经济形势（储蓄率变化、汇率变化、燃料价格、钢铁价格等）。

⑧ 社会发展趋势（如消费观念的演变）。

2）技术趋势分析报告：是指可以应用于汽车产品的新技术、新材料、新工艺、新零部件等对汽车产业、汽车企业、汽车产品的影响分析报告。

3）市场分析报告：是指市场本身及市场的构成主体对汽车企业及汽车产品的影响分析报告。具体如下：

① 市场发展趋势，主要是指各细分市场的销量情况及未来的发展趋势判断。

② 用户需求，包括用户购买和不购买产品的原因、用户对产品及服务的满意度。

③ 自己产品及竞品信息，包括产品指标、营销手段、售后服务、金融政策等方面的对比分析。

④ 竞争对手信息，包括战略、财务、产品、技术、营销、售后等各个环节的规划及计划。

2.1.2 主要工作及步骤

2.1.2.1 工作流程

为了编制宏观环境分析报告、技术趋势分析报告和市场分析报告，需要进行的主要工作（包括但不限于）及步骤见表2.1。

表2.1 产品数据收集与分析的主要工作及步骤

序号	任务	逻辑关系	参考周期	负责部门	支持部门
1	政策、法规分析	NA	40	情报部门	相关开发部门

（续）

序号	任务	逻辑关系	参考周期	负责部门	支持部门
2	政治趋势分析	NA	40	情报部门	相关开发部门
3	宏观经济形势	NA	40	情报部门	相关开发部门
4	社会发展趋势	NA	40	情报部门	相关开发部门
5	编制环境分析报告	1，2，3，4	20	情报部门	相关开发部门
6	技术发展趋势分析	NA	40	相关开发部门	情报部门
7	编制技术趋势分析报告	6	20	相关开发部门	情报部门
8	目标市场分析	NA	20	情报部门	相关开发部门
9	用户分析	8	20	情报部门	相关开发部门
10	目标市场产品分析	8	20	情报部门	相关开发部门
11	竞争对手分析	8	20	情报部门	相关开发部门
12	编制市场分析报告	8，9，10，11	20	情报部门	相关开发部门

注：逻辑关系中数字“1”代表序号为“1”的任务完成后才能开始，其他数字类推。参考周期的单位为工作日。本章其他图表与此相同。

2.1.2.2　关于几项关键任务

在不同企业中责任的划分是显著不同的，表2.1中列出的情报部门是指负责情报收集与分析业务的部门，这在不同的企业中有不同的称谓。值得注意的是宏观环境分析报告和市场分析报告的编制责任主体是情报部门，支持部门是相关开发部门。但是对于技术趋势分析报告来说，责任主体部门是相关技术开发部门，支持部门是情报部门。这主要是因为在很多企业中情报部门隶属于营销业务板块，而技术开发部门隶属于技术中心。对于技术趋势的掌握，技术中心更擅长（他们往往通过参加行业会议、与供应商交流、对标分析等手段获得技术趋势）。

2.1.2.3　业务逻辑与参考周期

数据收集与分析流程是一个持续性的流程，其实没有一个明确的开始时间和结束时间。在汽车企业中，为了管理方便，一般是按照一个季度为一个周期，即每个季度出一份报告（包含环境分析、技术趋势分析和市场分析报告）。具体工作如图2.3所示。

编制报告所需要进行的几项调研与分析工作往往是同步的。在编制市场分析报告时需要首先进行目标市场分析，通过目标市场分析明确目标用户和竞争对手，然后才有对目标用户、细分市场中的产品以及竞争对手分析。

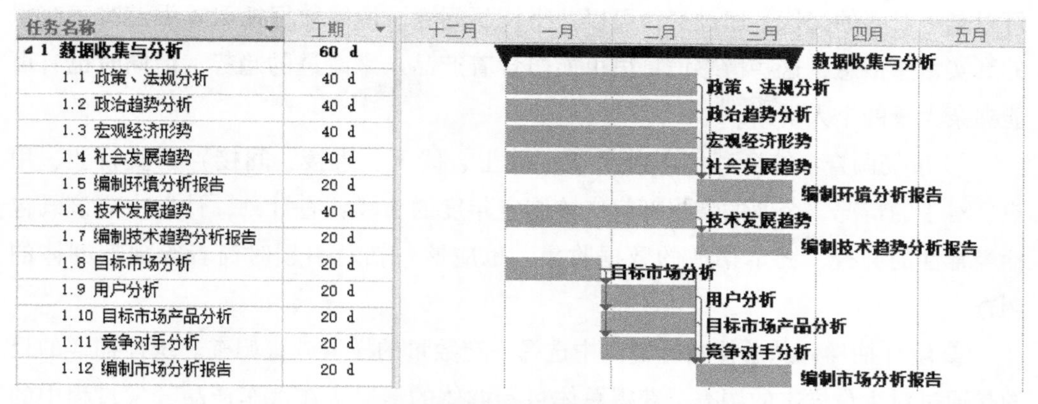

图2.3　产品数据收集与分析的主要工作及步骤

2.1.3　项目管理者在其中的角色及作用

优秀的项目管理者应该积极参与到数据收集与分析工作中来，原因如下：

1）有利于更为深刻地理解报告内容，进而能够更为高效地评估项目风险、排列任务优先级、配置资源、评估变更影响等。

2）了解数据的源头，在必要时可以与数据源直接对接，以获得更为深入的信息。

3）向数据收集与分析部门（一般是情报部门）反馈项目的需求，确保数据与分析获得的报告满足项目需求。

4）利用项目团队成员的背景知识和资源为情报收集与分析工作提供数据输入。

5）项目管理者作为数据收集与分析部门和项目团队之间的沟通枢纽，可以通过加入数据收集与策划团队或将数据收集与分析人员加入到项目团队中的方式发挥沟通枢纽作用。

2.1.4　知识、工具与技术

1）数据收集工具及技术

① 标杆对照：是指自己与标杆（企业、项目、产品等）进行对比分析，识别出最佳实践方案并形成改善建议。标杆对照是多个层次的，对照的内容一般包括组织架构、战略规划、产品或技术开发计划、产品或技术方案、制造方案、销售策略、售后服务制度等。标杆不仅限于整车厂，也可以包括上下游企业，甚至还可以跨行业。

② 访谈：通过与被访者直接交谈获得所需要的信息，通常是一对一的交谈，也

可以是一对多的交谈。通过交谈可以获得调研问卷、网络数据抓取等渠道难于获得的真实情感信息，这些情感信息里可能蕴含着产品未来改进的趋势，但同时也有可能夹杂大量的个人情绪。

③ 市场调查：综合利用各种渠道（线上、线下、直接、间接）调查行业、用户、对手的情况。企业的情报部门应该制定年度的市场调查计划，计划中应该既包括经常性的调查、固定渠道的数据收集，也应该包括对引领时尚者等独特群体的调查。

④ 统计抽样：从总体目标群体中选择一定数量的样本进行调查。统计抽样的目的是通过对少量样本的调查，获得总体目标群体的情况。在汽车产品开发过程中的行业、用户、竞品等数据收集中需要用到这种方法，在质量管理工作中也需要用到（如试验策划、统计过程控制）。统计抽样技术有坚实的统计学基础，需要系统地学习统计学知识才能详细掌握。

⑤ 观察：观察各个场景下的用户行为模式，发掘用户“痛点”。例如观察用户的购车、保养、停车、加油、行车等过程，也可以观察用户对车辆的改装方向。

2）数据分析工具及技术

① 回归分析：用于分析目标值与不同变量之间的关系。根据变量的多少可以分为一元回归分析和多元回归分析。这是一个统计学概念，几乎所有的商业统计软件中都集成该功能，如 SPASS。

② 趋势分析：根据过去的事实预测未来的趋势。如通过过去几个月的销量预测未来一个月的销量，通过过去 5 年车辆功率的变化预测未来 5 年功率变化。

③ 偏差分析：用于分析实际结果与目标值之间的差异。可以用于分析当前销量与目标销量的差距、当前进度与目标进度的差距等。

④ 假设情景分析：假设一种情景并预测它对目标的影响。如假设国家的购置税减免政策取消对某款汽车销量的影响，以及排放法规推迟执行对销量的影响。在实际操作中应该预测未来可能发生的变化，并选择其中影响最大的一个或几个进行情景分析。

⑤ 假设条件和制约因素分析：假设条件是指假设为真实的前提条件，不确定性可以忽略不计。制约因素是指客观上受到的制约，是真实存在的。假设条件和制约因素分析是指分析假设条件和制约因素的有效性。假设条件和制约因素往往和项目的风险密切相关，进行假设条件和制约因素分析有助于对风险的分析。如判断某个假设条件会出现，并提前采取应对措施，那么对应的风险就可能被消除，也可以通过影响某个制约因素为项目或产品争取到新的机会。

3）专家判断：具有某领域知识的人员对数据、过程、结果及预测等方面的判断。需要注意的是此处所指的专家与国家或某些公司评聘的专家并不相同，一个人只要在某个领域具有较为精深的知识就可以称为专家。如一个具有 10 年牵引车驾驶经验的驾驶员就是牵引车驾驶方面的专家，同时他还可能是车辆简单故障识别的专家。

4）会议：相关人员一起就某个事项进行沟通。会议通常有传达、研讨和意见收集三种形式。会议几乎是产品开发过程中最重要的，也是应用最频繁的沟通工具，因此有必要引起项目管理人员的高度重视和研究。通常的会议步骤如下：

① 确定会议主题、参加人员、议题、召开时间和地点。

② 邀请相关人员参会并尽量确保其出席。

③ 召开会议，在会议过程中要纠正跑题、协调分歧并进行阶段总结。

④ 编制会议纪要并及时下发，推荐的方式是会议过程中会议决策实时记录，在会议总结阶段直接同与会人员共同确认会议决策，当场形成会议纪要。

⑤ 收集决策事项的落实情况，适时召开决策跟踪会。

5）产品分析：通过需求分析、功能分解、结构分解、系统工程、价值工程等手段对产品进行详细的分析。既可以用于对自己产品的分析，也可以用于对竞争对手产品的分析。

6）参数估算：基于历史数据建立某种算法，通过设置一个或几个参数值估算出目标值。如通过人均可支配收入值估算出汽车销量。

7）信息管理：对信息进行结构化管理，便于查阅。一般是通过 IT 手段实现，如文档管理系统、对标数据库、情报数据库、经验教训数据库、失效模式数据库、索赔数据库等。

8）PEST：对行业进行宏观环境分析的一种工具，其中 P 是政治（Politics），E 是经济（Economy），S 是社会（Society），T 是技术（Technology）。因为 Pest 有有害物的意思，所以它也是一种诙谐的说法。政治、经济、社会和技术往往都属于企业或行业很难影响和控制的外部因素。

2.2 产品和技术组合规划流程

产品和技术组合规划是基于战略定位确定产品和技术开发组合，并对各产品和技术进行优先级排序，具体如图 2.4 所示。产品组合的开发是汽车企业确保战略落地的最重要手段，技术组合的开发则是为了支持产品组合。

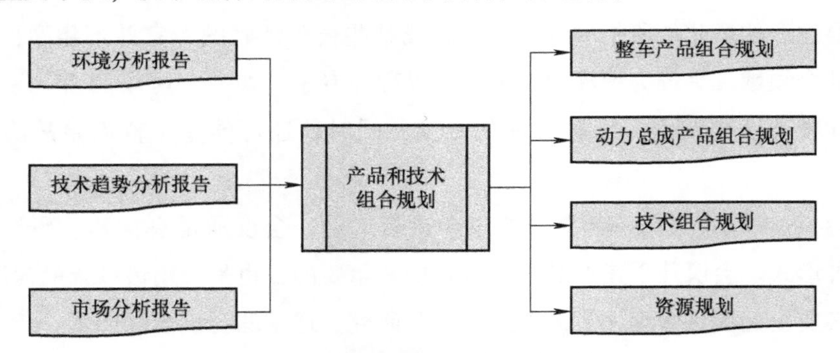

图 2.4　产品和技术组合规划流程简图

通常汽车企业需要做到经营规划（是指对产品生产和销售的规划）、产品组合规划、技术组合规划的协调统一。而做到这点的关键是协调好技术开发节点、产品开发节点、SOP 节点及 EOP 节点，使其符合一定的节奏，确保产品能够推陈出新，满足市场的需求。详见 11.9 节。

2.2.1　主要成果

1）战略方向：基于 SWOT 分析结果形成的面向未来 5 ~ 10 年的战略设想或指导原则。数量一般不超过 6 个，用一句简单的语言描述，如“到 2030 年，发动机的热效率达到 52%”或“到 2030 年，在重型牵引车市场上市场份额排名第一”。战略方向仅起到指导的作用，由最高层制定和掌控，但其落地需要由产品组合开发来实现。

2）整车产品五年开发规划：面向未来五年的整车产品组合开发规划，其中的主要内容是支撑战略方向落地的产品清单、开发启动时间、SOP 时间、优先级、开发预算、生产准备预算、预期收益等。在确定产品组合及开发规划时需要重点关注其对战略的贡献、对收益的影响和对体系良性循环的影响，需要着力避免基于技术而非基于市场做产品规划，还需要着力避免产品开发计划对体系良性循环产生不利影响。所谓体系良性循环是指产品开发从策划到售后的各个环节都以较为平稳的节奏进行。如目前的研发体系内有发动机开发能力，但规划采用外购发动机，那么对当前体系内的发动机开发能力将会造成不可恢复的影响。因为研发领域的人员离去很容易，但是培养却很难。

3）动力总成产品五年开发规划：面向未来五年的动力总成产品组合开发规划。其内容基本与整车五年开发规划一致，需要重点关注的是动力总成是整车的主要利润源，也是衡量整车制造商开发能力的重要标尺，而且全新动力总成的开发周期一般长于整车开发的周期。需要避免在整车开发启动时才启动动力总成的开发。一般而言最少需要保证动力总成的SOP时间早于整车SOP时间6个月。同时为了确保整体风险可控，整车平台的升级需要与动力总成平台升级异步进行，即不同时进行整车平台和动力总成平台的升级。

4）技术五年开发规划：面向未来五年的技术组合开发规划，主要内容包括技术清单、关键供应商资源、预算、所需资源、简要的收益分析。技术开发的成果是支撑动力总成和整车开发的重要基础，需要重点关注技术开发与产品开发的衔接关系。此外，当前的汽车相关技术开发往往不是由整车厂独立完成的，很大程度上需要供应商的介入，所以需要在规划阶段识别可用的供应商资源。对技术开发的失败要宽容，毕竟技术开发失败的概率要远远高于产品开发。

5）资源规划：是配合整车产品五年开发规划、动力总成产品五年开发规划和技术五年开发规划而做出的资源规划。制定资源规划的过程，也是跨类别（如整车和动力总成之间）确定优先级的过程。因为企业所拥有的资源是有限的，资源培养和提升的过程是缓慢的，在考虑合理利用外部资源之后还需要进行总体协调，使得技术、总成、整车之间的计划既能有效衔接，又能有资源支撑，能够落地。

2.2.2 主要工作及步骤

2.2.2.1 工作流程

为了确定最终的产品和技术组合规划，需要重点完成的几项工作（包括但不限于）见表2.2。

表2.2 产品和技术组合规划流程的主要工作及步骤

序号	任务	逻辑关系	参考周期	负责部门	支持部门
1	信息收集与分析	NA	40	情报部门	相关业务部门
2	SWOT分析	1	20	产品战略委员会	各部门
3	确定整车产品组合	2	20	商品规划部	相关业务部门
4	确定动力总成产品组合	2	20	商品规划部	相关业务部门
5	确定技术组合	3，4	20	技术中心	相关业务部门
6	协调整车、总成及技术组合，形成协调的组合规划	3，4，5	20	产品战略委员会	相关业务部门、PMO
7	制定资源规划	6SS	20	PMO	资源部门
8	产品和技术组合规划批准	7	10	产品战略委员会	相关业务部门

2.2.2.2 关于几项关键任务

1）确定整车产品组合的责任主体是商品规划部门，需要由其统筹市场部、质量部、整车开发部、生产管理部、财务部及其他保障部门，共同调研获取信息，然后进行SWOT分析，决定保留哪些产品开发项目，并为项目排出优先级。

2）确定动力总成产品组合的责任主体是商品规划部门，需要由其统筹动力总成开发部门及其他相关部门（与确定整车产品组合工作类似）调研获取信息，然后分析确定保留哪些动力总成产品开发项目，并排出优先级。需要重点关注的是，确定动力总成产品组合与确定整车产品组合之间通常没有先后关系，不过在开发节奏上动力总成产品需要先于整车产品SOP，因此动力总成产品组合的确定应该更具前瞻性。此外，动力总成产品组合方案并不一定被同一年份确定的整车产品组合所应用。

3）确定技术组合的责任主体是技术中心，支持部门包括商品规划部以及其他的业务相关部门。这是因为技术中心最清楚技术的发展趋势，而且技术组合与市场、售后、质量等部门的关系比较弱，在集团范围内的协调工作较少。技术组合相对整车产品组合和动力总成产品组合应更具前瞻性，因为技术开发的周期有的很长（10年甚至更长），有的则比较短，所以技术组合的确定同样需要关注产品开发的节奏。

4）协调整车、总成及技术组合，形成协调的组合规划的责任主体是产品战略委员会。此项任务的目的是进一步确定技术、动力总成和整车组合与企业整体经营规划的衔接关系，以公司的经营节奏为基准，确定开发的先后次序和优先级，也为制定后续的资源规划奠定基础。

5）制定资源规划的责任主体是PMO，由其他相关业务部门负责支持。这是因为资源规划的制定需要更为详细的项目计划（相对于确定产品和技术组合阶段），这些详细计划编制的责任主体是PMO，他们更为了解产品和技术开发所需要的资源。该项任务与“协调整车、总成及技术组合，形成协调的组合规划”工作是同步进行的，这是因为协调工作既需要基于战略和运营，也要基于企业的资源现状。形成的资源规划需要产品战略委员会批准后才能形成最终的资源规划。

6）产品和技术组合规划批准是对之前形成的整车产品组合规划、动力总成产品组合规划及技术组合规划汇总稿的批准，批准后集团财务部门可以在制定年度预算时预留出第二年规划落地所需的预算。

2.2.2.3 业务逻辑与参考周期

产品和技术组合规划工作是周期性的，通常每5年进行一次较全面的规划，然后每年进行一次更新。建议在规划执行前一年的10月完成此项工作，因为从产品规划获批到承接产品规划的项目立项需要一段时间，此外11月及12月往往是大型整车企业进行年度总结的关键时间，通常难以对规划工作投入充足的精力。年度产品和技术组合规划流程如图2.5所示，详细的工作及步骤如图2.6所示。

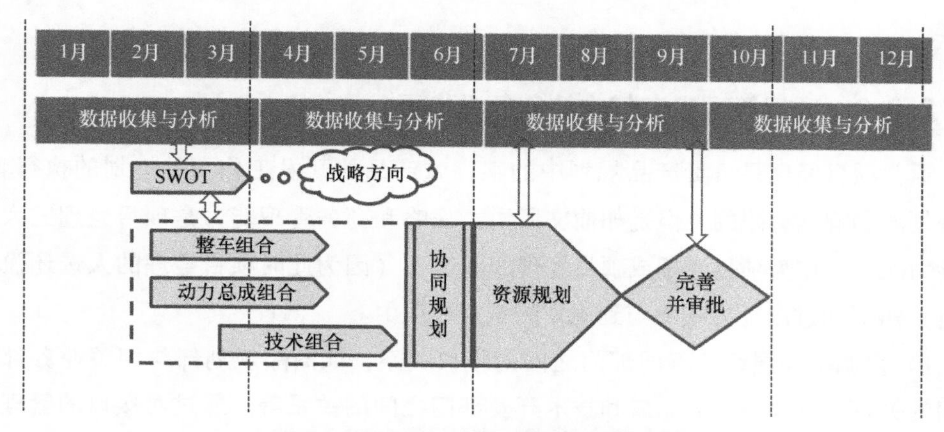

图2.5　年度产品和技术组合规划流程

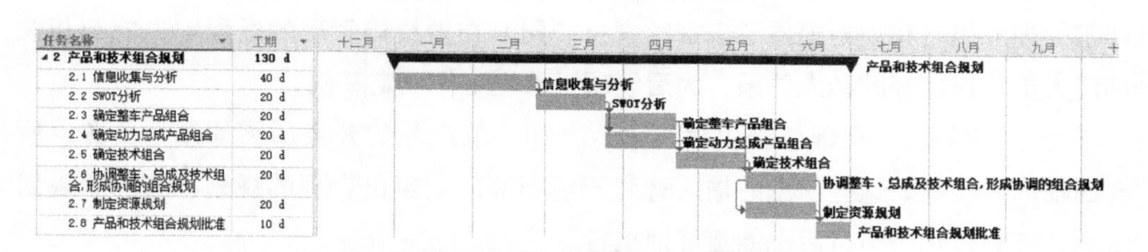

图2.6　产品数据收集与分析的主要工作及步骤

其中的主要逻辑关系如下：

1）产品和技术组合规划工作的重要输入是信息，这些信息一般来自数据收集与分析流程。对于没有专门进行数据收集与分析工作的公司，在正式规划进行前和进行时同样需要做大量的信息收集工作，所要收集的信息与前文所述的数据收集与分析流程一致。

2）一般是先基于收集的信息进行SWOT分析，确定战略方向，基于战略方向制定五年的产品开发规划，然后再基于产品规划制定技术开发规划。有些时候产品和技术的规划工作是交互的，有时甚至技术规划在前，产品规划在后。这是因为制定产品（无论是整车还是动力总成）规划需要考虑到技术的可实现性、技术的成熟度、技术的成本等，在做技术规划时又需要考虑到产品的需求及产品对技术的需求程度。

3）整车产品组合、动力总成产品组合和技术组合落地成为项目后，通常需要协同支撑企业的运营，关于其中的关系见 11.9 节。

4）在整车、动力总成和技术五年开发规划完成后，需要统筹平衡公司现有的资源，可利用的外部资源，这是因为一些通用资源（如资金和设备）同时为整车、动力总成和技术开发服务。平衡资源是需要考虑相关工作的重要程度和紧急程度。

2.2.3 项目管理者在其中的角色及作用

通常项目经理只负责产品规划中的某一款产品的开发工作，是规划的执行者，对规划的影响是有限的。但是如前文所讲，战略和商务管理能力是项目经理三大核心能力之一，作为项目经理或项目经理的候选人（因为此时项目经理的人选还没有确定）需要通过以下方式参与到规划的制定过程中：

1）协调不同层级、不同部门之间的接口关系，如商品规划部与相关业务部门之间的关系，以及整车、总成和技术开发部门之间的关系等。通过对接口的管理可以了解到不同部门的诉求、多个业务模块之间的匹配硬点、关键信息的流向等，这些都为理解战略和规划提供了丰富的素材。同时在做接口管理的过程中也能与相关部门人员获得良好的私人关系，为后续项目管理工作奠定基础。

2）为规划的负责部门提供信息输入，如一款产品的开发所需周期、资源、所会面临的风险等。这些信息的输入有利于规划部门制定出合理的规划，有利于规划落地。规划转化为项目后也能更好地执行。

3）协助完成从规划到产品开发项目或技术开发项目的立项过程。如确定哪几个产品打包成一个项目，某个项目最终分配多少资源、设置几个里程碑，以及年度预算等信息。及早参与这些信息的确定工作，有利于给项目确定合理的边界和条件（即项目范围），能够促进项目的成功执行。

2.2.4 知识、工具与技术

1）焦点小组：又称座谈会、问题讨论会，是指针对某一项或几项问题，在专业主持人的主持下与特定的群体进行讨论，以获得较为深入的观点。在产品和技术组合规划流程中它主要用于讨论规划中的焦点问题，如选择何种产品或技术、资源如何分配等。在组织焦点小组的会议时应注意以下几点：

① 讨论事项明确，可以有一个或多个讨论事项。需要提前列出清单，并标出其中可能存在的问题焦点。

② 主持人要专业，要能够和参与者形成良性互动，需要对所讨论的事项有较为

深入的见解且不固执己见，能够掌控整个讨论过程。

③ 讨论过程要激烈，要直面分歧点。

④ 会后由主持人总结讨论形成的主要结论、进行汇报并分配后续工作。

2）头脑风暴：自由联想和讨论，主要用于产生创意。这是一种应用较为广泛的工具，在产品和技术组合规划流程中主要用于产生技术设想，用以充实候选的技术开发方案。在进行头脑风暴时需要注意以下几点：

① 自由讨论，鼓励想到什么就说什么，不允许中途打断或批评别人提出的创意。

② 追求数量，要产生尽可能多的创意。

③ 利用思维导图记录讨论结果，会产生较好的讨论效果。

3）思维导图：它是一种用图形和层级的方式展示创意或结论之间关系的工具，在产品和技术组合规划流程中可以用于收集头脑风暴产生的创意、梳理产品之间的关系等，常与头脑风暴配合使用，以结构化的方式展示收集的创意。目前市面上有很多思维导图软件，如 Mindmanager、XMind、亿图等。

4）核对单：它是一种备忘清单，主要起到提醒作用。在日常生活中用到的购物清单也属于核对单的一种。在产品和技术组合规划流程中，它主要是在日常的工作中收集整车、动力总成和技术的开发需求。这是因为通常在企业中产品和技术组合规划是在一年的某个时间段进行的，而产品和技术开发的需求随时会产生（如在一次问题解决会议中就可能产生某种技术开发需求）。商品规划部门、技术中心以及项目经理都应该有意收集这些零星出现的需求，并记录在核对单中，确保需求不被遗忘。

5）假设条件和制约因素分析：详见 2.1.4 节，在产品和技术组合规划流程中主要用于分析制定产品或技术组合规划的假设条件和制约因素的有效性，进而识别出风险（含机遇），为后续项目立项提供输入。

6）风险分析：指识别风险、评估风险、制定分析应对方案的过程。在产品和技术组合规划流程中，它主要用于识别产品或技术组合可能面临的风险，并对风险进行评估，同时制定简要的风险应对方案。这些信息为产品战略委员会批准最终的产品和技术开发组合提供了重要信息输入，也为后续产品开发和技术开发立项提供了重要指导。

7）相关方分析：它是识别能够影响项目、受到项目影响和感觉能够受到项目影响的相关组织、团队或个人的过程。这里指的影响既可能是积极的，也可能是消极的。需要注意的是，需要关注感觉会被影响的组织、团队或个人，这是因为即便项目不会对其产生真实的影响，但是如果对方感觉到会影响，那么对方为应对这种感觉所做出的行动也会对项目产生影响。典型的情景是计划新建一个工厂，实际的影响范围是工厂周边200米范围，但是周边500米范围内的居民都可能感觉自己将受到影响，他们将来的阻挠可能使工厂建设严重拖期。在产品和技术组合规划流程中的主要作用是识别出组合规划落地的牵头人、关键项目的项目经理、关键的人力资源、可能会阻碍规划落地的关键人物（或组织、团队）。识别这些相关方并分析相关方作用，能够保障规划的合理性。

8）SWOT分析：它是一种战略分析工具，其中S（Strengths）表示优势，W（Weaknesses）表示劣势，O（Opportunities）表示机会，T（Threats）表示威胁。通常是先进行优势和劣势分析，然后从优势中寻找机会，从劣势中洞察威胁；同时分析劣势对机会可能的阻碍作用，优势可能对消除威胁产生何种作用。

9）多标准决策分析：它是一种常见的决策分析工具，适用于需要由多个维度进行对比分析的场合。应用时需要先给不同的评价维度赋加权值，然后再对各个方案进行打分，根据分值对不同的方案进行排序。在产品和技术组合规划流程的开始阶段往往有多种产品开发组合或技术开发组合，对组合中的产品或技术进行优劣排序，需要从市场占有率、利润率、对公司战略的贡献度等多个维度进行综合评价。

10）投票：它是一种集体决策手段，一般通过一致同意、大多数同意和相对多数同意三种方式形成某种决策。在实际情况中，合资公司较为常见使用投票这种工具。它具有决策效率高的特点，缺点是除一致同意之外，通过大多数同意和相对多数同意制定出的决策，没有真正地达成共识，后续决策的落实可能会出现较多的困难。

11）分解：它是一种将较大的目标、成果或工作，分解成较小的、易于理解和管理的组成部分的技术。从战略方向分解到产品组合或技术组合就需要进行层层分解。对一个大的技术目标，如油耗降低20%，也需要层层分解成一个个小的技术方案。分解在项目管理过程中需要频繁地用到，对困难的、复杂的工作进行分解，有利于工作目标的实现。

12）滚动式规划：滚动式规划是一种迭代式的规划技术，即详细规划近期要完成的工作，同时在较高层级上粗略规划远期工作。产品和技术组合规划本身就是滚动式规划的，通常企业会制定较为详细的5年规划，同时也制定出未来10年的粗略规划，并且每年滚动一次。

13）专家判断：详见2.1.4节，在产品和技术组合规划流程中需要借助市场专家、技术专家、制造专家、采购专家、财务专家、规划专家、项目管理专家等多个领域的专家对制定产品或技术组合的规划稿进行讨论和决策。常见的决策事项包括：

① 确定产品开发组合，以及不同产品的优先级。

② 确定技术开发组合，以及不同技术的优先级。

③ 确定不同组合之间的接口关系，初步确定接口管控方案。

④ 确定资源分配方案。

⑤ 初步确定候选的项目牵头人或项目经理。

2.3 技术开发流程

技术开发流程是指导汽车产品相关技术开发的流程。汽车企业定义的技术通常是指一些具有较为领先理念的核心零部件、控制策略、工艺、材料等。技术开发流程在有些整车企业根据开发对象的不同其命名也不相同，如模块开发流程、零部件开发流程、系统开发流程等。虽然适用对象有所不同，但是其内在逻辑是一致的。本节将对技术开发的一般流程进行介绍，具体如图2.7所示。

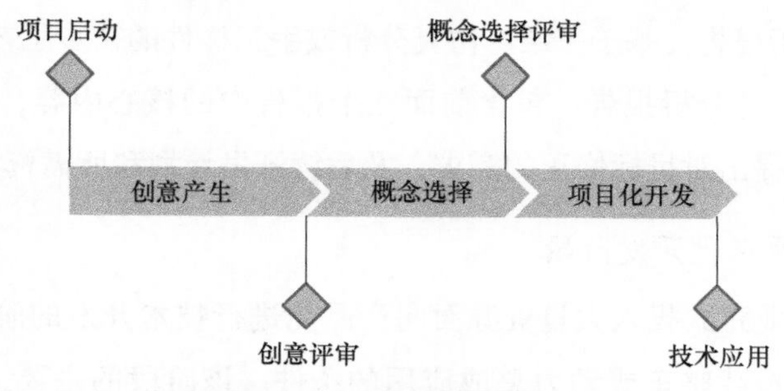

图2.7 技术开发流程

2.3.1 主要成果

技术开发工作需要承接技术组合规划，一般是以项目的方式推进技术组合规划目标的实现。技术开发项目可以很大，大到涉及很多部门，涉及广泛的上下游单位（如材料供应商、零部件供应商、生产厂）；也可以很小，小到一个人就能独立完成。无论技术开发项目的规模大小，一个技术从规划到最终具备产品化的能力都需要经历三个阶段，即创意产生阶段、概念选择阶段和项目化开发阶段。

2.3.1.1 创意产生阶段

该阶段的主要工作是识别拟开发技术背后的用户需求，基于需求制定可能的技术路线，从不同维度对技术路线做出评价，并给出首选方案。主要交付物如下：

1）技术创意清单：是一份记录有所有可能达成技术开发目标的方案清单，也可以叫技术路线清单。该清单中还应该包括对该技术路线的说明，如开发周期、成本、需要的资源、风险等。

2）技术创意预研报告：是一份评估不同技术创意的对比分析报告，报告应该涵盖技术创意清单，以及从哪些维度对技术创意做出评价、已经完成了哪些评价工作（如初步的仿真分析、试验等）、评价结果、建议的首选方案及首选方案的初步开发计划等。

2.3.1.2 概念选择阶段

该阶段将对首选的技术创意进行详细设计，并进行初步验证。主要的成果如下：

1）工程设计方案：详细的工程设计方案通常包括图样、技术条件、系统原理图、功能说明、DFMEA、特殊特性清单、推荐供应商等。

2）功能、性能试验报告：技术的功能验证试验报告和性能开发试验报告。

3）工艺分析报告：基于三维、仿真分析或手工样件的初步工艺分析报告。

4）技术可行性分析报告：包含前面三个报告中的核心内容，并基于对三个报告的综合分析，提出对目标修正的需求，及后续开发计划和所需资源。

2.3.1.3 项目化开发阶段

该阶段是企业正式投入大量资源面向产品化进行技术开发的阶段，完成此阶段后技术应该具备搭载整车或动力总成应用的条件。该阶段的主要工作是进行性能、可靠性、耐久性、工艺验证试验。主要成果如下：

1）性能、可靠性、耐久性试验报告：性能试验主要是指在可靠性和耐久性试验前后的性能确认试验，如果前期性能开发做得不够充分，在此阶段还需要补充性能开发试验。

2）工艺确认报告：包括对承载该项技术的零部件的生产工艺性确认，也包括该零件在整车或动力总成上的装配工艺性确认。

3）技术应用计划书：技术在产品上的应用计划，包括计划匹配的总成或整车、匹配开发计划、风险及预防措施等。该文件需要着重关注技术应用计划和产品开发计划的匹配性。

2.3.2 主要工作及步骤

2.3.2.1 创意产生阶段的主要工作及步骤

（1）工作流程

创意产生阶段的目标是选出最值得进行下一步开发的技术方案，该阶段的主要工作及步骤见表2.3（包括但不限于）。

表2.3 创意产生阶段的主要工作及步骤

序号	任务	逻辑关系	参考周期	负责部门	支持部门
1.1	组建核心团队	NA	5	PM	相关部门
1.2	召开头脑风暴会议	1.1	5	PM	相关部门
1.3	用户及市场调研	1.2	20	PM	相关部门
1.4	目标定义	1.3	20	PM	相关部门
1.5	合作供应商选择	1.4SS	20	采购部	PM
1.6	初步验证	1.4，1.5	40	PM	相关部门
1.7	编制技术创意预研报告	1.6	10	PM	相关部门
1.8	创意评审会	1.7	0	技术委员会	PM

（2）关键任务

1）组建核心团队：基于技术开发项目所涉及的技术领域和所需要的关键资源，选择并获取团队成员，成立正式的技术开发项目核心团队。

在汽车企业中，技术开发工作通常是采用项目管理的方式推进的，其项目经理（PM）一般是所开发技术领域的“技术大牛”，如果技术项目规模过于庞大，也可以选择一名专业的项目经理管理技术开发工作。根据技术开发项目规模大小，项目团队规模可大可小，可能是1个人（即PM本人），也可能是多达数百人的技术团队。

和产品开发项目类似，项目开展前首先需要组建核心项目团队，其规模一般不超过10人。团队成员包括项目经理、相关领域的技术专家、关键资源控制人（如实验室负责人）、核心供应商的技术专家、下游客户（如整车或总成技术开发负责人）等。组建核心团队后需要召开启动会，使核心成员充分理解技术开发的目的和大家需要发挥的作用。

2）召开头脑风暴会：基于头脑风暴工具（详见2.2.4节）召开创意征集会，与会人员应该包括核心团队成员、关键客户、终端用户（或销售及售后专家代表）、行业专家等。因为技术创意的产生需要一定的准备工作，所以在召开头脑风暴会议前应该让与会人员了解技术开发的背景和目标，在会议组织期间需要遵循头脑风暴工具要求的注意事项，避免在某个技术细节上讨论过久。头脑风暴会议结束后应组织对产生的创意进行集中讨论，去除显著不可行的技术创意后，形成一份技术创意清单。

3）用户及市场调研：针对经销商、终端用户和竞品进行调研，以及通过关键供应商调研行业内的发展情况。调研工作重点回答以下问题：

① 其他车型是否有过应用？性能、可靠性、用户口碑如何？

② 过去没有应用该技术的限制条件是什么？现在该限制条件是否依然存在？目前该技术又有那些新的突破？

③ 是否有合格的供应商？

④ 是否有已经存在或潜在的知识产权问题？

4）目标定义：对从技术组合规划中承接的技术开发目标进行确认、分解、调整和优化。进行目标定义的原因是，经过专家讨论和调研，以及与供应商的技术交流，项目核心团队对技术的理解也将更为深刻和准确，因此有必要对承接过来的目标进行细化、分解、调整和优化。

5）合作供应商选择：选择能够支持技术开发和相关零部件生产的供应商。选择供应商的过程也是技术交流和目标定义的过程。需要指出的是，技术开发较为复杂，通常需要技术实力比较强的供应商支持，而且供应商在配合进行技术开发时需要投入很多资源，因此在进行供应商选择时最好得到采购部门的许诺，即技术开发成功后该供应商为相关产品的首家供应商。

6）初步验证：对技术创意进行技术可行性评估，通常是借助理论计算和仿真分析的手段完成。

7）编制技术创意预研报告：汇总前置工作的成果，形成报批用的预研报告。

8）创意评审会：技术创意预研报告成稿并完成内部审批后，由项目经理提交给技术委员会进行评审，决定是否批准、是否更改还是暂时搁置。项目核心团队根据评审结果确定下一步工作。

（3）业务逻辑与参考周期

如果技术开发项目需要由 2 名及以上的人员参与，那么应该首先明确核心团队成员，并组建核心团队，然后依次进行头脑风暴评审会和调研。调研结束后同步进行目标定义和供应商选择。这是因为在技术开发项目中供应商的作用十分关键，他们既熟悉本领域的技术知识，又了解产品的生产工艺和供应链，并且有可能因为供应商方面的因素限制，对目标进行调整。接下来就是和供应商一起进行初步验证。

后续的工作是顺序进行的。具体工作步骤如图 2.8 所示。

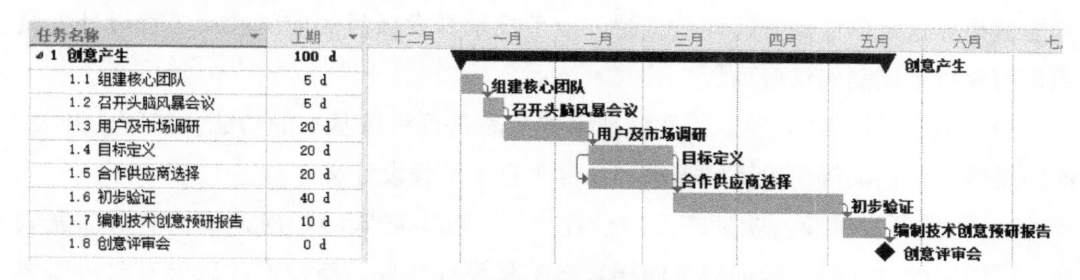

图 2.8 创意产生阶段的主要工作及步骤

表 2.3 中所列出的周期为中等规模技术开发项目在此阶段所需要的时间，总周期是 6 个月，这个周期仅供参考。不同技术开发项目之间的开发周期差异非常大，要根据技术开发项目的实际情况和规划输入，由核心团队成员共同确定各项工作的周期。

2.3.2.2 概念选择阶段的主要工作及步骤

（1）工作流程

概念选择阶段的主要任务是对一个或多个获批的技术创意进行详细的工程开发，评估开发结果并形成最终的技术概念。该阶段的主要工作及步骤见表 2.4。

表 2.4 概念选择阶段的主要工作及步骤

序号	任务	逻辑关系	参考周期	负责部门	支持部门
2.1	项目团队更新	1.8	5	PM	相关部门
2.2	工程设计	2.1	20	PM	相关部门
2.3	功能验证试验	2.2	20	PM	相关部门
2.4	性能开发试验	2.3	40	机械开发部	PM
2.5	工艺分析	2.2FF	20	制造技术部	PM
2.6	技术目标确认	2.4FF	20	PM	相关部门
2.7	技术可行性分析	2.4，2.5，2.6	10	PM	相关部门
2.8	概念选择评审会	2.7	0	技术委员会	PM

注：表中的 PM 表示技术开发项目的项目经理，一般是所开发技术领域的“技术大牛”。

（2）关键任务

1）项目团队更新：补充新增工作所需要的人员，如工程设计、机械开发、制造技术和质量管理等人员。项目团队的更新没有明确的节点，最好是能够在技术开发项目立项之初就识别出相关的人员，并按照项目团队的方式进行管理，这样能够更方便地推进同步工程。

2）工程设计：进行详细的工程设计，形成图样、技术条件、系统原理图、功能说明、DFMEA、特殊特性清单、设计和验证规范等。工程设计文件应该最少详细到能够指导指定供应商进行样品试制。由于技术开发项目的前瞻性，工程设计人员通常需要指定试制的供应商。

3）功能验证试验：验证承载该技术的产品是否具备基本的功能，如阀的开关、油路是否正常供油等，验证的需求和条件来自于工程设计文件。

4）性能开发试验：验证产品的性能水平，如电磁阀的响应速率、润滑油充满油路所需要的时间等。验证规范同样来自工程设计文件。新技术的试验有时也需要新的设备资源，这时需要借助供应商或外部设备资源，如果当前没有试验设备资源，那么需要在工程设计时同步设计验证设备。

5）工艺分析：对产品的可制造性进行分析。这项工作通常是与供应商共同完成的。需要特别关注的是工艺是影响技术落地的关键要素，在工程设计阶段需要与制造单位充分沟通，最好同时进行产品设计和生产工艺设计。

6）技术目标确认：基于试制验证、功能试验、性能试验及工艺分析结果对目标进行修正。

7）技术可行性分析：编制技术可行性分析报告。

8）概念选择评审会：技术可行性分析报告完成后，由项目经理牵头组织技术委员会对技术概念进行评审，决定是否批准、变更或搁置。因为在项目化开发阶段需要投入较大量资金用于模具及试验，所以此阶段的批准，在关注技术可行性的同时，也对后续投入资源进行批准。

（3）业务逻辑与参考周期

概念选择阶段的主要工作及步骤如图 2.9 所示。

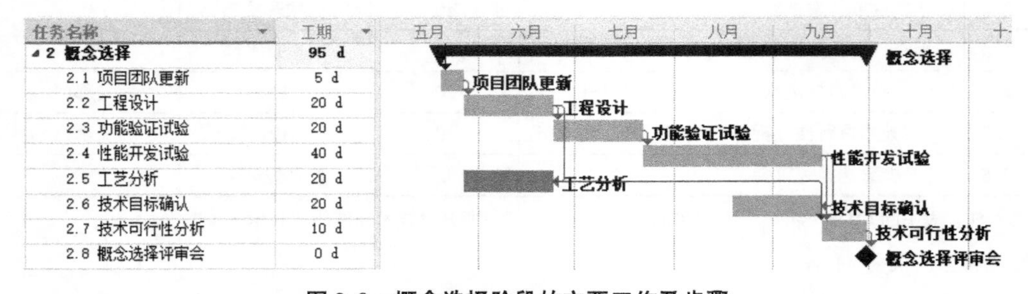

任务名称	工期
2 概念选择	95 d
2.1 项目团队更新	5 d
2.2 工程设计	20 d
2.3 功能验证试验	20 d
2.4 性能开发试验	40 d
2.5 工艺分析	20 d
2.6 技术目标确认	20 d
2.7 技术可行性分析	10 d
2.8 概念选择评审会	0 d

图 2.9　概念选择阶段的主要工作及步骤

1）通过创意评审会后，技术路线基本确定，接下来可以根据项目需要更新项目团队，启动工程设计。在进行工程设计的同时需要进行工艺分析，工艺分析与工程设计同步进行有利于保障设计方案的工艺合理性。需要重点关注的是，技术开发项目形成的产品一般是由供应商负责生产，所以在工程设计阶段有必要让供应商的工艺人员深度参与。

2）工程设计完成后项目组要根据工程图样组织试制，并依次进行功能验证试验和性能开发试验。性能开发试验的结果反映了技术方案所能真实达到的指标，所以伴随着性能开发试验，需要对技术目标进行修正。

3）所有上述工作完成后形成技术可行性分析报告，并提交技术委员会评审。

表2.4所列出的周期仅供参考，根据项目规模的不同，开发周期的变动范围非常大。

2.3.2.3 项目化开发阶段的主要工作及步骤

（1）工作流程

项目化开发阶段是以技术的产品化应用为目的，对技术概念进行详细确认，并初步完成与产品开发计划的对接。该阶段的主要工作及步骤见表2.5。

表2.5 项目化开发阶段的主要工作及步骤

序号	任务	逻辑关系	参考周期	负责部门	支持部门
3.1	项目团队更新	2.8	5	PM	相关部门
3.2	性能、可靠、耐久试验	3.1	40	试验部	PM
3.3	工艺方案确认	3.2FF	10	制造技术部	PM
3.4	技术目标验收	3.2FF	20	技术委员会	PM
3.5	技术、产品计划对接	3.3，3.4	20	PM	项目管理部
3.6	技术应用计划书编制	3.5	10	PM	项目管理部
3.7	技术验收评审会	3.6	0	技术委员会	PM

（2）关键任务

1）项目团队更新：将可靠性和耐久性试验的负责人（一般隶属于试验部或机械开发部）、将要应用此项技术的产品开发项目经理（或子项目经理）及相关产品开发人员更新至项目团队。与概念选择阶段中的项目团队更新任务一样，项目团队更新没有明确的节点，是渐进式的，但是越早进行越好。

2）性能、可靠、耐久试验：需要重点进行的是可靠性试验和耐久性试验，同时也需要对可靠性和耐久性试验前后的性能进行测试并评估，通常要求可靠和耐久试验前后性能差异不超过5%。需要重点关注的是，此处试验样件需要的是通过量产工装生产出来的零件，也就是模具件。

3）工艺方案确认：对工艺方案进行最终确认，如果条件具备，最好能够在此时完成相关零部件的OTS认可，这样在后续搭载总成或整车产品时的风险将会减小很多。

4）技术目标验收：通过评估性能、可靠、耐久试验结果及工艺确认结果，对技术开发的目标进行验收评价。

5）技术、产品计划对接：结合技术组合规划输入，与相关产品开发项目进行对接。如果产品开发项目还没有正式立项，可以将所开发技术的应用建议添加至产品和技术组合规划的核对单中（详见 2.2.4 节），以防遗漏。

6）技术应用计划书编制：汇总技术和产品计划的对接结果，形成正式的技术应用计划书。

7）技术验收评审会：技术开发项目的项目经理汇总项目化开发阶段的成果，形成最终的技术验收报告，提交给技术委员会进行评审、审批。在技术验收评审会上需要有财务、质量、产品开发、生产、销售及售后等领域的负责人参加。由于技术开发项目之间的规模差异很大，通常技术验收评审会会按照一定的周期（如一年、半年、一个季度）召开，而非完全按照技术开发项目的节点召开。和所有的评审一样，无论会议何时召开，节点任务和材料准备工作都需要在项目节点之前完成。

作为技术开发项目的项目经理，在技术验收评审会通过后需要进一步整理项目的档案，同时组织做好项目总结，对每一位参与过项目工作的团队成员表示感谢，并解散项目团队。

（3）业务逻辑与参考周期

项目化开发阶段的主要工作及步骤如图 2.10 所示。

任务名称	工期	前置任务	节点
3 项目化开发	75 d		
3.1 项目团队更新	5 d	18	
3.2 性能、可靠、耐久试验	40 d	20	
3.3 工艺方案确认	10 d	21FF	
3.4 技术目标验收	20 d	21FF	
3.5 技术、产品计划对接	20 d	22,23	
3.6 技术应用计划书编制	10 d	24	
3.7 技术验收评审会	0 d	25	

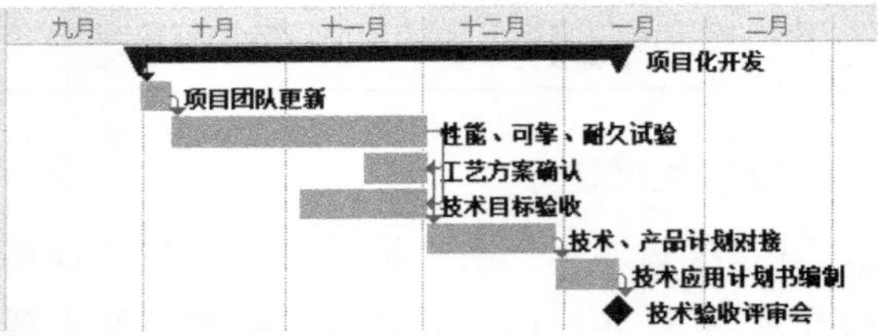

图 2.10　项目化开发阶段的主要工作及步骤

1）技术概念获批后，意味着决策层已经批准进行零部件开模、可靠性和耐久性试验。项目经理应该根据需要调整项目团队成员，通知采购部下达开模指令，组织策划可靠性及耐久性试验。

2）模具件制作的过程也是对工艺可行性进行确认的过程，模具件到位后可以启动可靠性试验和耐久性试验，并对性能进行再次确认。工艺方案确认和技术目标验收应该伴随着试验完成而完成。

3）试验完成后需要与相关的产品（整车或总成）计划负责人进行对接，讨论技术在产品中应用的计划。需要强调的是技术和产品之间的对接，第一次发生在公司做产品和技术组合规划时，在技术开发项目立项后团队成员内就应该有整车或总成开发的技术代表。非正式的计划对接工作应随时进行。这里进行的计划对接是正式的对接。对接完成后编制技术应用计划书。

4）所有工作完成后编制评审材料，组织技术验收评审会。最后基于评审结论进行完善。最终技术验收通过后，进行项目行政收尾，庆功后解散项目团队。

2.3.3 项目管理者在其中的角色及作用

本节所讲的项目管理者是指整车产品开发项目管理者，与前文中提到的技术开发项目经理不同。整车产品开发项目管理者在技术开发项目上主要发挥如下两个方面的作用：

1）项目管理技术的提供者。在技术产品开发项目中的项目经理通常是“技术大牛”，他们通常不是很擅长项目管理工作。此外某个技术领域的项目并不具备连续性，也就是说并不是每一年都有某个领域的技术开发项目，这些“技术大牛”的项目管理能力很难得到锤炼。因此有必要从专业的整车项目管理者处获取项目管理工具和技术、模板、管理规章制度等。整车项目管理者能够在以下几个方面为技术项目经理提供帮助：

① 计划编制：协助技术项目经理编制专业的技术开发计划，共同识别出关键路径，介绍常见的项目管控手段。

② 项目预算管理：帮助其熟悉公司的项目财务管理制度，以及预算编制方法、预算管控方法。

③ 各种项目管理模板。

④ 项目档案管理：指导技术项目经理按照公司或 PMO 规定的项目档案管理办法，签批、收集、存储项目档案。

在有些企业有专业的项目管理人员专门负责技术开发项目的管理协调工作，提供的也是上述几项帮助。

2）整车客户的代表。一项成功的技术最终是要在整车产品上应用的，所以技术开发项目与整车产品开发项目有着密切的关系。整车产品开发项目经理作为整车客户的代表，应该密切关注技术开发进展，并在技术开发过程中发挥如下作用：

① 向技术开发项目组反馈整车项目的真实需求。

② 协调技术开发项目和整车开发项目的衔接关系，明确关键里程碑和关键路径，对这些关键信息需要重点管控。

③ 协助完成技术应用报告，对于技术开发过程中不完善的地方，如没有进行整

车搭载试验，需要在整车开发项目中进行安排。

2.3.4 知识、工具与技术

1）标杆对照：详见2.1.4节，在技术开发项目的创意产生阶段经常需要对竞品所采用的技术进行对照分析。因为技术具有一定前瞻性，所以也需要关注其他行业所采用的类似技术，如航空航天所用的新材料、机床所用的定位技术、环保行业的分离技术等都会对技术开发人员产生一定的启发作用。在实际应用中的技巧是就技术背后的基本原理、基本技术矛盾进行分析，并在专利数据库中检索技术解决方案。

2）市场调查：详见2.1.4节，在技术开发项目的创意产生阶段需要对用户进行访谈，对市场进行调研，重点关注市场上同类产品的技术方案、用户的实际诉求、用户愿意付出多少钱以应用该项新技术等。

3）头脑风暴：详见2.1.4节，用于产生技术创意。在技术开发项目中应用时需要给予相关人员必要的背景信息和充分的准备时间。因为对于技术创意，多人共同的设想未必优于单人的深思，较为充分的准备工作有利于更好地发挥个人和集体的优势。

4）假设条件和制约因素分析：详见2.1.4节，用于分析某项技术方案是在哪些假设条件和制约因素下才可行的。通过使假设变为事实，及消除不利的制约因素，为技术开发创造有利的条件。如假设有一种涂层技术能够使摩擦副更耐磨损，那么在这个假设条件下就可以应用更低黏度的润滑油。通过对涂层这种假设进行分析，我们可以通过促成这种假设来促进低黏度润滑油的应用。

5）备选方案分析：它是在多种可能的方案中选择最优方案的过程。在编制技术创意预研报告时，需要对多个技术创意进行分析，在假设条件和制约因素限定的范围内选择最佳的技术方案。

6）风险分析：详见2.2.4节，技术开发项目的三个阶段中都需要对风险进行分析。风险的来源有技术组合规划输入的风险项、假设条件、制约因素、技术、进度、预算、质量等方面的不确定性因素。风险分析工作需要由全体团队成员负责，并且随时随地进行识别，由项目经理进行统一的记录和管控。

7）成本效益分析：从财务角度分析备选方案优劣的一种工具。运用成本效益分析有利于财务指标的达成。成本效益的分析应该是多层次、多维度的，如既需要关注技术本身带来的效益，也关注技术对其他系统的影响（成本方面）；既关注技术带来的成本降低，也关注其对质量成本的影响。

8）相关方分析：详见2.2.4节，在组建核心团队、项目团队更新、市场调研、合作供应商选择活动之前都需要进行相关方分析。在进行相关方分析时需要获得相关方的权力、知识、利益关注点、对项目的期望和态度等信息。

9）技术绩效分析：把项目执行期间所取得的技术成果与取得相关技术成果的计划进行比较。技术目标定义、技术目标确认、技术目标验收的过程就是技术绩效分析的过程。技术绩效分析的前提是技术指标明确、客观、量化。技术绩效分析的结果可以用于修正目标和评价技术方案的优劣。

10）储备分析：为应对预算的不确定性，按照一定比例或固定数量预留预算储备。预算储备用于应对已经识别出的风险，随着风险的消除，预算储备也需要进行对应的调整。储备分析通常是用于预算领域，但是在项目进度领域，甚至某些技术领域也需要运用储备分析的理念。如为某些活动预留一定的储备周期，用以应对延期风险。

11）思维导图：详见2.2.4节，主要配合头脑风暴会议应用，也应用于技术项目经理整理技术思路。

12）多标准决策分析：详见2.2.4节，在供应商选择和技术创意预研报告编制时需要用到，通过多个维度的综合评价，选择出相对最优的供应商和技术创意。

13）团队建设：泛指为促进团队合作、营造积极的合作氛围而举办的各种活动。在1.3.2.7节中详细阐述了具有良好团队建设能力的项目经理应该表现出哪些行为，项目经理在进行团队建设时可以借鉴。团队建设工具的应用要点是随时随地都可以进行团队建设，如每一次项目会议、每一次正式或非正式的交谈、微信群里的一次“闲聊”等。在项目管理实践中也常常会举行一些较为正式的团队建设活动，如项目庆功会、茶话会、素质拓展活动等。

14）集中办公：也称项目作战室，即将项目团队成员安排在同一地点进行办公，以增进互信、减少沟通成本、提高团队效能。全新整车及动力总成开发项目通常采用这种办公方式。集中办公可以是阶段性的，也可以贯穿整个项目。对于项目型的组织，集中办公则是常态。通常集中办公的场所是固定的，但是集中办公的成员随着项目的推进会有些变化，因为不同阶段的项目核心成员是不同的。

15）知识管理：它是对项目开发过程中的知识进行识别、收集、存储和应用的过程。知识分为显性知识和隐性知识，显性知识容易通过文档进行表达，隐性知识（如诀窍、思维方式、看待问题的视角等）则难以明确表达。

在进行知识管理时对于显性知识要规范管理，能够文档化的工作全部要文档化，对于各个阶段的工作也要总结和反思，形成经验教训并归档管理。对于隐性知识要灵活管理，通常采用师徒传承、小团队作战、交流会等方式进行管理。

需要重点关注的是知识被重复应用才更有价值，所以总结形成的经验首先应该在团队内应用，然后才是共享到其他项目中。毕竟如果自己团队都不应用的知识很难说有多大的价值，此外经验总结者对经验的理解也更深刻，应用的效果更好。

16）项目报告：收集和发布项目信息的过程。这是项目中最常用的沟通工具之一，作为项目经理应随时准备一份最新的涵盖项目进度、预算、问题、风险等信息的项目报告。此外还需要针对不同的群体定制不同的项目报告。项目报告可以按照一定周期发布（如1周、2周或1个月），也可以是按照项目节点发布。

需要重点关注的是项目报告要模块化管理，如每个子项目准备一份简要报告，并定期更新。这样的好处是后续可以根据需要组合成满足不同需求的报告。在项目内部要尽量减少编制项目报告的工作量。推荐采用表格而非幻灯片的内部报告形式。

17）滚动式规划：详见2.2.4节，在技术开发项目中滚动规划主要体现在以下方面：

① 项目计划逐渐清晰。技术开发具有较强的不确定性，通常不能在技术开发的初始阶段就知晓后续的工作内容和工作周期。

② 项目团队逐渐清晰。伴随着项目工作内容逐渐清晰，项目团队也要进行更新。

③ 项目目标逐渐清晰。需要根据开发结果对规划输入的目标逐渐细化和调整。

④ 技术的应用范围逐渐清晰。有些新技术在开发的初始阶段可能只识别出应用在一个产品上，但是随着开发的推进，大家对技术的理解愈发深入，其应用范围可能得到拓展。

⑤ 项目的预算逐渐清晰。和技术开发项目的工作有很强的相关性，随着计划的逐步清晰，预算也会有所调整。

18）专家判断：详见2.1.4节，几乎任何一项工作都需要由相关的主题专家进行判断，如技术方案、开发计划、预算、试验方案、应用方案等。

19）会议：详见2.1.4节，在技术开发项目中需要召开项目启动会、问题解决会、评审会、总结会、庆功会等一系列会议。

2.4 项目管理流程

项目管理流程是嵌入在其他流程中的流程，属于支持性的流程。它不产生产品、服务或成果，但是它能促进其他流程更好地执行。项目管理流程的基本思路来自于

“PDCA 循环”，其内涵体现的是做好任何一项工作所需遵循的基本方法，即计划、执行、检查和处理（总结）。项目管理流程有点像俄罗斯的套娃玩具，一个很大的项目从整体上遵循一个 PDCA 循环，大项目的内部的每个阶段也遵循一个 PDCA 循环，阶段内部的每个工作也遵循 PDCA 循环。因此，项目管理流程不是一个线性的流程，而是层层嵌套的一种流程，或者说是一种通用的标准化的工作方法。

项目管理是一门专业的学科，这方面的标准、指导手册也有很多，比较著名的是《PMBOK 指南》和《PRINCE2 学习指南》，这两本书的共同点多于差异，但是考虑到《PMBOK 指南》在中国更为普及，所以本书用到的项目管理概念更多地借鉴了《PMBOK 指南》（第六版）的内容。

2.4.1 主要成果

PMBOK 将项目管理知识体系划分为五个过程组，本书借鉴其概念，并根据汽车产品开发的特点对其进行延展，将项目管理流程划分为五个步骤，分别是启动、规划、执行、监控和收尾。

2.4.1.1 启动过程组

启动过程组是指定义一个新项目或现有项目的一个新阶段，授权开始该项目或阶段的过程。主要成果如下：

1）项目章程：记录项目或阶段成果、总体节点、项目负责人、主要相关人员和总体风险等信息的一份正式文件。在不同的企业、针对不同的项目和工作都有不同的称谓，如立项报告、任务书、工作联系单等。

2）相关方登记册：记录关于已识别相关方的信息，包括（但不限于）身份信息、评估信息、相关方分类。

2.4.1.2 规划过程组

规划过程组是指明确项目范围，优化目标，为实现目标制定行动方案的过程。它相当于 PDCA 循环的 P（Plan），主要成果如下：

1）项目管理计划：一份指导所有项目工作的文件。它可以简单地分解成两个方面，即程序性计划和基准。其中程序性计划是指导完成某项工作的程序及其说明，略带一些方法论的意味。在整车开发企业，这些程序性计划通常是有标准规定的。作为项目经理可以直接借用公司的规定文件，也可以根据项目的特点进行定制化开发。对程序性计划的调整通常需要经过公司的标准管理归口部门或 PMO 批准。基准是指通过正式批准的用于指导和评价项目工作的文件。通常的基准包括项目的工作范围、进度要求和预算要求。表2.6列出了项目管理计划的主要内容，读者如果想了解其详细定义，可以参阅PMBOK。

表2.6　项目管理计划的主要内容

序号	分类	名称	简介
1	程序性计划	范围管理计划	确立如何定义、制定、监督、控制和确认项目范围
2		需求管理计划	确定如何分析、记录和管理需求
3		进度管理计划	为编制、监督和控制项目进度建立准则并确定活动
4		成本管理计划	确定如何规划、安排和控制成本
5		质量管理计划	确定在项目中如何实施组织的质量政策、方法和标准
6		资源管理计划	指导如何对项目资源进行分类、分配、管理和释放
7		沟通管理计划	确定项目信息将如何、何时、由谁来进行管理和传播
8		风险管理计划	确定如何安排与实施风险管理活动
9		采购管理计划	确定项目团队将如何从执行组织外部获取货物和服务
10		相关方参与计划	确定如何根据相关方的需求、利益和影响让他们参与项目决策和执行
11		变更管理计划	描述在整个项目期间如何正式审批和采纳变更请求
12		配置管理计划	描述如何记录和更新项目的特定信息，以及该记录和更新哪些信息，以保持产品、服务或成果的一致性和（或）有效性
13		项目生命周期描述	描述项目从开始到结束所经历的一系列阶段
14		开发方法	描述产品、服务或成果的开发方法，例如预测、迭代、敏捷或混合型模式
15	基准	范围基准	经过批准的范围说明书、工作分解结构（WBS）和相应的WBS词典，用作比较依据
16		进度基准	经过批准的进度模型，用作与实际结果进行比较的依据
17		成本基准	经过批准的、按时间段分配的项目预算，用作与实际结果进行比较的依据

2）项目管理文件：除项目管理计划外的其他管理所需的文件，具体内容见表2.7。

表2.7　规划过程组的项目文件主要内容

序号	名称	简介
1	物质资源分配单	记录物资资源如设备、材料、场地等与项目活动的对应关系
2	项目日历	在项目日历中规定可以开展进度活动的可用工作日和工作班次
3	项目沟通记录	记录项目执行过程中正式的和非正式的沟通材料，包括但不限于绩效报告、可交付成果的状态、进度进展、产生的成本、演示，以及相关方需要的其他信息

（续）

序号	名称	简介
4	项目进度计划	项目进度计划是进度模型的输出，为各个相互关联的活动标注了计划日期、持续时间、里程碑和所需资源等信息
5	质量测量指标	质量测量指标专用于描述项目或产品属性，以及控制质量过程将如何验证符合程度
6	需求文件	需求文件描述各种单一需求将如何满足与项目相关的业务需求
7	需求跟踪矩阵	需求跟踪矩阵是把产品需求从其来源连接到能满足需求的可交付成果的一种表格
8	资源日历	资源日历识别了每种具体资源可用的工作日、班次、正常营业的上下班时间、周末和公共假期
9	风险登记册	风险登记册记录已识别单个项目风险的详细信息。随着实施定性风险分析、规划风险应对、实施风险应对和监督风险等过程的开展，这些过程的结果也要记进风险登记册

2.4.1.3 执行过程组

执行过程组是指完成项目管理计划中确定的工作，以满足项目要求的过程。它相当于PDCA循环的D（Do），主要成果见表2.8。

表2.8 执行过程组的项目文件主要内容

序号	名称	简介
1	问题日志	记录和跟进所有问题的文件，包括问题描述、解决计划、解决状态等
2	经验教训登记册	记录应对的挑战、问题、风险和机会的过程，或其他适用的内容
3	项目沟通记录	记录项目执行过程中正式的和非正式的沟通材料，包括但不限于绩效报告、可交付成果的状态、进度进展、产生的成本、演示，以及相关方需要的其他信息
4	项目团队派工单	项目团队派工单记录了团队成员及其在项目中的角色和职责，可包括项目团队名录、主要负责的工作和计划等
5	质量报告	质量报告可能是图形、数据或定性文件，其中包含的信息可帮助其他过程和部门采取纠正措施，以实现项目质量期望
6	风险报告	风险报告提供关于整体项目风险的信息，以及关于已识别的单个项目风险的概述信息
7	相关方登记册	记录关于已识别相关方的信息，包括（但不限于）身份信息、评估信息、相关方分类
8	进度数据	用以描述和控制进度计划的信息集合

2.4.1.4 监控过程组

监控过程组是指跟踪、审查和调整项目进展与绩效，识别必要的计划变更并启动相应变更的过程。它相当于 PDCA 循环的 C（Check），主要成果如下：

1）变更日志：记录变更请求、处理结果及相关信息的文件。

2）质量控制测量结果：控制质量的测量结果是对质量控制活动的结果的书面记录。应以质量管理计划所确定的格式加以记录。

2.4.1.5 收尾过程组

收尾过程组是指正式完成或结束项目、阶段或合同所执行的过程（组）。它相当于 PDCA 循环的 A（Act），主要成果是收尾报告，作用是总结项目的绩效，完成项目后评价。其中应该包括项目目标的完成情况、最终成果的确认报告、经验教训登记册（包含对效益、商业论证输入、问题和风险管理、管理过程等方面的总结与反思）。

2.4.2 主要工作及步骤

2.4.2.1 工作流程

项目管理流程的主要工作及步骤见表 2.9。

表 2.9 项目管理流程的主要工作及步骤

序号	任务	逻辑关系	参考周期	负责人	支持者
1	启动	NA	NA	项目发起人	发起人等
2	规划	1	NA	PM	全员
3	执行	2SS	NA	PM	全员
4	监控	1SS	NA	PM	Q、F 等
5	收尾	1，2FF，3FF，4FF	NA	PM	全员

2.4.2.2 关键任务

1）启动：旨在正式启动项目或项目的一个阶段，在启动过程组需要明确项目或阶段的目标、粗略的计划、资源、主要风险、责任人及重要相关方，同时指定项目经理，授权项目经理动用组织资源开展项目或阶段工作。对于大型项目，通常在项目立项后召开项目启动会，宣布项目正式启动，在重大项目阶段启动之际也会召开阶段启动会。对于中小型项目则通常仅在项目立项后召开一次项目启动会。

启动任务的责任主体通常不是项目经理，因为这个阶段还没有正式发布项目经理的任命书，所以通常由项目发起人（研发领域负责人）牵头组织，项目经理协助完成启动工作。

2）规划：旨在细化项目目标、计划，确定项目的管理方法和程序，批准项目基准。在规划过程组需要编制各管理领域（整合、范围、进度、成本、质量、资源、沟通、风险、采购、相关方）的计划，确定范围、进度和成本基准，最后整合成项目管理计划。规划工作最能够体现项目的渐进明晰性，即对近期将要开展的工作制定详细的计划、对于远期工作做概要性计划，在整个项目进行过程中不断滚动更新。

3）执行：旨在按照项目管理计划指导与管理项目工作。期间的主要工作有组建和管理项目团队、开展技术性工作、进行质量管理、风险应对，同时收集、应用项目开展过程中形成的知识。

4）监控：旨在监督和控制各个管理领域和技术领域的工作，提出、记录变更请求，实施整体变更控制。监控工作也需要形成项目的绩效报告。一个完整的整车开发项目有不同领域和层级的监控，作为项目经理，需要协调其间的关系，并从项目整体角度监控项目。

5）收尾：旨在完成项目的行政收尾，释放项目资源。工作包括：总结项目目标的达成情况、总结良好的实践经验与失败的教训，并书面存档；整理项目的全部档案，移交档案至管理部门存档；进行团队庆功并释放项目资源。

2.4.2.3 业务逻辑与参考周期

启动、规划、执行、监控和收尾五大过程组在宏观层面上的先后关系类似于PDCA循环，在微观一些的层面上却没有明确的界限和先后关系，过程组之间有复杂的相互关系。在整车产品开发项目开展过程中，五大过程组的工作是需要反复实施的，只不过工作量有所不同。图2.11所示为项目或阶段中过程组相互作用示例。横轴表示产品开发项目从开始到完成的时间，纵轴表示支持型活动的工作量。从图中可以看出五大过程组的工作高峰按启动、规划、执行+监控、收尾的顺序出现，但是执行和监控过程组贯穿始终，其他三个过程组也有很宽的时间跨度。图2.11在一个阶段内部同样适用。总览整车产品开发项目，我们可以发现项目管理五大过程组是一直围绕在各个项目任务中的。

关于参考周期，因为五大过程组需要交叠、重复进行，所以没有明确的参考周期。

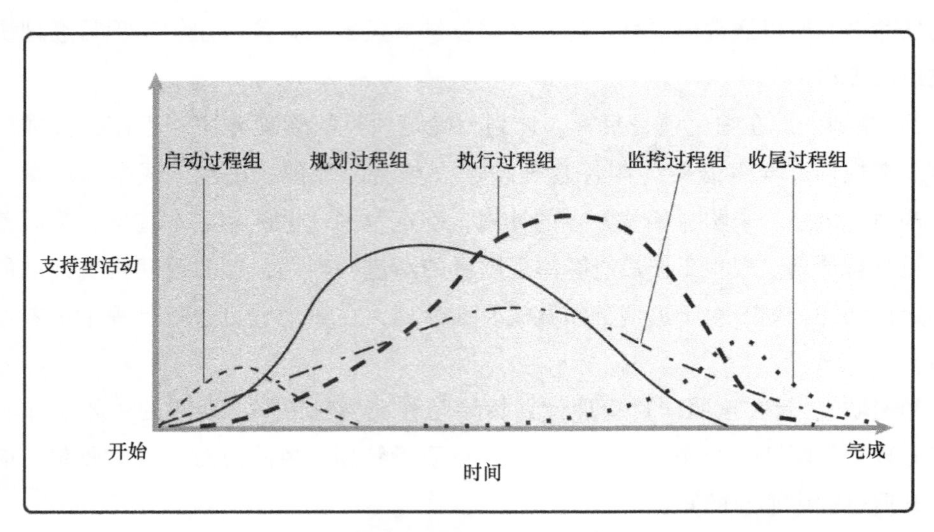

图 2.11　项目或阶段中的过程组相互作用示例

2.4.3　项目管理者在其中的角色及作用

在 1.2 节中系统地描述了项目经理在整车产品开发项目中的角色和职责，其内容也在某种程度上反映了项目经理在项目管理流程中的角色及作用。所不同的是 1.2 节是从整个项目的角度对项目经理的角色和职责进行阐述，本节从五大过程组的角度进行叙述。如前文所述，五大过程组在整个项目的层面有所展现，在一个阶段、一个业务领域、一个项目任务中也都有所体现。

1）在启动过程组：项目经理是核心参与者，协助发起人起草项目章程、识别项目干系人、组织项目启动会。对项目整体层面的假设条件、制约因素和项目风险要有充分的考虑，并争取体现在项目章程中。这能够为后期的项目执行扫清一些障碍。对于一些关键指标要在项目章程中排出优先级，以便在后续工作中做出取舍。对于项目管理者的权力、利益和能够动用的资源也要做到最大程度的明确。

2）在规划过程组：项目管理者是组织者，核心任务是组织项目核心团队成员编制项目管理计划。需要重点关注以下因素：

① 对于程序性计划要借助 PMO 的力量尽快完成，并根据项目的需求，进行定制化开发。

② 范围基准要十分明确，防止后续的范围蔓延。进度和成本（预算）基准要充分考虑风险因素，留有一定风险储备。

③ 基准的定义应该在公司允许的范围内尽量宏观，因为项目工作是渐进明晰的，所以定义过分详细的基准将会阻碍后续项目工作。

④ 要调动全部核心成员共同编制计划，也要咨询重要的相关方对计划的意见和建议。共同参与有助于计划的执行，该过程也是团队建设的过程。

⑤ 要确保基准得到批准并公开，这将是项目管理者后期推进项目的有力工具。

3）在执行过程组：项目管理者是既定事项的推进者和意外事项的协调者。需要重点关注以下因素：

① 项目管理者应该是最具决心与毅力的项目推动者，坚定地按照计划推进项目。

② 通过优化流程与模板，提高规定步骤的推进效率。将一部分精力投入到意外事件的预防和管理上。

③ 推进知识管理工作，首先在项目内部收集、存储、分享和应用项目推进过程产生的知识。

4）在监控过程组：项目管理者是总体协调者和代言人。需要做到以下工作：

① 收集各领域的绩效信息，形成项目报告，并发送给相关方。

② 收集、记录和分析变更请求，评估变更的影响，并组织变更控制委员会评审变更请求。

③ 推进变更请求的落实。

5）在收尾过程组：项目管理者更像是管家，组织做好项目的行政收尾，举行庆祝会，然后解散项目团队，最后给项目成员和其直线领导发一封感谢信。

2.4.4 知识、工具与技术

因为项目管理流程计划贯穿汽车总体开发流程中，所以本书中所介绍的知识、工具与技术在某种程度上都属于项目管理流程所需要用到的知识、工具与技术。考虑到不同知识、工具与技术与特定工作的相关性，本章仅选择与项目管理流程关系最为紧密的几个知识、工具与技术进行介绍，其他内容可以参考其他章节的内容。

1）分解：详见2.2.4节，在项目管理流程中需要将众多领域中的复杂内容进行分解，在项目管理流程中最常见的分解结构为工作分解结构（WBS）、组织分解结构（OBS）和风险分解结构（RBS）。

2）思维导图：详见2.2.4节，在项目管理流程中思维导图的一个重要作用是结合分解工具，编制各种分解结构。

3）演示：一种正式交付信息的行为，常见的表现形式是运用幻灯片进行正式汇报。汇报的信息通常包括项目的进度、棘手的问题、主要风险、需要高层提供的支撑、需要做出的决策等。

4）Project：微软公司推出的项目管理软件，能够编制进度计划、预算、平衡资源和输出报表。建议项目经理必须掌握该软件。掌握 Project 能够方便地识别任务与任务之间的关系、关键路径、任务所需的资源、任务所要消耗的预算、资源占用情况等，也能够迅速地判断出一项任务的变更对其他任务及整个项目的影响。

5）PMBOK：项目管理知识体系指南，被誉为项目管理“圣经”。里面有关于通用项目管理五大过程组和十大知识领域的详细介绍，对项目管理常见术语也进行了简要介绍。它在统一项目管理语言、推广项目管理标准方面发挥了重要作用。作为整车产品开发项目的项目经理，需要掌握其中涉及的项目管理术语和项目管理基础知识。

2.5 本章小结

1）汽车研发总体流程可以分为五大类，分别是：数据收集与分析流程、产品和技术组合规划流程、技术开发流程、产品开发流程和项目管理流程。

2）数据收集与分析流程的作用是持续性地对影响汽车产业、汽车企业、汽车产品、汽车用户及相关方的数据进行收集并分析，形成报告，为其他流程提供信息输入。

3）产品和技术组合规划流程的作用是基于企业的战略，制定产品和技术开发组合，并对各产品和技术进行优先级排序，为产品开发和技术开发指明方向。

4）技术开发流程的作用是指导汽车产品相关的技术开发，如具有较为领先理念的核心零部件、控制策略、工艺、材料等。

5）技术开发流程可以划分为三个阶段，分别是：创意产生阶段、概念选择阶段和项目化开发阶段。

6）产品开发流程又称产品诞生流程，作用是指导开发团队按照规范的步骤进行产品开发，确保开发过程受控和产品受控。（在第 3 ~ 第 9 章有详细介绍）

7）项目管理流程属于支持性的流程，它不产生产品、服务或成果，但是它是一套成熟的方法论，能促进其他流程更好地执行。

8）需要重点掌握的知识、工具和技术有：专家判断、会议、思维导图、标杆对照、核对单、知识管理、项目报告、滚动式规划、分解、Project 软件、PMBOK（在附录 C 中有知识、工具和技术清单，读者可以方便地查询某项工具在哪些章节有应用及介绍）。

第3章 产品开发总述

3.1 开发级别的划分

汽车产品由成千上万个零部件组成，理论上每一个零部件的变化都会产生一款新车，但是不同的零部件变更及不同的变更深度，对项目的影响是存在非常大差异的。有的车型开发周期可能只有几个月，有的可能长达数年。因此，需要对汽车产品开发项目进行级别划分，对不同级别的项目需要采用不同的开发管理方法。但是，对于一个企业来说，为每个级别的项目制定一套开发流程和管理方法是不经济的，而且熟悉并熟练应用一套开发流程需要几年的时间。整车开发企业通常采用的方法是针对最复杂的项目制定一套“最”完善的开发流程和管理方法，针对开发级别较低的项目制定裁剪规则。这样借助一套开发流程和管理方法就能够管理所有类型的开发项目。如果想深入理解开发流程和管理方法，就需要了解汽车产品开发项目的开发级别、工作流程和基础的裁剪规则。

对于产品开发团队，其组织方式与开发流程类似，需要针对最复杂项目搭建一个完整的项目团队，对于开发级别较低的项目团队也需要裁剪。为了保障团队工作更为高效，还需要建立多功能小组和各种类型的委员会。

项目的沟通与决策工作在各个阶段都需要涉及，本章对通用的沟通和决策部分进行阐述，后续章节将就特定阶段的沟通工作进行阐述。

3.1.1 开发级别划分的作用

几乎所有的整车开发企业都会对产品开发项目分级。分级的主要作用是确定所需采用的产品开发流程、评估项目优先级、匹配项目资源、确定项目奖金总额以及确定汇报和决策程序。具体如下：

1）确定所需采用的产品开发流程：如前文所述，多数企业会采用一个开发流程适应所有的产品开发项目，项目之间的差异性通过裁剪来实现。对项目的级别进行划分后，能够按照一定的规则实现流程的快速裁剪，而不必逐条研究每一项任务的适用性。

2）评估项目优先级：企业的资源是有限的，如何在不同项目之间进行资源平衡是整车开发企业普遍面临的问题，对项目进行级别划分能够部分解决此类问题。

3）匹配项目资源：也是和企业资源的有限性相关，但是，这里强调的是企业内部优质资源的有限性，如优秀的项目经理、工程师、设备资源等。级别高的项目一般在企业中的战略地位也高。为了能够更好地支撑企业战略目标实现，需要为高级别的项目匹配更优质的资源。

4）确定项目奖金总额：很多整车开发企业都有设置项目奖金的习惯，如何确定某个项目的奖金总额需要参考项目级别，级别高的项目通常获得更高的奖金总额。

5）确定汇报和决策程序：企业高层管理者的时间资源是有限的，一个整车产品开发项目中大的里程碑有十余个，小的里程碑有几十个之多，不可能所有的里程碑都经企业高层管理者评审。项目的开发级别可以为确定汇报和决策程序提供有益参考。

当然，开发级别的划分主要是为了在众多项目中协调项目与项目之间的关系。如果企业仅有一个或很少的产品开发项目，那么对项目进行分级的必要性也要小一些。企业在管理整车产品开发项目时，可以根据企业自身情况进行权衡，保障效率和资源利用率最高即可，不需要拘泥于形式。

3.1.2 四种典型的开发级别划分方法

开发级别的划分主要有四种，分别是基于变化的模块、开发周期、开发费用以及综合划分法。

3.1.2.1 基于变化的模块

整车可以简单地划分为车身、动力系统、底盘系统和电气系统四个大的模块，按照开发复杂度从复杂到简单可以粗略排序为：动力系统、车身、底盘和电气系统。基于这种较为粗略的划分方法，整车开发项目可以划分为以下五个级别：

1）一级：几乎所有的系统全新开发，特别是动力总成为全新开发的项目。

2）二级：车身全新开发、全新的动力总成匹配、底盘和电气系统升级的项目。

3）三级：全新的动力总成匹配、内外饰较大变化（白车身不变）、底盘和电气系统升级的项目。

4）四级：底盘升级，其余系统简单升级。

5）五级：内外饰不变、动力系统调试升级（如功率提升）、底盘和电气适应性调整。

以上是一种较为简洁的划分方法，有些企业对这种划分方法进行了细化，其特点主要体现在以下两个方面：

1）动力总成（特别是发动机和变速器）为独立的产品开发项目，其开发级别根据开发复杂度的差异再划分为三个级别，分别是：全新开发、技术升级（性能提升、具有较大的标定工作量）和适用性开发（简单的升级）。

2）将动力总成之外的部分划分为上车体件和下车体件，其中上车体件包括白车身、覆盖件、内饰件和外饰件；下车体包括悬架、转向、制动、传动、车架（商用车或非承载式车身的乘用车）、发动机舱等。上车体和下车体又分别划分成四个（或多个）级别，然后将不同开发级别的上车体和下车体组合形成整车开发的级别。

这种划分方法相对第一种更为详细，企业也可以参照这种方法对上车体和下车体的系统及零部件进一步细化，形成更为详细的分级标准。但是，这种方法也有弊端，如果划分太过详细那么评估每个部件的变化情况，并将其整合成整车开发级别的工作量也是巨大的。此外，在很多企业中，项目级别的不同往往意味着项目开发优先级、项目奖金数额的不同，评估过程中的冲突和阻力也是巨大的。

3.1.2.2 基于开发周期

开发周期是另一种划分维度，项目的开发周期主要由技术论证、设计周期、模具周期、试验周期和生产准备周期构成，复杂的整车产品开发项目开发周期自然是比较长的，所以这也不失为一种合理的划分方法。根据开发周期不同，整车开发项目通常可以划分为以下三个级别：

1）一级：开发周期4~5年，面向未来5~10年的战略性产品。

2）二级：开发周期2~3年，面向未来2~4年的技术升级产品。

3）三级：开发周期不满1年，面向未来1年的适应性产品。

这种划分方法比较简单，一般需要先根据产品开发的构想编制一份粗略的开发计划，并根据开发周期对开发级别进行划分。在应用这种方法时，还需要关注产品的战略作用。有时开发周期长仅仅是因为某一项工作耗时较长，如需要进行很长时间的道路试验或用户试验，但是其开发复杂度很低。对于这种产品开发项目需要佐以开发复杂度和战略作用评估，然后再进行综合定级。

3.1.2.3 基于开发费用

对于特别关注财务指标的公司来说，产品开发项目的关注重点在于资金投入、资金回收期和项目收益率等指标。因此，项目的研发投入就更为重要了，这时，可以根据研发投入来对项目的级别进行划分。但是研发投入多与少的标准，对于不同企业是完全不同的，有的企业认为几百万的开发项目就已经是大项目了，有的公司认为几千万的项目才是中等规模的项目。不同的企业需要根据自身情况制定不同的评价标准。

采用基于研发费用划分方法时，需要特别关注费用的构成，如果一个产品开发项目的费用由较高的认证费用、试验费用和营销费用等构成，那么可能说明该项目的研发复杂度并不高，完成此项目所需采用的开发流程和管理方法也需要审慎选择。

3.1.2.4 综合划分法

整车产品开发项目是存在一定的不确定性的，而且其又涉及企业的战略、市场、财务、技术等多个方面，所以，单独采用上述的某个划分方法未必能够表征出项目的真实状态。基于此，更多的企业对上述方法进行综合应用，具体方法如下：

1）技术中心（或其他称谓的技术负责单位）从技术的角度综合评估开发内容及开发深度，形成初版的技术策划文件。

2）项目管理部门基于初版的技术策划文件完成项目初步策划，评估项目进度和项目预算。

3）财务控制部门结合开发进度、预算等数据，以及市场提供的销量、售价等信息评估项目收益属性。

4）项目管理部门整合财务信息、规划信息以及完成的初步策划信息，形成项目级别的划分建议，提请产品委员会（本章接下来有详细介绍）审议和批准。

综合划分法的思路是以技术状态信息为基础，整合多方面信息，然后由特定的委员会进行最终评定。这样的评定过程既有标准信息（技术变化、进度和预算等）也有专家判断，能够很好地弥补刚性指标带来的不足。此外，通过委员会评审也能更好地平衡各方利益诉求，是一种值得推荐的项目开发级别划分方法。不同企业的项目差异很大，可以基于自身需求制定适合自身情况的划分方法。

3.2 产品开发流程概述与流程裁剪

每个整车开发企业都有一套产品开发流程，各个企业的开发流程也各不相同，但是无论哪个企业，一款整车产品的诞生过程相似的地方一定多过差异的地方。本书也旨在寻找相似点，理解差异点，让读者对整车开发过程有全面的了解。

整车产品开发甚至所有的产品开发流程都基于 APQP（五大质量工具之一），而 APQP 又遵循一个基本的逻辑，这就是 PDCA 循环。在本书的第 2.4 节中阐述了项目管理流程的逻辑基础是 PDCA 循环，并对其在项目管理中的应用进行了论述，本章将对其在产品开发流程中的应用及其与产品开发流程的关系进行简要介绍。

在 APQP 手册（《产品质量先期策划和控制计划》）中，将产品设计和开发过程划分为五个阶段：

1）计划和确定项目阶段：收集需求、定义项目和产品范围、确定目标和制订计划。

2）产品设计和开发阶段：完成工程图设计、试制和试验，验证设计文件正确性的过程。

3）过程设计和开发阶段：完成工艺设计、编制工艺文件，即生产准备（或工艺准备）阶段。

4）产品和过程确认阶段：通过试生产对制造过程进行确认，即试生产阶段。

5）反馈、评定和纠正措施阶段：基于量产后的信息（如生产、使用、服务）完善产品开发过程的阶段，也称为伴产阶段（其中也包括部分产品和过程确认阶段的任务）。

上述五个阶段与 PDCA 循环的对应关系可以简化为以下几类：

1）计划 P（Plan）对应计划和确定项目阶段，旨在确定目标、编制计划。

2）实施 D（Do）对应产品设计和开发阶段，以及过程设计和开发阶段，旨在完成产品和工艺的设计。

3）检查 C（Check）对应产品和过程确认阶段，旨在对产品和制造过程进行验证和确认。

4）处置 A（Act）对应反馈、评定和纠正措施阶段，旨在持续改进产品和过程。

虽然，APQP 建议的五个阶段是企业开发流程的基础，但是这五个阶段并不是首尾相连的关系，而是相互交叠的（图 3.1），这样会给流程的执行者造成一定的困惑。因此，企业通常的做法是，选择几个关键的节点将整个开发过程划分为几个首尾相连的阶段。本书也采用这种方法，下文将对这种划分方法进行详细介绍。

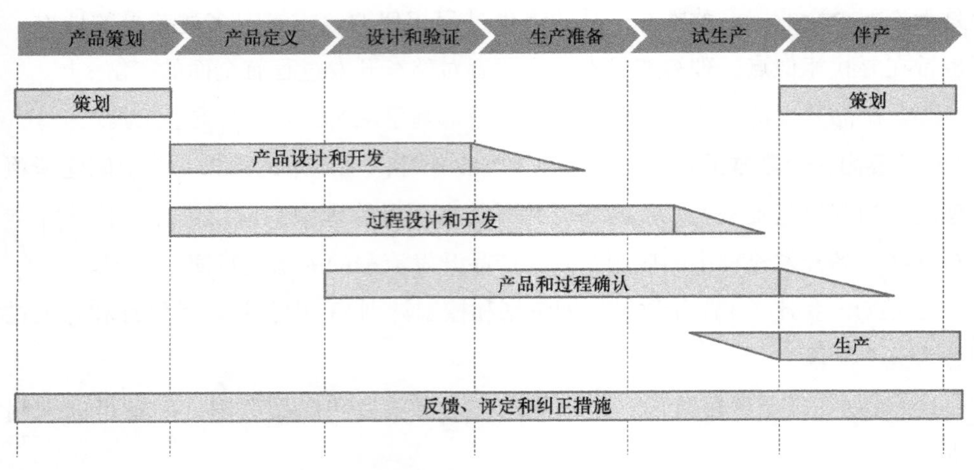

图 3.1　APQP 中五个阶段的先后关系

3.2.1　项目中的重要节点和阶段划分

为了能够更好地对产品开发过程进行管控，企业在 APQP 手册建议的五个阶段基础上细化出不同的阶段和数量不等的节点。不同的企业在节点的划分上有非常大的差异，这种差异也让不同整车企业的产品开发流程在表面上看是显著不同的。但是，对于无论哪一个整车开发企业，以下几个节点都是非常关键的：

1）项目启动：拿到集团或上级部门的批复，正式启动项目。有的企业将此节点称为前期研究启动。

2）产品策划完成（概念设计启动）：完成产品的目标定义、主要配置定义、完成详细的产品开发计划。有的企业将此节点称为初研评审（初步研究结果评审）、项目开始（当企业在项目中不进行产品策划时）、项目需求规格书发布等，无论称谓如何，该节点的本质是项目需求、产品配置和主目标清晰，但是大规模的设计人员还没有投入到项目中。

3）概念设计完成：大批设计人员投入到项目中，完成产品的三维设计和仿真分析，确定产品的概念和详细目标。有的企业也称为可研批准（批准可行性研究报告）、项目实施规格书发布、项目批准、目标确定。无论称谓如何，其关键点是项目目标清晰、技术方案清晰且可行，但试制、试验的资金及人员没有大量投入。

4）设计冻结：产品的设计方案通过试验验证，基本锁定。有的企业也称为产品冻结、全车数据发布等。

5）批产确认：所有零部件工装、物流设备完成验收，具备生产测试条件。有的企业也称为试生产启动、生产测试启动、预生产、小批量启动等。

6）量产启动：通过量产测试，具备按照设计节拍生产的条件。

7）项目关闭：完成试销，解决试销问题，总结并关闭项目。有时也称为项目总结、产品可靠性增长、问题解决等。

基于上述七个关键节点，可以将项目划分为如下六个阶段：

① 产品策划阶段：关键工作为产品策划和项目计划。

② 产品定义阶段：关键工作为三维设计及仿真分析。

③ 设计和验证阶段：关键工作为试制和试验。

④ 生产准备阶段：关键工作为工装和物流设备准备。

⑤ 试生产阶段：关键工作为生产测试。

⑥ 伴产阶段：关键工作为试销和项目总结。

图3.2所示为整车产品开发项目阶段划分简图。

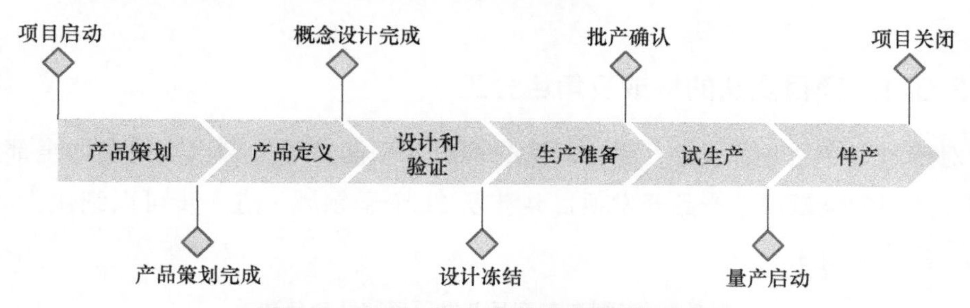

图3.2 整车产品开发项目阶段划分简图

上述六个阶段是较为常见的阶段划分方法，本书的后续章节也将以此为基础，讲解不同阶段的工作及项目管理要点。

3.2.2 工作流程的裁剪

由于产品开发项目的独特性，有必要对企业现有的产品开发流程进行裁剪。不同的企业关于裁剪的规定也是不同的，但是裁剪的本质是一致的，即剔除不必要的工作，提升开发效率。当然，裁剪的过程要处于受控状态，既不能没有标准，也不能过于刚性。以下为推荐的裁剪方法：

1）按照3.1.2节的方法对产品开发项目进行级别划分。

2）根据企业产品开发流程的规定（需要在制定流程时考虑到项目的级别，并对不同级别项目的适用任务进行规定），基于项目级别初步完成开发流程的裁剪。

3）基于产品开发项目的技术特点（一般在产品策划报告中体现），对产品开发流程进行进一步裁剪。

4）整理裁剪结果，结果需要体现完整的产品开发流程、计划裁剪掉的任务和裁剪原因，将裁剪结果发送给相关人员征求意见。

5）完善裁剪结果，并由产品委员会评审、确定。

裁剪过程需要由项目经理（如果这时候已经任命）牵头，组织核心团队人员共同完成，需要注意的是，裁剪的过程也是团队建设的过程，共同的裁剪形成的结果是编制项目计划的基础，共同参与有助于项目计划的执行。此外，也需要向一些职能部门，如质量管理部门和PMO（项目管理办公室）征求意见，因为有些流程可能是企业或质量管理体系的强制规定，不能进行裁剪。广泛征求意见也能帮助裁剪结果顺利获得批准。

3.3 团队及职责

3.3.1 项目团队的构成及角色分工

对于汽车产品开发项目，项目团队的构成几乎涵盖了典型汽车企业的全部业务部门。典型的全新汽车产品开发项目共涉及11个子领域，进一步可以细化为24个角色，具体见表3.1。

表3.1 典型汽车产品开发项目团队角色清单

角色	角色简写	角色	角色简写	角色	角色简写
项目管理	PM	设计及验证	E	采购	P
销售	S	设计	ED	设备采购	PE
质量管理	Q	计算	EC	零部件采购	PP
工程质量	QE	电子电气	EE	物流	L
制造质量	QM	造型	ES	制造	M
供应商质量	QS	试验	ET	制造规划	MP
成本工程	C	认证	H	制造工程	ME
财务控制	F	售后	A	试制	MB

为精简本书的篇幅，在以后的章节中用角色的字母简写替代相对应的角色。角色简写的定义具有如下特点：除项目管理角色采用两个字母外，其他所有子项目经理采用单字母，如质量子经理的角色缩写为Q；子项目经理下辖的角色采用两个字母，且开头的字母与子项目经理一致，第二个字母代表角色的具体含义，如工程质量的角色缩写为QE。

各角色的职责定义如下：

1）项目管理（PM）：主要负责参与项目策划、定义项目范围和工作方向、编制项目计划、协调组织资源、处理问题和风险、管理变更并控制项目进度等。根据不同的企业环境，项目管理业务所属的部门各不相同，比较典型的是归属于项目管理部。在项目团队中一般从项目管理部门调1～2人，担任项目经理和项目管理助理（有些单位也称为助理项目经理）。

2）销售（S）：主要负责产品和目标市场定义、市场分析、销量及售价定义、销售准备、试销及推广等。简单可以归纳为两方面的业务，一是市场和用户定义业务，二是销售业务。两种业务在不同的企业有不同的称谓和管理归属，考虑到市场和用户定义及商品规划业务又有很强的内在关联性，因此在此书中将其统一在市场和销售业务范畴内。在项目团队中需要从市场和销售业务部门调1～2人，各自或一起负责市场和用户定位业务及新产品销售业务。

3）质量管理（Q）：主要负责质量目标定义、产品成熟度管控、质量评审、质量体系符合性检查及质量确认等。其一般由质量管理业务的总监担任，需要负责统筹工程质量（QE）、制造质量（QM）和供应商质量（QS）的工作。

4）工程质量（QE）：主要负责定义产品质量目标、设计阶段的质量问题跟踪与解决等。其一般来自技术中心的质量管理部门，对于全新平台车型开发项目最少需要1人。

5）制造质量（QM）：主要负责企业自制件的PPAP、样车Audit评审、制造过程中的质量问题的解决等。根据企业组织机构的不同，其可能来自质量管理部或生产厂。对于全新平台车型开发项目最少需要1人。

6）供应商质量（QS）：主要负责采购零部件的认可、PPAP、供应商质量管控与跟踪、开模指令下发等。其一般来自采购部，对于全新平台车型开发项目最少需要1人。

7）成本工程（C）：主要负责零部件成本核算、成本目标定义、成本管控等。此外，还需要与市场部门配合参与产品定价，与财务控制部门配合进行收益核算。成本管理业务，在不同企业所属的部门也不尽相同，一般来自采购部门，一个全新产品开发项目需要1名成本工程人员。

8）财务控制（F）：主要负责编制项目预算、评估项目收益、管控项目预算等。在几乎所有的企业都有专门的财务控制部门，在项目团队中一般不少于1人。

9）设计及验证（E）：主要负责统筹所有的设计及验证业务，子经理一般由总工程师担任，所需要统筹的业务是汽车产品开发项目中涉及最广泛的一块业务，一般包括设计、仿真、试验、造型和电子电气等。根据项目规模的不同，在项目中工程设计及验证业务可能有10到100人不等，一般每个专业领域最少1人。

10）设计（ED）：主要负责系统及零部件的设计，可以按照系统及零部件划分，如发动机、变速器、悬架、转向、制动等。设计人员是整车产品开发项目的主力人员，建议具体的设计工程师参与到团队中来，不建议由所属的业务领导代理某项设计业务。

11）计算（EC）：主要负责整车、系统及零部件的仿真分析，是整车及系统的性能分析与性能目标达成责任单位，一般包括性能计算、结构强度、刚度、模态计算和热力学计算等。计算业务通常仅在产品定义阶段有较大的工作量且工作较为分散。所以，建议选出 1 人代理计算子项目经理职责，负责安排仿真分析计划。

12）电子电气（EE）：主要负责电子、电气、电控的设计开发。这块业务理论上属于设计业务的一部分，但是因为电子电气系统的开发方法与结构设计显著不同，所以单独作为一个角色。

13）造型（ES）：主要负责产品的内外饰开发，与电子电气系统一样，其开发具有独特性，所以单独作为一个角色考虑。

14）试验（ET）：主要负责整车、系统及零部件的功能、性能、可靠性和耐久性试验。通常，此项业务是由不同的部门（整车试验部、零部件试验部、机械开发部）完成的，可以选择 1 人作为协调人，统筹所有试验业务领域的任务。

15）认证（H）：主要负责标准化、知识产权分析、认证计划编制、认证参数核查、认证申报、认证符合性检查等工作。通常企业有专门的部门负责此项业务，项目组中应该有 1 人，作为认证业务的总协调人。

16）售后（A）：主要负责可服务性检查、售后文档、零部件准备、售后培训等工作，在项目团队中一般有 1 人负责此项业务。

17）采购（P）：主要负责供应商的选择、设备采购、开发阶段的零部件采购等。总体上可以分成两块业务，分别是设备采购（PE）和零部件采购（PP）。

18）设备采购（PE）：主要负责自制件工装采购、生产和物流设备的采购等。

19）零部件采购（PP）：主要负责零部件供应商定点、询价、零部件采购、合同管理等。

20）物流（L）：主要负责从零部件采购订单下发、入库到整车产品生产下线并入库的物流相关业务，包括物流规划与实施、物流设备采购与维护和生产订单管理等。在项目团队中一般有 1 ~3 人调入项目组。

21）制造（M）：主要负责生产设施规划、中试和预生产工作安排、制造工艺、样车试制等业务，可以分成三大类业务，分别是制造规划（MP）、制造工程（ME）和试制（MB）。

22）制造规划（MP）：主要负责生产设备、自制件工装的规划、设备调试和验收等。

23）制造工程（ME）：主要负责可制造性分析、工艺方案制定、中试和预生产管理等。全新整车产品开发项目团队中最少需要1人。

24）试制（MB）：主要负责对标车型拆解分析、样车的试制及试制过程的质量问题协调等。

3.3.2 项目中的多功能小组

在不同的产品开发阶段，工作的重点有所不同。为保证项目高效推进，需要在不同的阶段或针对不同的事项设立多功能小组。在整车产品开发项目中，通常设立以下几个多功能小组：

1）产品策划小组：重点负责产品策划阶段的工作，有些企业的策划工作可能延伸到项目立项之前，即参与项目的策划及立项准备工作。产品策划小组主要成员及重点工作见表3.2。

表3.2 产品策划小组主要成员及重点工作

角色	角色简写	重点工作	备注
项目管理	PM	统筹各项工作、编制初版项目计划	NA
销售	S	明确市场、销量、用户需求、目标售价等信息	NA
设计及验证	E	给出技术方案、论证技术可行性	NA
成本工程	C	进行初步成本评估、支持完成收益分析报告	NA
财务控制	F	完成收益分析报告	NA
认证	H	进行初步的认证策划	仅应对法规升级类项目需要

2）工程开发小组：重点负责产品定义、设计和验证阶段的工作。工程开发小组主要成员及重点工作见表3.3。

表3.3 工程开发小组主要成员及重点工作

角色	角色简写	重点工作	备注
项目管理	PM	统筹各项工作、编制工程开发计划	NA
工程质量	QE	解决产品开发过程中的质量问题	承担部分QS工作
成本工程	C	负责产品的成本核算、推荐降成本工作方案	NA
设计及验证	E	完成产品开发及试验验证工作	NA
零部件采购	PP	完成试验样车的零部件采购工作	NA
制造工程	ME	同步参与产品设计，提前识别并解决设计中的工艺问题	NA
试制	MB	完成样车及零部件的试制	NA

3）生产准备小组：主要负责生产准备和试生产阶段的工作。生产准备小组主要成员及重点工作见表3.4。

表3.4　生产准备小组主要成员及重点工作

角色	角色简写	重点工作	备注
项目管理	PM	统筹各项工作、编制生产准备及试生产计划	NA
制造质量	QM	试生产的质量问题解决	NA
供应商质量	QS	采购零部件的质量问题解决	NA
设计及验证	E	生产准备过程中发现的设计问题解决	NA
采购	P	制造、物流设备采购、中试和试生产中零部件的采购	NA
物流	L	物流设施准备、物流方案制定与执行	NA
制造	M	制造设备规划与执行、制造工艺文件编制、工艺问题解决	NA

4）成本工程小组：重点参与产品定义、设计和验证阶段的工作，主要负责成本目标制定、成本目标分解、产品成本核算、成本目标达成情况分析、降成本等工作。成本工程小组主要成员及重点工作见表3.5。

表3.5　成本工程小组主要成员及重点工作

角色	角色简写	重点工作	备注
项目管理	PM	统筹各项工作、协助推进降成本工作	NA
设计	ED	设计角度的成本分析、制定设计降成本方案	NA
零部件采购	PP	零部件询价、商务降成本	NA
供应商质量	QS	供应商质量评价	NA
成本工程	C	成本分析、目标制定、目标分解、降成本方案制定	NA
财务控制	F	自制件的成本核算	NA

5）质量工程小组：重点负责设计和验证阶段工作，主要负责质量目标设定、分解、质量问题解决、试验结果评价等工作。质量工程小组主要成员及重点工作见表3.6。

表3.6　质量工程小组主要成员及重点工作

角色	角色简写	重点工作	备注
项目管理	PM	统筹各项工作、协助推进质量问题点检工作	NA
设计	ED	协助完成质量目标分解、DFMEA编制、OTS文件编制、质量问题解决	NA
供应商质量	QS	采购件质量问题解决、问题解决措施跟踪	NA
工程质量	QE	工程开发中的质量问题解决	NA
试验	ET	验证方案制定与执行、质量问题通报与协调解决	NA

6）临时工作小组：在项目执行过程中设置的临时工作小组。在项目执行过程中遇到的所有问题几乎都需要跨职能的团队去解决。对于比较简单的问题可以直接由主要责任人牵头去解决，解决结果向项目组汇报；对于比较复杂的问题（可能是问题本身复杂，也有可能是需要协调的部门太多，沟通复杂），可以由项目经理组建临时的工作小组专项推进问题解决。临时工作小组与上面几个常设小组的区别在于，临时工作小组一般仅专注一个具体问题，问题解决即可解散。常设小组通常在一个或多个项目阶段内长期存在。常见的临时工作小组有工艺问题解决小组、试制问题解决小组、汇报材料筹备小组、样车展览工作小组和团建筹备小组等。临时工作小组类似于一个小的项目团队，应该具备以下几个特点：

① 目标明确：应该明确地了解小组成立的目标，最好具体、量化。

② 设立小组长：即明确小组的牵头人和责任人，小组长通常是小组所要解决问题的主要责任人。

③ 制订计划：小组长牵头，组织小组成员针对所要解决的问题，面向需要达成的目标，制定小组行动计划。

④ 过程留痕：小组需要有必要的文件管理，确保过程可追溯，因为成立临时小组解决的问题都是重要或紧急问题。

⑤ 定期汇报：小组需要定期向项目经理汇报小组工作进展、问题、需要决策或需要协调的事项。

3.3.3 项目管控委员会的构成及职责

产品开发项目在企业内部运行，其运行情况需要受到企业的监控。不同的企业管控方式不同，有的企业沿用公司内部的组织机构对项目进行管控，管控的责任部门通常为职能部门，如质量部、财务部、管理推进部等。这种管理方式的特点是专业性强、决策效率较高，但横向沟通不足。在项目开发周期越来越短的现状下，这种职能管控项目的方式愈发少见，取而代之的是成立专门的委员会对项目进行评价。常见的项目管控委员会如下：

1）产品委员会：产品开发项目决策的最高委员会，通常团队成员有企业一把手、各分管业务的副总裁（研发、财务、采购、质量、制造等），委员会的领导为企业一把手。其主要负责重要节点的最终评审、重大财务事项决策和重大变更决策，其中的重要节点通常包括以下几个：

① 项目启动：决定项目是否启动。

② 生产准备启动：决定是否投入重大资金用于产品的生产准备。

③ 量产启动：确认开发目标是否达成、是否投产。

当然，也并非所有项目的这三个节点都需要产品委员会评审，通常仅最高级别的项目需要。企业可以根据自身情况对评审要求进行细化。

2）技术委员会：技术决策的最高委员会，通常由技术中心（或其他称谓的技术部门）的技术一把手、各大总成的分管技术总监（车身、电气、底盘、动力等）、性能总师（负责整车性能的技术一把手）、质量负责人组成。其主要负责重大技术方案决策、重大技术变更评审。其重点负责的节点如下：

① 产品策划完成（概念设计启动）：确定产品的技术路线（主方案）。

② 概念设计完成：确定产品的技术可行性及具体技术目标。

3）质量委员会：重要节点的质量把关者，通常由企业质量部一把手、技术中心质量总监、生产厂质量总监、供应商质量总监组成。其主要负责重要节点的质量评审、重大质量决策等。其重点负责的节点如下：

① 设计冻结：确认产品的成熟度是否达到设计冻结标准。

② 批产确认：确认生产过程的成熟度达到试生产的标准。

③ 量产启动：确认产品和生产过程的成熟度都达到了产品投产的标准。

4）财务控制委员会：项目年度预算、项目收益指标的评审决策机构，通常由企业财务一把手、采购负责人、销售负责人、生产厂财务负责人及技术中心财务负责人组成。其主要负责审批项目预算、评估项目收益的合理性、重大预算变更。其重点负责的节点如下：

① 项目启动：评审项目预算和项目的主要财务指标。

② 生产准备启动：审批生产准备费用。

③ 项目关闭：项目收益核算。

5）变更控制委员会：审批项目变更的决策机构，通常由项目最核心的相关方组成，包括项目发起人、项目经理、各子项目经理等。其负责评审变更请求，主要决策有批准、驳回、悬置（暂不决策、补充需要的信息后再进行决策）。变更控制委员会处理变更的简易流程如下：

① 项目团队成员提出变更请求，并识别变更对项目的影响。

② 项目经理记录变更请求，评估变更对整个项目的影响。

③ 项目团队针对变更制定应对方案。

④ 就变更及应对方案征询相关方的意见。

⑤ 变更控制委员会决策。

⑥ 更新计划、通知相关方、实施变更、记录并反馈变更的实施结果。

3.4 沟通与决策

从某种程度上讲，成立项目组，并依靠项目组推进项目，主要是因为项目这种组织形式的沟通效率更高。成立项目组旨在打破在企业内部普遍存在的“部门墙”，拉近不同管理层级及不同业务部门间的距离。因此，沟通是项目最重要的工作内容之一。本节按照沟通对象的数量将沟通划分为双方沟通和多方沟通，并简述其沟通要点。

项目中的决策通常不是一个人的决策，而是群体决策，所以决策的过程也是一种沟通。本节介绍汽车行业普遍采用的决策方法——过阀评审。当然，项目中最重要的决策通过过阀评审（特殊的多方沟通）实现，次重要的决策由专项委员会（特殊的多方沟通）实现，普通的决策由多方沟通实现。待决策事项和决策者的关系见表3.7。

表3.7 待决策事项与决策者的关系

待决策事项	决策者	决策方法	示例
关键节点的通过与否	产品委员会	过阀评审	设计冻结评审、量产启动评审
重大专项事务	其他委员会	委员会决策	年度预算决策、技术路线决策
普通事项	多方会议	多方沟通决策（会议）	是否采用临时样件进行试验
紧急的普通事项	项目经理	个人决策	试验的结果和结论已经确定，但是报告还没有出具，是否启动后面将要进行的紧急工作

3.4.1 双方沟通

双方沟通是项目沟通的基本元素，多方沟通通常只有在双方沟通无果或无效时才采用。项目组是十分推荐直接的点对点沟通的，但是为了确保沟通更为高效，建议采用如下程序进行沟通：

1）直接与相关方进行沟通，这里的相关方是指能够对将要讨论的事项起决定作用的个人或组织。

2）沟通无果后，知会对方将要与其上司沟通，然后与其上司沟通，最好在与其上司沟通时相关方也在场。

3）再次沟通无果后，知会对方上司将与我方上司沟通，然后与我方上司沟通确定后续的沟通方案。

4）由我方上司与相关方的上司进行沟通。

5）再次沟通无果后，召集更有决策权相关方进行多方沟通。

双方沟通过程中不推荐直接找对方的上司，这是因为：①上司所掌握的信息未必全面，不利于做出最优决策；②这种行为有“架空”对方的嫌疑，不利于团队建设和后续的合作。

双方的沟通过程中不推荐项目经理介入，这是因为：①能够2人完成的沟通却由3人完成，效率并不高；②沟通是每一个项目团队成员的责任，并非只是项目经理的责任；③项目中需要项目经理沟通的事项很多，双方能沟通解决的事项就不需要再劳烦项目经理了。

3.4.2 多方沟通

多方沟通的表现形式主要为会议和群聊（企业微信群等）。为了使项目的多方沟通更为高效，需要对这两种沟通形式进行规划（可以列入项目的沟通计划）。

3.4.2.1 多方沟通会议

关于会议，项目中很多的多方沟通会是同样的一批人参加的，对于此类会议要周期性地召开，这是因为：①提前锁定与会人员的日程，降低会议组织的难度；②团队成员能够适应沟通频率，汇报材料的准备效率更高。

（1）会议准备

以下几类会议要提前确定召开周期、主持人、会议地点、参会人员：

1）产品、技术、质量、财务委员会例会：通常由企业统一安排，每次例会对多个项目进行决策，所以项目需要适应其频率，并适时安排汇报事项。

2）变更控制委员会例会：由项目组安排，通常在项目初期（产品策划阶段、产品定义阶段）不做周期性安排，项目中后期做周期性安排，建议每周召开一次。

3）项目例会：由项目组安排，从项目立项至SOP期间都应该按照一定的频率召开，建议每两周召开一次；从SOP至项目关闭期间择机召开。

4）质量问题解决会、工艺与技术协调会、生产准备例会、销售准备例会等都在项目的特定阶段周期性召开。如质量问题解决会，通常在样车装配至试验结束这段时间周期性召开，其余时间择机召开。

5）对外或对内周期性沟通会，如异地协同的项目沟通会，需要协商确定开会周期。

除周期性会议外，根据项目需要，还要安排一些专题会议。

（2）会议的基本原则

无论是周期性会议还是专题会，都需要遵循会议管理的一般原则：

1）抓好核心团队的班组建设工作。平时需要向核心团队成员多做宣传工作和组织工作，处理好彼此之间的关系，注意团结意见不一致的团队成员。

2）主动提供对方需要的信息。不在会议上创造“惊喜”，即与会人员特别是子项目经理之间，要把彼此知道的情况互相通知、互相交流。

3）会议通知要提前。让大家知道要讨论什么问题，解决什么问题，并且早作准备。

4）一切从简。议题、汇报内容、会议决策都应当简明扼要。会议也不要开得太长。

5）问题讨论要公开透明。会上充分讨论、彻底沟通。不背后议论。

6）信息清楚后再决策。知之为知之，不知为不知，不懂的问题要“不耻下问”。同时也要尽量用数字阐述状态。

7）会议要有节奏。在抓紧中心工作的同时，其他各方面的工作都要照顾到。通过会议有序推进项目的各项工作，尽量不打“遭遇战”。

8）要确保会议决策的落实。

3.4.2.2 群聊

群聊是一种非正式会议形式，在IT工具的帮助下，这种会议形式更为灵活和高效，所有适用于会议的安排和原则也适用于群聊。建议有的周期性会议都建立相应的群。主要目的包括：①便于周期性会议的组织，如提前发送会议通知、会议议题等；②利用群聊，对较为紧急的事项进行讨论和通报。

群聊除了要遵守会议的基本原则外，还应该遵守如下原则：

1）仅允许发送与群主题相关的内容。

2）尽量在一条信息内体现全部信息。

3）对于重要的相关方要做特别提醒。

4）尽量不要使用缩写和生僻的术语，便于群内成员了解。

5）双方能够完成的沟通不要在群内进行。

6）注意信息保密，严格遵守公司有关保密及其他相关的规定。

3.4.3 过阀管理

目前，多数汽车企业在新产品开发项目中都采用过阀评审的方式对开发过程进行管控。所谓的“阀”通常是产品开发流程中的关键节点，过阀评审的主体通常是产品委员会。进行过阀评审具有如下优势：

1）产品委员会成员共同对项目目标进行回顾，并对达成情况进行评审，防止项目执行过程中偏离目标。

2）及时发现项目中的问题和风险，并组织应对。

3）委员会成员审议下阶段工作计划，并对计划达成共识。

3.4.3.1 过阀评审的流程

过阀评审一般遵循如下流程：

1）完成阀点规定的交付物，完成的标准是交付物通过所属部门的签批流程，以及与该交付物相关的部门的会签流程。

2）编制过阀评审材料，对照阀点的评价标准对各项任务进行过阀评价（绿灯、黄灯或是红灯）。

3）项目经理预评审，通常也会邀请相关子项目经理及关键职能部门的领导。

4）质量委员会评审，不同级别的项目、不同的项目节点可以采用差异化的处理方式。

5）产品委员会进行过阀评审，对项目在此节点的完成情况进行评价（绿灯、黄灯或红灯）。

6）项目组根据评审结论进行下一步工作。

关于质量委员会评审这一环节，在不同的企业有不同的规定，有的企业略过这一步，直接进行下一步。但是，从“质量第一”的战略角度出发，应该将质量评审作为过阀评审的前提。这是因为：①在产品委员会上质量的地位不可避免地被削弱，不利于做出完全符合质量标准的决策；②对于关键节点，有必要由质量委员会对质量目标达成情况及质量管理规定执行情况进行专题评审；③产品委员会上通常对多个项目的不同阀点进行评审，详细审核单一项目的质量问题的时间并不充裕。

3.4.3.2 过阀评审的评判标准

企业内部通常有关于各个阀点评价标准的规定，表3.8为一个典型阀点的评价标准。项目组需要在编制项目过阀材料时，对照评价标准进行预评价。然后，在接下来的各级评审中，对预评价结果进行修正。

表3.8 过阀评价标准示例

序号	评价内容	结论	备证资料
1	产品设计方案评审	绿灯：设计方案评审通过，评审中未发现问题或问题全部解决	……
		黄灯：设计方案评审通过，评审中问题解决措施明确且有效，不影响后续样机试制	……
		红灯：设计方案评审未通过，评审中发现的问题没有有效的解决措施	……
2	试制图样工艺性评审	绿灯：试制图样工艺评审全部完成，评审中未发现问题或问题全部解决	……
		黄灯：试制图样工艺评审未全部通过，问题解决措施明确且有效，不影响后续样机试制	……
		红灯：试制图样工艺评审未全部通过，评审中发现的问题没有有效的解决措施或影响后续样机试制	……

有些企业并不对每一项评价内容的绿灯、黄灯或红灯的评定标准进行定义，对于这种情况，通常采用下述原则评定评价内容的状态：①绿灯，完全达到了评价内容的要求；②黄灯，部分达到了评价内容的要求，对于未达成的部分制定了有效的对策；③红灯，没有完全达成评价内容的要求，对于未达成的部分无有效的对策，并且对后续工作产生严重影响。

和“过阀”的字面意思相近，过阀评审的初衷是像管控水流一样管控项目的进度。理论上，如果项目在规定的时间节点上没有通过评审，那么项目工作应该像水流一样，止步于当前阀门。但是，在实际执行过程中，这几乎是不可行的，有以下原因：

1）项目中普遍采用同步工程的方法，过阀评审所对应的开发节点（里程碑）并不是全部同步开展任务的里程碑，并且有些任务的暂停存在技术难点（可能是产品技术，也可能是该项工作不可中断）。

2）过阀评审通常在产品委员会例会上进行，会议的召开时间与产品开发项目的节点并非严格对应。

3）过阀评审中发现的不合格项通常仅涉及一个或几个领域，暂停其他领域的工作不利于项目按期完成。

但是，如果过阀评审不通过也不能阻止项目的进程，那么评审的意义何在呢？首先，如果过阀评审会上给出明确的项目暂停的结论，那么项目可以暂停（即便有技术上的困难）；其次，对于重大资金的动用与拨付，如果评审没有通过，那么资金是不能动用的；最后，没有按期通过过阀评审的节点按进度拖期处理，企业可以按照公司制度对项目经理和项目组进行考核。

3.5 本章小结

1）汽车产品开发项目的种类非常多，所以有必要对其级别进行划分。分级的主要作用有确定所采用的产品开发流程、评估项目优先级、匹配项目资源、确定项目奖金总额以及确定汇报和决策程序。

2）有四种典型的开发级别划分方法，分别是基于技术变化点、基于开发周期、基于开发费用和综合划分法。推荐采用综合划分法。

3）产品开发流程中有 7 个关键节点，分别是项目启动、产品策划完成、概念设计完成、设计冻结、批产确认、量产启动和项目关闭。

4）整车产品开发项目都可以划分为六个阶段，分别是产品策划阶段、产品定义阶段、设计和验证阶段、生产准备阶段、试生产阶段和伴产阶段。

5）流程的裁剪需要遵循一定的步骤，裁剪的过程也是团队建设的过程，共同裁剪形成的结果是编制项目计划的基础，共同参与有助于项目计划的执行。

6）标准的汽车产品开发项目管理团队有 1 个项目经理、10 个子项目经理，还有若干关键角色，共计 24 个角色。

7）项目通常采用多功能小组的方式推进某项任务，常见的有六类多功能小组，分别是产品策划小组、工程开发小组、生产准备小组、成本工程小组、质量工程小组和临时工作小组。

8）委员会是在企业内部、在项目外部管控项目的常设组织，常见的委员会有 5 个，分别是产品委员会、技术委员会、质量委员会、财务控制委员会和变更控制委员会。

9）沟通是项目最重要的工作内容之一，可以按照沟通对象的多少将沟通划分为双方沟通和多方沟通。

10）双方沟通要遵循一定的方法，建议按照这个顺序：直接与对方进行沟通、与对方领导沟通、与我方领导沟通、我方领导与对方领导沟通、多方专题会沟通。

11）多方沟通的常见形式是会议，关于开会，可以借鉴会议的组织原则。

12）群聊也是多方沟通的常见形式，群聊要有群规，保证沟通合法、合规和高效。

13）过阀评审是多数汽车企业采用的项目管控方式。过阀需要遵循固定的流程。除明确说明项目暂停外，如果过阀评审不通过，项目的工作也不能停止。

第 4 章
产品策划

产品策划阶段的关键工作为产品策划和项目计划编制，其目的是确保项目所开发的产品符合公司战略规划，并且可以落地。至于阶段目标，一言以蔽之就是策划出正确的产品。

在产品策划阶段，项目承接产品和技术组合规划流程的规划输入，正式启动项目。然后开始进行市场调研、用户和产品定义、技术方案策划和造型方向评审，质量、生产、物流、采购、销售和售后也同步进行各自领域的概念策划工作，最终形成产品策划报告。产品策划在产品开发流程中的位置如图 4.1 所示。

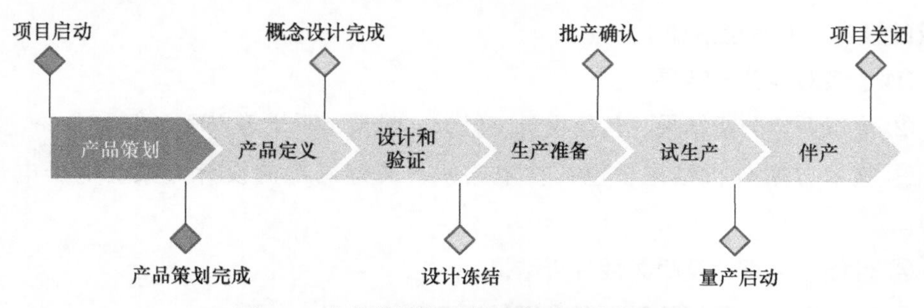

图 4.1　产品策划在产品开发流程中的位置

4.1　主要成果

在产品策划阶段的主要工作成果如下：

1）产品开发立项建议书：整车产品开发项目的第一个交付物，通常只有产品开发立项建议书获批后项目才能正式启动。主要包括以下内容：

① 产品的规划输入，产品和技术组合规划报告中与该项目相关的内容，并对其关键内容进行细化，如车型定位、产品组合、配置规划和造型诉求等。

② 技术路线和主要技术方案。

③ 盈利预测，也需要包含支撑盈利预测的一些信息，如销量、目标售价区间、产品成本等。

④ 提名的项目经理。

2）项目主计划：涵盖项目一级节点（需要产品委员会评审的节点）和二级节点（次一级会议评审的节点）的项目主计划（关于节点级别的定义，在本书的11.2节中有详细的推荐建议）。需要关注的是本书中提到的所有计划都应该涵盖以下内容：

① 计划编制的假设条件，即当前不能完全确定、先假设其成立的事项，如假设设备在试验期间运转正常。

② 计划编制的制约因素，即能够限制项目计划、但项目组又无能为力的事项，如油耗法规将在6个月后执行，所以油耗相关的技术整改方案必须在6个月内完成。

③ 风险因素，包括该计划在执行过程中面临的主要风险及初步的应对建议或应对措施。

3）对标分析报告：通过对竞品和标杆产品的主观评价、试验测试和拆解分析形成的报告。通常包括如下信息：

① 造型对标分析结果。

② 主观评价分析结果，包括视觉、触觉、嗅觉、听觉等方面。

③ 技术方案分析结果，包括技术路线、关键局部的设计方案、电子电气架构等。

④ 性能、可靠性及耐久性分析结果。

⑤ 重量和成本分析结果，通常通过拆解分析获得。

4）产品需求规格书：主要技术策划结果的汇总文件，在文件中明确技术路线、技术方案、技术目标和技术风险等信息。通常包含如下几个方面：

① 产品的技术路线、技术方案及备选方案的详细描述，需要体现相应方案的风险分析。

② 产品的主要性能指标，包括动力性、经济性、NVH、排放、制动、整车重量等信息。

③ 整车特性清单，包含各个模块、子组、部件的技术状态描述。

④ 电子电气架构方案及开发计划。

⑤ 造型方向及选择依据。

⑥ 产品开发范围策划。

⑦ 关键供应商资源清单（从技术角度上筛选）。

⑧ 模块化开发策略、通用化率分析。

⑨ 知识产权分析。

5）产品 BOM：系统级的 BOM 清单，通常细化到系统及关键零部件级别。BOM 中应该体现如下信息：

① 开发状态信息，如是否直接借用、完全新增或更改等。

② 关键变化点及验证需求描述，这是试验策划和开发费用估算的关键依据。

③ 是否为长周期零部件，这是项目开发进度策划的关键依据。

④ 成本信息，可以是相对基础车型的相对成本信息（体现成本差值即可）。

6）项目收益分析报告：反映整个项目收益情况的分析报告，核心的指标有三个，分别是附加值率、边际贡献率和利润率（在 4.4 节有对其意义的详细讲解）。为了计算出这三个指标，还需要获取如下信息：

① 销量预测：由销售部门提供的产品生命周期内的销量预测。

② 目标市场售价：基于市场分析获得的目标售价，而不是由成本加成获得的售价。

③ 营销费用，包括承销商返点，广告、品鉴会等费用。

④ 材料成本，由成本工程提供的材料成本预估，在产品策划阶段通常没有详细的 BOM，所以材料成本的估算是基于系统的和关键零部件的。

⑤ 开发投入，主要包括咨询费用、二次开发费用、试验费用、认证费用、试制费用、计算分析费用等。

⑥ 固定费用均摊，包括设备折旧、研发和管理人员的工资、水电费用等。

⑦ 其他信息，如采购年降标准、财务成本、市场价格变动等信息。

7）产品策划报告：是各领域策划报告的一份汇总报告，其内容体现了各个领域的主要策划结果，通常包括以下内容：

① 项目背景，主要是宏观环境分析的结果，内容通常来源于数据收集与分析流程。主要包括政策、经济、行业环境及技术发展趋势等，重点论证项目开发的必要性。

② 市场、竞品及用户分析，具体包括市场定位、主要竞品、竞品的配置及优劣势和用户需求等。

③ 项目目标，包括销量目标、售价目标、成本目标、收益目标和技术目标等。

④ 技术方案，包括产品配置表及产品需求规格书的主要内容。

⑤ 开发费用，包括设计、咨询、试制、试验和认证等费用。

⑥ 生产准备主方案及投资，包括厂址、生产改造方案、生产改造费用、物流包装方案和包装改造费用等。

⑦ 销售及售后主方案，包括营销及服务政策、渠道、服务网络和备品准备等。

⑧ 项目收益分析，是项目收益分析报告的主要内容。

⑨ 项目主计划，需要包含风险及预案相关内容。

4.2 主要工作及步骤

4.2.1 不同项目角色的主要工作内容

产品策划阶段的主要工作由产品策划小组（见3.3.2节）完成，核心目标是交付上一节提到的主要成果。在对产品进行详细策划的过程中，不同项目角色的工作相互配合，各自的主要工作见表4.1。

带☆标志的为关键任务，相关内容会在下一节详细介绍。项目管理角色的所有工作会在本章的项目管理工作要点中详细介绍。

表4.1 产品策划阶段的主要工作

编号	角色	角色简写	推荐的工作内容
1	项目管理	PM	①成立项目组，完成项目人力资源分析 ②编制项目主计划（第一版） ③编制项目交付物清单 ④项目风险识别与分析 ⑤确定项目级别（如果项目立项报告中没有体现）
2	销售	S	①提交立项建议书，明确车型定位、配置规划、产品组合、造型诉求、目标市场及人群定位、售价区间、投放时间☆ ②编制产品配置信息表☆ ③编制初步的营销方案，估算量价关系、返利及营销费用
3	质量	Q	初步确定质量目标和质量控制计划
4	工程质量	QE	①质量信息收集☆ ②质量对标分析 ③初步确定产品质量目标☆
5	制造质量	QM	
6	供应商质量	QS	

（续）

编号	角色	角色简写	推荐的工作内容
7	成本工程	C	核算整车材料成本☆
8	财务控制	F	①完成初步的产品收益性分析☆ ②确定材料成本目标☆ ③评估项目资金需求，编制项目预算☆
9	设计及验证	E	①初步完成竞品技术对标分析☆ ②确定先行技术整合方案☆ ③完成产品需求规格书 ④完成开发范围策划 ⑤协助完成关键供应商合作意向书 ⑥提出对标样车的采购需求
10	设计	ED	①产品技术对标分析 ②确定模块化开发策略☆ ③细化整车、系统及零部件的技术方案，完成整车特征清单☆ ④发布 BOM（第一版）☆ ⑤从技术角度确定关键零部件的候选供应商☆ ⑥发布骡子车的设计数据
11	计算	EC	①完成性能对标分析 ②完成骡子车的初步计算分析工作 ③初步确定整车性能目标☆
12	电子电气	EE	初步确定架构开发供应商资源
13	造型	ES	①完成造型趋势分析报告 ②完成创意草图（1：4 整合模型） ③确定造型方向
14	试验	ET	①编制对标试验分析计划 ②完成骡子车整车及零部件的试验
15	认证	H	①完成法规及趋势分析报告 ②完成知识产权分析报告
16	售后	A	完成售后服务初步规划☆
17	采购	P	初步完成采购工程报告☆
18	设备采购	PE	初步确定工装、设备投入及计划
19	零部件采购	PP	①编制初版的项目采购策略 ②完成关键供应商预选 ③对标样车采购
20	物流	L	完成初步物流规划，初步制定量产爬坡策略、物流和仓储规划

（续）

编号	角色	角色简写	推荐的工作内容
21	制造	M	初步完成制造概念报告☆
22	制造规划	MP	确定生产地点及主要工装、设备
23	制造工程	ME	①完成骡子车的可制造性分析 ②完成新技术的可制造性分析
24	试制	MB	①完成骡子车的试制 ②完成对标车型的拆解分析（重量测量和成本估算）

4.2.2 关于几项关键任务㊀

1）S-提交立项建议书：关于立项建议书的内容在4.1节中已经详细介绍，它是产品开发项目启动的一个标志性文件，其作用相当于PMBOK中的项目章程。编制立项建议书的牵头单位是营销部门，这是因为大多数产品开发项目的启动都是源于市场需求（也有一些项目是法规驱动的）。但是仅有营销部门是远远不够的，在编制过程中需要产品策划小组（见3.3.2节）深度参与。其编制过程如下：

① 销售（S）部门承接策划输入，给出市场及用户需求、产品需求、目标售价等信息。

② 设计及验证（E）部门启动初步策划，给出技术路线、技术方案、配置信息、材料成本信息等。认证（H）部门给出认证方案。

③ 项目管理（PM）基于技术方案和市场需求编制简要开发计划，给出项目粗略预算（预算的精度为-25%～50%）。

④ 财务控制（F）完成简要的收益分析报告。

⑤ 立项建议书编制完成，并通过产品委员会审批。

2）S-编制产品配置信息表：从市场角度给出的产品配置信息。表中通常体现各个系统的推荐配置，如采用多少千瓦（乘用车常用的功率单位）或马力（商用车常用的功率单位）的发动机、采用何种型号的轮胎、配置何种显示屏等。销售编制的产品配置信息表为产品的技术策划提供基础。在技术进行策划时，需要论证配置信息表的技术合理性，并与销售共同完善它。随着开发的推进，产品配置信息表会逐步细化，并最终演化成整车特征清单。

㊀ 为方便读者检索关键任务在主要工作清单中的位置，本书的关键任务采用“角色简写-任务名称”的命名方式。

3）QE-质量信息收集：质量信息收集也可以作为数据收集与分析流程的一部分，将其作为一项长期工作来做，并定期形成质量信息报告。其作为项目工作的一部分也是非常合理的，因为在项目立项之后，拟开发的车型信息更为明确，也更便于定位质量对标车型。质量信息收集的主体可以是企业自身，企业自主根据质量信息的需求，按照一定程序进行质量信息收集；也可以是第三方，由第三方进行质量信息调查。汽车行业内最知名的调查公司是 J. D. Power 公司，他们提供的和质量信息密切相关的服务有新车质量调查（IQS）、魅力质量调查（APEAL）及可靠性质量调查（VDS）。第三方有非常规范的质量信息调查流程，企业选择自主调查时可以充分借鉴其思想、流程和方法。

无论是调查主体是企业自身还是第三方，调查对象都分为以下两类：

① 拟开发车型的同平台车型。作为生产厂，企业可以从多个渠道获得同平台车型的质量信息，例如，可以通过售后信息系统了解平台车型的质量表现，通过回顾平台车型开发过程中的质量问题获取质量信息，通过调查生产系统获得生产质量信息，通过对用户进行回访调查用户对产品的满意度等。总之，企业及项目管理者要充分利用组织内部的资源，调用一切可以调用的资源，从多个维度，从不同的层次了解同平台车型的质量信息。

② 对标车型。可以通过第三方公司进行质量信息调查，也可以购买几台竞品车型进行测试和分析。

质量信息收集是一个长期的过程，企业和项目管理者应该树立每一个质量信息都具有极高价值的观念，利用一切机会发现、分析和解决质量问题，并将质量问题解决过程获得的知识固化、传播和应用。优秀的企业不仅关注自身企业产品的质量问题，对于竞争对手的产品质量信息同样关心，有些时候甚至购买样品分析和解决竞争对手的质量问题。这让连自己的产品质量信息都不重视的企业情何以堪!

4）QE-初步确定产品的质量目标：什么是产品的质量，其实是一个有些复杂的问题，它可以狭义地理解为仅与索赔、召回、投诉相关联，也可以广义地理解为客户及用户的满意程度。为了使质量目标这一概念不是太模糊，本书将质量目标狭义地定位为可靠性、耐久性和维修保养三大类指标。其中，耐久性指标的代表性指标为 B10 寿命（在附录 B 中有详细解释）；可靠性指标的代表性指标有首次故障里程、平均故障间隔里程、3MIS、12MIS（在附录 B 中有详细解释）；维修保养指标为保养件的保养里程（或时间间隔）目标。

质量目标的确定并不是一件容易的事情，通常有以下两种方式：

① 正向确定质量目标，即基于各个零部件的质量指标达成情况计算出整车的质

量目标。这需要企业拥有丰富的质量测量数据，质量数据不仅涉及自制件还涉及外购件。

② 逆向确定质量目标，即通过对竞品进行对标分析（包含试验分析及对其宣传材料的分析），确定其质量目标，进而确定此次开发整车的质量目标。通过对质量目标的逐级分解，确定系统及零部件的质量目标。

质量目标只有在进行一系列的目标分解、达成和验证措施之后才具有指导设计开发的意义。目前多数企业在这几方面的能力还不够完善，这样质量目标只有营销和宣传层面的意义。对于这种能力上的不足，建议通过借鉴航空、航天领域的工程经验，逐步完善。能力也不是短时间内能够建立起来的，在能力没有健全的情况下，建议设定几个务实的质量目标，如针对几个关键零部件设定具体的 MIS 值降低目标，这些关键零部件可以从售后的索赔信息中获得。还可以针对某几个具体的“老、大、难”的质量问题设定详细质量改进目标，并制订解决措施和计划。如所有关键零部件都有 DFMEA 文件，并且文件通过质量委员会评审，那么可以设定关键零部件 DFMEA（见 5.4 节）的完成目标。

5）C-核算整车材料成本：严格意义上讲，材料成本仅由整车各零部件的材料成本构成，但是，因为整车厂的大多数零部件通过采购获得，所以，材料成本可以理解成整车的零部件采购成本。核算整车材料成本的责任主体是成本工程（C），在实际操作过程中需要由涵盖设计（ED）、成本工程（C）、零部件采购（PP）等多个角色的多功能小组完成，项目管理（PM）也需要在此过程中进行强有力的推动。通常的外购零部件的成本核算过程包括以下几个步骤：

① 设计工程师基于产品开发目标、法规需求及平台模块化需求，在与候选供应商进行交流后确定零部件的设计方案。

② 成本工程师和设计工程师共同基于成本工程的工作流程，计算出每一个新增零部件的成本情况，并将信息反馈给零部件采购。

③ 零部件采购向供应商询价及初步商务谈判，将得到的报价反馈给设计及成本工程。

④ 成本工程基于整车 BOM 核算出整车的材料成本。

对于自制零部件的成本核算相对容易，成本工程获得原材料成本、生产及物流设备投资、管理费用等信息，然后计算出自制件的材料成本。最后和外购件一起核算出整车材料成本。

6）F-产品收益性分析：产品收益性分析的输出物是项目收益性分析报告（见 4.1 节）。完成此项报告通常需要如下步骤：

① 从销售部门获得销量、目标售价、营销费用等信息。

② 从项目组（主要是设计部门）获得开发费用信息。

③ 基于历史数据、销量、财务规划等信息，初步核算出固定费用均摊、可变成本等信息。

④ 计算出项目收益性分析的三个指标（附加值率、边际贡献率和利润率）和可能的其他指标，如投资回收期、净现值、内部收益率等，形成项目收益性分析报告。

7）F-确定材料成本目标：材料成本的目标实际上是由用户间接决定的。因为用户愿意为某项配置增加多少费用，决定了整车厂愿意花费最多多少钱采购该项配置，所以，用户的意愿决定了零部件采购价格的上限。财务控制（F）需要做的是整合多方信息，确定整车材料成本的上限，即整车的材料成本目标。完成此项工作通常需要以下几个步骤：

① 获得销量、目标售价、开发费用、营销费用、生产及物流费用等除材料成本之外的一切信息。

② 确定各财务指标的目标值。

③ 推导出材料成本的接受范围，例如，可以通过确定附件值率需要在15%至20%之间，计算出材料成本的接受范围。这个范围就是整车的材料成本目标。

通过不同的财务指标可以计算出不同的材料成本目标，以哪个计算结果为准还需要由成本工程小组（见3.3.2节）共同协商确定。

8）F-编制项目预算：项目预算是指在项目生命周期内各个阶段、各个财务周期内，各项任务的资金需求，由直接成本估算、应急储备和管理储备组成（图4.2）。项目预算是一条线，这条线的横坐标是项目推进时间，纵坐标是资金需求（图4.3）。编制项目预算既是估算项目的资金投入和评估项目收益的需要，也是企业计算现金流的重要输入。整车产品项目的预算构成是比较复杂的，包括开发费用、咨询费用、支付给供应商的模具费用、试验费用、认证费用、生产准备费用等。需要理清这些费用，并编制出项目预算。建议参考如下流程：

① 确定整车的主要技术变化点和开发要点，形成整车特性清单。

② 基于整车特性清单，进行技术咨询、仿真、试验、认证、试制的策划，初步确定开发预算。

③ 进行生产和物流的策划、营销及售后策划，初步确定生产准备费用、物流和包装费用、营销费用（营销用样车、参展、广告等）、诊断仪开发费用、售后服务培训费用等。

④ 采购评估模具摊销、模具报废补偿等费用（有时也包括服务采购，如培训、

拓展活动等），同时支持生产和物流评估设备采购费用。

⑤ 财务控制会同项目管理，组织相关角色确定应急储备和管理储备的预算。

⑥ 汇总项目预算，分别按月份、项目节点和项目角色分解项目预算，提交给项目组及财务部门（职能部门）审批，形成预算基准。

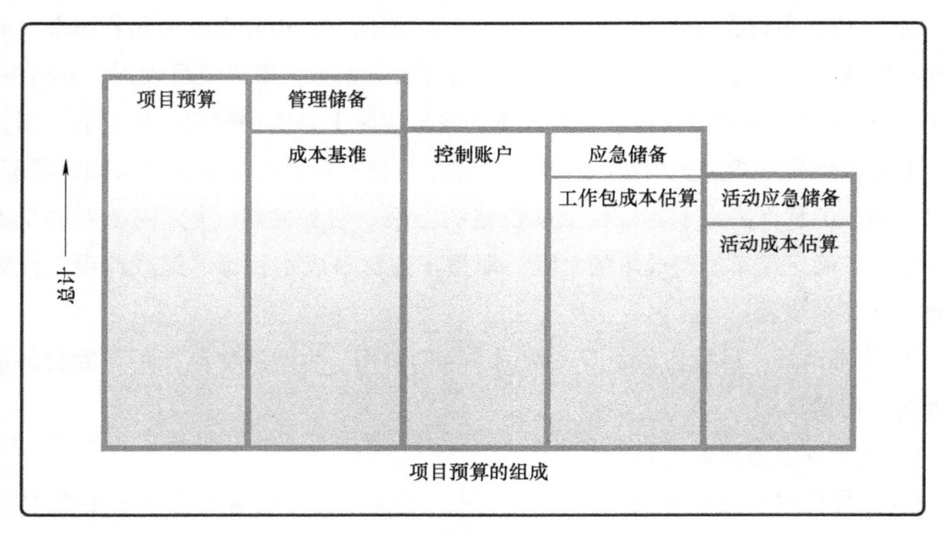

图 4.2　项目预算的组成

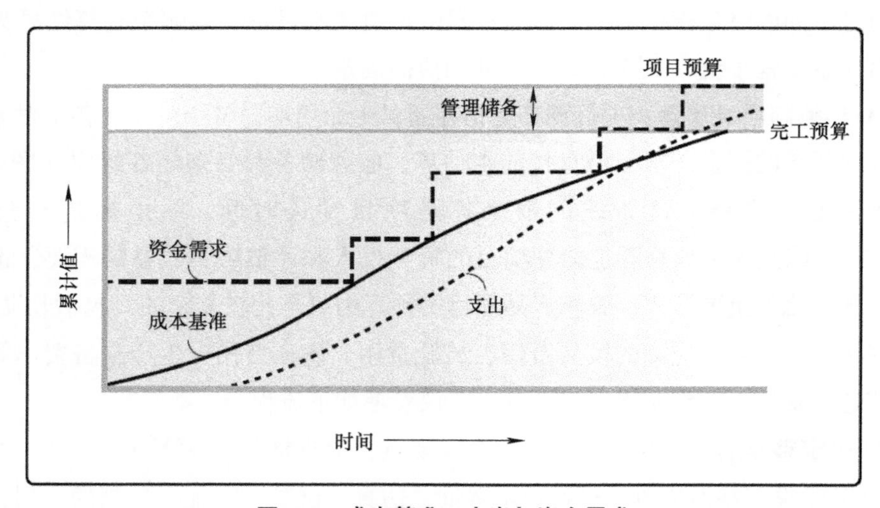

图 4.3　成本基准、支出与资金需求

9）E-竞品技术对标分析：技术对标分析工作的核心输出物为对标分析报告。该项工作需要设计、仿真、试制、试验、造型等角色协同完成，设计及验证（E）负责该项技术工作的协调和整合。主要的工作步骤如下：

① 销售（S）与设计及验证（E）共同确定竞品及标杆产品，调研设计（ED）

关于各系统（车身、底盘、动力、电气等）的对标分析需求，进而确定对标样车的采购需求（有时也包括对标零部件的采购需求）。

② 计算（EC）、造型（ES）和试验（ET）确定主观评价及性能测试方案并测试。

③ 设计（ED）和试制（MB）确定拆解分析方案，并进行拆解分析。

④ 设计（ED）和试验（ET）确定零部件级的试验方案，并进行试验。

⑤ 设计及验证（E）整合对标分析结果，形成对标分析报告。

目前，很多企业都成立了独立的对标分析中心，专业负责对标分析工作。其工作的专业化程度很高，往往一个车型新上市就组织购买并进行分析。分析的结果有整车及零部件的三维（点云数据）、整车性能测试结果、系统及零部件测试结果、全部零部件的重量信息及部分成本估算信息等，当然也有样品库。如果企业已经具备了这项能力，那么项目组可以直接借用相关数据。如果暂不具备也可以通过第三方购买对标分析报告。

10）E-确定先行技术整合方案：在产品策划阶段对先行技术的成熟度进行评估，并妥善规划在项目周期内先行技术相关的各项工作。在企业中通常有专门的技术开发流程（2.3 节有详细介绍）指导先行技术的开发工作。有时也有专业的部门执行先行技术开发工作。在产品开发项目中最理想的先行技术整合方式是，所要应用的先行技术已经开发成熟，即完成项目化开发阶段，可以随时进行产品化应用。如果是这种情况，那么项目可以不再单独考虑先行技术整合方案。但是，在实际实践中许多先行技术还需要在产品开发项目中进行项目化开发，有些甚至需要在产品开发项目中进行概念选择。这种情况下，先行技术整合工作尤为重要。通常的工作步骤如下：

① 基于市场、法规、宣传等方面的需求梳理出在产品中将要应用的先行技术。

② 评估企业自身和供应商各项先行技术的开发成熟度，确定将要应用的先行技术。需要注意的是，原则上只有进入项目化开发阶段的先行技术才可以应用，处于创意产生和概念选择阶段的先行技术需要通过技术委员会评审，才可以应用。

③ 设计及验证（E）及项目管理（PM）与各先行技术的开发负责人详细对接，关注其在设计、仿真、试制、试验、生产等方面的需求，并将其需求列入开发计划中。

④ 设计及验证（E）及项目管理（PM）组织销售（S）、零部件采购（PP）和供应商质量（QS）基于销量预期，评估供应商在供货能力和供货质量等方面的风险，并提前制定预案。

⑤ 销售（S）和售后（A）基于先行技术方案更新营销方案和售后方案（如提前组织针对先行技术的售后服务）。

⑥ 设计及验证（E）、项目管理（PM）及相关先行技术的负责人共同整理形成先行技术整合方案。

11）ED 确定模块化开发策略：模块化开发策略是节约开发成本、零部件采购费用及提升产品质量的有效方案。目前，多数企业都制定了各自的模块化开发方案。在产品开发策划阶段需要评估成熟模块适用性：

① 尺寸边界是否发生变化，如果发生变化，那么模块可能需要重新开发或进行适应性调整。

② 应用边界是否发生变化，如果发生变化，那么需要在仿真和试验过程中重点关注该模块的表现。测试结果不理想，则需要重新开发或进行适应性调整。

总体来讲，模块化开发有三种情况：直接借用现有模块，无需任何改变；借用现有模块，但在开发过程中需要仿真、试验、生产验证等方面的评估；开发新的模块，需要评估其与现有模块的兼容程度（是否可以取代、替换），如果不能兼容，需要产品委员会进行评审。

在模块化开发策略中需要确定各个模块的状态，对于非完全借用的模块要列出开发计划，相关计划需要与项目主计划相吻合。

12）ED-完成整车特征清单：整车特征清单是产品需求规格书的重要组成部分，其内容主要体现各系统的开发设想及开发要点。它是进行仿真、试制、试验、生产验证、认证策划的重要依据。整车特征清单示例见表 4.2。

表 4.2　整车特征清单示例

编号	系统/零部件	开发设想			开发要点
		借用	修改	全新开发	
1001	发动机悬置		√		……

整车特征清单通常按照如下步骤形成：

① 车型主管（或整车总布置）组织各设计工程师填写，形成初稿。

② 模块负责人进行审核和完善。

③ 项目组组织技术委员会对整车特征清单进行评审。

整车特征清单是渐进明晰的，需要在后续的项目阶段逐步细化或调整。每一次调整都需要组织评审或签批，同时评估其对开发工作的影响，针对影响制定调整方案。

13）ED-发布BOM（第一版）：BOM是整车设计过程中最重要的表单之一，它是设计、试验、采购、物流、制造、销售等工作的重要依据。在开发过程中BOM是渐进明晰的，在产品策划阶段需要第一版的BOM，主要用来策划技术方案、核算材料成本和重量。在此阶段距离形成最终的BOM还有很长的距离，通常只需要体现出全部的模块、系统和关键零部件即可，对于简单的零部件（如支架和管路等）可以不体现。

14）ED-从技术角度确定关键零部件的候选供应商：多数零部件的供应商可以在产品定义之后确定，但是，有一些关键零部件的供应商需要在产品策划阶段确定。这些零部件通常包括以下几类：

① 关键总成，如发动机、变速器、车桥等。

② 涉及专有技术的系统或零部件，如发动机后处理系统、电控喷射系统、车身稳定系统及智能网联核心零部件等。

③ 开发周期特别长的零部件或相关服务商，如造型设计供应商。

④ 内部供应商，如集团体系内的零部件供应商、模具供应商、铸件供应商等。

在产品开发中越早确定供应商，越有利于供应商参与到开发过程中，有些供应商如果没有在策划阶段识别，有可能影响技术策划结果。因此，在产品策划阶段要充分识别关键供应商。很多企业有战略供应商清单，为了降低开发风险、提升开发效率，应该组织战略供应商在产品策划阶段就参与进来。

15）EC-初步确定整车性能目标：整车的性能目标确定的过程是渐进明晰的，在产品策划阶段的整车性能目标主要通过以下方式确定：

① 对标分析，通过对竞品和标杆产品对标分析确定。

② 关键指标提升，针对市场反馈的问题或用户痛点，针对性地提升某项性能指标。

③ 市场定位决定，基于产品的市场定位确定性能指标。

在此阶段确定的整车性能目标通常是比较宏观的目标，如动力性、经济性、NVH、操纵稳定性、安全性、乘员舱空间等，但是，对于关键指标提升的相关内容，目标又可能会比较具体（这样更具可操作性）。

16）A-完成售后服务初步规划：售后服务规划的内容通常包括服务政策、售后网点规划（服务网络）、售后设备规划、配件规划、技术支持规划及售后市场规划等。在产品策划阶段重点关注服务政策、服务网络及售后市场规划，这是因为：

① 有些高端或低端（相对于现有产品线）的产品可能不能与现有的产品并线服务。

② 售后市场是一个盈利点，策划阶段的规划能够为收益性分析提供支撑。

如果售后设备需要较长的开发周期，如新能源汽车所需的蓄电池更换设备，那么在此阶段也需要进行规划。

17）P-初步完成采购工程报告：采购主要包括设备采购（PE）和零部件采购（PP）两项业务，在产品策划阶段制造规划（MP）和物流（L）提出设备采购需求，设备采购（PE）估算投资额度及计划，相关内容为收益分析和主计划编制提供输入。此外，零部件采购需要完成关键供应商的评估，并授权其参与产品开发。

18）M-初步完成制造概念报告：在此阶段制造概念中最急需明确的是生产地点，生产地点对于项目及制造厂都是重要输入，它将影响生产线的规划，可能涉及重大投资。如果涉及新建厂房，那么其建设周期很长，需要在产品开发的主计划中充分考虑。此外，针对新应用的技术也需要进行可制造性分析，一并体现到制造概念报告中。

4.2.3 业务逻辑与参考周期

产品策划阶段的任务有50多项，这些任务之间有前后关系，也有父子关系。在项目管理实践中，将所有的任务分散或通过简单的任务列表管理是非常低效的，必须按照一定的逻辑进行管理。此外，对于汽车项目管理的初学者而言，仅仅熟悉这50多项任务是不足以支撑项目管理工作的，因为项目管理的重点在于管理任务之间的关系，所以有必要深入了解任务间的逻辑关系。

为了方便读者学习，本书将一个阶段内的任务划分为若干个级别，其中一级为阶段名称，二级为阶段的子任务，三级为二级的子任务，以此类推。此外，本书以二级任务为讲解的基本单元，对于没有子任务的二级任务不再详细讲解。

4.2.3.1 二级任务及其逻辑关系

（1）产品策划阶段的二级任务

1）立项审批：编制立项建议书并审批。在本书中不体现其子任务。在实践中，立项审批的过程几乎等同于微缩的产品策划阶段，而本章所讲的产品策划阶段在某种程度上是立项审批的细化和深入。

2）项目策划管理：涵盖了此阶段的主要项目管理工作。该项工作的完成与其他任务有很强的依赖关系。

3）技术对标分析：编制对标分析报告的过程。

4）骡子车（附录B中有详细解释）开发：正式样车之前的样车设计及分析

过程。

5）产品技术策划：编制产品需求规格书的过程。

6）质量策划：分析质量数据、制定质量目标和质量控制计划的过程。

7）项目收益策划：完成项目收益性分析的过程。

8）售后策划：策划售后方案的过程，在本节中不体现其子任务。

9）初步完成采购工程报告：编制采购工程报告的过程。

10）初步完成制造概念报告：编制制造概念报告的过程。在本节不体现其子任务。

11）物流策划：编制物流策划报告的过程。在本书不体现其子任务。

产品策划阶段的二级任务没有非常清晰的逻辑关系，这主要是因为不同二级任务的子任务之间有逻辑关系，体现在二级任务上就没有那么清晰了。为了方便读者理解，本书简要介绍一下二级任务之间的逻辑关系，详细的内在关系还需要看关于具体二级任务的介绍。

图 4.4 所示为产品策划阶段的二级任务及逻辑关系，从图中可以看出各二级任务之间的先后顺序。

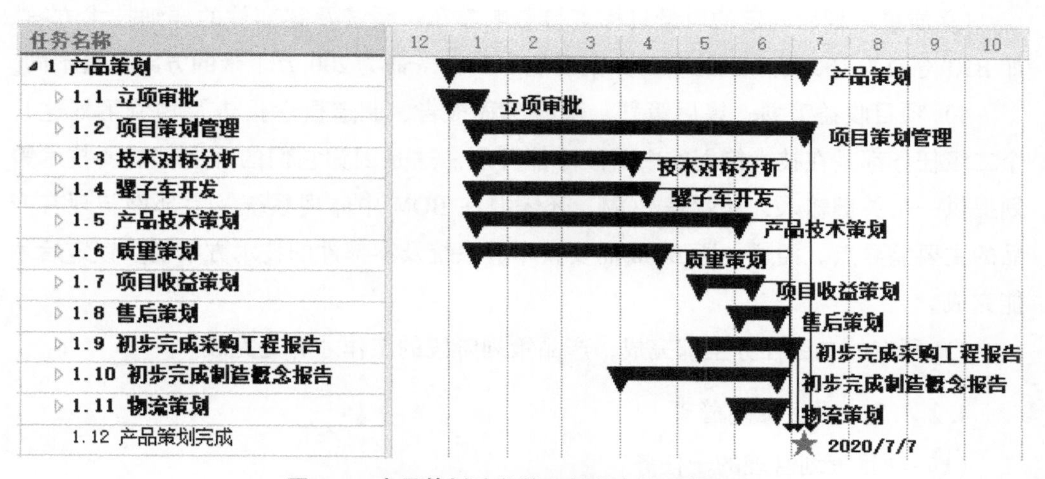

图 4.4 产品策划阶段的二级任务及逻辑关系

（2）逻辑关系的关键点

从整体上讲从立项审批到物流策划是依次开展的，但是，由于受子任务之间的逻辑关系影响，其先后关系不是特别明确。不过，其先后关系还有以下几个关键点可以追寻：

1）立项审批二级任务在所有的其他二级任务之前，这是因为项目只有立项审批后才能正式开展后续活动。有些企业的立项审批活动是在项目范围之外的。考虑到在实际的项目管理实践中，立项报告的编制、立项审批活动的组织、立项评审意见的跟踪与反馈都是由项目核心团队成员完成，所以本书将其划分在项目范围内。对于没有将其划入项目范围的企业，立项审批可以简化成一个里程碑（工期为0），该里程碑同样在所有的其他项目任务之前。

2）项目策划管理二级任务的时间范围覆盖除立项审批之外的所有其他二级任务。原因如下：

① 组建项目团队、成立项目组之后才能推进其他二级任务，所以项目策划管理的起点早于其他二级任务。

② 其他制造、质量、物流、采购等相关的二级任务完成后，项目的主计划才能定稿，项目预算才能初步锁定。项目策划管理的终点晚于其他二级任务。

3）技术对标分析、骡子车开发和质量策划完成后产品技术策划才能完成。主要原因如下：

① 技术对标分析的结果能够帮助技术策划工作锁定开发目标（包括质量、整车及系统的目标），目标确定后才能进行技术方案策划。

② 骡子车开发有助于确定技术目标的可实现性。

③ 质量策划后确定的质量目标直接影响整车、系统及零部件的详细技术方案。如B10寿命为100万千米的车身方案可能和B10寿命为200万千米的方案显著不同。

4）项目收益策划、售后策划、采购工程报告、制造概念报告及物流策划这几个二级任务都是在技术策划的中后段才能开展。这是因为它们的开展都需要技术策划提供一个关键输入，那就是BOM，还需要在BOM中体现系统及零部件与现有产品的主要差异点。而这一版BOM需要整车、系统及零部件的技术方案初步锁定后才能完成。

5）所有的二级任务全部完成，产品策划阶段的工作才算是完成。

4.2.3.2 项目策划管理

（1）项目策划管理的子任务

1）成立项目组：完成项目人力资源分析。

2）确定项目级别（如果项目立项报告中没有体现）：基于企业的规定，或按照第3.1节中所述的方式确定整车产品开发项目的级别。

3）编制项目主计划（第一版）：涵盖项目所有角色及其主要工作里程碑的计划。

4）项目风险识别与分析：伴随计划编制过程展开，识别项目的主要风险、分析风险并确定风险应对措施。

5）评估项目资金需求，编制项目预算：伴随计划编制过程展开，和项目收益性策划工作有密集的信息交互过程。

6）编制项目交付物清单：伴随计划的编制过程展开，可以根据企业的规定做适当的调整。

图4.5所示为项目策划管理任务的子任务及其逻辑关系，同时也列出了各项子任务的参考工作周期。

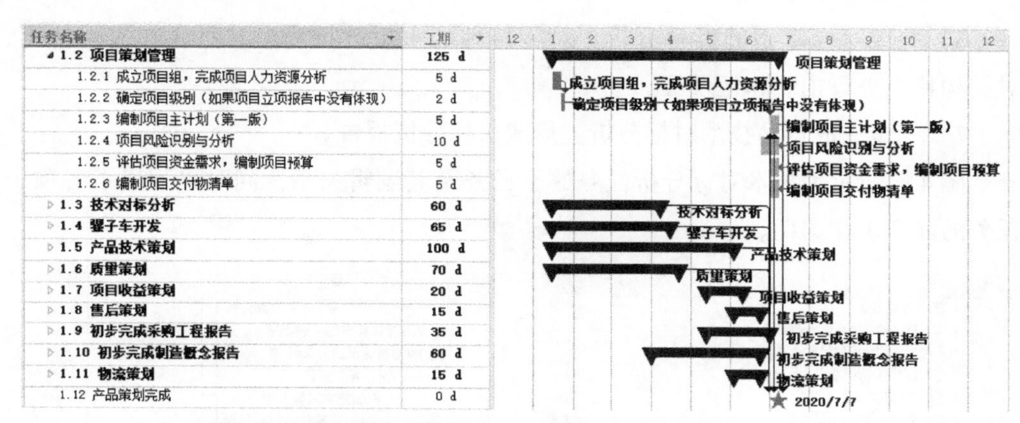

任务名称	工期
1.2 项目策划管理	125 d
1.2.1 成立项目组，完成项目人力资源分析	5 d
1.2.2 确定项目级别（如果项目立项报告中没有体现）	2 d
1.2.3 编制项目主计划（第一版）	5 d
1.2.4 项目风险识别与分析	10 d
1.2.5 评估项目资金需求，编制项目预算	5 d
1.2.6 编制项目交付物清单	5 d
1.3 技术对标分析	60 d
1.4 骡子车开发	65 d
1.5 产品技术策划	100 d
1.6 质量策划	70 d
1.7 项目收益策划	20 d
1.8 售后策划	15 d
1.9 初步完成采购工程报告	35 d
1.10 初步完成制造概念报告	60 d
1.11 物流策划	15 d
1.12 产品策划完成	0 d

图4.5 项目策划管理的子任务及其建议周期与逻辑关系

（2）项目策划管理各子任务的逻辑要点

1）成立项目组是最先要做的工作。这是很好理解的，毕竟事情是需要由人员来做的。在项目管理实践中需要在成立项目组之前就成立一个组织（建议是产品策划小组），协助销售（S）进行立项策划和审批。

2）确定项目级别是成立项目组之后马上要做的事情，因为项目级别决定了产品开发流程的裁剪方案，其实也就间接决定了项目要开展的工作，所以需要尽快确定。

3）编制项目主计划（第一版）其实是在产品策划阶段持续展开的工作，在所有其他领域的策划工作完成后还需要持续一段时间，图4.5所示为其他领域完成后需要的额外的计划编制周期，而非完整的项目计划编制周期。

4）项目风险识别与分析、编制项目预算及编制项目交付物清单均是伴随编制项目主计划而做的工作。也可以说，风险、预算和交付物清单是计划的关键组成部分。

4.2.3.3 技术对标分析

（1）技术对标分析的子任务

1）提出对标样车的采购需求。

2）编制对标试验分析计划：包括但不限于专家评审（结构对标、造型对标）计划、性能试验计划、部分耐久试验计划、零部件试验计划、拆解分析计划等。

3）对标样车采购。

4）产品技术对标分析：主要包括产品结构的对标分析，有些时候也包括整车及零部件的对标分析。

5）完成性能对标分析。

6）完成对标车型的拆解分析：对零部件的重量进行测量、对成本进行估算、对结构特点进行拍照和记录等。

7）初步完成竞品技术对标分析：形成对标分析报告。

图4.6所示为技术对标分析任务的子任务及其逻辑关系，同时也列出了各项子任务的参考工作周期。

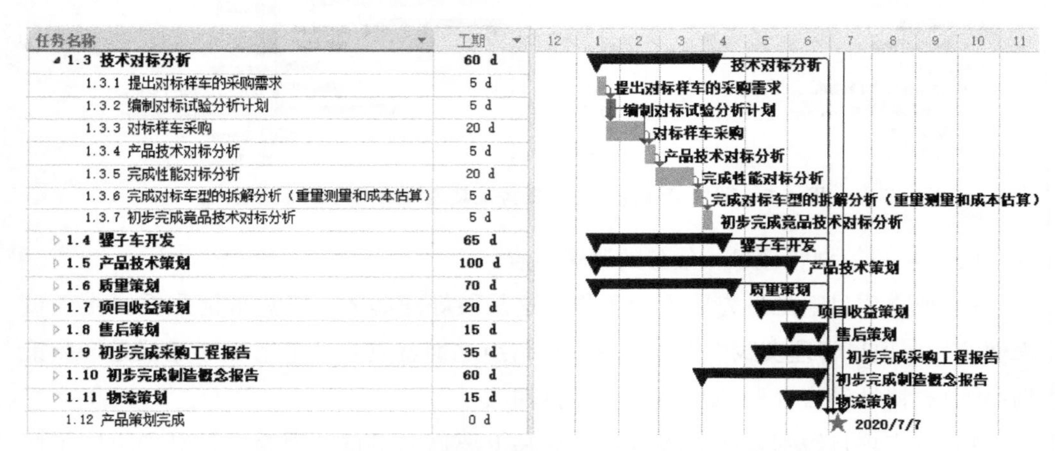

图4.6 技术对标分析的子任务及其建议周期与逻辑关系

（2）技术对标分析各子任务的逻辑要点

1）技术对标分析的各子任务中，只有编制对标分析计划与对标样车采购并行（有些企业中是与提出采购需求并行的），其余各项子任务都是依次展开的。提出采购需求这项工作可以在立项审批完成后立即开展。

2）性能对标分析的结果是确定整车性能目标的重要输入。

3）对标分析报告是确定先行技术整合方案、模块化开发策略、完成整车特征清单及质量对标分析的重要输入，如图4.7所示。

4.2.3.4 骡子车开发

骡子车开发通常只有在开发级别比较高的项目中才存在，因此，这是可以根据项目需求选择取消的二级任务。

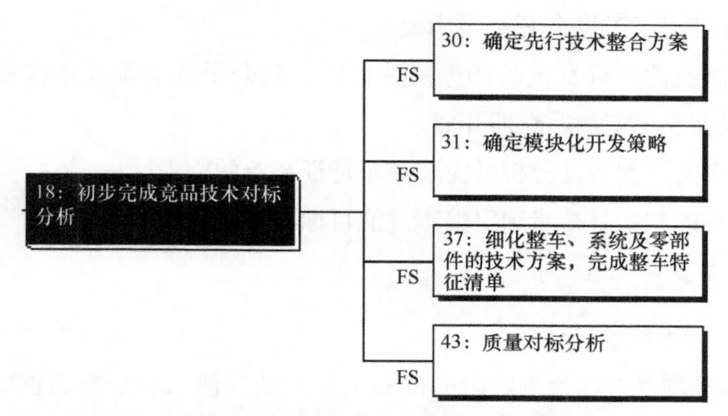

图 4.7　初步完成竞品技术对标分析与后续工作之间的关系

（1）骡子车开发子任务

1）完成骡子车的初步计算分析工作：通常的计算分析工作是在 3D 设计完成之后进行的，但是对于骡子车的开发来说，通常仅有整车的技术描述书（对其配置进行简要描述），所以计算分析工作相对靠前。

2）发布骡子车的设计数据：通常十分简单，包括技术描述书、部分 3D 数据和图样。

3）完成骡子车的试制。

4）完成骡子车的可制造性分析：通常只是进行非常简要的工艺分析，为后续工艺方案评估提供基础。

5）完成骡子车整车及零部件的试验：通常只有粗略的结构分析试验和部分性能试验。

图 4.8 所示为骡子车开发任务的子任务及其逻辑关系，同时也列出了各项子任务的参考工作周期。

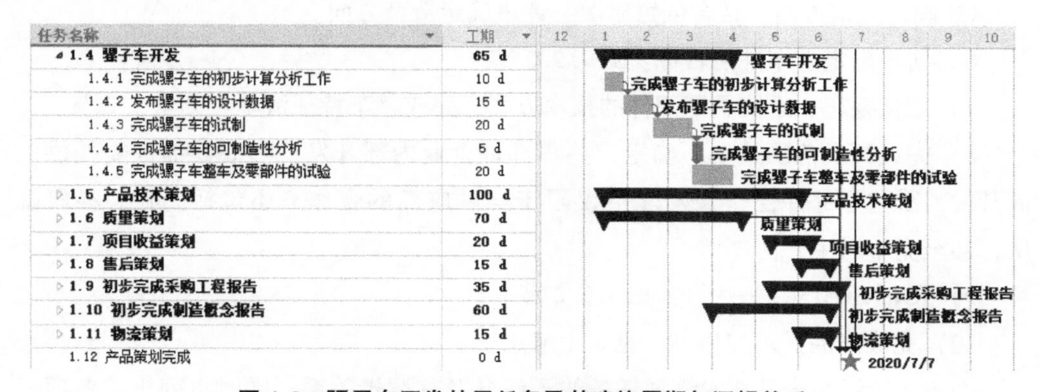

图 4.8　骡子车开发的子任务及其建议周期与逻辑关系

（2）骡子车开发的各子任务逻辑要点

1）除可制造性分析及试验任务是并行的，其余子任务都是依次展开的。计算分析工作可以在立项审批后立即开展。

2）骡子车的可制造性分析是完成整车特征清单的输入。

3）骡子车的试验是初步确定整车性能目标的输入。

4.2.3.5 产品技术策划

（1）产品技术策划子任务

产品技术策划是产品策划阶段的核心工作，是其他二级任务的重要输入。其子任务包括：

1）编制产品配置信息表：见 4.2.2 节。

2）法规及知识产权分析：

① 完成法规及趋势分析报告。针对整车产品的定位和用途，综合分析所有适用的法规，识别风险并提供清单。跟踪法规的制定过程（最好是参与法规的制定过程），形成趋势分析报告，给出产品开发建议。

② 完成知识产权分析报告，针对将要应用的新技术进行知识产权分析，同时针对将要形成的新的专利，制定专利申报策略。

3）确定先行技术整合方案：见 4.2.2 节。

4）确定模块化开发策略：见 4.2.2 节。

5）造型策划：

① 完成造型趋势分析报告，仅在造型全新开发或升级的项目中存在，对用户的偏好进行预测，给出造型开发建议。

② 完成创意草图（1∶4 整合模型）。

③ 确定造型方向，结合创意草图，评审确定造型方向。

6）初步确定整车性能目标：见 4.2.2 节。

7）细化整车、系统及零部件的技术方案，完成整车特征清单：见 4.2.2 节。

8）完成开发范围策划：确定哪些零部件企业内部开发，哪些零部件委托供应商开发，哪些零部件合作开发（不仅限于与供应商的合作，还包括高校、科研院所，甚至竞争对手）。

9）发布 BOM（第一版）：见 4.2.2 节。

10）完成产品需求规格书：见 4.1 节。

图 4.9 所示为产品技术策划任务的子任务及其逻辑关系，同时也列出了各项子任务的参考工作周期。

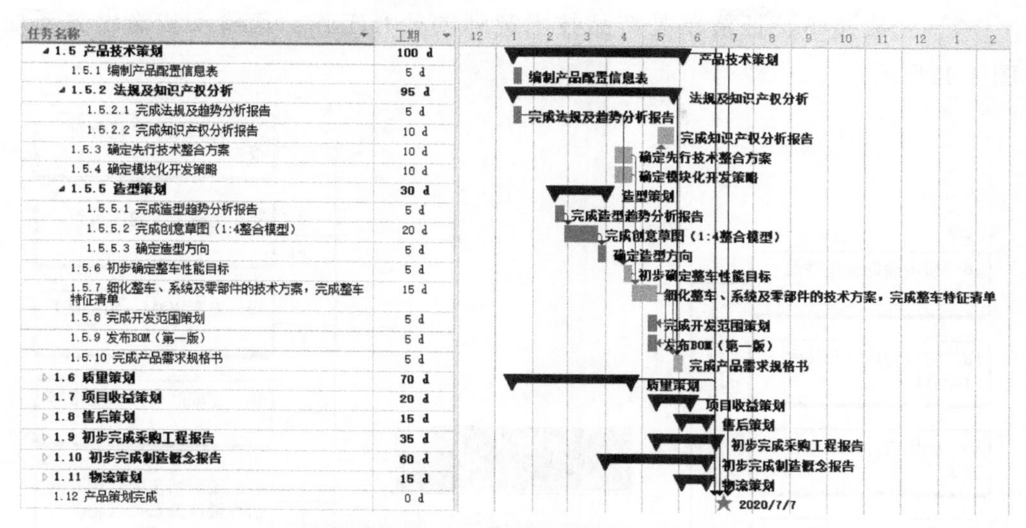

图 4.9　产品技术策划的子任务及其建议周期与逻辑关系

（2）产品技术策划子任务的逻辑要点

1）产品配置信息表是在立项审批后立即进行的，为其他工作提供指导（其代表了市场方面的需求）。

2）法规及趋势分析报告越早进行越好，在很多企业法规的跟踪是日常数据收集与分析工作的一部分。建议最晚在立项审批后马上进行。

3）知识产权的分析工作通常在整车特征清单明确后才能完成。

4）先行技术整合方案和模块化开发策略是在技术对标分析后进行的。

5）造型策划通常是在对标样车采购来以后正式开展的，如果仅依靠造型报告的话，那么此项工作可以相应提前。造型策划的结果是产品需求规格书的关键组成部分。

6）初步确定整车的性能目标需要最少完成三项工作：性能对标分析、骡子车试验、法规及趋势分析，具体如图 4.10 所示。

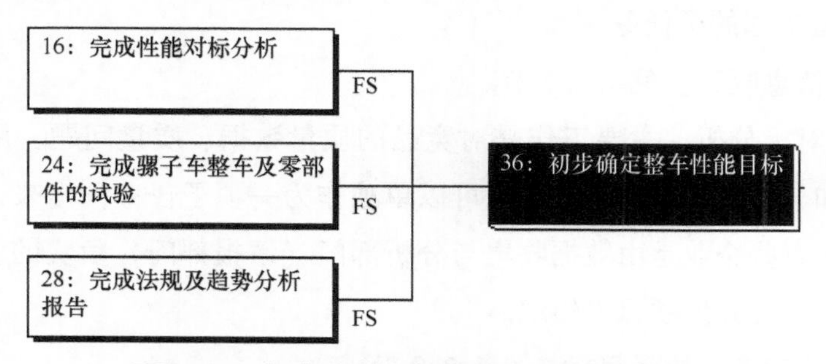

图 4.10　初步确定整车性能目标的前置工作

7）完成整车特征清单是产品技术策划的核心工作，其输入和输出关系如图 4.11所示。

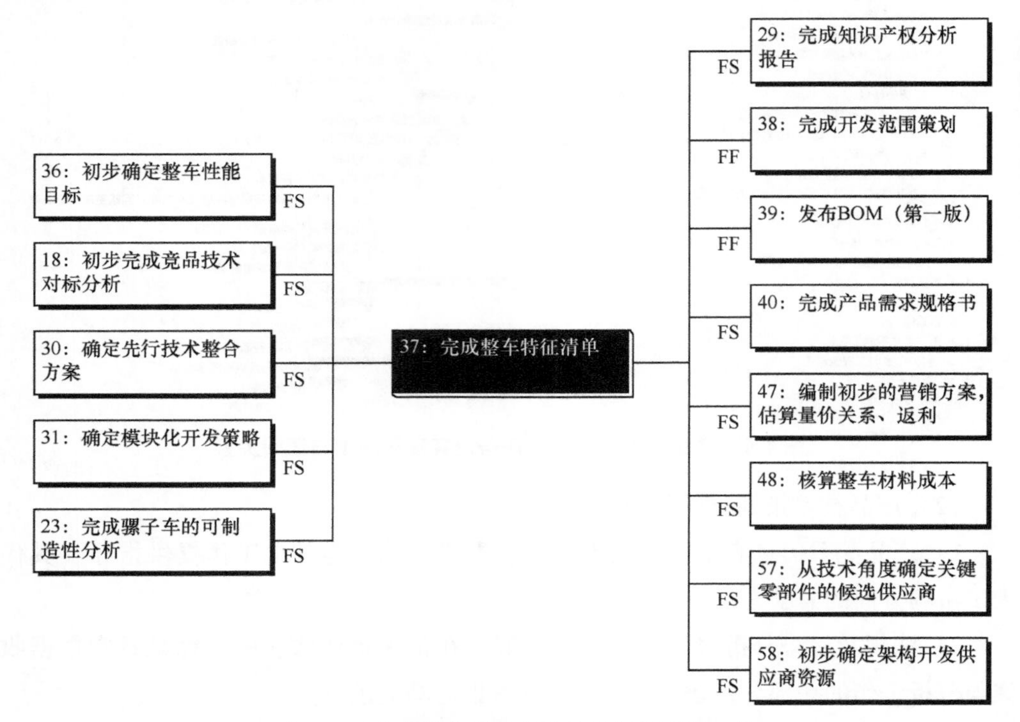

图 4.11　完成整车特征清单的前置及后续工作

8）开发范围策划是伴随编制整车特征清单而进行的工作，第一版 BOM 的发布是在特征清单完成后完成的。

9）产品需求规格书的编制是对全部产品技术策划工作的汇总，伴随全部工作而开展，直至最后完成。

4.2.3.6　质量策划

（1）质量策划的子任务

1）质量信息收集：见 4.2.2 节。

2）质量对标分析：主要工作是对竞品的质量数据、质量问题、用户评价等信息进行收集和分析。信息收集工作也可以单独作为一项子任务列出来，因为质量信息收集工作在有些企业是由数据收集与分析部门（情报部门）负责的，质量对标分析通常由整车产品开发项目组组织。

3）初步确定产品质量目标：见 4.2.2 节。

4）初步确定质量目标和质量控制计划：对质量目标进行汇总，同时为实现质量目标制定一系列的行动计划。质量控制计划的关键内容应该列入项目计划。

图4.12所示为质量策划任务的子任务及其逻辑关系，同时也列出了各项子任务的参考工作周期。

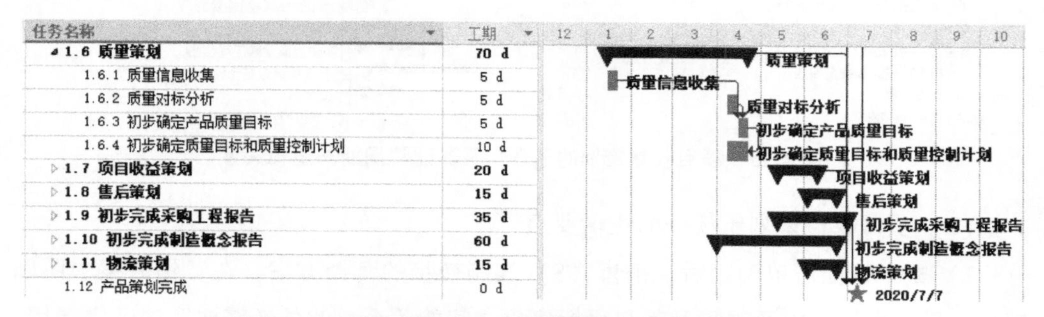

图4.12　质量策划的子任务及其建议周期与逻辑关系

（2）质量策划子任务的逻辑要点

1）质量信息收集工作越早开展越好，最迟也要在立项审批后开展。

2）质量对标分析需要在初步完成竞品对标分析后才能完成，因为质量既和产品的结构相关，也和性能测试结果及拆解分析结果相关。质量对标分析通常在技术对标分析二级任务完成后还需持续一段时间，因为有时为了确定竞品的质量情况需要额外做一些试验。

3）完成质量信息收集及质量对标分析后才能初步确定产品的质量目标。

4）质量目标初步确定后，才能确定质量控制计划。严格上讲质量目标和控制计划是不可分割的，因为没有计划的目标是没有意义的。

4.2.3.7　项目收益策划

（1）项目收益策划子任务

项目收益策划是产品策划阶段最关键的二级任务之一，在很多企业项目收益策划的结果直接决定了项目是否继续开展。其子任务包括：

1）编制初步的营销方案，估算量价关系、返利及营销费用。

2）核算整车材料成本：见4.2.2节。

3）确定材料成本目标：见4.2.2节。

4）完成初步的产品收益性分析：见4.2.2节，最后形成项目收益分析报告，见4.1节。

图4.13所示为项目收益策划任务的子任务及其逻辑关系，同时也列出了各项子任务的参考工作周期。

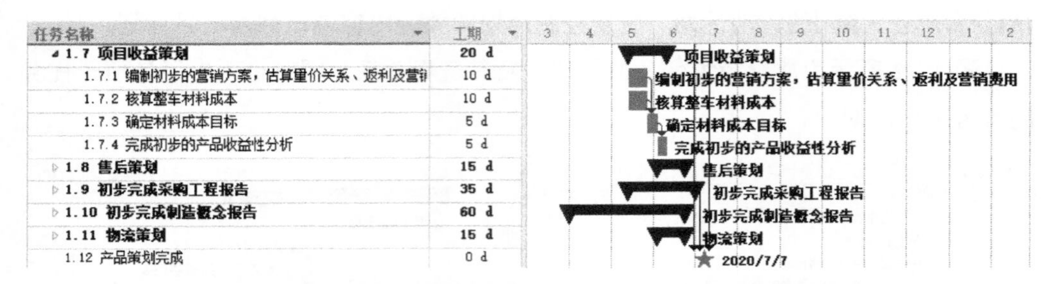

任务名称	工期
1.7 项目收益策划	20 d
1.7.1 编制初步的营销方案，估算量价关系、返利及营销	10 d
1.7.2 核算整车材料成本	10 d
1.7.3 确定材料成本目标	5 d
1.7.4 完成初步的产品收益性分析	5 d
1.8 售后策划	15 d
1.9 初步完成采购工程报告	35 d
1.10 初步完成制造概念报告	60 d
1.11 物流策划	15 d
1.12 产品策划完成	0 d

图 4.13　项目收益策划的子任务及其建议周期与逻辑关系

（2）项目收益策划子任务的逻辑要点

1）整车特征清单确定后，销售（S）编制初步的营销方案，在营销方案中明确销量、目标售价，以及销量及其与目标售价之间的关系。此外还需要明确营销费用、返利等营销政策。

2）整车特征清单确定后，成本工程（C）牵头组建多功能小组核算零部件的材料成本，汇总形成整车的材料成本。

3）确定材料成本目标需要的前提包括编制完成初步的营销方案、各业务领域的预算需求等信息，同时还需要参考核算的材料成本。

4）以上几项工作完成后才能真正地完成初步的产品收益性分析。

值得关注的是，项目收益性策划工作是一个反复的工作，期间有财务控制（F）、成本工程（C）、设计（ED）、销售（S）、零部件采购（PP）等多个角色之间的密集的信息交互，其结果是多方博弈的成果。因此，推荐成立 3.3.2 节所述的成本工程小组，并以小组的形式推动完成成本目标确定、成本核算、产品收益性分析等工作。

4.2.3.8　*初步完成采购工程报告*

（1）初步完成采购工程报告的子任务

1）初步确定工装、设备投入及计划：基于产品的技术方案，初步确定生产、物流、包装等设备及工装的需求，基于项目节点排布工装及设备的到位计划。

2）编制初版的项目采购策略：确定国内及国际供应商的选择策略、首家供应商及后续扩点方案、战略供应商的扶植策略等。

3）关键供应商预选：

① 从技术角度确定关键零部件的候选供应商，见 4.2.2 节。

② 初步确定架构开发供应商资源，电气架构开发周期长、技术复杂，通常要提前确定。

③ 协助完成关键供应商合作意向书。

④ 完成关键供应商预选。

4）初步完成采购工程报告：汇总采购策略、设备及工装采购方案、供应商预选结果，形成采购工程报告。

图 4.14 所示为初步完成采购工程报告任务的子任务及其逻辑关系，同时也列出了各项子任务的参考工作周期。

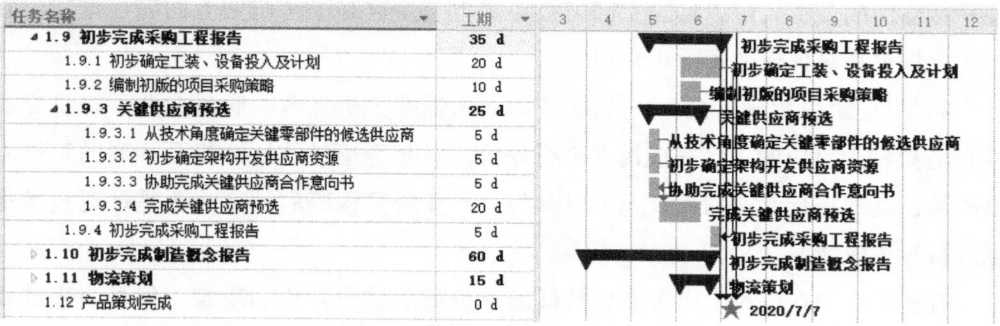
任务名称
工期
3
4
5
6
7
8
9
10
11
12
1.9 初步完成采购工程报告
35 d
1.9.1 初步确定工装、设备投入及计划
20 d
1.9.2 编制初版的项目采购策略
10 d
1.9.3 关键供应商预选
25 d
1.9.3.1 从技术角度确定关键零部件的候选供应商
5 d
1.9.3.2 初步确定架构开发供应商资源
5 d
1.9.3.3 协助完成关键供应商合作意向书
5 d
1.9.3.4 完成关键供应商预选
20 d
1.9.4 初步完成采购工程报告
5 d
1.10 初步完成制造概念报告
60 d
1.11 物流策划
15 d
1.12 产品策划完成
0 d
初步完成采购工程报告
初步确定工装、设备投入及计划
编制初版的项目采购策略
关键供应商预选
从技术角度确定关键零部件的候选供应商
初步确定架构开发供应商资源
协助完成关键供应商合作意向书
完成关键供应商预选
初步完成采购工程报告
初步完成制造概念报告
物流策划
2020/7/7

图 4.14　初步完成采购工程报告的子任务及其建议周期与逻辑关系

（2）初步完成采购工程报告子任务的逻辑要点

1）确定工装、设备投入及计划，以及项目采购策略的制定都需要在产品的需求规格书锁定之后进行。

2）电气架构及其他关键供应商的确定（从技术角度）均需要在整车特征清单确定后进行（很多时候是同步开展的，因为关键供应商决定了一部分整车关键特性）。协助完成合作意向书是技术推荐关键供应商的伴随性工作。

3）供应商推荐及合作意向书完成后，零部件采购（PP）才能按照程序完成关键供应商预选。

4.2.4　里程碑划分及考量因素

4.2.4.1　里程碑的级别划分

里程碑是设置在项目不同阶段或过程的检查点，基于检查内容的不同可以划分成若干级别，每个企业都有各自的规定，可以简要的归纳为以下四个级别的里程碑：

1）集团级里程碑：需要由集团最高的产品决策层（一般是产品委员会）对里程碑对应的工作完成情况进行评价，对是否通过及后续将要开展的工作做出决策。集团级里程碑的评审主要是基于商业利益或战略利益，因此在集团级里程碑评审前由相关的其他委员会进行预审，包括技术委员会、质量委员会和财务控制委员会。

2）分子公司级里程碑：由某一分子公司（如技术中心、生产厂、营销公司等）

对里程碑对应的工作完成情况进行评价，对是否通过及后续将要开展的工作做出决策，其他平行分子公司的负责人可以参与。分子公司级里程碑的评审主要是基于分子公司的业务，如技术开发（技术中心）、造型（造型中心）等。

3）部门级里程碑：由某一部门（如试验部、采购部、整车开发部等）对里程碑对应的工作完成情况进行评价，对是否通过及后续将要开展的工作做出决策，其他平行部门的负责人可以参与。部门级评审也是主要基于部门业务的完成情况，有时也发挥更高级评审的预评审作用。

4）专业级里程碑：由某一专业（如结构强度分析专业、底盘专业、车身专业等）对里程碑对应的工作完成情况进行评价，对是否通过及后续将要开展的工作做出决策，其他平行专业的负责人可以参与。专业级里程碑的评审主要是针对技术指标的目标达成情况。

有些里程碑在理论上由级别比较低的单位就能进行评价和决策，但是由于其要确认的内容影响重大或投入巨大，所以对其进行升级。

4.2.4.2 产品策划阶段的关键里程碑

在产品策划阶段建议设定的关键里程碑见表4.3。

表4.3 产品策划阶段的关键里程碑

编号	里程碑名称	位置	级别	意义
1	项目启动	立项审批的终点	集团级	标志着项目拿到批文，正式开始
2	技术策划完成	产品技术策划的终点	分子公司级	技术策划完成，收益、售后、采购、制造、物流等基于技术方案的策划工作可以正式启动
3	产品策划完成	产品策划终点	集团级	产品策划工作全部完成，可以据此评价是否调动人力资源进行产品定义

表4.3中所述节点是建议项目经理直接管控的节点，除此之外，还建议在每一个二级任务的终点设置一个里程碑，由与该节点最直接相关的子经理进行管控。

1）项目启动。该里程碑的评审除了要遵守3.4.3.1节建议的过阀评审流程外，还建议在质量委员会预评审的同时，进行技术委员会和财务控制委员会预评审。这是因为：

① 一款新车开发的主要工作在研发领域，所以有必要对立项申请中的技术前瞻性、可行性进行评价。

② 项目立项评审中最需要关注的指标是项目的收益性，所以财务控制委员会需

要预审。

2）技术策划完成。该里程碑由技术委员会评审，如果项目需要可以由质量委员会预审。

3）产品策划完成。除了要遵守3.4.3.1节建议的过阀评审流程外，还应该增加技术委员会预审。

4.2.5 跨阶段的流程接口关系

接口管理（4.4节有详细介绍）是项目管理工作的重点，在项目存续期间有非常复杂的信息交互关系，有时候很难通过流程或制度定义清晰，所以项目通常采用多功能小组的方式推进某项复杂工作。但是，作为管理者不能任由信息自由地传递，也需要设定几个检查点，这些检查点就是接口，也称里程碑。

产品策划阶段是汽车产品开发流程的第一个阶段，在此阶段形成的文件是后续工作开展的重要基础，所以存在多个关键接口，具体见表4.4。

表4.4 产品策划阶段的主要对外接口

序号	领域	接口位置	影响的阶段	影响的任务
1	范围	产品策划完成	全部	全部
2	进度	产品策划完成	全部	全部
3	收益	完成初步的产品收益性分析	全部	每个阶段的收益性分析
4	质量	质量策划	全部	每个阶段的质量确认
5	预算	产品策划完成	全部	全部
6	风险	产品策划完成	全部	全部
7	销售	编制初步的营销方案	生产准备	市场推广计划、方案的制定
			伴产	试销完成、正式销售
8	设计及验证	技术策划完成	产品定义	A样车开发
9	采购	初步完成采购工程报告	设计及验证	样车零部件采购、定价
			生产准备	样件采购
10	物流	物流策划	生产准备	物流方案确认
			试生产	生产验证
11	制造	初步完成制造概念报告	生产准备	设备及自制工装采购
			试生产	生产验证

注：接口位置列内的所有的接口位置都位于对应任务的终点。

1）项目管理知识体系指南中将范围、进度和预算作为项目的三大基准，风险是项目的最重要的限制性因素，因此，在产品策划阶段形成的产品策划报告（包括开发范围和目标、主计划、预算、风险清单等内容）是后续全部工作的基础，也影响着后续的所有工作。范围、进度、预算和风险这四个领域的关键接口位置都在产品策划完成里程碑。

2）收益和质量分别从商业和产品的角度反映了项目的状态，这两个领域是阶段评审时最重要的考虑因素，直接决定着项目是否进行下一阶段工作，因此在每一个阶段的评审节点都需要对它们的结果进行评审。产品策划阶段的核心交付物定义了收益目标和质量目标，在以后的每一个阶段都需要对目标的完成情况进行评价。

3）销售领域的一个关键接口在编制初步营销方案的终点，在生产准备阶段直接影响市场推广计划和方案的制定。营销方案中有细分市场、目标客户、销售价格、销量预测和销量目标、营销费用、营销政策等信息，在伴产阶段也需要销售目标，并评价销量目标是否达成、营销政策是否有效。

4）设计及验证领域的关键接口在技术策划完成里程碑，在产品定义阶段直接影响着产品设计，如3D设计、CAE分析、技术条件、特殊特性清单等。

5）采购领域的关键接口在初步完成采购工程报告的终点，在设计及验证阶段、生产准备阶段影响着样件的采购和零部件定价。采购政策中关于国内及国际供应商的选择策略、首家供应商及后续扩点方案、战略供应商的扶植策略，直接影响着供应商的选择和定价。

6）制造和物流领域的接口分别在初步完成制造概念报告和物流策划的终点。在生产准备阶段主要影响实施方案的制定和实施（包括相关设备的采购和实施），在试生产阶段主要影响生产验证。制造和物流在产品策划阶段的策划结果中有生产和物流设备的清单及采购计划，有生产和物流方案的规划（爬坡计划等），这些影响着生产和物流如何实施、如何验证。

以上仅列出了产品策划阶段的关键接口。这些接口需要项目管理人员特殊关注，要知晓其内在联系，要保障信息流动顺利，也要注意信息的反向确认。在实践中接口其实无处不在，可以通过集中办公、微信群、团队通讯录、团队建设等多种方式来促进接口信息的传递。出现传递不畅通的情况时，项目管理人员再进行协调。

4.3 项目管理工作要点

项目经理对项目负有总体责任和最终责任，即如果项目失败需要仅对一个人进行考核，那么这个人就应该是项目经理。因此，项目中所有的工作都是项目管理者（项目经理）的工作，有些是作为管理者的本职工作（负主要责任的工作），如团队、进度、预算、风险、沟通等方面的管控，有些工作是项目团队中其他角色的本职工作，如零部件设计、试验策划、产品认证等。非本职的工作需要项目经理管控其关键里程碑和接口。

PMBOK 将项目管理工作划分为 10 个知识领域，这 10 个领域的工作可以说都是项目经理的本职工作。但是汽车产品开发项目规模庞大，而且行业内对有些领域（如质量、采购、收益等）的定义和分工是十分成熟的，所以与 PMBOK 的定义不完全一致。表 4.5 所列是 PMBOK 中的 10 个知识领域与本书定义的项目管理工作的异同。

表 4.5　PMBOK 中的 10 个知识领域与本书定义的项目管理工作的异同

序号	领域	PMBOK	本书	差异说明
1	整合	√	×	整合是项目经理责无旁贷的工作，为突出其重要性，列入到其他业务领域的管控要点一节中
2	范围	√	√	① PMBOK 中的范围是指项目范围，广义的项目范围包含产品范围；本书聚焦于产品范围，项目范围在进度管理中集中体现 ② 项目经理负主要责任
3	进度	√	√	概念一致，项目经理负主要责任
4	收益	×	×	① PMBOK 中成本知识领域体现了收益的概念，但未将其列入单独的知识领域；在汽车产品开发项目中收益非常重要，所以单独作为一个领域 ② 由财务控制（F）负主要责任，项目经理负责整合
5	预算	√	×	① 与 PMBOK 中的成本概念一致，鉴于汽车行业“成本”一词表示零部件的成本，所以用“预算”替代 PMBOK 中的“成本”一词 ② 由财务控制（F）负主要责任，项目经理负责整合
6	质量	√	×	① 与 PMBOK 中的质量概念一致，但是更侧重于可交付成果（汽车产品）的质量 ② 由质量（Q）负主要责任
7	资源	√	√	概念一致，人力资源由项目经理负主要责任，其他资源（如设备、场地）由资源所属部门负主要责任
8	沟通	√	√	概念一致，由项目经理负主要责任
9	风险	√	√	概念一致，由项目经理负主要责任
10	采购	√	×	概念一致，由采购（P）负主要责任
11	相关方	√	√	概念一致，由项目经理负主要责任
12	知识	×	√	① PMBOK 中并没有将知识作为一个领域，知识管理的主要内容体现在整合知识领域；但在汽车产品开发项目中知识管理非常重要，所以单独列出 ② 项目经理负主要责任

从表4.5中可以看出汽车产品开发项目中项目经理需要负主要责任的工作包括整合、范围、进度、资源、沟通、风险、相关方和知识8个领域，其中整合领域的工作列入到“其他业务领域的管控要点”中，“项目管理工作”中只体现剩余的7个领域。

由于汽车产品开发项目规模庞大，即便是团队、进度、预算和风险这类的本职工作，项目经理也很难独自完成，其他类的工作更是只能对要点进行管控，并充分调度团队、组织、行业等一切资源，实现项目目标。因此本章仅对工作要点进行阐述。

值得注意的是，不同级别的汽车产品开发项目管控方式和要点有所不同，本章及后续章节的“项目管理工作要点”一节就是对开发级别较高（最高级及次高级）的项目管理工作要点进行介绍。对于级别比较低的项目，需要项目经理的管控精度会更高一些。

4.3.1 项目管理工作

4.3.1.1 范围管理

整车产品开发项目的范围是指在项目存续期间的交付物，以及为了完成这些交付物所必须完成的工作。

1）在PMBOK中将交付物称为产品范围，产品范围主要来源于需求。由于整车产品开发项目的复杂性，产品范围通常包括以下几类：

① 产品：整车产品。

② 服务和提供服务的能力：整车的生产能力、销售能力、售后服务能力，有时还包括整车设计能力。

③ 成果：DFMEA、PFMEA、图样、3D模型、各种各样的试验报告等。

2）为了完成交付物而必须完成的工作成果称为项目范围，项目范围由项目管理计划管控。

为了符合汽车行业的传统，在本书中范围特指产品范围，这一点与PMOBK不完全相符。项目范围的管理在进度管理中体现，因为项目范围经由WBS逐步细化成进度活动，进而排布成项目进度计划。

整车产品开发项目范围的源头在“项目立项建议书”中，整车产品开发项目的项目经理需要在编制、审批项目立项建议书的过程中施加影响，使得项目的范围更为明确，在产品策划阶段的主要工作是引导、影响和确认开发车型范围和主要技术指标，这是确定产品范围的核心文件。项目经理需要通过引导、影响和确认，确保车型的范围是封闭的，即所要开发车型的型号是确定的，主要技术指标是明确的，指标要求尽可能量化，并且可以实现。

项目经理还要确认假设条件和制约因素，这是进度、预算、技术指标等信息制定的逻辑基础，也是后续风险和问题的重要来源。在此阶段识别并确保项目发起人及其他企业相关高层知悉。

4.3.1.2　进度管理

1）编制项目主计划（第一版）。该工作是产品策划阶段工作的一条重要主线，项目经理要通过编制项目主计划来牵引其他业务领域开展相关工作，同时确保他们的工作体现在项目主计划中。编制项目主计划通常需要如下步骤：

① 召开项目启动会（见4.3.1.4节），宣布项目的SOP节点，并要求各项目子经理启动计划编制工作。

② 收集编制好的子项目计划，并汇总形成项目主计划初稿，明确其中的冲突点、问题点及建议的解决方案。

③ 召集主计划编制会议，解读项目主计划，并集中讨论冲突点及问题点，制定可行方案。

④ 完善项目主计划并提交审批，形成项目主计划（第一版），摘选其中的关键节点提交给产品委员会审批，形成项目进度基准。

2）组织各业务领域编制二级计划。二级计划是指子项目计划，编制主体是各子项目经理。因为各个子项目之间有业务关联关系，所以二级计划的编制工作也不是子项目经理一个人能够完成的，需要子项目经理做大量的跨领域协调工作。项目经理在其中的工作如下：

① 组织三方及三方以上的沟通，建议两方沟通由当事双方自行沟通。

② 重大冲突点的协调解决。

需要注意的是项目计划是渐进明晰的，除非项目非常简单，否则很难通过执行一次上面的步骤就完成主计划的编制。在项目实践中这些步骤被反复执行，通常在产品策划阶段进入到尾声时这种迭代工作才能完成。

对于经验特别丰富的项目经理，建议直接由项目经理基于经验编制一版项目主计划，并在项目启动会上进行解读，然后再由子项目经理进行完善。这种方式能够极大地提升计划编制的效率，减少大量的沟通成本。

4.3.1.3　资源管理

1）任命项目经理（产品开发项目中最重要的人力资源之一）。该项工作是由项目发起人完成的，体现在项目立项建议书中。

2）组建项目团队、完成项目人力资源分析。可以按照3.3节中所述的内容，组建项目团队，明确项目团队中的成员、角色、职责和所需技能，确定项目中的多功能小组，组建产品策划小组，确认项目管控委员会的构成及职责。和项目管理的很多内容一样，成立项目团队的过程也是渐进明晰的，所以在此阶段可以只明确项目的核心团队成员和产品策划小组的成员，其他项目团队信息在后续项目工作中逐渐明确。

在很多企业中，项目经理并没有权力任命子项目经理和指定项目团队成员。在此情况下，建议采用如下步骤组建项目团队：

① 搭建项目团队架构，明确角色、职责和所需技能。

② 将项目团队架构发给相关业务领域的最高负责人（可以根据项目规模及级别确定接收人），请其指派团队成员。

③ 收集指派结果，形成团队成员清单，并正式发布。

④ 召开首次团队成员见面会。

需要注意的是，无论项目经理是否有权力任命或指定项目团队成员，均建议由相关业务领域的领导推荐人员参与到项目中来，这样在后续的项目推进过程中阻力会小很多。

3）组织完成关键设备资源的需求分析。在汽车行业，关键的设备资源通常是由业务部门掌握的，如验证中心、试验部、汽车电子部（HILL台架等）、制造技术部（中试车间）等，所以项目经理需要组织相关的子项目经理协调相关资源。资源需求分析的步骤如下：

① 伴随编制项目主计划的过程，分析各项任务所需要的关键设备资源。形成资源需求清单，明确资源名称和计划使用时间。建议按照资源的类别对资源进行分类，形成资源分解结构（见2.4.4节），这样有利于管理同一类资源。

② 子项目经理组织提供关键资源的资源日历，并对照资源需求清单，分析资源的可用性，提出问题点。

③ 项目经理组织制定问题解决计划，包括任务外包（通常是试验外委）、跨项目资源协调、紧急采购设备、设备错峰保养等。

4.3.1.4 沟通管理

1）召开项目启动会，正式启动汽车产品开发项目。严格来说，在产品立项建议书得到批准后项目就正式启动了，但是此时只是拿到了项目批文，还没有正式宣布，所以需要一次正式的项目启动会。会议的目的是宣告项目正式启动、解读立项建议书（与 PMBOK 中的项目章程类似）、任命项目经理和子项目经理。会议的主持人为项目的发起人（如总经理、研发副总裁、技术中心主任等高级管理人员）。会议的议程如下：

① 项目发起人解读立项建议书，重点阐述项目立项的背景、目的、意义和关键节点，同时宣布项目经理任命。

② 项目经理致辞，并宣布项目团队架构、角色和职责（相关子项目经理可以做简单自我介绍）。

③（如果需要）各业务的分管领导致辞，重点体现对项目工作的支持。

④ 项目相关问题解答。

⑤ 合影留念。

2）编制沟通计划。沟通计划旨在书面化地体现项目及相关方的沟通需求及计划。它有利于项目相关方建立对项目的信心，也有利于按照计划推进项目工作，而不是被临时性的汇报扰乱。表 4.6 所列是项目沟通计划的示例。对于沟通计划中的沟通内容，项目组应该有固定的模板，以减少信息组织的工作量。

表 4.6 项目沟通计划示例

编号	沟通内容	接受者	沟通途径	沟通时间/频率	内容发送者
1	项目双周报	项目发起人	邮件	每 2 周	项目经理
2	试制进展报告	项目经理	邮件	每 1 周	制造子经理
3	项目变更信息	变更控制委员会	会议	每 1 周	变更提出人
4	预警报告	项目经理	邮件	按需	预警信息提出人

项目沟通计划通常按照如下程序编制：

① 列入企业规定的沟通（如项目周报、高层汇报）的内容及频率。

② 项目经理与关键相关方沟通，了解对方的信息需求并列入计划。

③ 项目经理根据项目管理需求，将项目组内部的信息沟通需求列入计划，如项目例会、某一领域的周报、预警报告等。

④ 签批并公布项目沟通计划。

⑤ 根据项目及项目相关方的需要调整沟通计划。

需要特别关注的是，项目在推进过程中既要防止沟通不及时、不充分，也要预防沟通过度和过多的非计划沟通。在汽车产品开发项目实践中，非计划的沟通是过度消耗项目经理精力的一大要因，每个项目经理都有熬夜组织汇报材料的经历，这些需要借助沟通计划来改善。

3）组织、编制、预审、评审项目过阀申请。按照3.4.3.1节所述的过阀流程组织过阀材料，并进行评审。此处的阀点可以是4.2.4.2节所述的三个关键里程碑，也可以是根据企业内部定义的里程碑。

4.3.1.5 风险管理

1）召开首次风险识别会议。在产品策划阶段初期，应该召开一次风险识别会议。会议的目的如下：

① 识别风险、评估风险、制定应对方案。

② 使参会成员意识到风险的存在，及其在风险应对过程中的角色、应该发挥的作用。

2）首次风险识别会议的议程建议如下：

① 风险管理知识、工具及方法介绍。

② 已经识别的风险清单介绍。

③ 小组讨论：风险识别、评估及规划应对。

④ 小组汇报。

⑤ 总结及下一步工作计划。

需要注意的是风险识别工作也具有渐进明晰性，即随着项目的推进风险逐步清晰、具体。最早的风险清单来自于立项建议书，在产品策划阶段逐步完善。风险识别会议不宜在项目启动后立即召开，因为这时各领域的策划工作没有实质性的开展，风险识别工作偏于空洞。建议在第一版主计划草稿出来后再进行，因为在编制项目主计划时很多风险逐步暴露出来。为了提升风险识别的效率，很多企业也制定了风险分解结构框架，将风险划分为技术风险、产品风险、工艺风险、质量风险、供应商风险、销售风险、财务风险等。

此外，风险识别会议的最主要目的是增进大家的风险意识，促使大家承担风险应对责任。项目经理要在风险识别会议召开前组织核心团队成员充分识别风险并形成风险登记册；否则，在会议期间识别的风险数量会很少，而且浮于表面。

表4.7所列是风险登记册示例，其中风险的级别由风险的概率和影响综合决定。为了更好地应对风险，应该明确责任人、应对措施和计划，并在整个项目期间进行点检，基于点检结果更新风险的概率和影响值。

表4.7 风险登记册示例

编号	风险描述	概率	影响	责任单位	责任人	应对措施	计划完成时间	预计完成时间	下次点检时间	过程及进展说明（时间、事件、结果）
1	……			……	……	……	……	……	……	……

4.3.1.6 相关方管理

1）召开相关方识别会议，识别项目的主要相关方。会议可以采用以下议程：

① 相关方管理知识、工具及方法介绍。

② 已经识别的相关方介绍。

③ 小组讨论：相关方识别、评估及规划应对。

④ 小组汇报。

需要注意的是相关方的识别与应对有一定的敏感性，对于企业内部的相关方识别，不建议通过会议的方式进行，可以通过一对一访谈直接或间接地了解某个相关方的利益诉求。这里相关方识别会议所识别的相关方侧重点在企业外部，如供应商、经销商、政府部门、战略合作伙伴等。因为相关方登记册内部含有对相关方参与度的评价，所以只要项目经理管控该文件即可，不要发布。

对不同的相关方可以通过权力/利益方格（见4.4节）进行划分，并针对性地采取方案。

2）针对重要的相关方制定沟通计划。该工作与沟通管理同步进行，借助沟通计划满足相关方的信息诉求。

4.3.1.7 知识管理

1）裁剪企业的汽车产品开发流程。可以参考3.2.2节介绍的步骤对企业现行的开发流程进行裁剪。需要注意的是，裁剪的过程不一定是流程的内容减少，有时也需要增加。

2）编制项目交付物清单。企业的产品开发流程中通常也包含对交付物的要求，但是通常不够具体。因此，需要项目经理根据项目主计划及二级计划的初稿，组织项目团队对交付物进一步识别，形成最终的交付物清单。交付物清单在产品开发项目的存续期间可能也需要调整，调整的内容通常需要变更控制委员会及企业的PMO（对企业的项目管理程序性规定负责）批准。

项目组在按照交付物清单编制交付物时，最容易出现的问题是信息不统一，即在两份交付物中同样的指标对应的数值不一致。项目经理在编制交付物清单时应对交付物做总体规划，建议如下：

① 最大程度地减少不同文档的重复内容。

② 通用的信息作为单独的交付物进行管理，如产品配置信息表、关键技术指标清单、销量规划清单等。保证信息源头的唯一性。

3）编制经验教训登记册。

4）编制阶段总结报告。

5）组织编制、收集、整理、归档管理本阶段的交付物及关键过程文件。

4.3.2 其他业务领域的管控要点

4.3.2.1 销售

1）编制产品开发立项建议书。严格意义上讲，在编制产品开发立项建议书时项目经理还没有正式确认，但是，因为此项工作需要未来的项目经理提供专业建议（如进度要求、资源需求等），并且该文件对后续项目的执行影响巨大，所以多数企业在此阶段内定（指定但是没有正式宣布）一名项目经理。

2）项目经理需要重点关注如下信息：

① 开发车型范围和主要技术指标，这点已经在范围管理一节讲到。

② 进度和预算目标的可实现性，建议由项目经理粗略制定进度计划和预算需求，以确保其可实现性。

③ 关键相关方，在此阶段识别相关方有助于了解相关方的诉求，明确项目范围。

④ 项目经理的责、权、利，这是后续顺利开展工作的保障。

⑤ 假设条件和制约因素，这点在范围管理一节已经讲到。

⑥ 项目风险，主要是指项目的整体风险和高层级的单个风险。项目经理在此阶段应积极识别项目风险，并推动将其列入立项建议书中，这样有助于在后续执行风险应对计划时调动高层资源。

4.3.2.2 财务控制

1）编制项目收益分析报告。有三项工作直接影响着项目收益性报告的编制，分别是确定销量及目标售价、核算整车材料成本（见 4.2.2 节）和确定材料成本目标（见 4.2.2 节）。三者相互影响，并且都直接关系到项目的收益性指标。项目经理在成本核算过程中应重点管控，建议如下：

① 组建成本工程小组，见 3.3.2 节。

② 指定成本（C）、设计（ED）和零部件采购（PP）的牵头人。因为一款车由成千上万个零部件组成，在典型的汽车企业中不同类别的零部件成本、设计和采购的负责人都不相同，这使得沟通变得异常复杂，所以需要为每个领域指定唯一的负责人。

③ 协调核算整车材料成本、确定材料成本目标、确定销量及目标售价这三者的

关系，及其与项目收益性分析的关系。

三项工作的关系要点如下：

a. 核算整车材料成本是自下而上的，即从各零部件的成本汇总形成整车材料成本。

b. 确定材料成本目标是自上而下的，即为达成收益性指标而确定的整车材料成本目标。

c. 目标售价是基于用户感知的，即用户不会为某项技术而买单，用户只会为价值买单，所以只有为用户创造价值的技术用户才愿意付出更多的钱。

d. 一个新的技术变化点可能会影响整车材料成本，也会影响目标售价，而目标售价的变化会影响整车材料成本目标。材料成本目标与核算出的整车材料成本的关系影响着该项技术是否能够应用。图4.15所示为项目收益性分析相关工作间的逻辑关系。

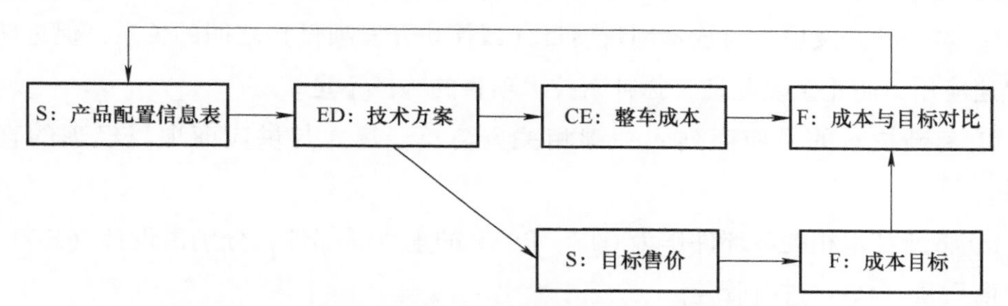

图4.15 项目收益性分析相关工作间的逻辑关系

④ 推动决策。项目收益性分析过程中的很多信息是具有不确定性的，如目标售价、成本信息、销量信息等。在执行过程中追求信息完全准确、收益目标完全达标是不现实的。因此，在各方都尽最大努力后，要推动尽快决策，项目经理、发起人及产品委员会成员有必要在产品开发项目中承担一定的风险。

2）编制项目预算，见4.2.2节。项目经理在其中应该重点关注以下信息：

① 项目中关键任务的应急储备值，通常该值不小于10%，当有较多的新技术应用时可以设定为15%～20%。

② 要按照月份、项目节点和项目角色分解项目预算，这样后续的预算控制工作也更方便。

③ 可以借助IT系统或Project软件将预算与项目的计划结合起来，这样能够方便地对项目进行挣值分析。

4.3.2.3 设计及验证

1）编制产品需求规格书，见4.1节。产品需求规格书是产品技术策划的最终交付物，是对产品范围的细化。项目经理在编制过程中应该做到以下工作：

① 将主要精力分配到此项工作中，和设计及验证（E）子经理一道完成此项工作，并管理好产品需求规格书与外部的接口。

② 协调本项目与其他项目（如动力总成开发项目、内外饰升级项目、底盘升级项目）的接口关系，确定零部件设计、验证及工装模具的共享方案。

③ 明确产品的主要技术变化点，制定动力总成及其他关键零部件的首选及备选方案。

④ 明确开发硬点（技术开发的关键路径），对技术硬点列入项目计划进行监控。

⑤ 将关键供应商作为重要相关方进行管理。

⑥ 组织编制技术风险清单，并列入项目风险登记册。

⑦ 推动法规部门进行知识产权分析，预防知识产权风险。

2）新技术的整合，见 4.2.2 节。项目经理重点管控：

① 本产品开发项目与技术创新项目（或模块开发项目）之间的关系，促进新技术快速应用，防止重复验证，弥补新技术项目的验证不足。

② 将新技术的供应商列入关键相关方清单，建立与供应商项目经理的直接联系。

③ 将新技术相关零部件作为 OTS、PPAP 的重点零部件，分别由设计（ED）及供应商质量（QS）进行管控。

④ 组织制定样件、小批量及量产件的到货节点，预防供货风险。建议将其开发进展作为设计及验证（E）子项目经理周报的一部分（列入沟通计划）。

⑤ 针对关键新技术，与供应商建立例会机制（列入沟通计划），紧密协调开发中的问题。

3）发布产品 BOM（第一版）。作为整车设计的核心表单，在产品策划阶段可能还没有录入到企业的 BOM 系统中，且频繁变动，所以项目经理要做到以下工作：

① 指定专人（有的企业有专人）进行维护，保证其源头唯一，信息保持最新状态。

② 指定设计、试验、采购、物流、生产、财务控制、销售等领域的 BOM 负责人。

4）性能计算信息整合。在产品策划阶段的性能对标分析、骡子车的计算分析工作都需要整合性能计算分析数据。项目经理需要做到以下工作：

① 组织编制唯一的性能计算信息源头，统筹管理试验数据、供应商提供的数据、项目目标数据、评价标准数据等信息。

② 管理计算（EC）与试验（ET）、设计（ED）、供应商等多方的信息接口。

4.3.2.4　制造

确认生产基地的利用、扩容及改造需求。如果本产品开发项目需要新建、扩容或改造生产基地，那么项目经理需要做到以下工作：

① 通过制造（M）子经理与基建项目经理（如果基地变化较大，通常企业会通过基建项目对新建、扩容、改造等工程任务进行管理）进行计划对接。

② 详细了解基建项目的信息诉求，建立关键信息通报机制。

4.4　知识、工具与技术

1）附加值率、边际贡献率和利润率：在附录B中有解释，这里简要介绍一下这几个指标的意义。其中附加值率类似于毛利率，区别在于附加值中涵盖了人工费用。边际贡献率反映的是扣除可变费用后的“收益率”，利润率是通常所说的净利率。

① 附加值率低通常意味着此次产品开发的意义很小，没有价值。可以通过极限思维理解这个指标，在附加值率为0时，产品的实际售价等于产品的材料成本，这意味着企业没有为材料（采购的零部件）创造任何价值，那么开发这款产品自然也没有意义。而且附加值率低也通常会造成边际贡献率和利润率低。关于这个指标，企业通常有固定的评价标准。

② 边际贡献率的意义在于只要这个值大于零，那么产品销量的增加是有意义的。如果边际贡献率等于零，意味着每销售一个产品没有为企业带来任何价值。

③ 利润率很好理解，利润率大于零意味着企业有钱赚。那么利润率小于零，企业是否还要投入这款产品呢？答案是看情况。如果边际贡献率的值很大，而且该产品的预期销量很大，那么该产品依然值得投放。也就是说产品本身没有问题，问题出现在了固定费用均摊上。只要销量大，那么固定费用的均摊就会越来越小，所以投产对于企业是个不错的选择。支持企业扭亏为盈的产品通常具有这个特点。

2）可靠性与耐久性之间的关系：可靠性可以简单地理解为产品在正常使用情况下是否容易出现故障。耐久性可以简单理解为产品在正常使用工况下能够用多久。严格意义上讲，耐久性也是可靠性的一部分。但在产品开发中这两个概念是区分开来的。

可靠性试验中侧重发现没有预知的故障模式，在试验过程中统计试验被中断的概率，其侧重点是发现故障模式（也需要解决故障问题）和统计中断频率。

耐久性试验中侧重考核产品在特定的模式下可正常使用的时间。比较常见的耐久性试验是坏路耐久试验。坏路对于不同的整车产品是一致的，试验重点考核不同车型在同样的工况下的可用时间。

总体上讲，可靠性是侧重发现未知故障，耐久性侧重考查在固定模式下使用寿命。可靠性关注的是概率，耐久性关注的是时间长度；可靠性关注是否容易损坏，耐久性关注是否能用得久。

3）浴盆曲线：可靠性理论中的一个模型。它以产品的使用时间为横坐标，以故障率为纵坐标，在产品的生命周期内故障率的曲线呈浴盆状，所以称为“浴盆曲线”，如图 4. 16 所示。在产品投入使用的早期故障率较高，这一阶段也称为早期失效期（也称为磨合期）。在之后的很长一段时间产品故障率处于较低水平，这一阶段称为偶然失效期（也称为有效寿命期）。在产品生命的晚期，故障率较高，这一阶段称为耗损失效期（也称为损耗期）。

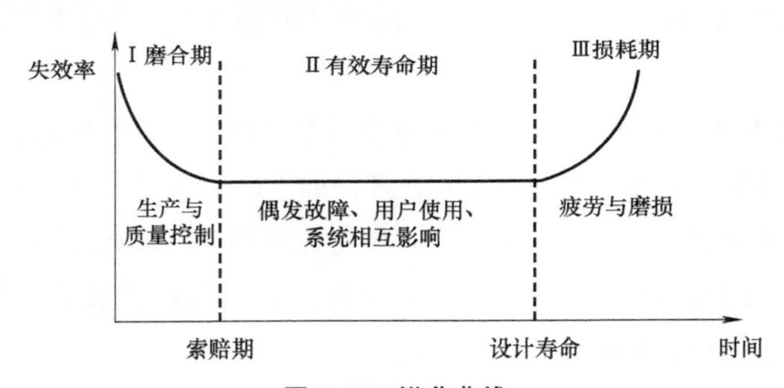

图 4. 16　浴盆曲线

浴盆曲线在产品质量指标选择、试验设计、生产与质量控制、售后政策的制定等方面都非常具有启发意义。在质量指标选择时可以选择 3MIS 而非仅有 12MIS，这样能够方便地评价产品在磨合期的质量表现。在试验设计过程中，如果想要考察简单的磨合类问题，那么试验设计的周期不用太长。如果做可靠性增长试验，那么试验周期则可能需要达到设计寿命。提升生产与质量控制水平，能够降低磨合期的故障率。如果企业的产品磨合期很短，那么在制定售后策略时可以选择很长的质保期（如 4 年或 5 年），这样企业可以在不增加过多索赔费用的同时，赢得质量可靠的口碑。

4）决策树分析：通常用于在众多备选方案中选择最佳方案。决策树的始点为待决策事项，然后按照不同的决策展开，再分别评估不同决策所面临的机会和威胁，计算出各种情况的预期货币价值（EMV）。预期货币价值高的决策即为最佳决策。图 4. 17 为决策树示例，从图中可以看出改造老厂这一决策预期货币价值（未扣除成本）为 4600 万美元，大于建设新厂的 3600 万美元，所以最佳决策为改造老厂。该工具在产品策划阶段的应用主要有：

① 辅助选择最佳的风险应对方案。

② 选择最佳的开发车型。

③ 辅助决策是否应用某一项新的技术方案。

④ 评估是新建生产基地、还是扩大现有场地的产能。

⑤ 决策是否扶植战略供应商。

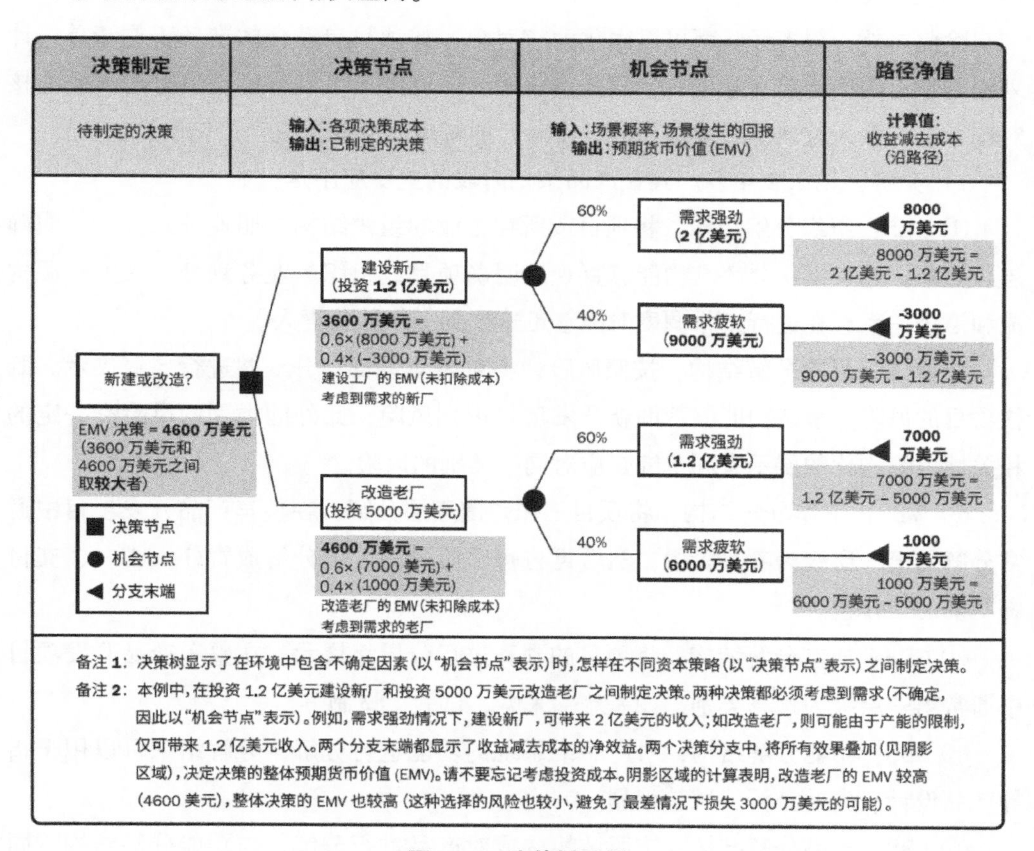

图 4. 17　决策树示例

5）自制或外购分析：用于分析零部件是自制还是采购的一种工具。在汽车产品开发项目中通常需要对新增的零部件进行此项分析，以确定开发范围。对于一个零部件的开发，可以从投入、产出、战略价值三个角度进行评价。关于经济价值（投入和产出）可以利用决策树分析，项目团队或产品委员会（基于零部件的重要程度）基于自制带来的预期货币价值及战略价值做出综合评价。在汽车产品开发项目中自制件的比例正在逐渐降低，对于一些具有战略价值的零部件（如ECU、柴油机的喷射系统、自动驾驶系统）通常选择与供应商合作开发，然后共享知识产权。

6）核对单：见2.2.4节。在产品策划阶段，它主要应用于以下方面：

① 相关方识别。

② 风险识别。

③ 过阀会议准备。

④ 战略供应商识别。

⑤ 先行技术选择。

除此之外，很多经验都可以固化为核对单，如项目启动会的准备工作清单、计划编制常见错误清单、常见质量问题清单等。项目经理可以有意识地整理出此类核对单，这将极大地减少后续项目的工作量，同时也能有效地提升工作质量。

7）分解：见2.2.4节。其在产品策划阶段的主要应用是：

① OBS：组织分解结构，将项目或所在企业的组织结构按照业务划分，并明确层级关系。通过组织分解结构能够直观地明确项目或组织的业务划分、人力资源构成和汇报关系，在进行工作调度时能够迅速找到工作的负责人。

② RBS：风险分解结构，按照风险种类对风险进行划分，并进行层级展示。既往项目的风险分解结构能够帮助新开发项目识别风险，此外同类别的风险有一定的相关性，结构化的展示有利于综合应对同一类别的风险。

③ WBS：工作分解结构，将项目工作范围逐层分解，在整车产品开发项目中通常分解的第一层级为项目阶段，然后再将每个阶段的工作分解成责任人唯一、交付物明确的工作包。

④ CBS：成本分解结构，将项目的预算进行分层级展示，在整车产品开发项目中通常第一层级为预算类别，如差旅、采购、试验、试制等。

⑤ FBS：功能分解结构，对产品或系统的功能进行分解，分解结果可以用于指导产品设计、失效分析、试验策划。

⑥ PBS：产品分解结构，按照结构构成对产品进行分解，与功能分解结构不同的是产品分解结构中的最小单元是一个产品，而一个产品可能具有多个功能。功能分解结构的最小单元是功能，而一个功能可能需要多个产品配合实现。总的来说功能分解结构是面向用户的，产品分解结构是面向工程师的。

⑦ IBS：基础设施分解结构，一个全新车型的开发可能需要新建厂房和引进设备，基础设施分解结构是通过对基础设施的结构化展示，指导基础设施的建设和

采购。

⑧ SBS：系统分解结构，按照系统对整车进行分解，目前对汽车内部的系统划分有行业共识，如车身系统、电气系统、底盘系统、动力系统等。在进行系统分解时还需要站在更高的层级审视汽车产品，如汽车属于汽车系统的一部分，汽车系统还包括销售系统、售后系统、金融服务系统等，而汽车系统又属于公路交通系统的一部分，公路交通系统又属于运输系统的一部分。系统分解顶层站位越高，越能够全面审视汽车产品开发工作，也能更好地识别机会和发现威胁。

⑨ RecBS：资源分解结构，对项目开发所需的资源进行分层级展示，有助于充分识别项目所需要的资源，也方便对同类资源进行统一管理。

⑩ ConBS：合同分解结构，在整车产品开发项目中不可避免涉及采购，采购合同可能涉及多个维度，如技术服务、售后、产品等。合同分解结构的主要作用是清晰地了解合同构成、指导合同报价、方便合同验收。

8）任务之间的四种关系：任何两个有关联关系的任务只存在四种关系，具体如下：

① 开始后开始：在项目管理软件中用SS表示，表示前一项工作开始后，后一项工作才能开始。如只有在试验开始后工程图的改进才能够开始，因为试验开始后才能发现问题，发现问题后才能开始改进工程图。

② 开始后结束：在项目管理软件中用SF表示，表示前一项工作开始后，后一项工作才能结束。如只有新设备正常开始应用后，设备的供应商才能算是完成设备调试工作。不过，在实践中针对这种逻辑通常将前后工作换位，然后用结束后开始表示。

③ 结束后开始：在项目管理软件中用FS表示，是最常见的关联关系，表示前一项工作完成后，后一项工作才能开始。如只有试验完成后，才能开始编制试验报告。

④ 结束后结束：在项目管理软件中用FF表示，表示前一项工作完成后，后一项工作才能完成。如只有项目主计划编制完成后，交付物清单的编制工作才能完成，因为，计划的变更通常会导致交付物变更。

有时候简单地应用上述四种关系不足以完整表达任务之间的逻辑关系，如在零部件喷漆完成后不能马上装车，因为漆还没有干，这时候需要再加上一个时间参数，可以这样表述喷漆完成后1天再开始装车，在项目管理软件中可以用FS+1表示，当然数值为负也是可以的。

9）接口与接口管理：接口是系统工程领域的术语，通常是指两个或多个系统边界上的需求和约束。接口之间可以传递物理量也可以传递信息。在本书借用接口这个概念，主要为了阐述不同阶段、任务或项目成员之间的信息传递关系。通常每一个里程碑既是信息确认的节点（如评审），也是信息传递的节点。信息在里程碑得到确认后就可以传递到下一个或多个环节。理论上一个阶段只保留一个接口即可，跨阶段的信息通过一个接口传递，这样的好处是传递的信息清晰、明确，接口管理工作简单。但是，如果一个阶段只有一个接口，那么所有的信息传递工作都需要该接口的信息确认（也就是里程碑的评审）后才能向后传递。显然，这样的传递效率是很低的。因此，在汽车产品开发项目管理实践中定义多个接口，每个接口相对独立地进行信息确认与信息传递工作。

10）应对威胁的四种策略：规避、减轻、转移和接受。其作用如下：

① 规避：风险已经超过了风险临界值，需要采取行动，将其控制在临界值以内。常见的措施是取消高风险行动。核心用意是杜绝风险发生。

② 减轻：指降低风险的伤害，常见的策略是增加资源投入以降低风险。核心用意是降低风险的概率或影响。

③ 转移：只将风险转移给别人，如通过购买保险，将风险转移给保险公司。

④ 接受：指无主动的应对策略，直接接受风险。通常用于小的风险或完全无法应用其他三种策略的风险。

11）应对机会的四种策略：开拓、提高、分享和接受。其主要用于应对积极的风险（即机会）：开拓是确保抓住机会；提高是提升抓住机会的概率；分享是借助他人力量提升抓住机会的可能性并分享成果；接受是乐见其成但不采取行动。

12）权力/利益方格：权力指相关方的职权，利益指相关方对项目成果的关心程度。以权力为横坐标、利益为纵坐标，可以将相关方划分为以下四个类别：

① 权力大、利益也大：需要重点管控。

② 权力大、利益小：需要使其满意。

③ 权力小、利益大：要做到及时沟通，防止“小人物”给项目造成不良影响。

④ 权力小、利益小：稍加观察即可，不用投入太多精力。

13）挣值分析：项目管理的核心工具之一，它借助货币化的方式，将范围、进度和成本三大基准整合，通过以下三个关键指标可以监控整个项目、控制帐户或某项任务的完成情况：

① 计划价值：即工作包对应的预算。在项目计划中，每一个工作包都对应一笔预算，在挣值管理中就用这笔预算代表这个工作包的货币价值。其实际意义在于无论是企业自己执行还是外包，项目花费这笔预算就可以得到工作包对应的成果。计

划价值代表着在某个计划的时间点应该完成的工作对应的预算。

② 挣值：即已经完成工作的价值，或已经完成的工作包对应的预算。

③ 实际成本：指实际花费，即为了完成工作包所实际支出的费用。

挣值减去计划价值可以得到进度偏差，结果为正代表项目实际进展好于计划。挣值减去实际成本可以得到成本偏差，结果为正代表预算有剩余。挣值分析的应用不仅限于这两个偏差值的计算，通过这三个指标可以衍生出一系列的复合指标，借助这些指标可以从多个角度评估项目的当前状态及未来的发展趋势，具体可以参考PMBOK。

14）会议，见2.1.4节。在产品策划阶段召开的重要会议包括：项目启动会、计划编制会、风险识别会、相关方识别会和阶段总结会。

4.5 本章小结

1）产品策划阶段有七个主要成果，分别是产品开发立项建议书（可以简称为立项建议书）、项目主计划、对标分析报告、产品需求规格书、产品BOM、项目收益性分析报告、产品策划报告。其中产品策划报告为核心成果，也是最终交付物，其余为过程交付物。

2）产品策划阶段有11个二级任务，分别是立项审批（销售牵头）、项目策划管理（项目经理牵头）、技术对标分析（设计及验证牵头）、骡子车开发（设计及验证牵头）、产品技术策划（设计及验证牵头）、质量策划（质量牵头）、项目收益策划（财务控制牵头）、售后策划（售后牵头）、初步完成采购工程报告（采购牵头）、初步完成制造概念报告（制造牵头）、物流策划（物流牵头）。

3）项目中的里程碑可以划分为四个级别，分别为：集团级、分子公司级、部门级、专业级。

4）产品策划阶段有三个关键里程碑：项目启动、技术策划完成、产品策划完成。

5）在产品策划阶段定义的范围、进度、收益、质量、预算、风险等信息将直接影响后续所有阶段的工作。销售、设计及验证、采购、物流、制造也对后续的阶段产生重要影响。

6）在产品策划阶段，范围管理的要义在于控制立项建议书，进度管理的要义在于编制项目主计划，资源管理的要义在于组建团队和设备资源分析，沟通管理的要义在于编制沟通计划，风险管理的要义在于风险识别，相关方管理的要义在于识别相关方，知识管理的要义在于确定交付物清单。

7）销售、财务控制、设计及验证、制造四个领域的工作需要项目经理进行大量的跨领域协调，是项目管控的关键点。

8）项目收益性分析结果中有三个关键指标，分别是附加值率、边际贡献率和利润率，这些指标决定了所开发车型的收益性水平。

9）分解是项目管理的重要工具，很多工作或事项都需要借此工具进行分解，典型的分解结构包括：组织分解结构、风险分解结构、工作分解结构、成本分解结构、功能分解结构、产品分解结构、资源分解结构等。

10）任务之间的关系有四种：开始后开始、开始后结束、结束后开始、结束后结束。

11）挣值分析是项目管理最重要的工具之一，它有三个关键指标：计划价值、挣值和实际成本。通过指标的整合可以从多个维度分析项目的状态。

第5章
产品定义

产品定义阶段的主要工作是选择、细化和锁定技术方案和造型方案，其目的是明确整车的开发目标、方案、计划和资源投入，支持高层做出正式启动设计和验证的决策。阶段目标是设计达到成熟状态的技术方案。

在产品定义阶段（图5.1），需要对产品策划阶段制定的技术方案和目标进行细化设计，并从其中选择最优方案，进而锁定技术方案、造型方案和详细的性能目标。生产、物流、采购等方案也随着技术方案的细化而细化。在此阶段，投资方案、项目收益性分析都已经非常精确，能够据此做出资源投入的决策。

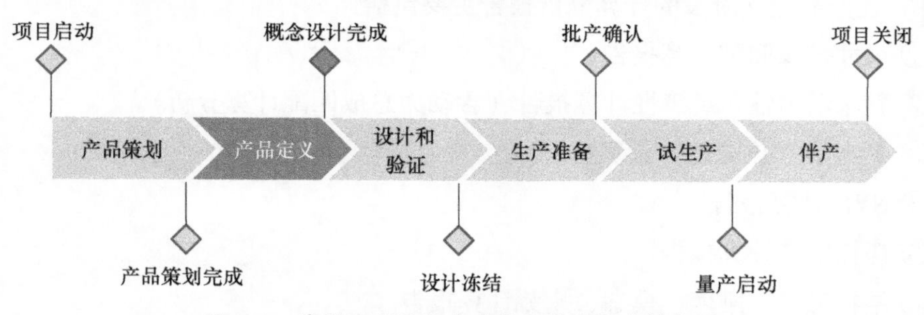

图5.1 产品定义阶段在产品开发流程中的位置

5.1 主要成果

（1）3D数模

在产品定义阶段，需要对产品策划阶段的3D数模进行细化，形成完整的数据模型。3D数据模型的完成是技术方案定型、启动技术方案评审的标志性事件。

1）3D数据冻结的前提如下：

① 整车配置信息锁定。只有如此，才能确定所要匹配的大总成（车身、动力总

成、悬架等）。

② 性能目标确定。一些关键的指标直接决定着整车的3D结构，如风阻、操纵稳定性、动力性等。

③ 仿真分析完成。通过仿真确定性能、可靠性、耐久性目标及空间尺寸目标是否达成，目标达成后零部的结构才能锁定。

2）3D模型通常是按照如下顺序绘制的：

① 审查并完善整车技术方案，确定整车结构设计方案。

② 绘制模型骨架，布置定义好的大总成及通用件。

③ 冻结3D硬点（主要是总成空间、造型的关键特征点等）。

④ 专用件3D设计、仿真分析及优化。

⑤ 完成DMU检查。

⑥ 3D数据冻结。

（2）计算分析报告

计算过程伴随着整车的3D设计过程，当前产品设计的主流思路是，计算分析是设计工作的一部分，即计算分析工作与设计工作同步开始，同时结束。

1）在产品定义阶段的计算分析报告主要包括：

① 尺寸链及间隙计算报告。

② 整车动力性、经济性计算报告（含动力总成匹配计算分析）。

③ 热力学（热管理）计算报告。

④ NVH计算报告。

⑤ 碰撞安全计算报告。

⑥ 结构强度、刚度、模态、疲劳计算报告。

⑦ 子系统匹配分析计算报告（如冷却系统、制动系统）。

⑧ CFD计算报告。

根据专用件的数量不同，一款整车的的计算分析报告的数量从几十至几百个不等。这需要项目经理组织相关专业设计各自的核对单（见2.2.4节），并且在产品定义阶段初期（整车总体设计启动时）组织制定CAE分析方案，就计算分析的项目形成项目级的核对单，定期进行点检。

2）如果企业条件具备，相关报告需要存储至仿真分析数据库中。仿真数据库的作用如下：

① 存储当前的仿真分析数据。

② 调用以前的仿真数据及对标数据。

③ 自动形成对比分析图表。

（3）技术方案报告

该文件是技术方案的汇总文件，在完成整车总体设计及CAE分析后形成。其作用是综合体现整车的总体技术方案及各系统及关键总成的技术方案（可以由多个子报告组成）。其主要内容包括：

① 设计输入或项目目标。

② 技术方案。

③ 仿真分析结果、工艺可行性初步分析结果。

④ 质量、成本、技术、重量、开发周期等目标的达成情况分析。

⑤ 提请决策事项，通常是请求支撑目标达成所需的资源。

（4）造型方案

造型开发工作是产品定义阶段的重要工作，造型方案类似于技术方案。其主要包括：

① 造型方向及目标。

② 造型技术方案，包括产品效果图、CAS面数据、全尺寸模型。

③ 空气动力学计算及试验结果。

④ 工程及工艺可行性初步分析结论。

⑤ 市场测评结果。

⑥ 质量、成本、技术、重量、开发周期等目标的达成情况分析。

（5）A样车设计数据

它是与工程图样密切相关的一系列技术文件，需要在完成A样车详细设计后提交。它主要包括以下内容：

1）工程图样。目前整车企业普遍采用3D设计工具，并由3D数模直接生成工程图样，进行DMU检查也是基于3D数模。可以说3D设计工具已经牢固地嵌入到产品开发过程中了，产品设计完成后自然形成3D数模和工程图样，并且这两项交付物通常也由专门的数据管理系统进行管理。在产品开发的整个过程3D数模及工程图样有版本更迭，详细的版本变化见11.4节。

2）DFMEA（设计潜在失效模式与影响分析）。DFMEA是产品开发过程中的核心文件，它是FMEA（见5.4节）工具的一种，主要应用在产品定义、产品设计和验证阶段。

3）特殊特性清单。它是指在产品设计或产品生产过程中需要特备关注的特性，特殊特性可以分为两类：

① 产品特殊特性：图样中所描述的特性，如尺寸、结构、材料、性能、外观等特性。

② 过程特殊特性：产品生产过程中关注的特性，如进刀速度、热处理温度、抛丸的尺寸等。

在产品定义阶段所涉及的特性主要是产品特殊特性。之所以称之为特殊，是因为工程图样的每一个尺寸和技术条件都可以称为特性，对于这些特性我们只需要按照一般程序进行处理即可。还有一些特性可能影响产品的安全性、法规符合性和顾客满意度，这些特性比较重要，所以称为特殊特性。特殊特性又分为以下两种：

① 关键特性：影响产品法规符合性和安全性能的特性。

② 重要特性：显著影响用户满意程度（也可称为质量）的特性。

特殊特性需要在工程图样上标识出来，以便加工、装配和检查时重点关注（采用特殊的控制手段和检查工具等）。此外还需要将所有的特殊特性汇总形成一个表格，这个表格就称为特殊特性清单，为的是集中管控。

需要注意的是特殊特性与 DFMEA 有很强的关联关系，这一点详见 5.4 节。

4）设计检查表。设计检查表是核对单（见 2.2.4 节）的一种，其核心内容是以往同类型零部件设计过程中出现的问题，其作用是预防在本次设计中出现同样的问题，一般用于设计师对设计图样进行自我校对。

5）技术协议。现在整车中的多数零部件是需要供应商参与设计并负责制造的，这些零部件统称为采购件。采购件中的一些复杂总成或零部件的技术信息通常不能够通过图样进行详细描述，对于这类总成或者零部件需要与供应商签署单独的技术协议。技术协议中主要包含以下内容：

① 接口参数：包括物理接口（如尺寸、温度、流量、压力等）和信息接口（如报文定义、通信协议、引脚定义等）。技术协议约定接口信息后 OEM 和供应商可以各自开展工作，而不必等到一方的方案确定后另一方才开展对应的工作。

② 性能指标：图样中未能明确的性能指标，特别是对于外购发动机总成来说，指标多达数百个，图样中是不能详细描述的，所以体现在技术协议上。这样也能获得一个额外的好处，即技术参数的变化不会造成图样的频繁变化。

③ 技术条件：图样中未能明确技术条件，这点与性能指标类似。

④ 技术风险和问题的责任划分：技术风险被触发或问题产生，通常会引起产品召回和库存消化等问题，在技术协议中应该明确。

⑤ 验证要求：有时候 OEM 对采购件有验证需求，并且需要供应商执行，有时候供应商有搭载整车的验证需求。所有的验证需求都附带验证计划，这些也需要在

技术协议中体现。

⑥ 附加协议：对于一个复杂的总成或零部件，以上的几点信息通常不能一次约定清楚，对于补充的内容，可以作为附加协议体现在技术协议上。

6）法规符合性自查表。它是核对单（见2.2.4节）的一种，其内容是各专业所涉及的法规项及将法规项转化成的技术要求。其作用是设计人员对照该表逐一核查新设计的总成或零部件是否满足法规要求。需要注意的是，汽车产品相关的法规非常多，企业中应该设置相关的职能部门负责法规的跟踪、解读及宣贯。设计师也应该根据法规的更新情况对法规符合性自查表进行更新。

7）电气相关技术文件。包括：网络拓扑、线束拓扑、电源分配图、电气原理框图、网络协议等。

（6）产品实施规格书

产品实施规格书是产品需求规格书的细化（见4.1节），其内容的维度与产品实施规格书基本一致，其中的差异点主要体现在以下方面：

① 关于产品的技术路线、技术方案，不同点在于无备选方案，直接体现最终的技术方案及风险分析。

② 关于产品的主要性能指标，不同点在于此时的指标更为细化，如需求规格书中可能只体现了一级指标（如通过噪声小于84分贝），在实施规格书中则将该指标细化到可以实施的程度（如需要在排气管处增加声学包，其材料和尺寸是……）。

③ 关于整车特性清单，不同点在于实施规格书体现了零部件级的特征，而需求规格书中通常只体现了子组级的特征，此外描述技术方案的技术参数也更为详细和确定，通常无备选方案，对技术方案的验证需求也有明确的体现。

④ 关于电子电气架构方案，细化成网络拓扑、线束拓扑，具备实施条件。

⑤ 关于造型方向及选择依据，细化为造型方案。

⑥ 确定的开发范围。

⑦ 体现全部的供应商资源清单，体现零部件的报价信息。

⑧ 完成通用化率分析。

⑨ 完成知识产权分析。

（7）设计验证计划

设计验证计划通常简称为DVP，是基于BOM编制的试验计划，示例见表5.1。它通常包括以下内容：

① 专用件清单。

② 是否视同，视同则提供视同的试验报告编号。

③ 试验项目及试验标准。

④ 试验地点，通常体现了试验是否委外。

⑤ 试验计划及试验预算，试验计划的关键节点需要体现在项目主计划中，试验预算用以支持项目预算的编制和项目收益性分析。

表 5.1　设计验证计划示例

编号	零部件名称	是否视同	试验项目	试验标准	试验地点	试验计划	试验预算
1	动力总成悬置	否	振动耐久	……	……	2020.05	120 万

设计验证计划的编制也需要依靠多功能小组，成员通常包括设计（ED）、试验（ET）、采购质量（QS）、工程质量（QE）和项目管理（PM）。此外设计验证计划与 DFMEA 文件有着密切的关系，这一点详见 5.4 节。项目经理应该掌握其中的关系，并做好接口管控。

（8）质量控制计划

它是基于 BOM 而编制的面向总成或零部件的质量控制计划，通常以表格的形式呈现，纵向首列为专用件清单，横向表头为开发的不同阶段，用以评估在不同阶段各零部件的成熟度。质量控制计划是汽车产品开发项目的重要质量控制工具，详细介绍见 5.4 节。

（9）生产设施投资报告

它是用于投资审批的决策支撑文件。通常包括如下信息：

① 生产纲领目标和工艺总体方案。

② 选址：建设规模、厂址及运输条件。

③ 配套方案：协作配套、物料供应、动能供应。

④ 工厂设计方案。

⑤ 建设计划。

⑥ 投资及融资计划。

⑦ 收益分析。

因为建设项目有很成熟的管理方案且与产品开发项目差异较大，所以通常将生产设施的建设作为单独的项目进行管理。如果作为单独的项目管理，那么它将作为项目的关联项目，项目经理需要做好项目间的接口管理。

（10）项目收益性分析报告

该报告是在每个阶段均需要提供的，与产品策划阶段的主要差异点是产品定义阶段的信息更为准确。具体体现在以下方面：

① 销量预测更新：由于整车产品的技术方案锁定，市场定位及销量预测再次

更新。

② 目标市场售价更新：在产品成本核算及技术方案讨论的过程中，有些技术方案已经发生变化。针对不同技术方案，用户感知的价值也有所不同，所以目标售价需要有针对性地更新。

③ 营销费用更新：主要是因为采用不同技术方案的整车产品，宣传的卖点和方案也有差异。

④ 材料成本更新：基于精确 BOM 及供应商报价而核算出的整车材料成本。

⑤ 开发投入更新：伴随着技术方案的锁定，二次开发费用、试验费用、认证费用、试制费用、计算分析费用等都几乎锁定（后续可能微调）。

⑥ 固定费用均摊更新：随着销量的更新，其值可能发生变化。

5.2 主要工作及步骤

5.2.1 不同项目角色的主要工作内容

产品定义阶段的主要工作由工程开发小组（见3.3.2节）完成，核心目标是确定整车产品技术方案，并据此对其他领域的工作进行更新。当然除工程开发小组外，其他的项目角色也要承担相应的工作，各自的主要工作见表5.2。

带☆标志的为关键任务，相关内容会在下一节详细介绍。项目管理角色的所有工作会在本章的项目管理工作要点中详细介绍。

表5.2 产品定义阶段的主要工作

编号	角色	角色简写	推荐的工作内容
1	项目管理	PM	①项目一级网络计划进度更新 ②组织编制详细的二级计划 ③更新交付物提交清单 ④技术文件发放记录 ⑤更新风险登记册 ⑥人力资源匹配性分析 ⑦成立同步工程小组 ⑧团队建设及培训规划 ⑨确定项目业务目标 ⑩自制/外购决策

（续）

编号	角色	角色简写	推荐的工作内容
2	销售	S	①更新市场分析报告（在立项建议书相关内容基础上） ②确定产品配置信息表 ③完成造型市场测评 ④更新营销方案
3	质量	Q	确定质量目标、质量保证计划及预算
4	工程质量	QE	①评估报价单中的质量目标 ②确定质量目标（可靠、耐久、维修保养）☆ ③编制质量控制计划表及预算☆
5	制造质量	QM	
6	供应商质量	QS	编制 OTS/PPAP 计划☆
7	成本工程	C	①A 样车成本核算☆ ②评估报价单中的成本目标 ③确定零部件成本目标
8	财务控制	F	①项目预算更新 ②项目收益性分析
9	设计及验证	E	①确定整车结构设计方案 ②确定整车匹配方案（动力总成、NVH、碰撞安全） ③确定长、中、短周期零部件清单☆ ④完成整车零部件通用化率分析 ⑤下发整车实施规格书 ⑥A 样车设计数据释放☆ ⑦长周期零部件 B 数据释放
10	设计	ED	①确定整车特征清单 ②零部件重量目标确定及管控☆ ③冻结整车三维硬点，完成 DMU 检查 ④系统及零部件详细设计 ⑤完成所有产品失效模式及影响分析（DFMEA）☆ ⑥编制特殊特性清单☆ ⑦确认系统及零部件性能目标 ⑧发布 BOM（第二版）
11	计算	EC	①制定 CAE 分析方案☆ ②A 样车零部件及整车模拟分析 ③确定整车性能参数、目标及方案☆
12	电子电气	EE	A 样车 E&E 设计

（续）

编号	角色	角色简写	推荐的工作内容
13	造型	ES	①完成产品效果图 ②外 CAS、内 CAS 面完成 ③内、外模型冻结 ④完成全尺寸模型制作 ⑤主断面数据发布 ⑥A 面工程可行性分析 ⑦内外 A 面数据发布
14	试验	ET	①确定整车设计验证计划☆ ②完成零部件功能可行性分析 ③发动机性能验证☆
15	认证	H	确定通用化率目标
16	售后	A	①A 样车可维修性检查☆ ②售后服务规划更新
17	采购	P	
18	设备采购	PE	组织设备及服务供应商技术交流
19	零部件采购	PP	①组织零部件供应商技术交流及概念竞争 ②供应商能力评估 ③确定同步开发供应商及意向价格（A 样阶段）☆ ④确定外购件模具投资方案 ⑤长周期件启动开模
20	物流	L	①物流成本评估 ②物流规划更新
21	制造	M	批准项目生产设施投资☆
22	制造规划	MP	
23	制造工程	ME	①A 面工艺可行性分析 ②A 样车制造可行性分析☆ ③确定工艺方案（四大工艺路线）
24	试制	MB	①编制样车试制计划（A 样车及 B 样车） ②A 样车试制☆

5.2.2 关于几项关键任务

1）QE-确定质量目标（可靠、耐久、维修保养）：所谓确定的质量目标通常包含两个层面的意思：

① 质量目标已经分解至总成或零部件，可以指导设计及验证。

② 质量目标的达成措施、检验方案已经确定，有措施证明质量目标是可以达成的，且质量目标的达成与否有检测方案。

综上，质量目标的确定需要有质量目标分解方案、试验方案、测量系统分析方案。

在产品定义阶段才能够确定质量目标，因为多数的零部件需要供应商完成，所以外购零部件的质量目标需要供应商确认，并确保可以达成。这也是在确定质量目标之前需要评估供应商报价单中的质量目标及质量管理方案的原因。此外，在产品定义阶段3D数模才最终锁定，仿真分析工作全面开展。很多质量目标需要仿真分析之后才能够确认。

2）QE-编制质量控制计划表及预算：关于质量控制计划详见5.4节，预算则是指开展质量活动所需的预算，可以伴随质量控制计划编制过程而确定。质量控制计划是工程质量（QE）牵头并由质量多功能小组（见3.3.2节）共同完成的。通常的程序如下：

① 设计（ED）填写设计相关基础信息，如零部件设计师、开发目标、材料、关键特性和主要技术变化点等信息。

② 试验（ET）基于设计验证计划填写试验验证相关内容（在不同阶段的计划节点、试验负责人、视同试验报告编号等）。

③ 供应商质量（QS）填写供应商信息及OTS、PPAP相关信息。

④ 工程质量（QE）填写质量目标及组织填写其他信息（工艺验证、可维修性检查等），并确认填写信息的准确性。如果采用的是包含阶段评价的质量控制计划，还需要明确每个阶段的通过标准。

3）QS-编制OTS/PPAP计划：OTS和PPAP是汽车行业广泛应用的质量控制工具，其中PPAP也是IATF 16949标准所规定的五大质量工具之一。关于这两个工具的详细介绍见5.4节。在产品定义阶段，整车的BOM已经基本锁定，各零部件的技术状态也已经确定，质量多功能小组（见3.3.2节）可以基于这些信息确定哪些零部件进行OTS/PPAP认可，同时根据零部件的开发周期（短、中、长周期）和开发计划编制OTS和PPAP认可计划。

需要注意的是理想状态下每一个新增零部件（专用件）都需要进行OTS/PPAP认可，考虑到有些新增零部件相对基础零部件差异可能很小，所以多功能小组可以根据实际情况进行裁剪。无论如何裁剪，建议对以下类型的零部件进行OTS/PPAP认可：

① 新开模具的零部件。

② 进行台架或整车耐久性试验的零部件。

③ 新增的关键件（安全及法规项）及重要件（显著影响用户满意度的零部件）。

④ 新增的长周期零部件。

⑤ 故障率排名前30的零部件。

4）C-A样车成本核算：其过程与产品策划阶段的核算整车材料成本（见4.2.2节）基本一致，主要差异点如下：

① 在样车成本核算过程中，模块、总成及零部件的技术方案已经和供应商做了充分的技术交流，技术方案已经锁定。

② 核算的精度更高，已经具体到每一个零部件。

③ 核算的准确度更高，已经得到了供应商的意向价格。

需要注意的是，在A样车成本核算的过程中要供应商与成本工程（C）进行详细交流，因为在产品定义阶段的方案变动还不会影响A样车的后续试制及试验，进入到下一阶段后有些零部件的试验、整车试验已经开始，彼时，因成本目标不能达成而更换技术方案所造成的时间和资金损失是巨大的。

5）E-确定长、中、短周期零部件清单：此处的零部件开发周期是指从设计到交货的时间，通常影响开发周期的关键路径为零部件的开模时间和运输时间（进口零部件）。确定长、中、短周期零部件清单的作用如下：

① 确定采购零部件的合理的数据冻结时间、开模时间及采购调件时间，以使不同开发周期的零部件能够在同一时间到货并装车。

② 确定自制零部件的数据冻结时间、开模时间、工装制作或改进的时间，以及其他工艺文件编制和工艺准备时间。

整车上的数千个零部件开发周期几乎没有完全一致的，所以有必要对开发周期进行归类管理，不同的项目可以采用不同的划分方式，如可以将所有的零部件开发周期归类为3/6/9/12/15/18个月。在整车开发计划中要考虑这种差异，使得最终的试制、试生产、量产时间保持一致。

6）E-A样车设计数据释放：A样车设计数据释放的过程是A样车开发的关键过程。A样车设计数据（5.1节）所包含的内容将影响后续的全部技术开发过程，如样车试制、试验、生产准备及量产。这些也是影响整车产品技术先进性、质量、成本的关键数据，所以项目经理（PM）需要协助设计及验证（E）子经理重点管控如下事项：

① 特殊特性与工艺的接口关系，对于关键的特殊特性需要制造工程（ME）提前准备工装和检具，连带产生的预算需要划入项目预算中。

② 因为技术协议通常只有一个专业牵头（如发动机），但是涉及的业务可能覆盖多个专业（如电气、变速器、整车性能等），所以需要组织技术对接会，明确所有技术要点，并在协议中体现。此外技术协议可能影响到零部件的采购，也需要组织零部件采购（PP）对技术协议进行审核或会签。

③ 编制数据检查表（其中应该包含 A 样车设计数据内部的关键信息），逐项点检确保数据信息的完整性和正确性。

④ 工程质量（QE）点检信息，确保关键质量相关信息的合理性和正确性。

7）ED-零部件重量目标确定及管控：对于乘用车来说重量直接关系到整车的燃油经济性，对于商用车除经济性外还直接影响用户的载货重量，所以重量目标的确定和管控非常重要。重量目标的初步确定是在产品策划阶段，主要是通过对标分析完成。在产品定义阶段技术方案已经锁定，3D 数模也已经完成，再加之与供应商的技术交流，此时是可以明确零部件的重量目标的。关于重量目标管控，有以下几个关键节点：

① 产品策划阶段，通过对标分析初步确定重量目标。

② 在产品定义阶段，3D 数模确定后就可以初步评估整车的重量目标达成情况，并基本锁定整车的重量目标。

③ A 样车试制完成后就可以对重量目标的达成情况进行第一次确认。

④ 设计阶段的试验全部完成后，在设计冻结节点最终确认重量目标的达成结果。

8）ED-编制特殊特性清单：特殊特性清单是设计数据的重要组成部分（不限于 A 样车设计数据），其内容影响后续的工艺及质检安排。零部件特殊特性清单的编制过程一般按照如下步骤进行：DFMEA 文件编制及零部件设计（两者通常是同步开展的）；DFMEA 文件中严重度值超过标准所对应的特性列入特殊特性清单。

特殊特性清单示例见表 5.3。

表 5.3　特殊特性清单示例

序号	产品特性	过程特性	特性规范	名义值及公差	特性分类
1	√		标准号/图号	30 ±0.02	关键

特殊特性清单形成后，还需要做到以下工作：

① 在图样上用特殊特性标志（通常关键特性表示为 S，重要特性表示为 I）对

对应的尺寸、材料、技术条件等特性进行标注。

② 特殊特性清单传递给试制（MB）的工艺员和制造工程（ME）进行工艺分析，确定针对特殊特性的控制计划，即明确每个特性对应的检查设备、方法及检查频次等信息。控制计划的内容通常是在表 5.3 的基础上增加几列，表示设备、抽样要求、频率等信息。

③ 制造工程（ME）根据控制计划编制更为清晰的特性矩阵图，即明确每个特性与每一道工序的对应关系。特性矩阵图通常是在表 5.3 的基础上增加几列，表示工序，具体见表 5.4。

表 5.4　特殊特性矩阵图

序号	产品特性	过程特性	特性规范	名义值及公差	特性分类	工序		
						OP1	OP2	OP3
1	√		标准号/图号	30 ± 0.02	关键	一般	密切	无

9）ED-完成所有产品失效模式及影响分析（DFMEA）：DFMEA 文件是设计数据（不限于 A 样车设计数据）的关键文件，也是设计与仿真、试验及生产工艺联系的关键文件，关于其内容见 5.4 节。如果条件具备，最好是为每个系统及零部件都编制 DFMEA 文件，在资源有限的情况下可以只针对关键系统及零部件进行分析。其执行步骤主要包括：

① 基于企业的 DFMEA 数据库，导出此次新开发车型的同平台整车上发生变化的系统及零部件的 DFMEA 数据。

② 收集同平台车型的售后质量数据（失效模式、发生频次及解决方案等）。

③ 确定进行 DFMEA 分析的范围。

④ 组织相关领域的专家基于 DFMEA 数据库、售后数据及技术变化点依次进行整车、系统、零部件的潜在失效模式及影响分析（整车、系统、零部件之间的特性从上级至下级有传递关系，从下至上有承接关系）。

⑤ 进行整车、系统及零部件的设计，同步完善 DFMEA 文件。

10）EC-制定 CAE 分析方案：CAE 分析工作现在已经牢固嵌入到整车产品开发过程中，在产品定义阶段初期就应该制定系统的 CAE 分析方案，最晚在整车的结构设计方案完成后提交最终的 CAE 分析方案。需要注意的是，并不是 CAE 分析方案确定后才能进行 CAE 分析，事实上很多的 CAE 分析工作是同步进行的，如整车的性能仿真分析、关键总成的匹配分析等，对于这种 CAE 分析工作应该在相关活动开展时就开展。此处的 CAE 分析方案主要用于指导新增零部件的结构相关 CAE 分析

（如模态、耐久、强度、刚度等）。CAE分析的项目主要有以下来源：

① 历次开发过程总结出来的CAE分析项目清单。

② DFMEA中列出的探测和预防措施。

③ 供应商的APQP内容。

需要重点关注的是，很多CAE分析工作OEM无法进行，只能由供应商承担，对于此类CAE分析任务也要纳入统一的CAE分析方案进行管理，明确其分析项目、计划及交付物要求。计算（EC）和设计（ED）做好与供应商信息接口管理。

11）EC-确定整车性能参数、目标及方案：这里的参数、目标和方案不仅局限于整车层面，也包含各系统及零部件。与确定质量及成本类似，所谓目标确定也隐含以下两项内容：参数和目标得到充分的分解，分解形成的指标体系可以指导产品设计；目标的达成是有方案的，目标的达成与否是有检测手段的。

确定整车性能参数、目标及方案应该形成如下资料（包括但不限于）：

① 整车、系统、总成及关键零部件的性能指标及各项指标对应的评价标准。

② 各项指标的竞争力分析。

③ 各项指标的评价依据，如试验报告、图样、仿真分析结果等。

④ 指标的评价主体，如产品委员会成员、质量总监、技术总监等。

⑤ 指标对应的验证方案和计划。

⑥ 指标的保障方案，即基于目标指标对设计方案提供建议或指导。

12）ET-确定整车设计验证计划：即DVP，这里的设计验证计划不仅包括整车的试验，也包括系统及零部件的试验，不仅包括企业内部或委托进行的试验，也包括供应商或由供应商委托第三方进行的试验。设计验证计划的内容与产品图样和DFMEA存在如下关系：

① 试验项目来源于DFMEA中的探测手段。

② DFMEA中的探测手段是基于特性失效模式而设计的探测需求，如某个零部件的强度在浸水的情况下迅速衰减，那么探测手段可能是该零部件进行100小时的浸水试验。

③ 特性通常是在图样或技术条件中标明的。

④ 有些零部件的图样中明确规定了试验项目、试验标准等信息。

整车开发的管理者需要了解其内在关系，防止试验遗漏或重复。

13）ET-发动机性能验证：在整车企业中，发动机的开发通常是作为独立的项目进行管理，在这种情况下，整车的项目经理需要将发动机开发项目作为关联项目管理。当然，无论其是否独立开发，在整车的产品定义阶段均需要有明确的发动机性能数据。这里的性能数据既包括发动机的万有特性数据（动力性和经济性），也包括与整车存在接口关系的冷却、噪声、热辐射等试验数据。进行发动机性能验证就是为了获取这类数据。

14）A-A样车可维修性检查：是指对整车产品的维修便利性进行检查。此项工作通常是在A样车装配完成后进行的。可维修性与整车的其他性能一样，需要在产品策划阶段就开始同步考虑，在产品定义阶段的DMU检查中也应该涵盖常见的可维修性检查。在进行可维修性检查中，建议售后（A）在组织本部门员工参与的同时，也要求4S店或服务站的一线技师参加，这样既有利于评价出真实的可维修性，也可以对售后技师队伍做一次预培训。

15）PP-确定同步开发供应商及意向价格（A样车阶段）：所谓意向价格是指在与供应商谈判过程中形成的书面报价文件，除特别约定外通常无法律效力。在此阶段形成意向价格，是因为在产品定义阶段很多设计方案没有冻结，相应的报价也不能完全冻结。当然，在实际操作中意向价格作为正式价格谈判的依据在产品开发过程中变化并不大，如果发生变化需要供应商做出详细解释。在产品定义阶段，如果进行A样车开发，那么需要在A样车试制之前确定同步开发供应商及意向价格；如果不进行A样车开发，那么在下发整车实施规格书之前需要确定同步开发供应商及意向价格。

需要注意的是，很多时候确定同步开发供应商和确定意向价格并不同步，在以下几种情况下能够率先确定同步开发供应商：

① 战略供应商。

② 掌握核心技术的不可替代的供应商。

③ 技术含量较低、成本构成透明的供应商，如简单铸件供应商、冲压件供应商等。

④ 集团体系内部的供应商。

为了缩短开发周期，只要供应商确定，即可以进行样件试制及采购工作。

和所有的“确认”工作一样，确认供应商即隐含其具有使零部件技术方案落地的证明文件，包括但不限于：产品质量先期策划APQP、零部件的设计验证计划DVP、测量系统分析MSA计划。

16）M-批准项目生产设施投资：指对生产设施投资报告（见5.1节）的批准。通常生产设施投资的资金规模庞大，需要企业最高决策层做出决策（如董事会），并由单独的项目团队进行管理。整车产品开发项目经理通常仅需要做好接口管理即可，关键接口信息如下：

① 销量预测信息及爬坡计划。

② 中试、试生产、量产及结束生产的时间节点。

③ BOM，影响到物料供应及物流计划。

④ 自制/外购决策。

⑤ 整车及自制件的工艺方案，需要考虑到未来的衍生和拓展车型可能的工艺方案。

17）ME-A 样车制造可行性分析：即 A 样车的制造工艺性分析，主要包括自制件的生产工艺性及整车的总装工艺性分析。该项工作通常是贯穿于整个整车产品开发项目的，主要工作集中在产品定义、生产准备和试生产三个阶段。在产品定义阶段初期就需要成立包含设计（ED）和制造工程（ME）在内的多功能小组，并做到以下工作：

① 在 3D 及工程图设计阶段，初步评估产品的工艺可行性。

② 建立工艺专题会机制，针对设计过程中发现的工艺问题，专题推进解决。

③ 评审 A 样车中自制零部件的工艺性。

④ 制造工程（ME）组织专人伴随试制（MB）进行 A 样车装配，在装配过程中发现并推动解决工艺问题。

⑤ A 样车试制完成后进行工艺性综合评审，评审人员包含总装工程师及现场工艺员。

18）MB-A 样车试制：包括新增零部件采购、通用件调件、A 样车装配、A 样车评审。A 样车是整车功能、性能及部分耐久试验的对象，在试制过程中要特别注意其与设计图样的符合性，一旦不符，那么就说明试验验证的对象与设计存在差异，试验结果的有效性将会受到质疑；也可能需要重新试制零部件，并重新组织试验，有限的开发周期被占用。

在 A 样车试制过程中有几个基本的原则需要遵守：

① 新增零部件的供应商需要出具零部件的自检报告，对于关键零部件建议设计师到供应商处配合试制。

② 试制（MB）对新增零部件实施尺寸百检（百分之百检测），通用件对关键尺寸进行检测。

③ 严格按照装配说明书进行装配，装配工艺尽可能与量产相同。

④ 对特殊特性清单中的特性进行二次确认，如关键尺寸、力矩等。

⑤ 建议设计师配合完成首辆 A 样车的试制。

⑥ 针对试制中的问题，形成问题清单，并逐个点检落实。

对于首台A样车的评审，建议邀请所有子项目经理、新增零部件的设计师及公司相关业务部门领导参加。

5.2.3 业务逻辑与参考周期

在产品定义阶段，共有80余项子任务，其中二级任务有6项，本节将重点介绍二级任务之间以及二级任务内部各子任务之间的逻辑关系，并给出参考的任务周期。

5.2.3.1 二级任务及其逻辑关系

（1）产品定义阶段的二级任务

1）产品定义项目管理：产品定义阶段的主要项目管理工作。

2）A样车开发：涵盖A样车设计、造型设计、A样车试制及A样件试验等内容。

3）确定质量目标、质量保证计划及预算：评估并确定零部件的质量目标，编制零部件认可计划及质量控制计划的过程。

4）A样阶段项目收益性分析：更新项目收益性分析所涉及的要素值，再次评估项目的收益性。

5）供应商定义：供应商技术交流、概念竞争、能力评估、确定供应商及意向价格的过程。

6）报告更新：市场、售后、制造、物流领域在产品策划阶段形成的报告更新为最新的信息。

图5.2所示为产品定义阶段的二级任务及逻辑关系，从图中可以看出各二级任务之间的先后顺序。

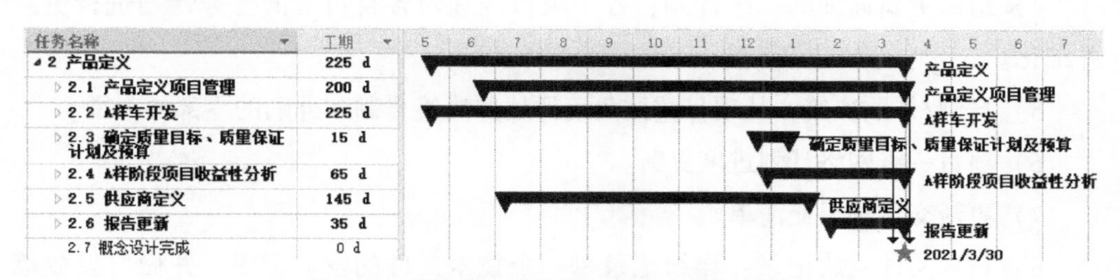

图5.2 产品定义阶段的二级任务及逻辑关系

（2）逻辑关系

产品定义阶段的二级任务没有严格的逻辑关系，但仍有以下特点可以追寻：

1）产品定义项目管理工作理论上是贯穿整个产品定义阶段的，但是实际上A样车开发任务的起始时间更靠前一些，这主要是因为产品策划阶段的技术策划完成后就立即启动A样车开发，而非等到产品策划完成这一节点通过评审。后续的几个阶段也会呈现出这样的特点，随着整车开发工作复杂度的提高，很难找到一个里程碑将两个阶段切开，并且有清晰的断口，常见的情况是相邻的两个阶段的子任务有交叠。对这些交叠部分的管控正是提升开发效率的关键要素。

2）在A样车开发的中后段，即A样车详细设计完成后，才能真正确定产品的质量目标、质量保证计划和质量预算。

3）项目收益性分析工作也在A样车开发的中后段才能开始，这是因为整车的成本信息、物流及制造的预算信息都需要在A样车详细设计完成后一段时间才能确定。

4）供应商定义工作始于3D设计初期，终于长周期件开模（长周期零部件B数据释放后进行），所以该二级任务处于A样车开发的中间位置。

5）报告的更新工作需要在整车实施规格书下发后才能开展，所以通常最后才能够完成。

5.2.3.2 产品定义项目管理

（1）产品定义项目管理的主要子任务

1）人力资源匹配性分析：基于产品策划结果，评估人力资源是否满足项目需求，制定人力资源的增减计划，进一步完善项目团队。

2）成立同步工程小组。

3）团队建设及培训规划：促进团队成员之间的了解与信任，促进其对项目背景信息、目标和管理要求的了解。

4）组织更新详细的二级计划：各子项目经理对各自负责的任务计划进行更新并细化。

5）自制/外购决策：从项目整体角度评估并决策自制和外购的零部件范围。

6）项目一级网络计划进度更新。

7）更新交付物提交清单。

8）技术文件发放记录：详细记录每一个技术文件的发放记录，并做好发放范围及版本控制。

9）更新风险登记册。

10）确定项目业务目标：正式确定项目的总体目标，包括技术、质量、收益、交期、销量等目标。

图5.3所示为产品定义项目管理任务的子任务及其逻辑关系，同时也列出了各

项子任务的参考工作周期。

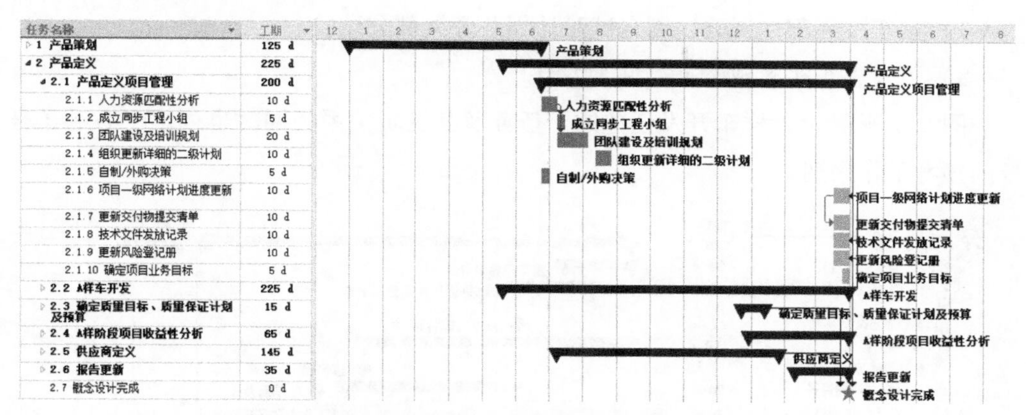

图 5.3　产品定义项目管理的子任务及其建议周期与逻辑关系

（2）产品定义项目管理工作的子任务之间的逻辑要点

1）项目进入到产品定义阶段后，立即启动人力资源匹配性分析工作，更新项目团队，成立同步工程小组，并对团队成员进行培训。这是因为人是工作的承担主体，其确定后才能更好地开展其他工作。

2）项目管理（PM）牵头尽可能早地确定自制和外购的范围（建议在确定整车结构设计方案后进行），以便供应商同步开展相关零部件的开发工作。

3）项目一级网络计划、交付物清单、风险登记册、技术文件发放记录等文件的更新工作应该随时进行，并在产品定义阶段结束前再次确认完成情况。

4）项目业务目标的确定需要与项目收益性分析同步进行，并在项目收益性分析完成后完成，因为目标值通常会影响项目的收益性。

5.2.3.3　A 样车开发

（1）A 样车开发子任务

A 样车开发任务是产品定义阶段的核心任务，其主要子任务如下：

1）整车总体设计：即确定整车的总体设计方案，包括整车配置、关键总成匹配设计、三维硬点冻结，以及重量和通用化率目标确定等。

2）CAE 分析及性能目标确定：即通过 CAE 分析确定整车、系统及零部件的性能目标。

3）造型定义：即内、外造型方案确定，A 面数据发布。

4）A 样车详细设计：即详细 3D 数模及工程图设计，以及伴随进行的 DFMEA 分析、特殊特性确定、开发周期确定等工作。

5）设计数据释放：A 样车的详细设计数据及长周期件的 B 数据释放。

6）A 样车试制：A 样车试制、制造及维修的可行性分析。

7）整车及零部件试验：制定试验计划并开展部分试验。

8）下发整车实施规格书：见 5.1 节。

图 5.4 所示为 A 样车开发任务的子任务及其逻辑关系，同时也列出了各项子任务的参考工作周期。

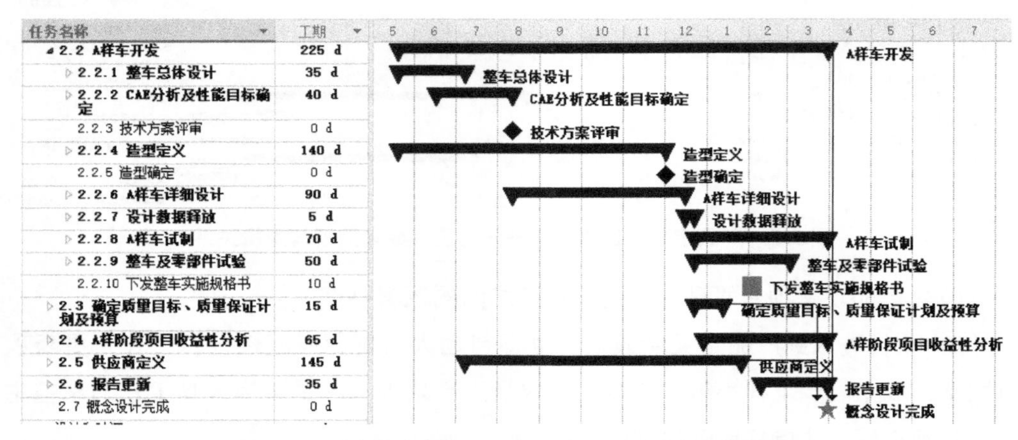

任务名称	工期
2.2 A样车开发	225 d
2.2.1 整车总体设计	35 d
2.2.2 CAE分析及性能目标确定	40 d
2.2.3 技术方案评审	0 d
2.2.4 造型定义	140 d
2.2.5 造型确定	0 d
2.2.6 A样车详细设计	90 d
2.2.7 设计数据释放	5 d
2.2.8 A样车试制	70 d
2.2.9 整车及零部件试验	50 d
2.2.10 下发整车实施规格书	10 d
2.3 确定质量目标、质量保证计划及预算	15 d
2.4 A样阶段项目收益性分析	65 d
2.5 供应商定义	145 d
2.6 报告更新	35 d
2.7 概念设计完成	0 d

图 5.4　A 样车开发的子任务及其建议周期与逻辑关系

（2）A 样车开发各子任务之间的逻辑关系要点

1）整车总体设计率先开展，从整体上确定车型的主参数和技术方案。再同步进行 3D 设计及 CAE 分析，优化设计方案的同时，确定性能目标。其内部关系如图 5.5所示。具体步骤如下：

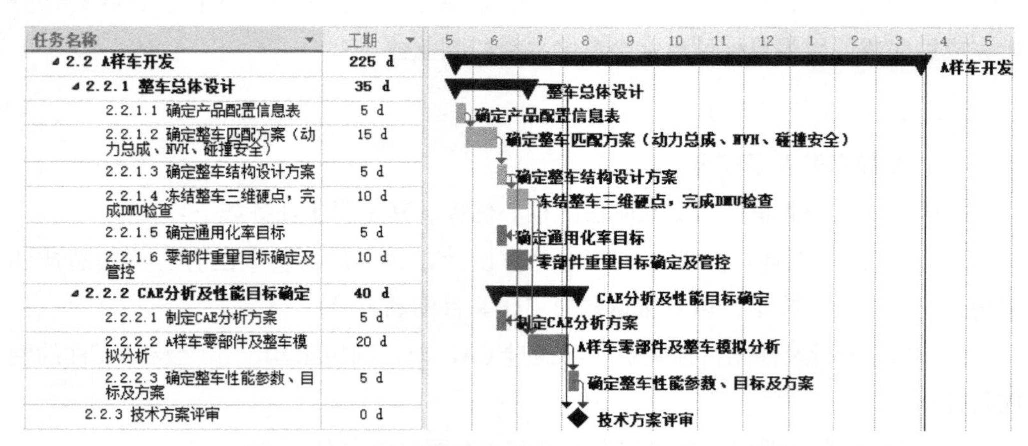

任务名称	工期
2.2 A样车开发	225 d
2.2.1 整车总体设计	35 d
2.2.1.1 确定产品配置信息表	5 d
2.2.1.2 确定整车匹配方案（动力总成、NVH、碰撞安全）	15 d
2.2.1.3 确定整车结构设计方案	5 d
2.2.1.4 冻结整车三维硬点，完成DMU检查	10 d
2.2.1.5 确定通用化率目标	5 d
2.2.1.6 零部件重量目标确定及管控	10 d
2.2.2 CAE分析及性能目标确定	40 d
2.2.2.1 制定CAE分析方案	5 d
2.2.2.2 A样车零部件及整车模拟分析	20 d
2.2.2.3 确定整车性能参数、目标及方案	5 d
2.2.3 技术方案评审	0 d

图 5.5　整车总体设计、CAE 分析及性能目标确定各子任务的逻辑关系

① 在产品策划阶段的技术策划完成后即可以确定产品配置信息表，然后依次确定整车匹配方案和整车结构设计方案（整车的主结构如轴距、外廓尺寸、总成的布

置方式等）。

② 确定整车结构设计方案是众多工作的基础，具体如图5.6所示。需要注意的是图中所示的只是“理论”上的逻辑关系，在实际项目中相邻的两个任务之间没有特别清晰的界面，即任务之间有交叉。

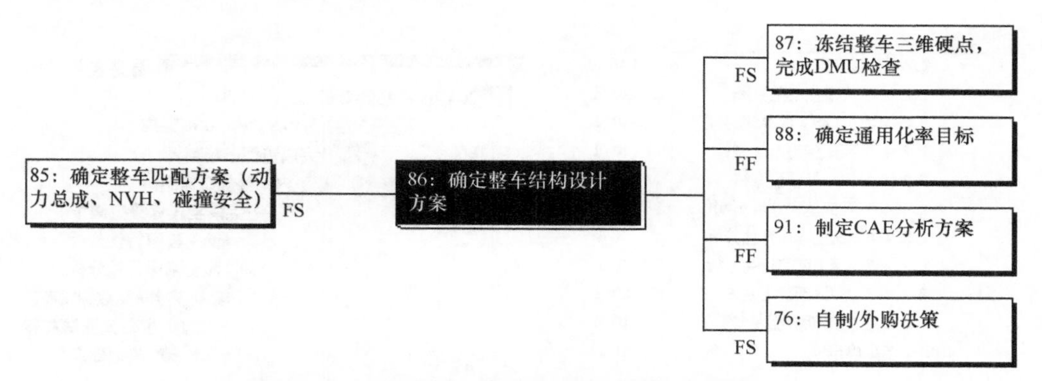

图5.6　确定整车结构设计方案的前置及后续任务

③ 整车结构设计方案基本确定后，就可以布置关键通用件及关键总成，确定并冻结三维硬点（如发动机机舱空间、关键通用件的外边界等），同步进行DMU检查。后续工作如图5.7所示，其中需要重点关注的是内外CAS面的设计，以及与设备、服务、零部件供应商的技术交流，这些工作是同步工程的重要内容。

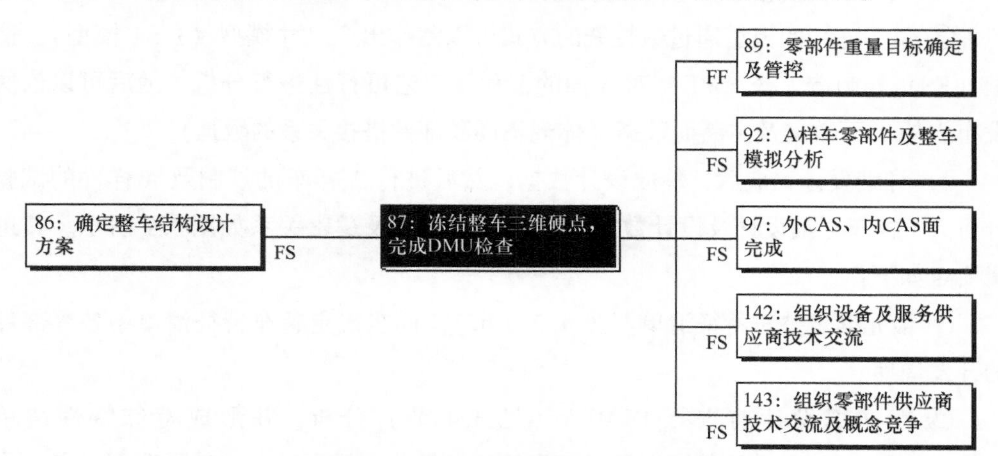

图5.7　冻结整车三维硬点完成DMU检查的前置及后续任务

④ 三维硬点冻结后，启动CAE分析，通过CAE分析确定整车性能参数、目标及详细方案。

2）通过CAE分析确定性能目标后，启动A样车详细设计任务。在CAE分析确认满足评价标准后进行详细设计工作，能够有效地降低设计返工风险。

3）造型定义工作与整车总体设计同步开始，与 A 样车详细设计同步结束。造型是整车及零部件设计的重要边界，需要同步开展。造型定义是一项非常复杂的工作，以至于有的企业将其作为一个单独的项目进行管理，其主要工作如图 5.8 所示。其内部逻辑关系如下：

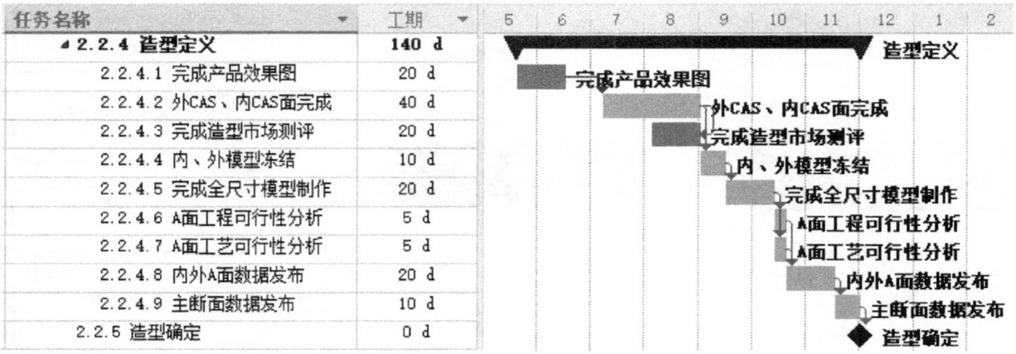
任务名称
工期
5
6
7
8
9
10
11
12
1
2
2.2.4 造型定义
140 d
2.2.4.1 完成产品效果图
20 d
2.2.4.2 外CAS、内CAS面完成
40 d
2.2.4.3 完成造型市场测评
20 d
2.2.4.4 内、外模型冻结
10 d
2.2.4.5 完成全尺寸模型制作
20 d
2.2.4.6 A面工程可行性分析
5 d
2.2.4.7 A面工艺可行性分析
5 d
2.2.4.8 内外A面数据发布
20 d
2.2.4.9 主断面数据发布
10 d
2.2.5 造型确定
0 d
造型定义
完成产品效果图
外CAS、内CAS面完成
完成造型市场测评
内、外模型冻结
完成全尺寸模型制作
A面工程可行性分析
A面工艺可行性分析
内外A面数据发布
主断面数据发布
造型确定

图 5.8　造型定义各子任务的逻辑关系及参考周期

① 在技术策划完成后，造型（ES）工程师将草图细化成效果图（细节更为丰富、准确）。

② 借助计算机辅助设计手段完成外、内 CAS 面，同时会同销售（S）完成造型市场测评，测评通过后 CAS 面才算完成，接下来可以冻结内、外模型。

③ 基于冻结的模型通过数控铣的方式可以制作出全尺寸模型（1∶1 模型），造型（ES）和制造工程（ME）对 A 面的工程及工艺可行性进行分析，随后可以依次发布内外 A 面数据及主断面数据（体现不同零部件搭接关系的数据）。

4）详细设计完成后，释放设计数据，然后进行 A 样车的试制及 A 样件的试验分析。A 样车详细设计及设计数据释放的主要任务及逻辑关系如图 5.9 所示。其逻辑要点如下：

① 最先确定整车特征清单（见 4.2.2 节），同步确定整车特征清单中各零部件的开发周期。

② 在详细设计前进行 DFMEA（见 5.4 节）分析，并形成特殊特性清单（见 5.1 节）。E&E 设计其实也是详细设计的一部分，只不过由于其受造型定义工作的影响比较小，可以较其他系统的详细设计工作更提前一些。关于系统及零部件的详细设计任务，其前置及后续任务如图 5.10 所示。需要特别关注的是，确定 A 样阶段的意向价格是在详细设计后完成的。

5）整车实施规格书（见 5.1 节）在设计目标、试验及试制计划确定后才能下发。试制和试验的子任务及实施规格书的下发相关子任务及逻辑关系如图 5.11

所示。

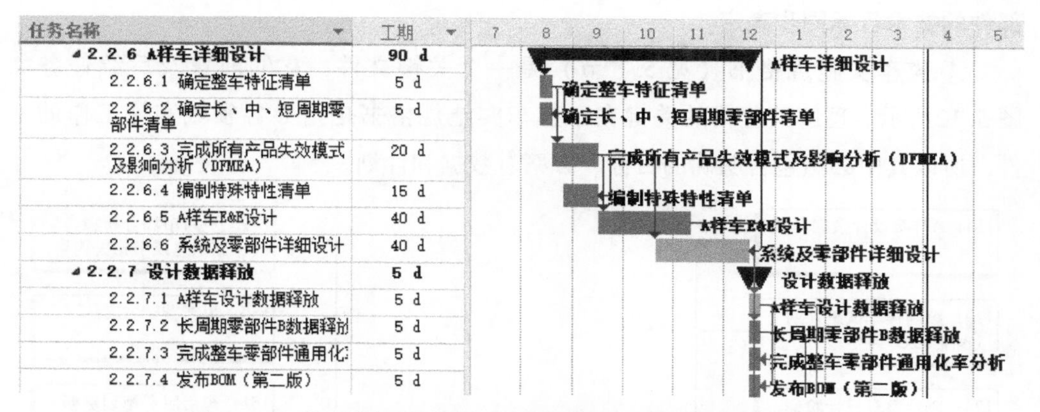

图 5.9　A 样车详细设计及设计数据释放各子任务及其逻辑关系

图 5.10　系统及零部件详细设计的前置及后续任务

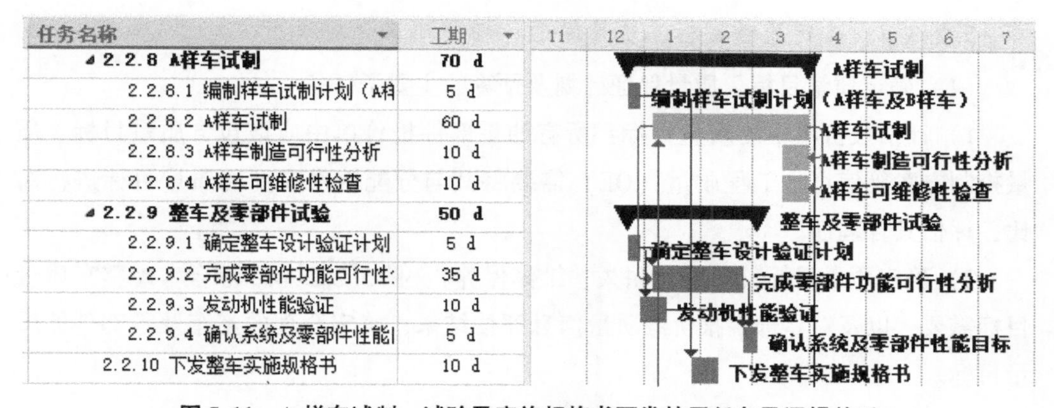

图 5.11　A 样车试制、试验及实施规格书下发的子任务及逻辑关系

其逻辑要点如下：

① 设计数据释放后可以启动 A 样车的试制，同步可以进行零部件的功能可行性分析（零部件试制出来即可，无需整车试制完成）。

② 在 A 样车试制完成时需要同步完成可制造性及可维修性分析，这是同步工程的重要工作。

③ 伴随着零部件功能可行性分析（也包含关键的性能试验）的完成，系统及零部件的技术目标同步确定。

④ 整车实施规格书（见5.1节）是一个关键文件，它的前置及后续任务如图5.12所示。理解其逻辑的关键在于整车实施规格书是指导各领域实施工作的文件，所以其中必然包含明确的目标、方案、数据和计划。

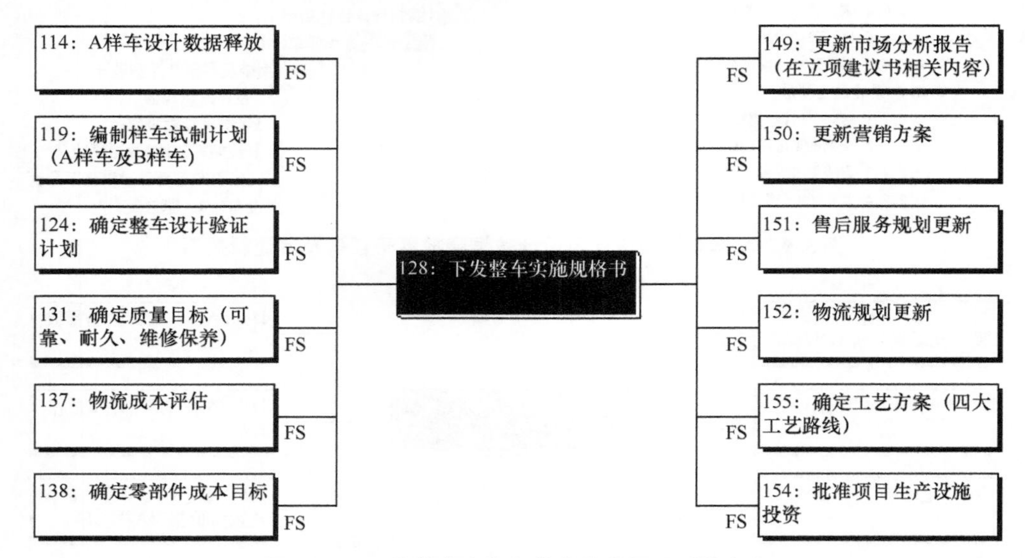

图5.12　下发整车实施规格书的前置及后续任务

5.2.3.4　确定质量目标、质量保证计划及预算

（1）确定质量目标、质量保证计划及预算的主要子任务

1）评估报价单中的质量目标：所有的零部件报价单中应该包含质量目标、质量控制方案等信息。工程质量（QE）需要将其与分配给供应商的质量目标进行对比，评估其合理性。

2）确定质量目标（可靠、耐久、维修保养）：见5.2.2节。综合考虑整车质量目标需要，以及对零部件报价的质量信息评估结果，确定合理的整车及零部件的质量目标。

3）编制OTS/PPAP计划：见5.2.2节。

4）编制质量控制计划表及预算：见5.2.2节。

图5.13所示为确定质量目标、质量保证计划及预算的子任务及其建议周期与逻辑关系。

（2）子任务之间的逻辑关系要点

1）评估报价单中的质量目标需要在供应商正式提交报价单（A样阶段）后进

行。综合考虑评估结果及整车项目需求，确定质量目标。

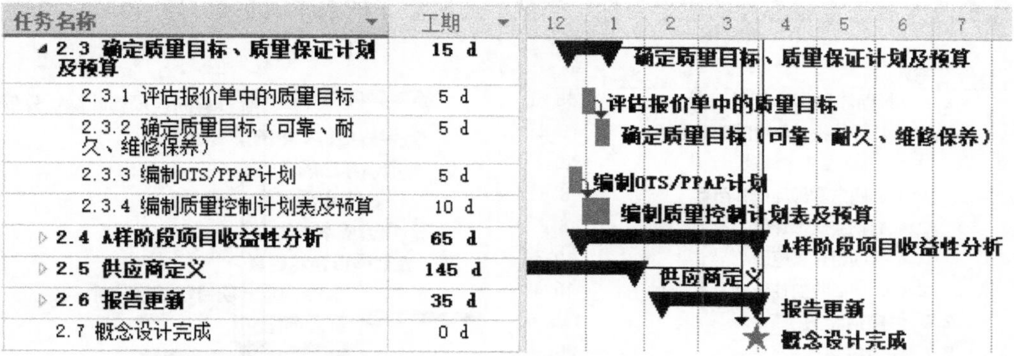
任务名称
工期
12
1
2
3
4
5
6
7
2.3 确定质量目标、质量保证计划及预算
15 d
2.3.1 评估报价单中的质量目标
5 d
2.3.2 确定质量目标（可靠、耐久、维修保养）
5 d
2.3.3 编制OTS/PPAP计划
5 d
2.3.4 编制质量控制计划表及预算
10 d
2.4 A样阶段项目收益性分析
65 d
2.5 供应商定义
145 d
2.6 报告更新
35 d
2.7 概念设计完成
0 d
确定质量目标、质量保证计划及预算
评估报价单中的质量目标
确定质量目标（可靠、耐久、维修保养）
编制OTS/PPAP计划
编制质量控制计划表及预算
A样阶段项目收益性分析
供应商定义
报告更新
概念设计完成

图 5.13　确定质量目标、保证计划及预算的子任务及其建议周期与逻辑关系

2）OTS/PPAP 的计划编制需要基于 BOM 数据，所以其应该在发布 BOM（第二版）后立即进行。

3）质量控制计划及预算需要在项目周期内频繁更新，第一版的质量控制计划（见 5.4 节）需要最迟在 OTS/PPAP 计划编制完成后进行，并随着其他相关资料的完善而持续完善（也需要做好版本控制）。

5.2.3.5　A 样阶段项目收益性分析

（1）A 样阶段项目收益性分析的子任务

1）评估报价单中的成本目标：由成本工程（C）负责，其工作方式与评估报价单中的质量目标一致。

2）A 样车成本核算：见 5.2.2 节。

3）确定零部件成本目标：综合考虑供应商的意向价格及整车的成本目标，确定零部件的成本目标。对于暂未达成目标的零部件，要制定降成本方案，并在项目推进过程中持续跟进。

4）物流成本评估：结合报价单内容和零部件设计方案，评估物流成本。

5）项目预算更新：基于产品定义阶段的信息，更新各领域的预算，并汇总成为项目预算。

6）项目收益性分析：其工作内容与产品策划阶段的收益性分析（见 4.2.2 节）一致，不同的是计算的数据基础更为详实。

A 样阶段项目收益性分析的子任务及其逻辑关系与参考周期见图 5.14。

（2）逻辑关系的关键点

1）评估报价单中的成本目标及物流成本评估均在供应商提供报价单（A 样阶

段）后进行，而后进行A样车成本核算，评估整车层面成本目标的达成状态，经过几轮博弈后确定零部件的成本目标。当然，此时整车的成本目标也自然确定。

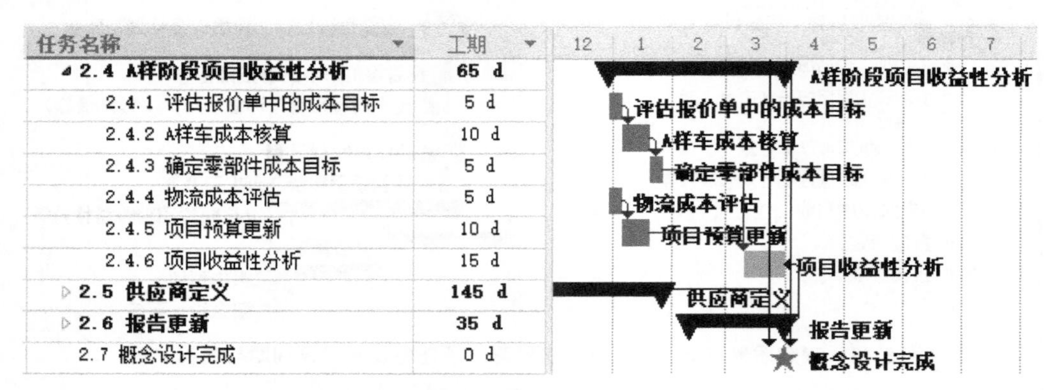

图5.14　A样阶段项目收益性分析的子任务及其逻辑关系与参考周期

2）项目预算更新和项目收益性分析其实是反复的过程（图5.14中不能详细表达这种关系），因为在此期间其他领域的报告还在更新，涉及预算的数据可能发生变化，所以项目收益性分析需要在各领域的报告更新完成后才能完成。

5.2.3.6　供应商定义

（1）供应商定义的子任务

1）组织设备及服务供应商技术交流：与物流、生产及服务供应进行技术交流，以便在产品详细设计时考虑到其需求。

2）组织零部件供应商技术交流及概念竞争：组织多个候选零部件供应商进行技术交流，开展同步工程，期间对不同供应商提出的技术概念做出初步选择。

3）供应商能力评估：综合评估供应商的技术能力、生产能力、质量控制能力、服务保障能力及过去的履约情况，综合评估供应商的能力，为确定供应商提供信息基础。

4）确定同步开发供应商及意向价格（A样阶段）：见5.2.2节。

5）确定外购件模具投资方案：有些时候企业为了更好地控制零部件的成本和质量，向供应商提供采购件的模具或用于采购模具的资金。在产品定义阶段需要确定相关的投资方案。

6）长周期件启动开模。

供应商定义的子任务及其逻辑关系与参考周期见图5.15。

（2）逻辑关系的要点

1）整车三维硬点冻结后即可启动设备、服务及零部件供应商进行技术交流及概念竞争，然后对供应商能力进行评估。

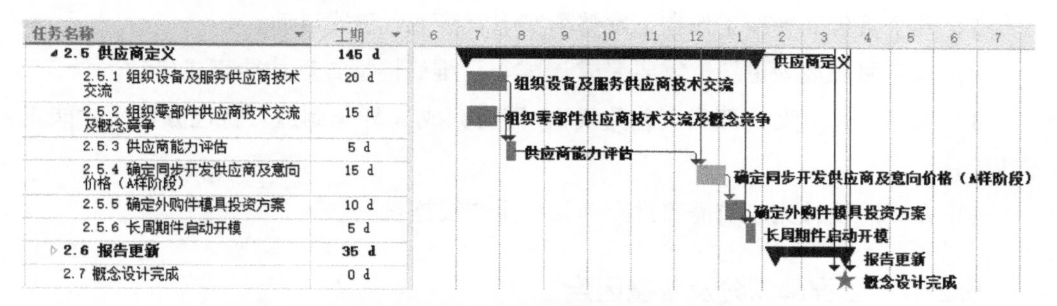

图5.15　供应商定义的子任务及其逻辑关系与参考周期

2）系统及零部件详细设计后确定同步开发供应商及意向价格（A样阶段），不过，很多时候确定同步开发供应商要更早一点完成。

3）供应商及意向价格确定后，依次进行确定外购件模具投资方案及启动长周期件开模。

5.2.3.7　报告更新

（1）报告更新子任务

在产品定义阶段，由于技术方案及整车成本信息的变化，有些领域的报告需要更新，报告更新主要子任务包括以下内容：

1）更新市场分析报告（在立项建议书相关内容基础上）。

2）更新营销方案。

3）售后服务规划更新。

4）物流规划更新。

5）制造概念报告更新。

报告更新的子任务及其逻辑关系与参考周期见图5.16。

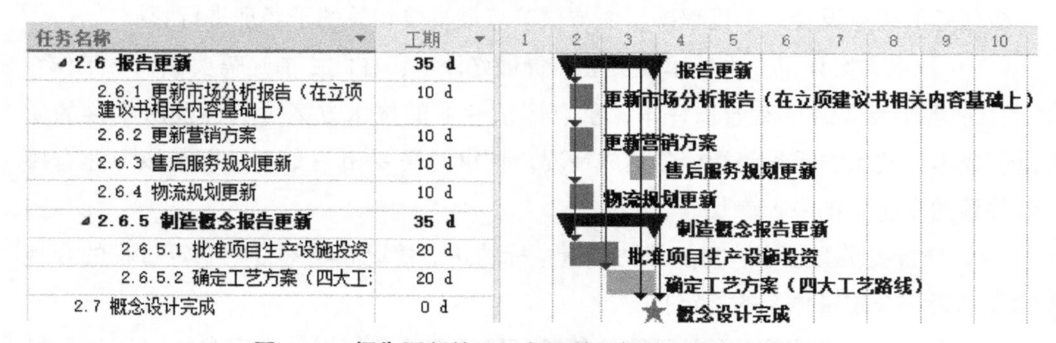

图5.16　报告更新的子任务及其逻辑关系与参考周期

（2）逻辑关系的要点

1）几个报告的更新工作在下发整车实施规格书后正式启动。

2）售后服务规划更新，需要完成A样车可维修性检查后才能正式启动。

3）确定工艺方案（四大工艺路线），需要完成A样车制造可行性分析后才能正式启动。

4）在概念设计完成前需要批准项目的生产设施投资。

5.2.4 里程碑划分及考量因素

里程碑的级别划分方案可参见4.2.4节。产品定义阶段建议设定的关键里程碑见表5.5。

表5.5 产品定义阶段的关键里程碑

编号	里程碑名称	位置	级别	意义
1	技术方案评审	整车总体设计、CAE分析及性能目标确定完成后	分子公司级	对整车的技术方案进行总体评审，评估技术方案和目标的全面性、前瞻性和可行性，决策是否进行详细设计
2	造型确定	造型定义的终点	分子公司级	评审造型方案，决策造型相关数据是否发布，以及系统及零部件的详细设计工作是否可以初步冻结
3	A样车评审	A样车试制的终点	分子公司级	评估A样车的可制造性、可维修性、法规符合性、质量等多维度的信息，决策是否进行后续试验开发
4	概念设计完成	产品定义的终点	集团级	产品定义工作全部完成，可以据此评价是否调动人力资源进行设计及验证

表5.5中介绍的是建议项目经理直接管控的节点，除此之外，还建议在每一个二级任务的终点设置一个里程碑，由与该节点最直接相关的子经理进行管控。

1）技术方案评审：由技术委员会负责最终评审，在此之前还需要做以下工作：

① 各个专业进行专业预评审，重点评估专业的技术方案可行性及所承接的质量、成本、技术、重量等指标的达成情况。评审时需要相关专业（即与该专业有接口关系的专业）的专家参加。

② 质量委员会预审，重点评估质量指标的达成情况和技术方案制定过程的合规性（是否符合质量体系的规定）。

技术方案评审时需要项目团队的各子项目经理及各领域的专家参加（因为质量子经理可能不是质量专家），这是因为技术方案是各领域开展后续工作基础，需要各自审核技术方案的可实现性。而且，借助评审会议对技术方案进行详细的宣贯，在技术方案评审时各专业都会详细介绍技术指标、目标、技术方案、仿真结果及3D模型。

2）造型确定评审：这是一个比较特别的里程碑，其他的里程碑总体是需要专家基于客观指标进行评审，而造型确定很大程度是主观评价。因此其评审过程较为特别，主要体现在以下方面：

① 造型确定评审之前有多次预评审，如效果图评审、CAS面评审、油泥模型评审等。

② 造型确定评审及之前的预评审，参与评审人员主要有销售（S）、造型专家、目标客户群体等。建议目标客户群体全程参与到造型过程中。

③ 围绕实物（油泥模型）而非汇报材料进行评审。

④ 前期需要尽量避免行政领导的干预，而尊重市场和专家的选择。

3）A样车评审：由技术委员会进行评审，在此之前应该做以下工作：

① 进行试制过程评审，即在试制过程随时发现问题，记录并解决。

② 进行技术专家评审，样车试制完成后由各领域的技术专家进行技术评审，重点评审实物与图样的符合性、实物中的技术问题。

③ 多功能小组评审，主要包括销售（S）、售后（A）、认证（H）、质量（Q）、制造（M）。

④ 工程质量（QE）组织进行A样车的Audit评审。

4）概念设计完成评审：在遵守3.4.3.1节建议的过阀评审流程外，还应该增加技术委员会预审。

5.2.5 跨阶段的流程接口关系

产品定义阶段的主体工作还是属于纸面工作（A样车试制及部分零部件的试验除外），资源投入需求较少，在此阶段之后将要投入消耗大量人力和资金。因此，产品定义阶段的工作成果是企业调配资源和拨付资金的基础。这也体现在几个关键接口上，具体见表5.6。

表5.6 产品定义阶段的主要对外接口

序号	领域	接口位置	影响的阶段	影响的任务
1	范围	概念设计完成	后续全部	后续全部
2	进度	概念设计完成	后续全部	后续全部
3	收益	A样阶段项目收益性分析	后续全部	每个阶段的收益性分析

（续）

序号	领域	接口位置	影响的阶段	影响的任务
4	质量	确定质量目标、质量保证计划及预算	后续全部	每个阶段的质量确认
5	预算	概念设计完成	后续全部	后续全部
6	风险	概念设计完成	后续全部	后续全部
7	销售	更新营销方案	生产准备	市场推广计划、方案的制定
			伴产	试销完成、正式销售
8	设计及验证	制定 CAE 分析方案	设计及验证	CAE 模型校正
		确定长、中、短周期零部件清单	后续全部	所有与零部件开发周期相关的任务，如 OTS/PPAP、各个版本的设计数据释放、相关设备采购、供应商最终确定等
		编制特殊特性清单	设计及验证	工艺方案编制
		确定整车设计验证计划	设计及验证	样车及零部件试验（A/B/C/试生产样车）
9	采购	确定同步开发供应商及意向价格（A 样阶段）	设计及验证	B 样车零部件采购、零部件定价
			生产准备	零部件采购
		确定外购件模具投资方案	设计及验证	启动开模（全部零部件）
10	物流	物流规划更新	生产准备	物流方案确认
			试生产	生产验证
11	制造	制造概念报告更新	生产准备	设备及自制工装采购
			试生产	生产验证

注：接口位置列内的所有接口位置都位于对应任务的终点。

1）与产品策划阶段类似，范围、进度、预算、风险等领域的成果是所有其他任务的基础，所以影响到后续所有阶段和所有任务。与产品策划阶段的不同在于，产品定义阶段确定了目标，而产品策划阶段是初步确定目标。确定的目标是项目考核的基准，初步确定的目标只是起到重要参考作用。这种差异的成因是在产品定义阶段详细的技术方案已经制定完成，并且通过了 CAE 分析、供应商技术交流及部分试验验证。虽然还没有进行大规模试制和试验，供应商也没有最终报价，但是各种目标的准确度已经很高（误差通常在 5% 以内），可以作为后续任务度量的依据。

2）收益和质量的接口与产品策划阶段基本一致，差别在于质量策划细化成了质量目标、计划和预算。

3）销售、物流和制造三个领域是对产品策划阶段形成的报告更新，其影响阶段和任务与产品策划阶段一致。

4）设计及验证领域有以下四个重要外部接口：

① 制定CAE分析方案。CAE分析方案除了指导产品定义阶段的CAE分析工作外，还包括整车和零部件试验完成后对CAE分析模型优化的计划及方案。这主要是因为在试验过程中能够测取很多边界参数（如实际的路面激励、被测零部件的实际响应值），这些参数的获取应该纳入到CAE分析方案中，在试验结束后利用这些参数及试验结果对CAE分析模型进行优化。经过优化的CAE分析模型既可以指导整车及零部件试验问题的解决，也可以提升CAE分析专业的能力。

② 确定长、中、短周期零部件清单（见5.2.2节）。由于技术、物流、采购等诸多因素的影响，整车上零部件的开发周期有非常大的差异，而整车开发项目则是希望按照一定的周期完成整车开发任务。这个矛盾需要项目管理者在整个项目开发周期内予以重点考虑。关键在于提前启动长周期零部件的相关工作，如设计、供应商确定、开模指令下发、设备及工装采购、OTS/PPAP认可、物料采购等。该清单影响到后续所有与零部件开发周期相关的工作。

③ 编制特殊特性清单（见5.2.2节）。特殊特性清单是特性在设计方案和工艺方案间传递的枢纽文件，清单内的特殊特性直接影响到生产设备、检查设备和工艺控制方案。该任务影响到设计及验证阶段的工艺方案编制任务。

④ 确定整车设计验证计划，验证计划中包含了A样车阶段的详细整车及零部件试验计划，以及后续所有版本样车（B/C等）整车和零部件试验计划。其对后续所有的试验任务都有影响。

5）采购领域有以下两个重要的跨阶段接口：

① 确定同步开发供应商及意向价格（A样车阶段），影响B样车零部件采购和零部件定价。这是因为产品定义阶段确定的同步开发供应商几乎就是最终的供应商，意向价格也是B样车零部件采购及最终定价的基础。

② 确定外购件模具投资方案，影响设计及验证阶段的启动开模指令下发。这是因为外购件模具投资方案中既包含长周期零部件，也包含中、短周期的零部件，而中、短周期的零部件的开模指令是在设计及验证阶段下发的。

6）生产和物流领域的接口与产品策划阶段基本一致。

5.3 项目管理工作要点

在产品策划阶段，项目管理的各方面工作都已经涉及，在产品定义阶段的项目管理工作重点是重复和细化相关工作。与产品策划阶段的不同之处在于产品定义阶段的参与人员更多，技术之间的接口更多，技术相关的风险也会更多，所以在此阶段项目管理的工作重点是发挥团队力量完成细致的接口管理工作（很多是技术接口），为设计及验证阶段奠定基础。

5.3.1 项目管理工作

5.3.1.1 范围管理

此阶段范围管理的主要工作如下：

1）细化并明确产品范围。要做到以下几点：

① 产品方面：锁定整车产品详细配置方案、详细的整车特征清单（V2 版）及技术目标。其间需要对相互冲突的目标进行权衡，确保技术方案评审（见 5.2.4 节）后不再引入新的技术。

② 服务和提供服务的能力方面：整车的生产、销售、售后等方面有明确的目标和落实计划。

③ 成果方面：伴随详细技术方案及验证计划的确定，技术文件及技术报告全部定义清晰，细化到零部件层级。

2）商业目标回顾。在产品定义阶段难免会对产品策划阶段形成的产品配置、技术方案等进行调整，对于每一次调整，项目管理者都需要回顾项目的商业目标，确保其符合用户、市场及企业的战略需求。在产品定义阶段的终点，要确定项目的所有业务目标。

3）管理范围变更。工作要点是保证变更遵循变更管理流程，做好记录和跟踪。对于所有的变更，都需要实施整体变更控制（见 5.4 节）。除特殊情况外（如紧急情况），所有影响项目基准的变更都需要变更控制委员会评审，变更控制委员会的职责及工作流程见 3.3.3 节。

4）阶段成果文件的验收。有些成果文件在此阶段已经完成，如 DFMEA、试验大纲、CAE 分析报告等。项目经理要组织进行验收，确保其符合企业的管理要求及客户（包括内部客户）的需求。

5.3.1.2 进度管理

主要工作如下：

1）项目主计划更新（第二版和第三版）。在产品定义阶段应该最少更新两版项目主计划，一版是在技术方案评审前，一版是在概念设计完成评审前（即产品定义阶段的终点）。这是因为技术方案评时技术方案已经明确，由技术方案直接引起主计划变更需要有所体现。在产品定义阶段的终点时营销、售后、物流和制造等领域的报告更新会引起项目主计划的调整。

2）二级计划更新。此阶段有以下三个子计划需要特别关注：

① 设计及验证子计划，其中包括整车及零部件设计计划（要明确每个系统及零部件的设计完成时间）、CAE 分析方案（内含 CAE 分析及模型校正计划）和整车设计验证计划。几个计划之间有联系，同时几个计划对后续的整车开发计划也有影响，应做好接口管理。

② 认证子计划，产品配置确定后就可以启动详细的认证计划编制工作。如果认证需求节点紧急，那么可以利用 A 样车进行认证试验，所以应该最晚在 A 样车装配完成前编制出认证子计划。认证计划与设计及验证子计划存在联系，主要体现在样车交付、认证启动时间的设定、认证试验与设计验证试验的冲突解决等方面。

③ 制造子计划，重点包括样车试制计划和生产设施建设计划。

3）管理计划变更。很多的变更最终都会演变成计划的变更，这也是项目最终拖期的重要原因。对于计划变更管控来说，预防变更与按照变更流程审批变更同样重要。计划变更流程与范围变更流程一致。关于预防变更，需要做到以下几点：

① 编制合理的计划，预留风险储备时间。

② 建立预警制度，在引起计划变更的事项发生之初（或之前）就向项目经理提出预警，需要逐渐减少无法挽回的变更请求。

③ 规范的风险管控。

进度计划的变更控制同样要遵循基本的变更控制流程（见 5.4 节）。

5.3.1.3 资源管理

主要工作如下：

1）人力资源匹配性分析。与产品策划阶段不同的是在产品定义阶段要开展详细的设计工作，这时需要大量的人力资源，特别是设计师资源。因此，在产品定义初期需要做人力资源匹配性分析。项目经理需要做到以下几点：

① 基于历史数据和项目变化点（相对过去开展并且已经完成的项目），与各子项目经理评估人力资源需求。

② 确定人力资源与项目主计划的匹配关系，以及初步明确每个时间段所需的人力资源，包括数量、类别、人员级别等信息。

③ 与 PMO 及各职能部门领导制定人力资源平衡方案，包括跨项目协调、集团公司内人员借调、延长工作时间等方案。

④ 提出招聘需求，推动人力资源部进行人员招聘。

2）成立同步工程小组。同步工程（见 5.4 节）是一种用以缩减开发周期、成本及减少方案变更的工具。目前很多企业的整车开发流程中已经体现了同步工程的理念，本书也是如此。但是在项目实施过程中，同步工程的实施效果依然有限，主要原因包括：小组成员职级较高，只做宏观的协调工作，没有精力参与具体的问题解决工作；小组的组长定义不清晰，小组缺乏凝聚力。

因此，项目经理需要做到以下几点：

① 针对具体的问题（如管线束布置问题、内饰装配问题、后处理器布置问题）成立工作层级的同步工程小组，专项推进问题解决。

② 指定某一成员（建议是设计人员）为小组长，设计文件的释放需要通过同步工程小组成员会签。

③ 将同步工程工作嵌入到开发流程中，如 3D 模型评审要求工艺人员参加，样车试制要求工艺、设计及质量人员参加，关键里程碑及过阀评审时全部子项目经理参加等。

3）团队建设及培训规划。团队建设是提升团队凝聚力的一种工具，详见 5.4 节。在产品定义阶段初期，项目团队规模迅速扩大，对于很多人来说，他们既对项目缺乏了解，又对项目团队没有认同感和归属感。这时候需要编制出详细的团队建设及培训计划，并立即开展相关活动。产品定义阶段的初期工作重点如下：

① 项目核心成员（子项目经理及其他关键成员）间及子项目团队成员间的定期会议机制和团建活动。

② 产品开发流程培训，包括流程总览及当前阶段的详细培训。

③ 面向子项目经理的项目管理基础知识培训。

4）设备资源平衡。这里的设备资源主要是指试验设备、试验场地、装配场所等。与人力资源平衡一样，项目经理需要与 PMO 及资源所属部门制定资源平衡方案，包括跨项目协调、集团公司资源借用、延长工作时间、试验委外等方案。

5）释放暂不需要的资源。这包括人力资源及设备资源，在产品定义阶段释放的人力资源可能包括部分设计师、CAE 分析工程师。在释放人力资源前需要确保相关的工作已经完成行政收尾。

5.3.1.4　沟通管理

主要工作如下：

1）召开项目开踢会（Kick-off Meeting）。在产品策划阶段已经明确了项目范围、目标、主计划、产品主方案等信息，可以说“纸面工作”已经完成。进度到达产品定义阶段后就需要实际动用大量资源开展项目工作，在项目团队成员就位后，且在正式开展大规模工作之前，需要由项目经理主持召开一次项目开踢会，其主要目的包括：统一对项目的认识，包括背景、目的、意义、范围和计划等；团队成员相互认识；明确项目上的管理要求，展现项目管理者的领导力；获得团队成员对项目的承诺；展示项目计划，并部署当前任务。

主要议程如下：

① 项目介绍，包括背景、目的及意义、范围和主计划。

② 项目的管理机制、汇报制度、考核评价等制度介绍。

③ 项目组织机构、团队构成及职责介绍，主要项目管理人员自我介绍。

④ 当前工作部署。

⑤ 疑问解答。

开踢会是第一个项目管理例会，项目经理需要在此时为后续的例会开个好头，展现出出色的会议掌控能力（如进度把握、纠正跑题、协调分歧和阶段总结能力），为后续项目例会奠定基础。

2）组织、促进和记录沟通。项目经理应该按照沟通计划组织项目沟通，在此期间需要促进团队内部，以及团队与外部的沟通，着力打造网状的沟通网络，而非以项目经理为中心的放射状沟通网络。沟通要有记录，对于项目例会这种例行的沟通，记录要有延续性，最好是一张表管到底，即所有的沟通决策都记录在一张表上，每次进行回顾和更新。

3）组织、编制、预审、评审项目过阀申请。按照 3. 4. 3. 1 节介绍的过阀流程组织过阀活动，也需要参照同样的流程进行其他里程碑的评审（要考虑到不同里程碑的特点，详见 5. 2. 4 节）。

5.3.1.5　风险管理

主要工作如下：

1）更新风险登记册。在项目开展过程中越来越多的风险会暴露出来，项目经理需要随时更新风险登记册，并在项目组内发布。对于级别比较高的风险，需要向高层汇报，以寻求其支持。

2）召开风险应对例会。跟踪风险应对方案的实施进度，识别新的风险，讨论制定风险应对方案。有时也可以与项目例会合并召开。

3）实施风险应对方案。项目中比较常见的问题是风险应对方案是独立的，并没有嵌入到项目计划中。这会因项目组主要关注项目计划而忽略风险应对方案的实施。因此，应对方案应该列入到项目计划中，并在项目推进的过程中自动得到实施。

5.3.1.6 相关方管理

主要工作如下：

1）识别新的相关方。产品定义阶段会出现一些新的相关方，如大量的设计人员、供应商及第三方试验机构等，这都需要记入相关方登记册，根据其诉求更新沟通计划。

2）管理相关方参与。评估相关方的参与程度，并影响、调动相关方，使其按照项目的需求参与到项目中来，不过分参与也不过少参与。

5.3.1.7 知识管理

主要工作如下：

1）更新交付物。

2）编制技术文件发放记录。技术文件主要包括3D数模、图样、技术协议等。技术文件属于交付物的一种，但是有其特殊性，主要体现在以下方面：

① 文件内容对产品有直接的影响。

② 伴随着设计变更，技术文件会有多个版本。

③ 文件接收对象比较多，有不同专业的设计师、零部件供应商、生产厂、模具供应商等。

如果技术文件版本发生变化，而数据接收方没有得到最新的文件，可能会对相关零部件的设计、试制及生产产生较大的影响，所以项目经理应该组织设计及验证（E）和设计（ED）对技术文件的发放做详细记录。其主要内容包括：发送方、发送时间、发送内容及版本、接收方、发送方式（如电子邮件、纸质图样的快递、传真等），以及技术文件的用途。

3）编制经验教训登记册。其内容与阶段总结报告基本一致，差异点在于经验教训登记册是随时更新的，而编制阶段总结报告是在项目一个阶段完成后进行的。

4）召开阶段总结会议，编制阶段总结报告。重点记录项目在此阶段做得好的方面及有待改善的方面。对于好的方面要有推广方案，对于不好的方面要有改进建议。项目经理可以基于阶段总结报告优化下一阶段的管理方案。

5.3.2 其他业务领域的管控要点

5.3.2.1 财务控制

财务控制领域的指标是项目过阀评审的重要参照，同时这些指标的确定需要其他领域的目标数据支撑。项目经理可以通过推进项目收益性分析过程，促使各领域的目标尽快锁定，这些目标主要包括：

① 项目收益目标，附加值率、边际贡献率、利润率、投资回收期等。

② 产品销量目标及售价目标。

③ 设计及验证、营销、售后、制造、质量等各领域的预算目标。

④ 整车的材料成本目标，细化到零部件级。

在产品开发过程中目标不断细化，最终的目标数量非常大而且分属不同的业务单元负责。因其管控难度较大，项目经理需要以项目收益目标为发力点，间接统筹管控其他目标，起到“牵一发而动全身”的作用。

5.3.2.2 设计及验证

项目经理需要重点管控以下三项工作：

1）技术方案评审。在评审中需要重点关注技术风险，并将其纳入项目风险登记册，进行统一的跟踪和管控。此外，技术方案的选择将会影响几乎所有项目角色的工作，最直接的影响就是计划和预算。项目经理需要在评审时初步评估其影响，并与各子项目经理分享技术评审信息，更新项目二级计划。

2）造型确定评审。造型结果直接关系到整车的“魅力”和整车的商品力，进而影响项目商业目标的实现。造型方案成功的关键在于尊重市场和用户的选择，所以项目经理需要组织销售（S）和造型（ES）共同编制评审方案。此外，造型确定也被认为是项目的标志性事件，所以项目经理需要邀请企业领导进行造型方案的评审，以建立领导对项目的信心。

3）A样车设计数据释放（见5.1节）。鉴于A样车设计数据影响的广泛性，项目经理需要组织工程质量（QE）对A样车设计数据的完整性、合理性进行检查，并出具报告。针对检查出来的问题协调设计及验证（E）共同解决。

5.3.2.3 采购

采购领域重点管控以下两项工作：

1）确定同步开发供应商及意向价格（A样阶段）。产品定义阶段的拖期经常与未按时锁定同步开发供应商有关，因此开始与供应商进行技术交流时，零部件采购（PP）就制定一份重点零部件清单，定期（建议是1周）点检这些零部件，确定同步开发供应商的进度。对于迟而未决的事项，项目经理要对问题升级，以促进决策。

2）确定外购模具投资方案。项目经理需要确保以下几点：

① 模具的完成时间与计划吻合。

② 模具的规格书符合零部件的设计方案。

③ 完成了模具投资对项目收益的影响分析，它既直接影响项目的预算，也通过影响零部件的采购成本间接影响项目的收益。

5.3.2.4 制造

项目经理需要重点关注批准项目生产设施投资（见5.2.2节）工作，为其输入销量预测、小批量和SOP时间等信息，同时与制造（M）共同编制投资方案中的计划部分。

5.4 知识、工具与技术

1）核对单：见2.2.4节，在产品定义阶段主要应用在设计检查表、法规符合性自查表。

2）自制或外购分析：见4.4节，在产品定义阶段需要对自制/外购做出最终决策，决策的内容包括零部件自制还是外购，试验是自己做还是委托。

3）绩效审查：指测量、对比和分析项目目标（进度、预算、质量、技术、重量）的达成情况。绩效审查的对象包括整个项目、子项目、团队成员及供应商。在产品定义阶段各审查对象的绩效目标需要确定，同时在项目推进过程中需要对各绩效指标进行审查，以及时发现偏差。在阶段结束时需要基于绩效审查结果对各审查对象做出评价。

4）团队建设：见2.3.4节，在产品定义阶段除日常进行的团队建设活动（如会议、非正式沟通等），还需要制定团队建设活动计划，如郊游、聚餐等。

5）变更控制：在项目推进过程中，变更是非常常见的，在项目范围内和产品范围内的各个领域都可能发生变更。变更的目的通常有以下几种：

① 纠正已经发生的错误，防止事态朝着更为严重的方向发展。

② 预防错误的发生，通常是针对已经识别出的风险，提前采取措施以防止风险的发生。

③ 改善现行的计划、产品和技术方案等，以达到更好的状态。

项目实践中常见的问题是只关注对问题的解决，而忽略预防和改善类的变更。针对预防类变更，项目经理需要充分发挥风险管理的作用，提前识别风险并实施应对措施，这个过程会伴随着产生预防类变更。对于改善类变更，企业通常会有关于持续改善的规定，如定期进行项目审计和诊断、最佳实践案例分享等。如果企业没有此类制度，项目经理需要建立项目组内的管理制度，借助阶段总结会、经验教训登记册等工具，以点带面，系统性地解决一类问题，而非解决单个问题。

关于变更的流程在 3.3.3 节介绍变更控制委员会时有过简单介绍。变更控制委员会通常负责比较“大”的变更申请，主要是影响项目基准的变更申请，如范围基准、进度基准和预算基准。对于一些影响较为广泛、深远的变更，项目经理也可以提请变更控制委员会进行评审。

对于非基准、非重大的变更，需要进行分类管理，以提升项目的管控效率。通常的可以分为如下两类：

① 管理类变更：如计划变更、预算变更、团队成员变更等，这类变更遵循如下流程：

a. 项目团队成员提出变更请求，并识别变更对项目的影响。

b. 项目经理记录变更请求，评估变更对整个项目的影响。

c. 针对变更制定应对方案。

d. 就变更及应对方案征询相关方的意见，相关方可能包括项目的各种委员会（见 3.3.3 节）的相关成员。

e. 项目经理做出决策（与基准类变更的最大差异）。

f. 更新计划、通知相关方、实施变更、记录并反馈变更的实施结果。

② 技术类变更：如技术方案变更、试验方案变更、生产准备方案变更等，对于这类变更，企业通常有相关的管控制度，在制度中明确了审批流程及相关的文件要求。但是这些文件对项目来说可能是不充分的，对于项目范围内的变更应该实施整体变更控制，即识别变更对项目的整体影响，并制定应对方案。建议在企业规定的技术变更流程外再附加管理类的变更审批流程。

6）集中办公：将分散在不同业务部门的团队成员聚合在某一场所集中办公。这是增强团队互信、畅通沟通渠道、提高团队绩效的非常有效的方式。如果企业条件允许，项目经理应该积极推进集中办公。在集中办公时需要注意以下几点：

① 制定基本规则，即从团队整体出发制定基本的办公规则，如禁止办公室内吸烟、饮酒等。这样有利于消除不必要的矛盾。

② 营造团队氛围，如张贴团队标志、准备一些共同食用的零食、统一穿着带团队标志的T恤等。

③ 项目绩效目视化，使集中办公的团队成员能够随时了解进展。

④ 面对面沟通，减少同一办公室内邮件和电话的使用。

⑤ 打乱原有的按职能安排座次的方式，借助“混乱”的座次促进跨职能的沟通。

⑥ 组织一些面向集中办公人员的团队建设活动，如利用休息时间一起玩电子游戏、打牌、看电影，以及一起去吃工作餐等。

项目经理需要着力避免集中办公形式化，即团队成员虽然坐在一起，但是还是缺乏沟通和互信，发现这种现象和苗头要主动地用艺术化的方式去解决。

7）资源优化：一种合理配置资源的技术，应用此技术的目的是使用尽可能少的资源来完成既定任务。其原理非常简单，就是使资源的需求量在一定时段内保持平衡。以汽车产品开发为例，项目处在产品定义阶段时需要大量的设计师（如100名），而在生产准备和试生产阶段需要的设计师数量却很少（如10名）。为了使企业运营更有效率，通常不会以项目的峰值工作量来定义所需聘用的员工数（100名），而是选择一个从长期看相对合理的数值（如50名）。这时项目经理就需要做资源平衡（因为峰值期需要100名设计师，而企业只有50名设计师），通常的做法是将部分设计任务延后进行，或两个原本并行的项目错峰开展，保证设计师在更长的一段时间内比较忙碌，而设计师的总数不增加。根据应用场景的不同，资源优化技术有两种应用形式：

① 资源平衡：对项目上所有路径的任务进行优化，包括关键路径。此时，项目可能因为资源优化而延期。

② 资源平滑：仅对非关键路径的任务进行优化，且优化后的时间变动范围在自由浮动或总浮动时间范围内。此时，项目不会因资源优化而延期。

8）滚动式规划：见2.2.4节，在产品定义阶段很多工作都运用了滚动式规划的理念，如项目进度计划，仅对短期内（如2个月）将要做的工作进行详细计划，对于远期（如1年之后）的工作仅做简要的计划。类似的应用还体现在组建项目团队、编制项目预算、定义项目目标、编制项目二级计划等多个方面。采用滚动式规划能够提升各项工作的管理效率，减少返工。在项目开始阶段就对所有工作做出详细安排既无可能性，也无必要。如果开始时安排过于详细，那么每一次变更都是对这种工作安排的巨大冲击，我们的项目团队管理人员可能会疲于调整工作计划而无精力管理更为重要的事项，或对变更持抵触态度，错失及早改进错误、预防错误和优化工作方案的机会。

9）培训：这是一种提升团队技能的工具。关于培训大家都不陌生，整车产品开发项目中的培训有以下三个特点：

① 目的明确。所有培训的目的都是保障项目成功；所有不利于项目成功的培训都不建议参加。

② 手段多样。培训是多种多样的，可以是坐在教室里讲上一天，也可以是开会、一对一面谈、观摩等。所有的培训形式都是可以接受的，项目经理也需要发掘各种机会进行培训。

③ 学以致用。一个项目类似一场战争，它具有严肃和紧迫的特点。所有项目中的培训一定要具有实战作用，要能够为项目创造实实在在的价值。一些目标过于长远而对当前项目无具体贡献的培训可以由企业统一组织，不建议列入项目中的培训计划，除非把它作为一种团队建设的手段（如出国交流可能不能直接贡献于项目，但是可以给团队成员争取这样的机会，用以激励项目成员）。

培训可以由子项目经理或项目团队成员提报，项目中留有预算用以支撑培训计划落地。培训是多种多样的，培训的老师也各不相同。以下几种培训建议由项目经理亲自进行：

① 项目背景知识培训，如项目的目的、意义，以及各层级领导对项目的支持等。

② 产品开发项目的工作流程培训，如项目需要划分成几个阶段、每个阶段项目组需要完成的任务、所需要的交付物及评价标准等。

③ 项目管理专业知识培训，主要是面向子项目经理，培训内容包括计划编制的工具及技巧、项目管理 IT 系统的应用、风险管理方法等。

此三类的培训不仅有利于项目目标的达成，也有利于建立团队成员对于项目及项目经理的信心，树立项目经理的威信。

10）供方选择分析：这是用于供应商排序的一种工具。在整车产品开发项目中设备、服务和零部件的采购都需要确定供方（即供应商），关于供应商的选择有以下几种方法：

① 低价中标：价格是第一考量因素，通常适用于标准件和基础通用件，这类零部件的质量标准非常明确，技术复杂度较低，不同供应商之间的产品品质差异不大。

② 基于质量和成本：综合考虑质量或技术方案及产品成本后做出评价。通常适

用于技术比较复杂、质量要求比较高的零部件。对于设备的采购也通常采用此种方法。

③ 独家供货：通常针对技术非常复杂或有独享专利技术的产品，如发动机总成、变速器总成及一些特殊传感器和处理器。在设备采购和服务采购时也会出现此种情况。整体而言，独家采购时企业处于劣势地位，除非有特殊说明（如用户指定、无替代产品等），通常不会采用此种方式。

④ 固定预算：即预算是固定的、明确的（向卖方通报），在没有超出预算的报价中，选择质量最好的产品。

11）会议：见 2.1.4 节。在产品定义阶段的重要会议有开踢会、评审会（关键里程碑及过阀评审）、阶段总结会。计划编制会、风险识别和应对会、技术方案评审会等会议可以按需要召开。

12）FMEA：即失效模式与影响分析，是 IATF 16949 质量管理体系的五大工具之一，在汽车行业广泛应用。常见的 FMEA 包括 DFMEA（设计 FMEA）和 PFMEA（工艺 FMEA），应用 FEMA 的主要目的是识别潜在失效模式及原因，确定改善、优化和控制手段。FMEA 中的关键要素见表 5.7，其主要内容包括失效模式及其对应的重要度、频度和可探测度，也包括为针对失效模式的预防和探测措施。

表 5.7　FMEA 的主要构成要素

项目功能	潜在失效模式	潜在失效后果	重要度	等级	潜在原因/机理	频度	现行控制		可探测度	风险优先数	建议措施	责任人与日期	措施实施结果
							预防	探测					

该工具在讲述五大质量工具的书中有详细的讲述，读者可以自行参考。这里重点介绍各类 FMEA 之间以及 FMEA 与其他开发过程及工具之间的关系。项目经理需要重点关注以下关系：

① 系统 FMEA 和设计 FMEA 的关系。系统 FMEA 是以系统为分析对象，识别其潜在失效模式与影响；设计 FMEA 是以部件及零部件为分析对象。在国内通常将这两种 FMEA 统称为 DFMEA。

② 整车、系统、子系统、零部件及工艺 FMEA 的关系。在应用 DFMEA 时，应该按照从总体到部分的层级展开。通常上一级的故障原因是下一级的故障模式。如整车有一个故障模式是“整车失去驱动力”，其原因为“发动机熄火”。对于下一级的发动机来说，故障模式为“发动机熄火”，其原因可能是“火花塞烧蚀”。具体情

况如图 5. 17 所示。对于 PFMEA 来说，也需要按照过程、设备、工装这样的层级开展，其内部逻辑关系与图 5. 17 所示的整车至零部件的 DFMEA 关系类似。

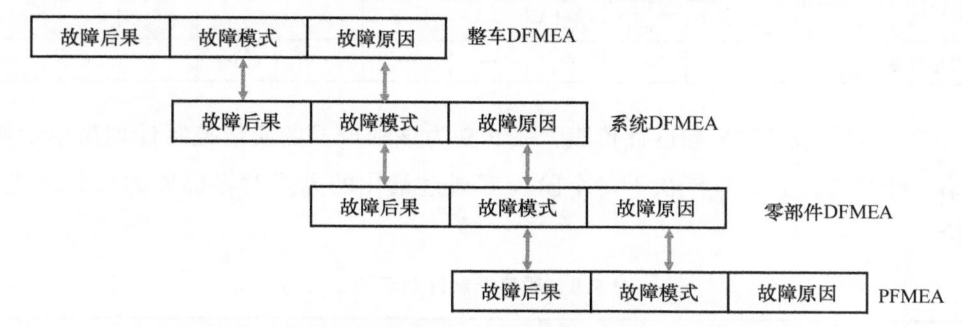

图 5. 17　整车、系统、零部件及工艺 FMEA 的关系

③ FMEA 与 CAE 分析方案及整车设计验证计划的关系。CAE 分析方案所列的 CAE 分析内容是预防措施，设计验证计划内的试验内容属于探测措施。预防措施主要是为了降低失效模式发生的频度，探测措施用于评价故障的可探测度。在完成 CAE 分析及试验后应该对频度和可探测度进行重新评分。

④ FMEA 与特殊特性的关系。FMEA 中重要度的值与特殊特性存在直接关系，通常评分为 9 或 10 的为关键特性，评分在 5 至 8 之间的为重要特性。

⑤ FMEA 与用户需求的关系。用户的需求对应整车的功能，功能向下逐级传导，最终形成零部件的失效模式。

⑥ FMEA 与设计检查表（见 5. 1 节）之间的关系。设计检查表是一种预防措施，也是首选的控制措施，它能够降低失效模式发生的频度，也能消除简单的故障原因。

⑦ FMEA 与 OTS（见 5. 4 节）和 PPAP（见 5. 4 节）的关系。FMEA 是 OTS 和 PPAP 认可的交付物。

在整车产品开发项目中应用 FMEA 需要着力避免形式主义作风，要确保该项工作的实效性。保证 FMEA 实效性的关键在于掌握 FMEA 与其他文件的关联关系，将其紧密地嵌入到开发必要步骤之中（如编制试验计划、CAE 分析方案和工艺方案等）。

13）质量控制计划：这是评价零部件开发成熟度的一种工具，在不同的企业有不同的表现形式，比较典型的质量控制计划有以下两种：

① 零部件级的开发任务完成情况点检表，是核对单（见 2. 2. 4 节）的一种特殊表现形式。表 5. 8 是该种质量控制计划示例。

表 5.8　质量控制计划示例 1

零部件名称	基本信息	产品策划		产品定义		设计和验证		生产准备		试生产	
		项目 1	项目 2	项目 3	…	…	…	…	…	…	…
动力总成悬置	……	…	…	…	…	…	…	…	…	…	…

② 零部件级开发成熟度评价表，表 5.9 为该种形式的质量控制计划简单示例，与第一种形式的主要差异在于每个阶段都通过量化的方式对零部件的成熟度进行评价。

表 5.9　质量控制计划示例 2

零部件名称	基本信息	产品策划		产品定义		设计和验证		生产准备		试生产	
		项目	评价	项目	评价	项目	评价	项目	评价	项目	评价
动力总成悬置	……	…	…	…	…	…	…	…	…	…	…

总体来说，两种形式的共同点多于差异点，如果企业具备量化评价能力，那么推荐采用第二种形式，否则用第一种形式的质量控制计划也是不错的选择。接下来对第二种形式的质量控制计划做详细介绍，在实际应用中表格要远远比示例内容复杂，其主要包括以下内容：

a. 专用件清单。

b. 基本信息，包括各领域的负责人、零部件材料、开发目标（质量、成本、技术、重量等）、主要技术变化点、关键特性、供应商等，企业可以根据需要进行增减。

c. 各阶段的开发项目，如在产品定义阶段的零部件开发项目包括 DFMEA、仿真计算分析、DMU、试制、制造工艺分析、可维修性分析，以及可能的零部件试验等。

d. 各阶段的开发状态评价，基于试验项目的完成情况对产品的成熟度进行评价。评价维度通常包括：

a）产品风险，表示产品出现问题后的严重性（如整车报废、严重损坏但可以维修、简单维修等）。

b）技术风险，技术方案或应用条件变化带来的风险（如首次应用、非首次应用但应用环境不同、完全借用等）。

c）耐久性风险，基于耐久试验结果做出的风险评价。

对各个评价维度进行评分，并将其相乘，得到综合风险评价值。企业可以根据此值判断是否放行进入到下一阶段。

14）OTS（Off Tooling Sample）：也可以称为工装样件认可，是常见的汽车产品开发项目零部件质量控制工具。其认可对象为采用正式工装模具和等同于量产的工艺和工序生产出来的零部件，推动OTS认可的责任人为设计（ED），即零部件的设计工程师。需要提交的文件通常包括以下几项：

① 设计文件、更改文件、DFMEA、偏差许可。

② 设计验证计划（DVP）。

③ 材料、尺寸及外观检测报告。

④ 性能试验、台架及道路的可靠性试验、台架及道路的耐久性试验报告。

⑤ 认可报告（可能是正式认可或临时认可）、样件保证书、文件汇总表。

对于采购件，除特备说明外，以上文件除第⑤项外均需要提供两份，其中供应商提供一份，零部件的设计师提供一份。因为供应商做的试验可能与企业内部做的试验不一样，即便对于同样的试验，如果企业有相关能力，也建议再做一遍。对于国家有强检要求的零部件，在OTS报告中也应该提供相应的强检报告和3C证书。针对供应商与企业均无试验能力的试验项目，应委托第三方进行试验并出具报告。

和其他质量控制工具一样，OTS要避免形式主义，OTS认可工作要紧密嵌入到整车项目的开发流程内，并体现到项目计划中。建议按照如下方式推进OTS认可工作：

① 在整车总体设计（总布置）阶段识别需要进行OTS认可的零部件，体现在实施规格书中（这时候还不是最终版）。

② 伴随着A样车BOM数据的发布和A样车设计数据释放，供应商质量（QS）会同设计（ED）、试验（ET）和项目管理（PM）编制零部件OTS认可计划，明确供应商自检报告、样件、样块（材料试验用）的交付规格、数量及时间。同时编制材料、尺寸、性能、可靠性及耐久性的试验计划。

③ 工装模具加工、安装完成后，启动OTS认可的实质工作，如材料检验、尺寸检验等。

④ 零部件设计冻结前，完成主要（大约占80%）零部件的OTS认可工作，与零部件的设计冻结报告同步提交OTS认可报告。

⑤ 在生产验证前完成全部零部件的OTS认可，提交认可报告。

项目经理和质量（Q）子经理可以借助OTS工具对产品开发的关键技术环节进行把控，进而提升整车产品的质量水平。此外，OTS认可工作由各个零部件的设计师牵头完成，相关报告需要由供应商、试验（ET）、试制（MB）等多方提供。广泛调动设计（ED）的力量进行OTS认可，能够实现零部件级的计划和质量管控，并树立设计（ED）对其开发零部件的责任心，此外也能够实现设计（ED）、试制（MB）、试验（ET）以及质量（Q）之间的相互绑定，通过“多眼”监控项目进展。

15）PPAP（Production Part Approval Process）：即生产件批准程序，是 IATF 16949 中的五大质量工具之一，在汽车行业内广泛应用。其认可对象为生产件（采用正式工装、模具、工艺和过程生产出来的零部件），推动 PPAP 认可的责任人是供应商质量（QS）。关于 PPAP 认可的程序及规范本书不再详细介绍，此类资料很容易获取，读者可以自行学习。本书重点介绍 PPAP 与其他质量工具及产品开发流程之间的关系，以及 PPAP 的管控要点。

PPAP 与 OTS 的内容接近，主要差异点在于以下几个方面：

① 认可的责任人不同，PPAP 为供应商质量（QS）和制造质量（QM），OTS 为设计（ED）。

② 认可的完成节点不同，PPAP 为生产验证（量产节拍下）前，OTS 为设计冻结、部分零部件可以生产验证（小批量）前。

③ 认可的侧重点不同，PPAP 重点关注量产节拍下的零部件质量，OTS 重点关注正式工装模具下的零部件质量。

④ 交付物不同，PPAP 提交的内容除 OTS 规定的内容外，还包括 PFMEA、生产过程流程图、MSA 结果、初始过程能力研究报告等。这些材料主要与生产过程相关。

⑤ 认证的地点不同，PPAP 大多数时候需要去生产现场，OTS 通常只有重要零部件才去现场认可。

与 OTS 认可一样，PPAP 工作需要嵌入到产品开发流程中，体现在项目计划中。需要重点管控在以下几个节点：

① A 样车设计数据释放时，评估需要进行 PPAP 的零部件，并体现在整车实施规格书中，同时供应商质量（QS）编制 PPAP 认可计划。

② OTS 认可完成后，更新 PPAP 认可计划。

③ 供应商具备有效生产能力后（通常为连续生产一定数量的零部件），启动 PPAP 认可。

④ 在生产测试初期（一台车上线）完成大多数零部件的 PPAP 认可，在生产测试（量产节拍）前完成全部零部件的 PPAP 认可。

PPAP 是零部件正式量产前的最后一道关卡，项目经理应该掌握其主要工作程序和内容，在实施整体变更控制时能够利用该工具保证产品的供货质量。同时要将 PPAP 工作列入项目计划，定期点检，保证该工作落到实处。

16）同步工程：这是一种开发理念，即让原本后续任务的责任人参与到前序工作中来，将部分原本串行的工作并行开展。本书所讲的产品开发流程及项目管理工作安排都已经体现了同步工程理念，主要表现在项目团队的架构上，以及每一个阶段的工作安排上（需要全部的项目角色参与）。多数汽车企业的产品开发流程中也固化了这种工作模式。但是这仅仅是项目的宏观层面，在很多细微处也需要借助同步工程理念，如以下几个方面：

① 在具体的某个零部件设计时，需要供应商、成本工程（C）、零部件采购（PP）、物流（L）的介入，以提升开发效率。

② 编制OTS认可计划时，需要设计（ED）、供应商质量（QS）、试制（MB）、试验（ET）以及供应商的参与。

③ 在试验策划时，需要工程质量（QE）、设计（ED）、仿真（EC）、售后（A）等角色的参与。

除了以上例子外，还有很多内容需要多个角色同步参与。在整个项目推进过程中，除了在项目整体上遵循同步工程理念，在开展每一项具体工作时也应尽可能地运用该理念，以减少返工。除了成立项目级的同步工程小组外，也应成立旨在完成某项具体工作的同步工程小组。项目经理在安排工作时应该在明确责任人的同时，指定一些同步参与工作的人员，以帮助相关责任人组建同步工程小组。

5.5 本章小结

1）产品定义阶段的主要工作成果有10个，分别是：3D数模、计算分析报告、技术方案报告、造型方案、A样车设计数据、产品实施规格书、设计验证计划、质量控制计划、生产设施投资报告、项目收益性分析报告。

2）产品定义阶段的二级任务有六个，分别是：产品定义项目管理、A样车开发、确定质量目标、质量保证计划及预算、A样阶段项目收益性分析、供应商定义、报告更新。

3）A样车开发是产品定义阶段的核心工作，其主要工作步骤是：3D设计（含造型设计）、CAE分析、详细设计、释放设计数据、样车试制、试验。

4）生产设施投资决策通常需要在产品定义阶段结束前完成。生产设施的投资建设建议作为单独项目管理。

5）生产设施建设项目与整车产品开发项目的主要接口信息包括：销量数据、

生产爬坡计划、量产节点、物料供应计划、物流计划、自制件信息、工艺方案。

6）产品定义阶段有四个关键里程碑，分别是技术方案评审、造型确定、A 样车评审和概念设计完成。其中概念设计完成里程碑为集团级里程碑，其余的为分子公司级里程碑。

7）产品定义阶段的成果是项目后续实施的重要基础，与后续阶段的主要接口存在于设计及验证、采购、物流和制造四个领域。

8）此阶段项目管理的重点是确定目标，既包括计划、预算、质量等目标，也包括关键的技术目标，还包括项目的业务目标（商业目标）。建议用此阶段确定的目标作为项目考核的依据。

9）此阶段的主要会议包括：开踢会（计划准备完毕，正式开工）、评审会（关键里程碑及过阀评审）、阶段总结会。

10）变更管理在产品定义阶段开始变得重要起来，并且在后续的项目工作中将会变得越来越重要。变更管理的要点包括：对变更进行分级管理、所有的变更都应该记录、对基准的变更应通过变更控制委员会、所有的变更都需要实施整体变更控制。

11）财务控制工作在每个阶段都非常重要，在产品定义阶段其工作的要点在于保证其信息的准确性和精确性，能够支持项目做出生产建设投资及开发验证的决策。

12）在此阶段编制 OTS 和 PPAP 计划，OTS 和 PPAP 是产品质量控制的重要工具，项目经理要将相关工作列入项目计划，保证其得到切实的执行。

13）FMEA 是产品质量控制的工具，需要掌握其与特性、设计验证计划、CAE 分析方案、OTS、PPAP 等工作的关系。

14）产品定义阶段开始有大量团队实际参与项目工作，所以做好团队建设和培训很重要，这两项工作的关键在于目标明确、随时随地开展。

第 6 章
设计和验证

设计和验证阶段的主要工作是发布 B 样车设计数据，完成 B 样车试制，完成整车、系统及零部件的设计验证试验，冻结设计方案，释放 C 样车设计数据。阶段目标就是设计成熟的产品。

设计和验证阶段（图 6.1）需要做两个重要的决策，其一是启动生产准备工作，其二是冻结设计方案，正式进入生产准备阶段。启动生产准备涉及大量的资金投入，需要在关键试验完成后进行。冻结设计方案则意味着从设计开发角度评估，产品已经成熟，可以占用生产资源进行生产过程的测试。

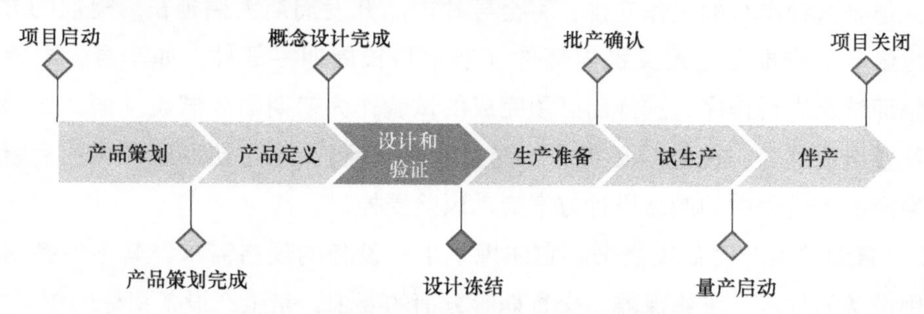

图 6.1　设计和验证在产品开发流程中的位置

6.1　主要成果

（1）生产准备技术文件

新的整车产品生产准备工作是在进入生产准备阶段之前启动的，在设计和验证阶段有一个关键的里程碑，即生产准备启动。支撑整车制造体系启动生产准备工作通常需要如下数据或信息：

1）B 样车设计数据、长周期零部件的 C 样车设计数据以及准确的整车 BOM 信息。此时的B样车设计数据与释放给试制（MB）的数据有所不同，因为在生产准备启动前B样车已经试制装车，并完成了关键试验，所以此时的设计数据是基于试制及试验结果进行改进设计后的数据，也可以称之为B+数据。

2）B样车装配调整说明书。与设计数据一样，此时的装配调整说明书也基于B样车试制结果进行了优化。装配调整说明书内包含和基础车型相比的异同点、整车BOM、整车及零部件的关键尺寸结构信息（通常是3D数模的截图）、装配顺序、装配技术要点、下线调试技术要点等。它体现了研发工程师对产品装配的要求。在正式的生产工艺文件完成前，它能够指导整车装配，也是编制制造工艺文件的重要参考。

3）B样车可制造性分析结果及制造工艺方案。在产品设计阶段制造工程（ME）人员同步参与设计工作，形成初步的制造工艺方案，在产品试制阶段工艺验证并优化制造工艺方案，同时形成可制造性分析报告。该文件将直接或间接提出生产线布置、设备需求、工位安排、工具需求等信息，这些信息对生产准备工作有重要意义。

4）初期耐久试验报告。比较理想的状态是所有的试验全部完成后再进行生产准备，但是这种串行的工作安排，将会导致产品开发周期大幅延长。建议的方案是识别出影响生产准备的最关键零部件（通常是长周期零部件，如车身、车架等），对其验证试验进行排序，选择出必须完成的试验作为初期耐久试验（耐久试验是其中的重要组成部分，也包括必要的功能及性能试验）。通过初期耐久试验后就可以认为生产准备过程中的产品设计方案变动风险受控。

5）自制件生产设备规格书。它体现了生产设备的规格需求，其中包括对采购或应用设备的技术、维修保养、交货期等方面的要求，是生产设备招标的重要文件。

6）物流设备及包装规格书。与生产设备一样，它是物流设备及产品包装部门提出的需求，是招标的重要文件。

7）风险分析报告。它是对技术风险进行综合评估的一个文件。为了提升整车开发项目的开发效率，生产准备启动时通常仅具备必要条件，还存在很多风险，主要体现在产品技术方案的变动（会引起工艺、物流、包装等多个方面的变化）、市场的变动、政策的变动等方面。因此需要系统地分析风险，给出应对策略。

（2）生产准备计划

它是以产品的技术开发为主线、生产准备活动为主要内容的综合计划，主要包括以下几方面内容：

1）整车产品开发计划：重点关注释放各种版本数据及技术文件的时间节点，

这些是生产准备的基础。

2）关键总成开发计划：对于很多企业来说，关键总成通常是自制件，并且在进行整车开发时总成也会进行技术升级。需要重点关注图样及技术文件的释放进度，这些会影响自制件的工装规格及采购需求。

3）生产设施建设计划：厂房、仓库、动力设施等基础设施的建设计划及关键里程碑。

4）设备采购及调试计划。

5）物流计划：物流设备及包装的采购、招标、调试计划。

6）工艺文件编制计划：工艺方案、工艺文件、操作流程卡等文件的编制及释放计划。

7）采购件认可计划：采购件的定点、试制、OTS 认可及 PPAP 认可的计划。需要注意的是这里的计划并不是针对具体的零部件，而是将零部件按照开发周期进行归类，针对不同周期的零部件编制的主计划。

8）质量保证计划：质量规划、量具及检具的采购、调试、认可计划、Audit 计划等。

9）生产准备预算：与生产准备相关的预算，具体到每一类工作，也需要体现出不同时间节点对资金的需求。

生产准备计划与项目主计划接近，差异点主要在于其对设施建设、生产、物流等方面进行了细化。生产准备计划需要与项目主计划相协调，需要由生产准备小组共同编制和维护。其编制过程与项目主计划类似（见 4. 3. 1. 2 节）。

（3）A、B 样车试验报告

试验是检验产品成熟度的重要手段。

1）A 样车的试验内容主要包括：

① 动力性、经济性、行驶性、NVH 等性能试验。

② 主观评价。

③ 系统及零部件的功能、性能及部分耐久试验。

④ 系统及整车标定。

2）B 样车阶段的主要试验包括：

① A 样车阶段的试验，有些需要在 B 样车上重复做一遍，有些需要转移到 B 样车上继续进行（如系统及整车标定）。

② 系统及零部件的可靠性及耐久性试验。

③ 整车的可靠性及耐久性试验（主要是耐久性，可靠性试验主要在C样车或试生产样车上进行）。

④ 碰撞安全性试验。

以上只是列举了主要的试验种类，整车开发相关的试验有几百项之多，需要由专业的试验工程师牵头编制设计验证计划（见5.2.2节）。所有在设计验证计划内的试验都需要提交试验报告。

3）作为项目经理既需要关注其交付情况，也需要了解试验的基本逻辑：

① 试验通常是自下而上的，即按照零部件、系统、整车的顺序开展。

② 试验通常是按照试验成本由低至高的顺序开展的，如CAE（仿真试验）、耐久性试验、可靠性试验，或台架试验、实际道路试验。

③ 试验通常是按照先基础后拓展的顺序开展的，如按照功能、性能、耐久性和可靠性的顺序做试验。

关于A、B样车的试验安排也可以按照上面的逻辑去理解。除此之外A样车通常采用的不是模具件，而B样车是，所以可靠性、耐久性及碰撞安全性试验需要在B样车上进行。在项目管理实践中经常会出现供应商用非模具件搭载整车进行耐久试验，项目管理者应该及早识别这种情况，并进行预防，因为这是有悖于试验基本逻辑的。如果不得不这样操作，那么需要特别的审批流程，如由该领域的技术总监确认该零部件可以替代模具件进行试验。

（4）B、C样车设计数据（设计冻结数据）

B样车、C样车的设计数据在内容上是与A样车设计数据（见5.1节）一致的。主要区别在于技术文件的成熟度上，因为每一次技术文件的版本升级（从A至B，从B至C等）都体现了对已发现问题的修正，所以成熟度是逐渐提升的。在具体内容上主要差异体现在以下方面：

1）工程图样：主要差异在于体现了为解决试制和试验中发现的问题而对图样进行的更改。当然，在工程图学中已经规定了标准的变更形式（即每一次图样变更都需要标注出变更点在图幅中的位置及共有几处变更），在严格执行工程图学相关规定的同时，还需要记录变更日志，即记录每一个技术变更的提出者、提出原因、变更内容、审批情况及落实情况。记录技术变更日志应该由设计及验证（E）子经理进行，并由工程质量（QE）负责检查其落实情况。这主要是因为，在实践中很多严重的设计质量问题并不是没有发现，而是没有很好地落实。

2）DFMEA（见5.4节）：在FMEA表格中有填写建议及实施结果的要求，每一次DFMEA版本的更迭，这两项内容都要随之更新（当然其他内容也需要根据实际情况进行更新)。除第一版 DFMEA 之外，其他的版本主要更新的内容是实施结果。实施结果的主要内容是对重要度、频度和可探测度这三个核心指标的重新评价，三个指标的乘积为风险顺序数（RPN)，风险顺序数小于标准值代表所对应的失效模式已经闭环（不用再特殊关注)。总的来说 DFMEA 的主要变化是对失效模式的风险重新评价。

3）特殊特性清单：它与工程图样及 DFMEA 的更新是关联的，工程图样的变更会引起相应的特殊特性值发生变化，DFMEA 中对重要度指标的重新评价会增加或减少特殊特性。

4）设计检查表：它与工程图样密切相关，每一次图样的更新，都需要基于设计检查表进行重新检查。当然，如果有必要也需要对设计检查表进行完善（如增加检查项目)。

5）技术协议（见 5.1 节)：差异点主要体现在附加协议上。随着产品开发过程的推进，需要对技术协议的内容进行调整。因为协议已经签订好，所以通常的调整是通过增加附加协议来实现的。调整的主要内容包括接口信息、技术条件、验证需求等。

6）法规符合性自查表：进行适应性调整即可，体现最新的法规要求，体现对设计变更点的关注。

7）电气相关技术文件：其本质与工程图样一致，基于试制及试验的过程和结果进行调整即可。

（5）整车认证及相关文件

需要注意的是这里的认证不仅仅指整车的工信部公告，而是所有政府或其指定机构所规定的认证要求，通常包括工信公告、环保公告、油耗认证、CCC 认证、营运货车安全技术条件认证、地区环保认证等。整车公告是汽车销售与用户上牌的前提条件，在新法规实施前完成产品认证也意味着更低的产品成本和认证成本，因此对于所有的整车企业来说认证工作越早完成越好（早也有早的风险，主要体现在后续如果发生较大的技术方案变更，那么产品可能需要重新认证或拓展)，最好的认证工作启动节点是 B 样车试制完成，利用 B 样车去做产品认证。整个过程需要准备和收集如下文件：

① 认证计划。

② 发动机的工信、环保、地方环保的认证文件。

③ 法规符合性自查表，可以从整车技术文件中直接获得。

④ 工信、环保、油耗（交通部油耗）和 CCC 的认证参数。

⑤ 基础车型的认证文件。

⑥ 样车法规符合性检查报告，是样车试制评审的一部分。

⑦ 认证相关试验报告，包括企业内部做的自查报告及检测中心做的正式报告。

⑧ 认证过程中发生的问题日志，由于认证需要做一些试验，在试验中发现的问题对改善产品技术方案是有帮助的。

⑨ 正式的认证报告或公示文件。

(6) OTS 认可报告

在设计和验证阶段结束后，产品的设计数据（C 样车设计数据）就要交到生产系统里了，在此之前需要设计（ED）人员对产品的成熟度进行确认。大多企业都对阶段的 OTS 认可比例有规定（通常是关键件、重要件及长周期零部件必须完成，其他零部件 80% 以上完成），因此在设计和验证阶段，OTS 是非常重要的交付物。OTS 认可（见 5.4 节）报告中主要包括：

① 材料检测报告。

② 尺寸和外观检测报告。

③ 功能、性能可靠性和耐久性试验报告。

④ 相关技术文件。

为了确保 OTS 认可工作的顺利推进及有效管控，在 OTS 计划编制时就需要明确关键件、重要件及长周期件，也可以确定在设计和验证阶段必须要完成 OTS 认可的零部件清单。在项目管理实践中，制约此阶段 OTS 认可完成的主要原因是试验的进展，项目管理者需要通过 OTS（责任主体是设计师）工具促使设计师跟进试验的进展并及时协助解决试验中的问题。

(7) 项目问题清单

它也可以被称为“问题日志”，其中记录了问题的提出者、问题描述、问题的解决计划、责任人、当前工作进展及状态（通常是红、黄、绿灯）等信息。在进入设计和验证阶段之前，整车产品开发项目的工作大部分属于纸面工作的范畴，期间发现的问题比较容易解决。进入设计和验证阶段后，需要开展试制、试验及部分生产准备工作，在此阶段及后续阶段发现的问题会更多，并且解决起来更困难。因此，项目管理者需要从总体上对问题解决情况进行管控。问题清单的管控重点是分类别和优先级进行管理，具体如下：

1）分类管理：可以简单地划分为技术类问题和管理类问题，也可以按照子项目进行划分。分类管理的目的在于不同类别的问题可以委派专人进行管理，这样既能够发挥子项目经理的管理作用，也能够缓解项目经理的管理压力。

2）分优先级管理：各个类别的项目问题中应该由管理该类别的负责人对问题进行优先级设定，对于整个问题清单，项目经理应该跨类别设定问题的优先级，在精力有限的情况下，着重推进优先级高的问题。

项目问题清单应该在整个项目存续期间持续更新，不建议对其中的信息删除（如果问题关闭，那么只需要标出关闭即可，不要删除），要做到“一张表管到底”。项目管理实践中常见的问题是，问题和风险提前被识别出来了，但是由于种种原因最后没有得到解决。“一张表管到底”的作用是防止问题“烂尾”。

（8）项目收益性分析报告

其内容与产品定义及产品策划阶段的项目收益性分析报告基本一致。项目收益性分析工作贯穿整个项目的始终，这是因为项目在执行过程中需要随时回顾商业目标的达成情况。与其他阶段不同的是，在设计和验证阶段有两份项目收益性分析报告，分别需要在生产准备启动和设计冻结两个节点前完成。在生产准备启动前进行项目收益性分析的主要原因是，生产准备启动需要动用组织大量的人力、物力及财务资源，有必要在正式动工前进行详细的收益性分析。此阶段的项目收益性分析报告与之前报告的差异主要在于以下方面：

1）销量预测：主要考虑到项目执行过程中市场变化情况。

2）目标市场售价：在设计和验证阶段，技术方案的变化将导致目标售价有所调整。

3）材料成本：主要是技术方案及原材料价格的浮动会引起材料成本的变化。

4）开发投入：项目执行到此阶段会陆续发生一些费用，同时试验的失败等因素也会造成试验及认证费用的增加，因此开发投入会有所变化。

5）其他项目预算：如物流、制造、财务成本、市场价格变动等信息会有变化。

6.2 主要工作及步骤

6.2.1 不同项目角色的主要工作内容

设计和验证阶段的主要工作由工程开发小组和生产准备小组（见3.3.2节）完成，核心目标是冻结整车的设计方案，并启动生产准备工作。在此阶段各项目角色需要承担的工作见表6.1。

带☆标志的为关键任务，相关内容会在下一节详细介绍。项目管理角色的所有工作会在本章的项目管理工作要点中详细介绍。

表 6.1　设计和验证阶段的主要工作

编号	角色	角色简写	推荐的工作内容
1	项目管理	PM	①成立生产准备小组 ②更新风险登记册 ③更新交付物提交清单 ④技术文件发放记录 ⑤编制并更新项目问题清单
2	销售	S	①编制新产品上市计划（命名、价格、投放） ②更新市场分析报告 ③策划目标符合度检查
3	质量	Q	
4	工程质量	QE	①试制问题跟踪 ②试验问题跟踪 ③认证参数一致性核查☆ ④基于 A 样车质量目标修正（可靠性、耐久性、维修保养） ⑤基于 B 样车质量目标修正（可靠性、耐久性、维修保养） ⑥系统及零部件质量签收☆
5	制造质量	QM	①更新质量保证计划 ②评估 C 样车试制条件
6	供应商质量	QS	
7	成本工程	C	①B 样车成本目标评估 ②C 样车成本目标评估
8	财务控制	F	①项目预算更新（生产准备启动前） ②项目收益性分析（生产准备启动前） ③项目预算更新（设计冻结前） ④项目收益性分析（设计冻结前）
9	设计及验证	E	①B 样车设计数据释放 ②长周期零部件 C 数据释放☆ ③C 样车设计数据释放 ④整车技术规范释放☆ ⑤品质基准书冻结☆
10	设计	ED	①A 样车试验结论分析 ②B 样车改进设计 ③BOM 发布（第三版）

（续）

编号	角色	角色简写	推荐的工作内容
10	设计	ED	④B 样车装配调整说明书发放☆ ⑤B 样车初期耐久试验结论分析☆ ⑥B 样车试验结论分析 ⑦C 样车改进设计 ⑧BOM 发布（第四版） ⑨关键零部件 OTS 认可☆ ⑩C 样车装配调整说明书发放
11	计算	EC	①基于 A 样车性能目标修正 ②A 样车问题系统及零部件 CAE 分析 ③基于 A 样车试验的 CAE 模型校正☆ ④基于 B 样车性能目标修正 ⑤B 样车问题系统及零部件 CAE 分析 ⑥基于 B 样车试验的 CAE 模型校正
12	电子电气	EE	①B 样车 E&E 设计 ②E&E 设计冻结
13	造型	ES	①造型优化 A 面数据冻结 ②CTF 样车冻结
14	试验	ET	①供应商试验能力评估☆ ②A 样车及零部件试验 ③A 样车标定数据释放☆ ④B 样车用标定数据发布 ⑤认证相关试验（预测试） ⑥B 样车及零部件试验
15	认证	H	①发动机工信认证完成 ②发动机环保认证完成 ③发动机地方环保认证完成 ④整车公告认证☆ ⑤整车 CCC 认证☆ ⑥整车环保认证☆ ⑦整车油耗认证☆
16	售后	A	①B 样车可服务性检查 ②售后服务的技术文件编制☆ ③编制新产品服务准备计划
17	采购	P	

（续）

编号	角色	角色简写	推荐的工作内容
18	设备采购	PE	①生产、物流设备定点 ②自制件工装定点 ③自制件工装开模
19	零部件采购	PP	①采购件供应商定点 ②采购件意向价格确定（B 样车） ③采购件开模 ④采购件检具设计 ⑤供应商 APQP 状态评价☆ ⑥采购件价格确定（C 样车）
20	物流	L	①确定物流及包装规格 ②C 样车及试生产（PT）样车物流计划 ③物流规划更新
21	制造	M	
22	制造规划	MP	编制自制件生产设备规格书☆
23	制造工程	ME	①B 样车可制造性分析及工艺方案制定 ②编制自制件工装规格书 ③C 样车可制造性分析及工艺方案制定 ④编制 PFMEA（第一版）☆ ⑤编制 PFMEA（第二版） ⑥PBOM 释放 ⑦特殊特性矩阵图绘制☆ ⑧C 样车及 PT 样车制造计划 ⑨生产、物流设备安装、调试、验收
24	试制	MB	①B 样车试制 ②认证样车试制

6.2.2 关于几项关键任务

1）QE-认证参数一致性核查：通常是指检查认证样车的状态与法规要求、设计参数、认证（EH）所收集的认证参数是否一致，是确认整车产品符合法规要求的重要一环。其目的是保证发给检测机构的样车状态与企业的期望一致。认证参数一致核查的责任主体是工程质量（QE），但是离不开项目管理（PM）、设计及验证（E）子经理、认证（H）、质量（Q）等项目成员的支持。在认证参数一致性核查时，主要体现在以下几个方面：

① 设计（ED）产品在设计时就是符合法规的，当然一个重要前提是在产品策划阶段就保证策划的是符合法规的产品。

② 设计参数（ED负责）与认证提报参数（H负责）是一致的。

③ 认证样车与设计参数、认证参数及法规要求是一致的。

在此之后，还需要确保每次试制的车辆与认证样车保持一致。这里的一致是指法规规定项符合对应的认证，并非指物理上的一致。这是因为一个认证对应一个产品系族，法规规定系族内的有些配置及参数是允许有差异的。而且，要确保生产的车辆与认证的车辆是一致的（一致的概念如前文所述），这种一致性既包括产品结构也包括标定数据。

2）QE-系统及零部件质量签收：是指工程质量（QE）人员基于试验结果或历史数据对系统及零部件的成熟度进行确认，通常是确认通过后，才能释放图样。其交付物是质量签收报告。不同系统及零部件的签收节点并不一致，主要体现在以下方面：

① 借用件。通常很早期就可以进行质量签收，这种签收通常是批量的，主要确认借用零部件的应用环境和车辆的使用工况是否符合零件的技术条件。

② 相对借用件有简单变化的零部件。基于DVP（设计验证计划）进行签收，通常不需要等到全部试验完成后才能签收。

③ 全新零部件。同样是基于DVP（设计验证计划）进行签收，通常需要全部试验完成后才能签收。

零部件的质量签收是有明确标准的，但是由于产品开发涉及的方面过于广泛，很多时候需要进行专家判断（见2.1.4节），例如签收标准是完成100%的试验，但是由于客观因素的限制，在图样释放节点前完成了95%的试验，这时是否签收，并释放产品图样就需要专家判断。作为项目经理经常需要组织专家权衡并做出判断。

3）E-长周期零部件C数据释放：导致零部件开发周期长的原因之一是生产准备周期长，在设计和验证阶段初期释放C数据的目的是为长周期零部件预留充足的生产准备时间。需要注意的是无论零部件的开发周期长或短，释放的标准是基本一致的。对于C数据，通常是要求OTS认可通过（可以是临时认可）、生产工艺可行性论证通过，因此，对于长周期零部件，即使释放的时间节点更早一些，也应该满足这些条件。对于长周期零部件，在此时释放C数据通常已经具备如下条件（如果还不具备则需要慎重评估是否释放C数据）：

① B样件已经试制，并通过了零部件功能、性能、耐久试验，以及一部分整车功能、耐久试验。

② 零部件进行了 CAE 分析，并满足评价标准要求。

③ 试验过程中的问题已经闭环。

当然，此时释放也需要承担一些风险，主要是因为没有经过 B 样车装车验证，所以其装配工艺性评价还不完善。而且，整车耐久试验及可靠性试验通常是还没有完成的，其本身或相关零部件可能会有设计变更。

总体上，对长周期零部件设计数据的提前释放，是综合权衡的结果，需要项目经理在进度和风险上做出平衡。

4）E-整车技术规范释放：它是记录整车技术要求、使用标准及责任条款的文件，其主体内容来源于整车实施规格书（见 5.1 节）。差异点在于整车实施规格书的作用是指导整车的开发，整车技术规范的作用在于总结技术的实际达成状态，为生产、销售及售后等领域提供技术指导。

5）E-品质基准书冻结：它是指导供应商及生产厂进行产品检查的技术文件，其内容主要包括图样、检查项目、规格要求、检查方法、检查频次、过程能力指数（Cpk）要求等。表 6.2 为品质基准书示例。

表 6.2　品质基准书示例

编号	项目	规格	检查方法	检查频率	供应商检查频率	工序保证能力 Cpk
1	拔出力	20N ± 1N	台架测试	全检	全检	1 ~ 2

品质基准书需要设计（ED）、试验（ET）、工程质量（QE），供应商质量（QS）以及供应商共同编制。

品质基准书的编制可以与 C 样车设计同步，也可以略晚一些，但是需要在 C 样车试制前完成。这是为了在 C 样车试制时能够对包含品质基准书在内的生产准备技术文件进行验证。

6）ED-B 样车装配调整说明书发放：装配调整说明书是生产准备技术文件（见 6.1 节）的一部分，主要用于指导 B 样车的装配和调试。在整车开发项目中通常是在 B 样车阶段开始有的整车装配调整说明书，其原因如下：

① 样车的用途不同，A 样车主要进行功能和性能试验，而 B 样车用于可靠性及耐久性试验。

② 装配过程不同，A 样车的装配过程需要设计人员全程参与，B 样车则选择性参加即可。

装配调整说明书的编制过程也是工艺可行性论证的重要一部分（只不过参与的主体是设计师），也需要工艺人员的参与。在工艺人员制定工艺方案时也需要参考其内容。

7）ED-B样车初期耐久试验结论分析：即在耐久试验完成前进行耐久试验结论分析。其目的是为生产准备争取时间，其交付物是初期耐久试验报告，该报告也是生产准备技术文件（见6.1节）的一部分。在整车开发过程中，如果不基于初期耐久试验分析结果做出启动生产准备的决策，那么项目通常会拖期达6个月，甚至更多。该任务几乎成为所有整车开发项目的必要步骤。工作的要点如下：

① 在编制设计验证计划（DVP）时初步识别生产准备周期较长的零部件，并设计初期耐久试验内容。

② 在B样车试制完成后再次确认初期耐久试验计划，并与设计（ED）、质量（Q）及生产准备小组就试验内容和评价标准达成共识。

③ 在耐久试验过程中针对试验问题做到快速响应，及时解决问题。

④ 在初期耐久试验之后的试验过程中，关注相关零部件的试验状态，发现问题后及时叫停其生产准备过程，问题闭环后再继续。

8）ED-关键零部件OTS认可：关于OTS认可详见5.4节。在设计和验证的阶段内，应该完成大多数零部件的OTS认可，这是因为C样车应该由OTS样件装配形成。此外，OTS是PPAP的基础，而PPAP又是整车量产的基础，所以此时OTS的完成情况直接影响整车量产的节点。保证此项工作按时完成的关键在于将OTS认可工作嵌入到产品设计过程，具体步骤参照5.4节。

9）EC-基于A样车试验的CAE模型校正：即基于试验过程中采集的数据以及试验结果，对仿真分析模型的控制参数进行调整。其目的如下：

① 积累数据，提升企业的CAE分析能力。

② 为B、C样车及后续用户试验样车的试验问题解决奠定基础。现在的质量问题解决过程几乎离不开CAE分析工具，精准的CAE模型将极大地提高问题解决效率。

因此，基于试验进行CAE模型校正不是可有可无的工作，而是必须要做的工作。每次试验完成后都需要对CAE模型进行校正，最好在试验进行前由计算（EC）确定需要额外采集的数据。

10）ET-供应商试验能力评估：指整车企业对零部件供应商试验能力的认可。目前整车企业与零部件企业的关系愈发密切，很多试验需要由供应商完成。因为整车企业是将产品交付给用户的主体，所以需要承担所有开发质量问题的首要责任。因此，需要整车企业对供应商有所约束，对供应商试验能力的认可就是这种约束的体现。基于评估结果，整车企业（或项目组）有以下两种行动方案：

① 认可通过，由供应商负责相关试验，并向项目组提交试验报告。

② 认可不通过，由具有资质的第三方负责相关试验，并向供应商及项目组提交试验报告。

此处所提的试验是指整车企业要求必须进行的试验，对于供应商内部的开发试验，无需对其相关试验能力进行认可。

11）ET-A 样车标定数据释放：即在 A 样车上进行的所有电控系统的标定数据释放，包括但不限于发动机、自动变速器、后处理器、ABS、AEBS。随着汽车电控零部件比例的提升，标定工作所需要的时间越来越长（可能长达 2 年），因此标定工作需要尽早的开展。标定数据的释放并不是在最终节点才全部释放，而是在标定过程中陆续释放的。同样，标定所需要的基础数据（主要是发动机或变速器的基础标定数据）也是陆续输入给整车标定团队的。这之间的复杂交互关系既是数据和软件本身敏捷属性的体现，也是提升开发效率的需要（毕竟串行工作周期过长）。在陆续释放过程中有以下两个节点比较重要：

① B 样车用标定数据释放，提供确保 B 样车能够进行可靠性及耐久性试验的标定数据。

② A 样车标定数据释放，代表在 A 样车上进行的标定工作已经完成。

需要注意的是，对于整车标定工作，很难说在一个时间节点所有的标定工作都已经完成了。事实上很多车型即使上市了，其标定工作依然在进行。这是因为标定是持续优化的过程，这种属性也决定了在各个版本的车上都需要进行标定工作。

12）H-整车公告、CCC、环保、油耗认证：除已经列出的之外，还包括地方性法规要求、营运安全要求等其他认证需求。这里泛指整车上市前必须完成的认证工作，所有工作的相同点是，都与法规符合性相关。一款整车的开发需要最少满足直接相关的 100 余项法规，在产品上市前需要经过工信部、环保部、交通部、公安部等多个部门审批。对于整车产品开发项目来说，这是一项重要且复杂的工作。项目经理需要掌握如下关键点：

① 零部件及总成的认证是整车认证的前提条件，如发动机的工信公告通过后才能进行整车的工信公告，环保及 CCC 也是如此。

② 工信公告是其他认证的前提。

③ 需要确保向不同认证口径提交的认证参数的一致性。

④ 关键的认证试验要企业先做一遍，确保能够通过认证后再申请由国家指定的机构进行认证。当前有越来越多的认证项目采用公示制度，即企业自己评估合格即可上市，但是国家机关会对上市后的产品进行抽检，发现不合格的车型要对整车企

业进行惩罚。在这种背景下，企业应该更为严肃地对待内部试验，所有的指标在满足标准的同时，也要留有裕度。

⑤ 多数的认证都有时间窗口，即在每个月的特定时间接收或发放数据。项目需要确保计划与时间窗口一致，否则相差 1 个工作日就可能影响 1 个月的认证周期。

13）A-售后服务的技术文件编制：售后服务技术文件包括随车说明书、售后服务手册、零部件图册等。售后服务文件是由售后（A）负责组织，但是主要的编写责任主体是设计（ED）。如果开发的是一款全新的车型，那么这些技术文件的编制工作量是非常大的，项目需要在设计和验证阶段的后期就启动相关工作。不过大多数车型并不是全新开发，而是基于基础车型进行的改进设计开发。在这种情况下相关文件的编制工作相对较少，可以酌情延后进行。此外，乘用车和商用车相关文件编制的复杂度也存在较大差异。乘用车的衍生车型较少，多数情况下也只是选配零件的不同，售后服务技术文件编制 1 套即可。商用车的衍生车型非常多，不同衍生车型之间既存在选配零部件的差异，也存在配置的差异，相关文件需要有多套。因此，对于商用车，建议对售后文件也做模块化管理，具体如下：

① 参照整车的模块划分方式，对售后服务文件的相关内容进行模块划分。

② 技术文件的命名中要包含技术模块的图号（子组号）。

③ 伴随各模块的开发，完成相关售后技术文件的编制。

④ 基于整车的 BOM，组合出整车的售后技术文件。

随着网络信息技术的发展，售后服务技术文件的传播媒介也逐渐由纸质转变为网络或电子媒介。这样对项目的好处是减少了技术文件的印刷时间和成本，增加了技术文件内容更新的灵活度。

14）PP-供应商 APQP 状态评价：APQP 是 IATF 16949 中的五大质量工具之一，其内容主体就是结构化的零部件开发计划。此项任务的目的是基于供应商提交的 APQP 计划（通常在定点前由供应商制定），检查计划的执行情况，做出评价并提出改进建议。

15）MP-编制自制件生产设备规格书：生产设备规格书与零部件的规格书类似，体现了主机厂对供应商的要求，主要包括资质要求、技术要求、进度要求。其主要作用如下：

① 招标文件的重要内容，也是评标的基础。

② 指导设备开发的重要依据。

③ 整车厂进行设备验收的重要依据。

因为生产设备的招标、开发、调试和验收需要很长的时间，所以工作要尽可能前置。受产品技术方案的限制，能够启动的最早节点是 B 样车装配调整说明书完成。该任务需要多方协同完成，其过程主要包括：

① 设计（ED）提供整车的技术文件，包括自制件图样、装配调整说明书和关于设备的其他要求。

② 设施规划（MP）组织编制自制件生产设备规格书（初版）。

③ 设计（ED）、制造工程（ME）、设备采购（PE）及法务人员对文件进行校审。

④ 文件定稿，发给设备采购（PE）部门，启动招标程序。

16）ME-编制 PFMEA（第一版）：PFMEA 属于 FMEA（见 5.4 节）工具的一种，是识别、记录、预防过程潜在失效模的文件。过程失效模式的预防主要是通过工艺方案的优化来实现，所以 PFMEA 也是制定工艺方案的重要输入。通常 PFMEA 是由制造工程（ME）人员在生产准备阶段完成，但是鉴于 PFMEA 与 DFMEA 有密切的关系（图 5.17），有经验的设计师可以在编制 DFMEA 时就初步起草 PFMEA 文件（这个可以不作为项目管理的强制要求）。为了保证生产准备工作顺利启动，建议第一版的 PFMEA 在 B 样车设计的过程中完成。关于其编制过程及相关要求读者可以购买专门的书籍学习，关于其与其他整车开发过程或文件的关系见 5.4 节。

17）ME-特殊特性矩阵图绘制：特殊特性矩阵图说明了如何把图样中的技术要求在生产工艺中实现。它类似于关键技术要求的跟踪矩阵。在 5.2.2 节中关于编制特殊特性清单的任务介绍中，已经阐述了特殊特性与特殊特性矩阵图的关系及其编制过程，这里不再赘述。关于特殊特性矩阵图见表 5.4。

6.2.3 业务逻辑与参考周期

在设计和验证阶段，共有 100 余项子任务，其中二级任务 12 项，本节将重点介绍二级任务之间以及二级任务内部各子任务之间的逻辑关系，并给出参考的任务周期。

6.2.3.1 二级任务及其逻辑关系

（1）设计和验证阶段的阶段的二级任务

1）设计和验证项目管理：设计和验证阶段的主要项目管理工作。

2）A 样车试验：基于 A 样车进行的整车和零部件试验，其中包含了非常重要的整车标定试验。

3）B 样车开发：B 样车的设计、试制和试验工作。这是整车产品开发项目中非常关键的一个环节，最主要的试验通常是在 B 样车开发任务中完成的。

4）项目收益性分析（生产准备启动前）：收益性的分析内容与之前阶段基本一致，差异点在于此次分析的目的是为生产准备启动的决策提供财务依据。

5）认证：涵盖整车工信、环保、油耗、CCC 等需要主管单位认证的全部工作。

6）C 样车开发：主要是 C 样车设计及生产文件准备工作（C 样车的试制工作不同于 A、B 样车，其试制工作通常是在中试车间进行，与生产线生产更为接近）。

7）设备及自制工装采购：主要包括确定设备及工装规格、采购定点等工作。

8）中试及试生产准备：主要包括工艺方案制定，制造及物流计划制定，以及设备的安装、调试及验收工作。

9）零部件采购：主要包括零部件定点、定价、开模和开发状态检查等工作。

10）上市准备：为产品试销及正式上市做准备，主要包括编制上市计划、服务计划及相关技术文件等工作。

11）报告更新。

12）项目收益性分析（设计冻结前）：即进入生产准备阶段前的项目收益性分析工作。

图 6.2 所示为设计和验证阶段的二级任务及逻辑关系，从图中可以看出各二级任务之间的先后顺序。

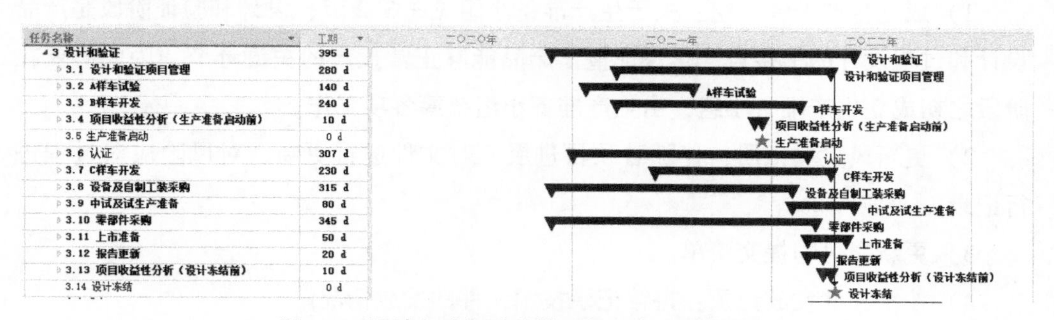

图 6.2　设计和验证阶段的二级任务及逻辑关系

（2）设计和验证阶段的二级任务之间的主要逻辑关系

1）整个阶段被生产准备启动节点（见 6.2.4 节）分割成两部分，在生产准备启动前需要完成 B 样车的设计及初期耐久试验等生产准备启动的必要工作，之后则需要完成其余工作。

2）设计和验证项目管理工作属于伴随性工作，几乎贯穿整个阶段。

3）A 样车试验任务在 A 样车试制完成后即可启动。

4）B 样车开发任务的起点在 A 样车试验任务的中前段，主要是因为在 A 样车试验的过程中，针对试验中发现的问题，B样车的改进设计工作就已经开始了。此外A样车的数据标定工作周期比较长，但是因为其通常不会影响到整车的硬件，所以B样车的设计数据释放无需等待标定工作的完成。

5）项目收益性分析（生产准备启动前）的起点在B样车开发任务中段，即在B样车的初期耐久试验完成即可启动，其主要目的是为生产准备启动节点服务。

6）在整车产品开发项目中，认证工作几乎贯穿项目的全周期，此处的认证任务主要指认证样车试制（通常是基于B样车）至认证下发期间的工作，起点是B样车试制完成，终点是认证完成。

7）整个阶段工作的起点在长周期零部件B数据释放，即在产品定义阶段的中期。这是因为B数据释放影响到设备及自制件工装采购和零部件采购两项任务。

8）中试及生产准备、上市准备、报告更新等几项工作都是在C样车设计数据释放前后进行。

9）项目收益性分析（设计冻结前）是在项目预算和产品成本确定后进行，该任务也是设计冻结前的最重要工作之一。

6.2.3.2 设计和验证项目管理

设计和验证项目管理的主要子任务如下

1）成立生产准备小组：关于生产准备小组见3.3.2节，设计和验证阶段是产品设计和过程设计的衔接点，是保证整车产品能够正常投产的关键环节，因此需要在阶段之初成立生产准备小组，由生产准备小组统筹各项工作。

2）更新风险登记册：伴随着项目进展，对文件进行更新，对风险应对过程进行记录。

3）更新交付物提交清单。

4）技术文件发放记录：持续记录技术文件的发放情况。

5）编制并更新项目问题清单：用一张表记录项目执行过程中的各类问题，跟踪和推进问题的解决进展。

以上只是该阶段的主要项目管理工作，详细工作见6.3节。

设计和验证项目管理的子任务及其建议周期与逻辑关系如图6.3所示。

6.2.3.3 A样车试验

（1）A样车试验的主要子任务

1）A样车及零部件试验：A样车整车试验及A样件的零部件试验，主要是功能和性能试验，包含部分耐久试验。

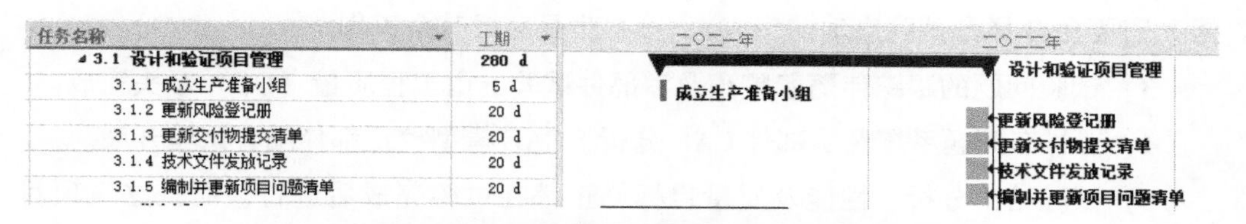

图 6.3　设计和验证项目管理的子任务及其建议周期与逻辑关系

2）B 样车用标定数据发布：释放用于启动 B 样车整车试验的标定数据，通常是保证整车能够运转即可，无需过分关注性能的优化。

3）A 样车标定数据释放：释放 A 样车阶段的完整标定数据。

4）试验问题跟踪：跟踪问题解决进展并推动问题解决。

5）A 样车问题系统及零部件 CAE 分析：为解决试验中发现的问题而进行的 CAE 分析工作。

6）基于 A 样车试验的 CAE 模型校正：见 6.2.2 节。

7）A 样车试验结论分析：设计人员对试验结果进行分析，形成试验结论。

8）基于 A 样车性能目标修正：基于性能试验结果修正之前制定的性能目标。

9）基于 A 样车质量目标修正（可靠性、耐久性、维修保养）。

图 6.4 所示为 A 样车试验任务的子任务及其逻辑关系，同时也列出了各项子任务的参考工作周期。

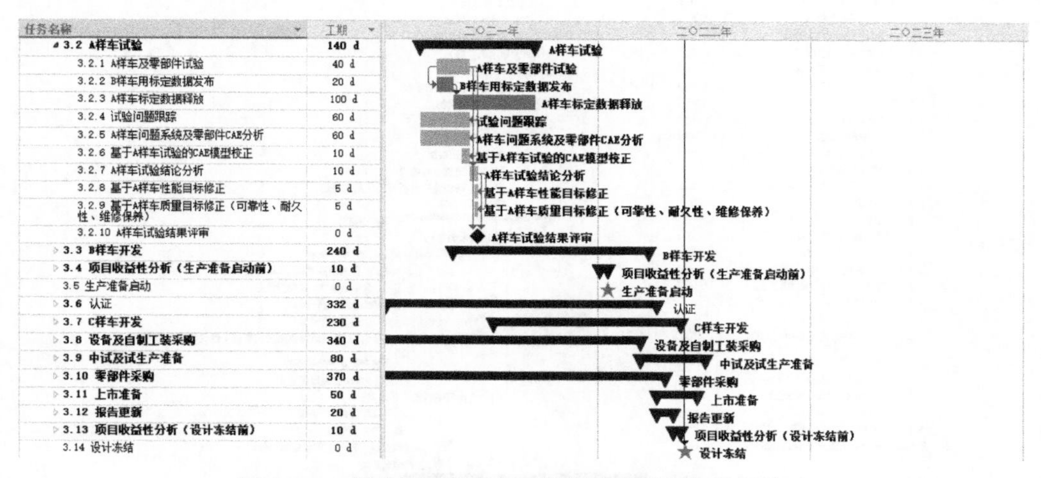

图 6.4　A 样车试验的子任务及其建议周期与逻辑关系

（2）A 样车试验各项子任务之间的主要逻辑关系

1）A 样车评审及 A 样件功能可行性分析完成后即可启动 A 样车及零部件试验任务，同时标定工作也可以启动。需要注意的是标定需要单独准备两辆车。

2）整车标定工作需要最少划分为两步，第一步交付满足 B 样车试验需求的数据（需要在B样车试验启动前完成），第二步是完成其余工作。

3）试验问题的跟踪伴随着整车及零部件试验，由工程质量（QE）牵头完成。

4）A样车问题系统及零部件CAE分析、CAE模型校正都伴随着试验开展。

5）试验结论分析、性能及质量目标修正都在试验完成后进行，而且这三项目工作需要同步进行。

6.2.3.4 B样车开发

（1）B样车开发的主要子任务

1）B样车设计：主要包括改进设计、成本目标评估、数据释放及装配调整说明书下发等。

2）B样车试制：主要包括B样车、认证样车（通常也是B样车）的试制。

3）B样车试验：与A样车试验基本一致，包括整车及零部件试验，差异点在于试验项目上以耐久试验为主，同时增加了认证相关试验。

图6.5所示为B样车开发任务的子任务及其逻辑关系，同时也列出了各项子任务的参考工作周期。

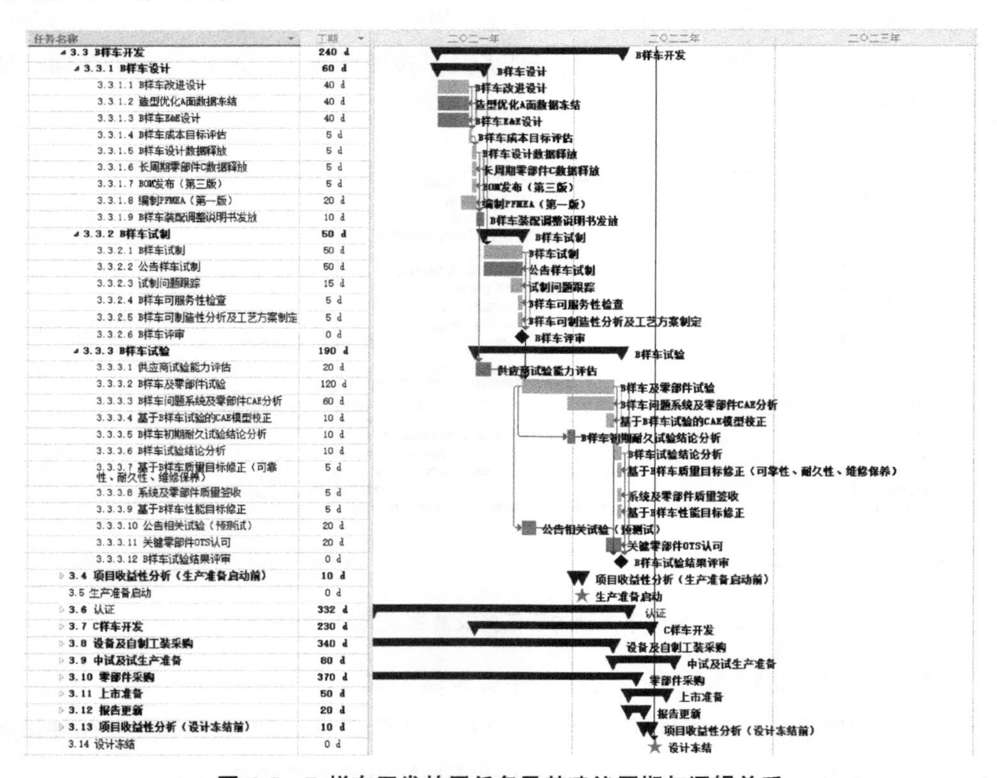

任务名称	工期
3.3 B样车开发	240 d
3.3.1 B样车设计	60 d
3.3.1.1 B样车改进设计	40 d
3.3.1.2 造型优化A面数据冻结	40 d
3.3.1.3 B样车E&E设计	40 d
3.3.1.4 B样车成本目标评估	5 d
3.3.1.5 B样车设计数据释放	5 d
3.3.1.6 长周期零部件C数据释放	5 d
3.3.1.7 BOM发布（第三版）	5 d
3.3.1.8 编制PFMEA（第一版）	20 d
3.3.1.9 B样车装配调整说明书发放	10 d
3.3.2 B样车试制	50 d
3.3.2.1 B样车试制	50 d
3.3.2.2 公告样车试制	50 d
3.3.2.3 试制问题跟踪	15 d
3.3.2.4 B样车可服务性检查	5 d
3.3.2.5 B样车可制造性分析及工艺方案制定	5 d
3.3.2.6 B样车评审	0 d
3.3.3 B样车试验	190 d
3.3.3.1 供应商试验能力评估	20 d
3.3.3.2 B样车及零部件试验	120 d
3.3.3.3 B样车问题系统及零部件CAE分析	60 d
3.3.3.4 基于B样车试验的CAE模型校正	10 d
3.3.3.5 B样车初期耐久试验结论分析	10 d
3.3.3.6 B样车试验结论分析	10 d
3.3.3.7 基于B样车质量目标修正（可靠性、耐久性、维修保养）	5 d
3.3.3.8 系统及零部件质量签收	5 d
3.3.3.9 基于B样车性能目标修正	5 d
3.3.3.10 公告相关试验（预测试）	20 d
3.3.3.11 关键零部件OTS认可	20 d
3.3.3.12 B样车试验结果评审	0 d
3.4 项目收益性分析（生产准备启动前）	10 d
3.5 生产准备启动	0 d
3.6 认证	332 d
3.7 C样车开发	230 d
3.8 设备及自制工装采购	340 d
3.9 中试及试生产准备	80 d
3.10 零部件采购	370 d
3.11 上市准备	50 d
3.12 报告更新	20 d
3.13 项目收益性分析（设计冻结前）	10 d
3.14 设计冻结	0 d

图6.5　B样车开发的子任务及其建议周期与逻辑关系

（2）B样车开发中各子任务之间的主要逻辑关系

1）设计、试制和试验是依次展开的。

2）样车的改进设计工作是与A样车试验同步展开的，并在A样车试验结束后继续进行一段时间（原因是在试验结束后试验问题并没有完全解决，此外绘制工程图样也需要一段时间）。

3）改进设计完成后进行材料成本分析，之后释放B样车设计数据及长周期件的C数据，同步发布BOM（第三版）。

4）B样车阶段的整车已经比较成熟（已经可以做耐久试验），与生产准备相关的工作可以在设计数据释放前后进行，如PFMEA和装配调整说明书的编制。

5）B样车试制时需要考虑认证申报的需求，同步试制出认证用样车。B样车试制过程与A样车一致，需要同步考虑法规符合性、可服务性及可制造性的分析与改善。

6）在B样车试验启动前首先进行供应商能力评估（见6.2.2节）。试验过程、CAE、结论分析、目标修正等工作与A样车试验基本一致。

7）B样车初期耐久试验结论分析（见6.2.2节）工作在初期耐久试验完成后启动，在生产准备启动节点（见6.2.4节）前完成。

8）关键零部件的OTS（见5.4节）认可工作通常是在耐久试验完成后完成，这是因为OTS认可中需要体现零部件的试验结论。

6.2.3.5 项目收益性分析（生产准备启动前）

（1）项目收益性分析（生产准备启动前）主要包含的子任务

1）项目预算更新（生产准备启动前）：在生产准备启动节点前对所有领域的预算进行一次更新。

2）项目收益性分析（生产准备启动前）：与之前每阶段进行的项目收益性分析基本一致，重点是要基于当前最新的预算信息和整车材料成本信息。

图6.6所示为项目收益性分析（生产启动前）任务的子任务及其逻辑关系，同时也列出了各项子任务的参考工作周期。

（2）项目收益性分析（生产准备启动前）的子任务重点逻辑关系

1）在整车初期耐久试验完成后再进行一次项目预算更新，因为有些预算随着试验的开展已经变成实际支出，后续的预算也需要更新，特别是生产准备相关的预算。

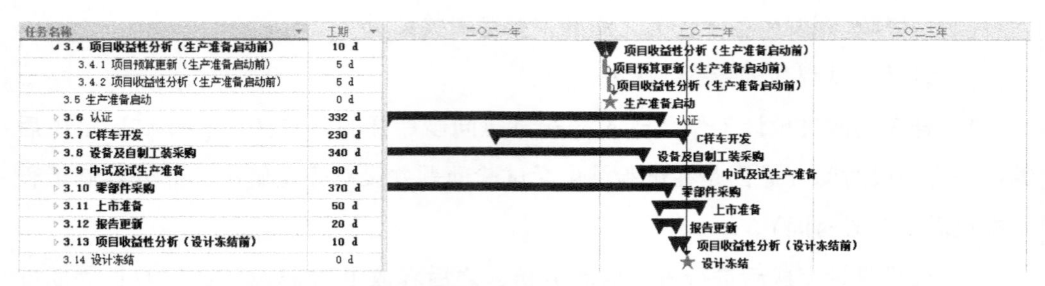

图 6.6　项目收益性分析的子任务及其建议周期与逻辑关系

2）项目收益性分析需要基于当前的预算以及采购意向价格（B 样车），以尽可能真实地评估项目收益性。

6.2.3.6　认证

（1）认证任务的子任务

1）发动机工信认证完成：发动机相关的认证工作通常在发动机开发项目中完成，但有时也涵盖在整车开发项目中。后面的几项情况类似，不再赘述。

2）发动机环保认证完成。

3）发动机地方环保认证完成：有些地区有专门的环保法规，因此在通过国家环保法规认证后还需要完成地方环保的认证。

4）认证参数一致性核查：见 6.2.2 节。

5）整车公告认证：见 6.2.2 节。按照国家法规要求完成整车的工信部公告认证工作，主要包含认证参数提报、样车准备、公告试验、备案、公示及下发等内容。

6）整车 CCC 认证：主要包括零部件检验、备案参数提报、报告提交等内容。

7）整车环保认证：环保法规的升级是驱动整车技术升级的重要因素，环保认证工作主要包括参数申报、试验、备案、公示等。

8）整车油耗认证：这里的油耗指的是交通部油耗（工信部公告中也有油耗的要求，不过测试规范不相同），主要影响的是商用车用户营运证的办理。主要申报工作包括参数申报、试验、报告提交、复审及公告下发等。

图 6.7 所示为认证任务的子任务及其逻辑关系，同时也列出了各项子任务的参考工作周期。

（2）认证的子任务的主要逻辑关系

1）需要先完成整车的工信部公告，然后才能进行后续的认证。

2）整车公告认证（工信部公告）启动的前提是完成公告样车试制、认证参数一致性核查（见 6.2.2 节）和发动机工信认证。

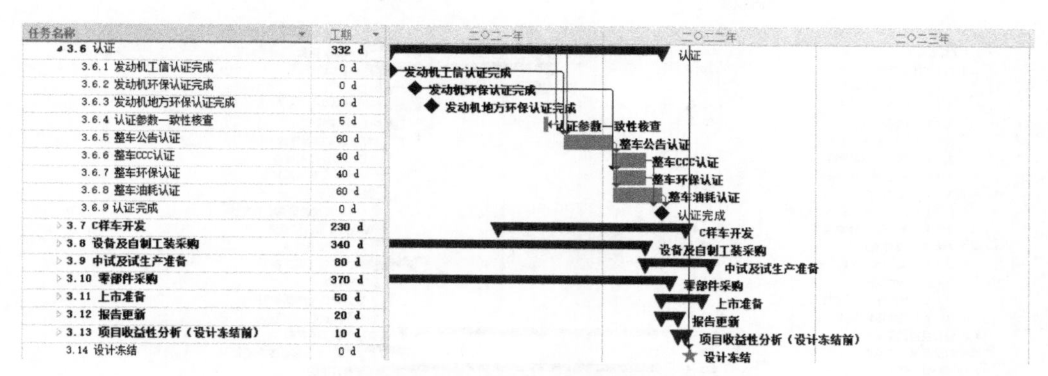

图 6.7　认证的子任务及其建议周期与逻辑关系

3）整车 CCC、环保和油耗的认证需要在整车公告认证完成后进行。

4）全部认证工作完成应该最晚在整车 SOP 前完成，否则将影响产品的销售或用户使用。

6.2.3.7　C 样车开发

（1）在设计和验证阶段的 C 样车开发任务

1）C 样车设计：与 B 样车设计的内容基本相同，主要差异点在于 CTF 的冻结、整车技术规范的释放，以及策划目标符合度的检查。

2）生产文件准备：指生产和生产准备工作中所需要用到的技术文件准备工作。通常包括 PFMEA、PBOM（生产 BOM）、品质基准书等。

图 6.8 所示为 C 样车开发的子任务及其逻辑关系，同时也列出了各项子任务的参考工作周期。

（2）C 样车开发子任务的主要逻辑关系

1）CTF（色彩、纹理和面料）需要在 B 样车设计数据释放后逐步冻结，通常是伴随着 B 样车的试制过程冻结。

2）样车的改进设计、E&E 设计冻结等工作都是伴随 B 样车试验而进行的，通常在试验完成后完成。

3）在 C 样车设计数据释放后需要进行策划目标符合度检查，这是因为 C 样车设计数据释放时整车的配置及主要指标均已经锁定（后续可能有微调），所以有必要由需求提出的部门（销售）做一次确认。

4）PFMEA 需要在样车改进设计过程中同步完成（更具体地说是与设计过程中的 DFMEA 同步完成）。

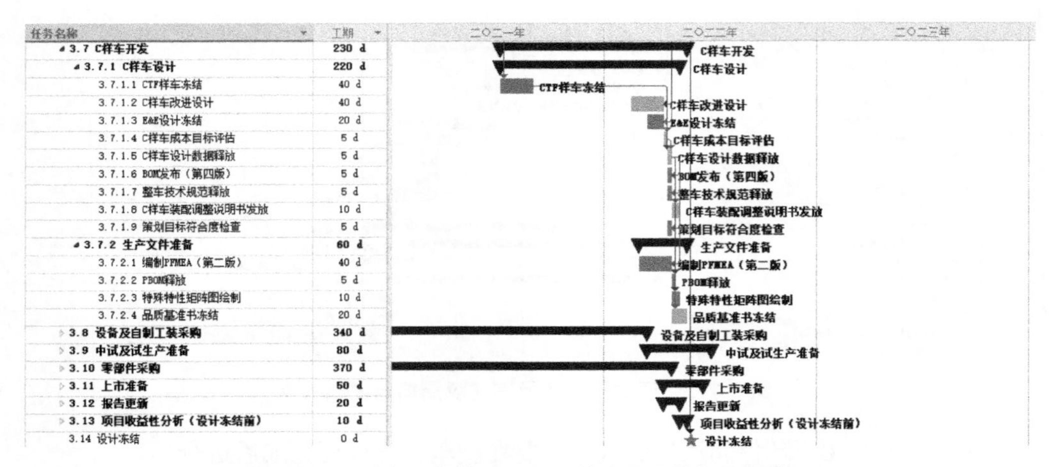

图 6.8　C 样车开发的子任务及其建议周期与逻辑关系

5）在 BOM（第四版）发布后需要由制造工程（ME）将其转化为 PBOM（生产 BOM）。这是因为 C 样车的试制不同于 B 样车，C 样车将利用生产系统进行试制，可能在中试车间，也有可能在生产线。

6）特殊特性矩阵图（见 6.2.2 节）在 PFMEA 编制完成后进行。品质基准书冻结（见 6.2.2 节）工作在 C 样车设计数据释放后进行。

6.2.3.8　设备及自制工装采购

（1）设备及自制工装采购的主要子任务

1）编制自制件工装规格书：指编制用于指导自制件工装开发或采购的技术文件。

2）自制件工装定点。

3）自制件工装开模。

4）编制自制件生产设备规格书：见 6.2.2 节。

5）确定物流及包装规格。

6）生产、物流设备定点。

图 6.9 所示为设备及自制工装采购的子任务及其逻辑关系，同时也列出了各项子任务的参考工作周期。

（2）设备及自制工装采购的子任务主要逻辑关系

1）自制件工装规格书的编制最早启动于长周期零部件 B 数据的释放，这是因为通常的自制件均是长周期件。工装规格书、设备规格书和零部件的规格书都是用于指导采购（或称为定点）的技术文件。图6.10所示为编制自制件工装规格书的前置及后续任务。

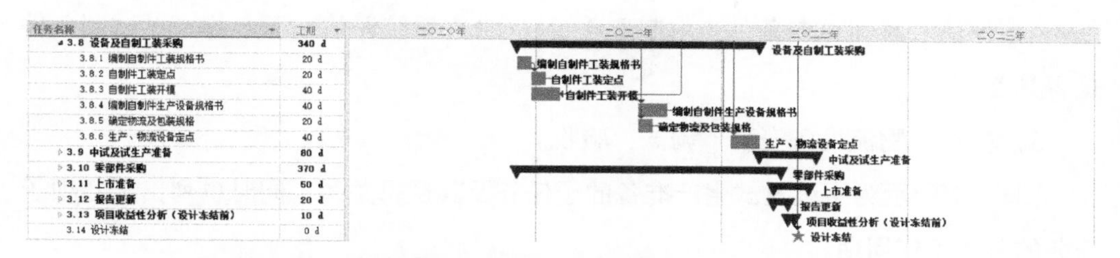

图6.9　设备及自制工装采购的子任务及其建议周期与逻辑关系

图6.10　编制自制件工装规格书的前置及后续任务

2）自制件的工装定点后即可启动工装的开模工作，因为涉及的工装可能很多，而且每个工装的开模节点不同，所以整个开模的持续时间较长。其后续任务是B样车试制，这是因为B样车是要进行耐久试验的样车，所以原则上所有的零部件应该是模具件。图6.11所示为自制件工装开模的前置和后续任务，其中的逻辑关系不是简单的“完成后开始”而是“完成后完成+20d”，这是因为通常情况下，自制件工装完成开模需要在最后一个工装定点后1个月（20个工作日）才能完成。同理，B样车的试制完成时间通常在最后一个自制件工装开模后1个月完成（可能更久）。

图6.11　自制件工装开模的前置和后续任务

3）编制自制件生产设备规格书、确定物流及包装规格通常是在B样车装配调整说明书发放后开始，这两项任务的完成是生产准备启动（见6.2.4节）的前提。

4）生产、物流设备定点任务通常在生产准备启动节点（见6.2.4节）评审通过后进行。

6.2.3.9　中试及试生产准备

（1）中试及试生产准备的主要子任务

1）C样车可制造性分析及工艺方案制定。

2）C样车及试生产（PT）样车物流计划：规划C样车和PT样车的物流方案，

为中试（试制 C 样车）和试生产（试制 PT 样车）样车做准备。

3）C 样车及 PT 样车制造计划：规划中试和试生产的制造方案。

4）评估 C 样车试制条件：由制造质量（QM）系统评估一下 C 样车的试制条件是否具备。

5）生产、物流设备安装、调试、验收。

图 6.12 所示为中试及试生产准备的子任务及其逻辑关系，同时也列出了各项子任务的参考工作周期。

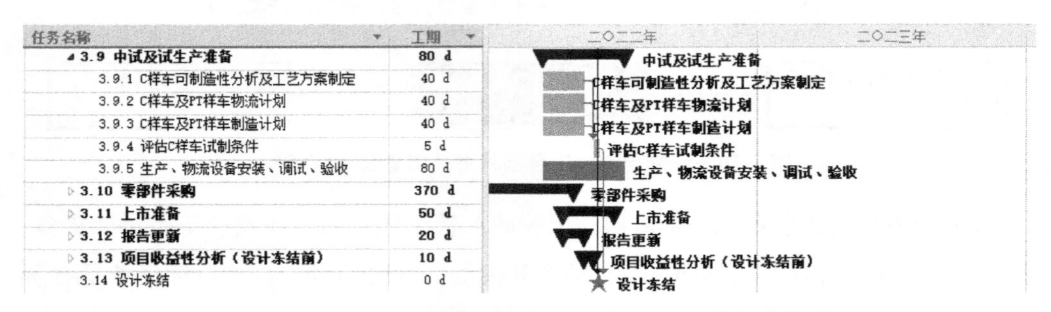

任务名称	工期
3.9 中试及试生产准备	**80 d**
3.9.1 C样车可制造性分析及工艺方案制定	40 d
3.9.2 C样车及PT样车物流计划	40 d
3.9.3 C样车及PT样车制造计划	40 d
3.9.4 评估C样车试制条件	5 d
3.9.5 生产、物流设备安装、调试、验收	80 d
3.10 零部件采购	**370 d**
3.11 上市准备	**50 d**
3.12 报告更新	**20 d**
3.13 项目收益性分析（设计冻结前）	**10 d**
3.14 设计冻结	0 d

图 6.12　中试及试生产准备的子任务及其建议周期与逻辑关系

（2）中试及试生产准备的子任务主要逻辑关系

1）C 样车可制造性分析及工艺方案制定、C 样车及 PT 样车物流计划、C 样车及 PT 样车制造计划的启动节点均是 C 样车设计数据释放，但这并不是说在 C 样车设计数据释放前这三项工作不要开展，而是这三项工作的集中开展时间是在 C 样车设计数据释放之后。

2）评估 C 样车试制条件更像是一种检查工作，逐项检查以确认 C 样车试制前的各项工作是否按照既定标准全部完成。图 6.13 所示为评估 C 样车试制条件的前置和后续任务，其中展示的前置任务就是 C 样车试制前的主要评估内容。

3）生产、物流设备安装、调试、验收任务是在生产、物流设备定点后启动的，这也是生产准备的核心工作之一，通常在生产准备阶段的中后期才能完成。

6.2.3.10　零部件采购

（1）零部件采购的主要子任务

1）采购件供应商定点：指的的 B 样车用零部件的供应商定点。

2）采购件意向价格确定（B 样车）。

3）采购件开模。

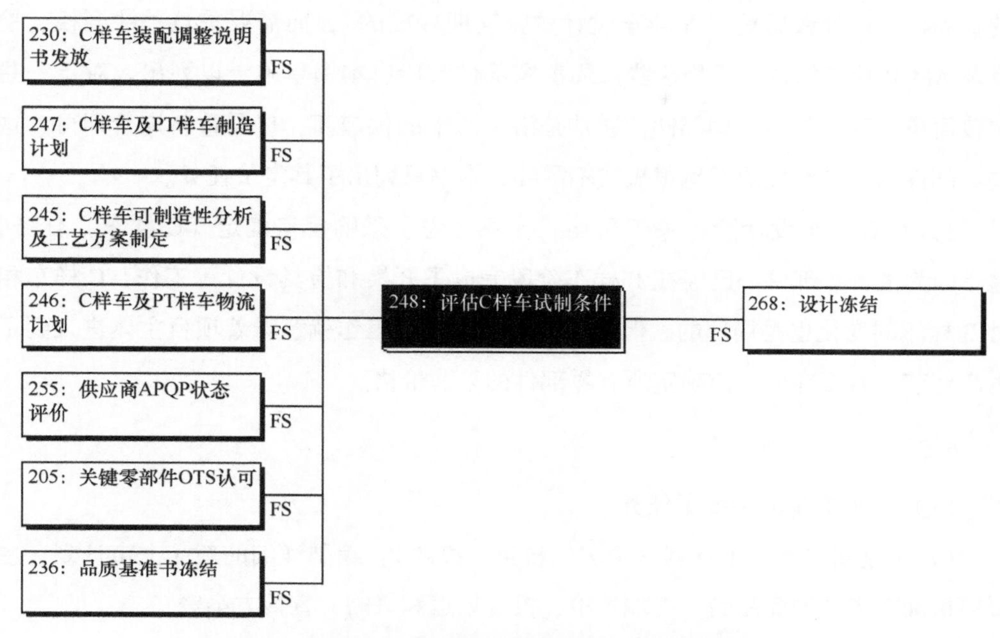

图 6.13　评估 C 样车试制条件的前置和后续任务

4）采购件检具设计：设计用于检查零部件是否合格的工具。

5）供应商 APQP 状态评价：见 6.2.2 节。

6）采购件价格确定（C 样车）。

图 6.14 所示为零部件采购的子任务及其逻辑关系，同时也列出了各项子任务的参考工作周期。

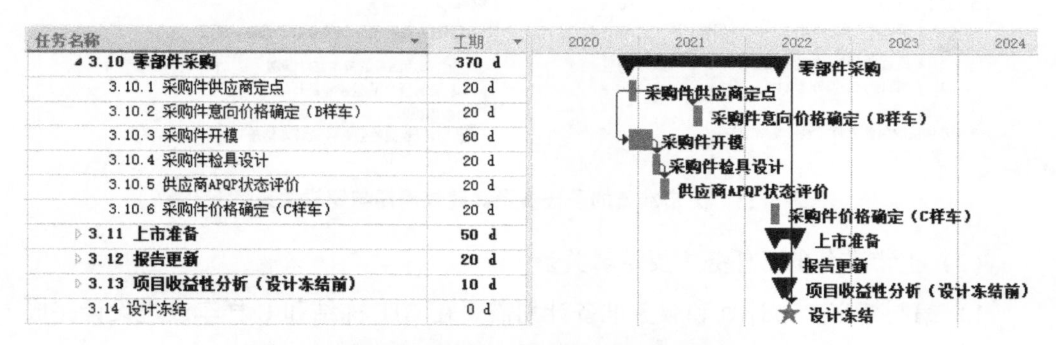

任务名称	工期
3.10 零部件采购	370 d
3.10.1 采购件供应商定点	20 d
3.10.2 采购件意向价格确定（B样车）	20 d
3.10.3 采购件开模	60 d
3.10.4 采购件检具设计	20 d
3.10.5 供应商APQP状态评价	20 d
3.10.6 采购件价格确定（C样车）	20 d
3.11 上市准备	50 d
3.12 报告更新	20 d
3.13 项目收益性分析（设计冻结前）	10 d
3.14 设计冻结	0 d

图 6.14　零部件采购的子任务及其建议周期与逻辑关系

（2）零部件采购子任务的主要逻辑关系

1）通常的采购顺序是意向价格确定、供应商定点、采购件开模、检具设计和 APQP 状态评价。图 6.14 所示的逻辑似乎又与这种通常的逻辑有些差异，这是因为不同零部件的开发周期不同，长周期件的设计数据通常很早就已经释放（如 B 样车的长周期件设计数据是与 A 样车设计数据同期释放的)，而需要重点关注开模、检具及 APQP 状态的也主要是这些长周期零部件，所以本书单独予以列出。对于一些比较简单或变动较小的零部件，通常是沿用原来的供应商，仅需重新定价即可，这些零部件的模具开发周期也很短或不需要，本书只列出了其定价任务。

2）在 C 样车设计阶段关于采购工作只考虑了采购价格确定（C 样车）任务，这是因为主要零部件都已经在 B 样车阶段完成了开模和检具设计等工作，C 样车相对 B 样车的变化也是局部的。但是启动 C 样车试制工作就意味着项目主体进入到了生产环节，需要在此之前确定所有零部件的采购价格。

6.2.3.11　上市准备

（1）上市准备的主要子任务

1）编制新产品上市计划（命名、价格、投放）：编制详细的新品上市计划，主要包括确定产品的商品名、终端售价、投放渠道和策略、宣传方案等。

2）售后服务的技术文件编制：见 6.2.2 节。

3）编制新产品服务准备计划：编制详细的售后服务计划，主要包括售后网络选择、服务站培训方案的制定、配件的准备、售后设备的准备等工作计划。

图 6.15 所示为上市准备的子任务及其逻辑关系，同时也列出了各项子任务的参考工作周期。

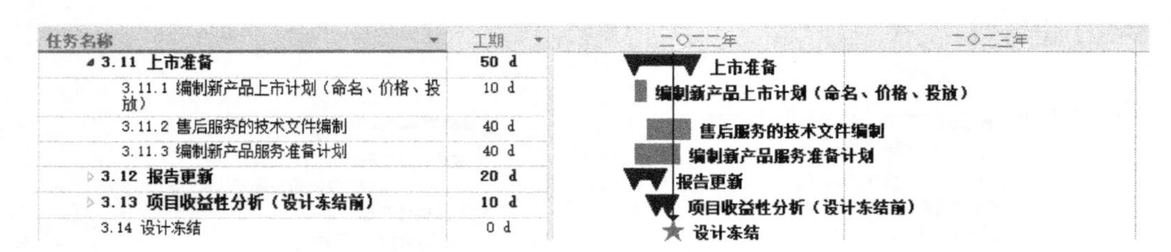

图 6.15　上市准备的子任务及其建议周期与逻辑关系

（2）上市准备的子任务主要逻辑关系

1）编制新车上市计划和服务准备计划需要在 CTF 冻结和 C 样车改进设计完成后进行，这是因为这时的样车技术方案和造型效果才锁定。而且这两项任务不需要详细的工程图样，无需等待 C 样车设计数据释放后进行。

2）新产品上市计划可能会导致项目预算的更新，所以需要在项目预算更新前完成。

3）售后服务的技术文件编制需要详细的工程图样数据，需要在 C 样车设计数据释放后进行。这项任务通常耗时比较长，通常在最终上市前完成即可。

6.2.3.12 报告更新

（1）报告更新的主要子任务

1）更新市场分析报告。

2）更新质量保证计划。

3）物流规划更新。

图6.16所示为报告更新的子任务及其逻辑关系，同时也列出了各项子任务的参考工作周期。

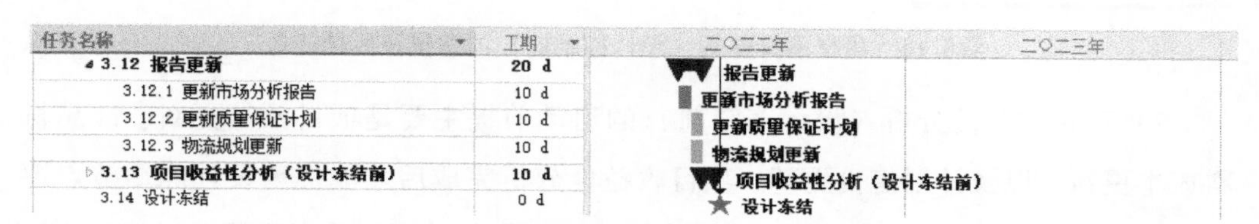

图6.16　报告更新的子任务及其建议周期与逻辑关系

（2）报告更新子任务的主要逻辑关系

1）更新市场分析报告在CTF样车冻结和C样车改进设计完后就可以开始，因为不需要详细的设计数据。

2）质量保证计划和物流规划的更新则需要在C样车设计数据释放后才能进行。因为详细的设计数据会对质量保证和物流包装产生影响。

3）这三项任务会影响到项目预算，需要在项目预算更新前完成。

6.2.3.13 项目收益性分析（设计冻结前）

（1）项目收益性分析（设计冻结前）的主要子任务

1）项目预算更新（设计冻结前）：对所有领域的预算进行更新。

2）项目收益性分析（设计冻结前）：更新收益性分析的所有要素，并进行收益性分析。

图6.17所示为项目收益性分析（设计冻结前）的子任务及其逻辑关系，同时也列出了各项子任务的参考工作周期。

（2）项目收益性分析（设计冻结前）各子任务的主要逻辑关系

1）项目预算更新是在各个领域的报告或计划更新完成后进行的，其中最主要的启动前提是完成市场、质量和售后领域的报告，以及新品上市计划，具体如

图 6.18所示。

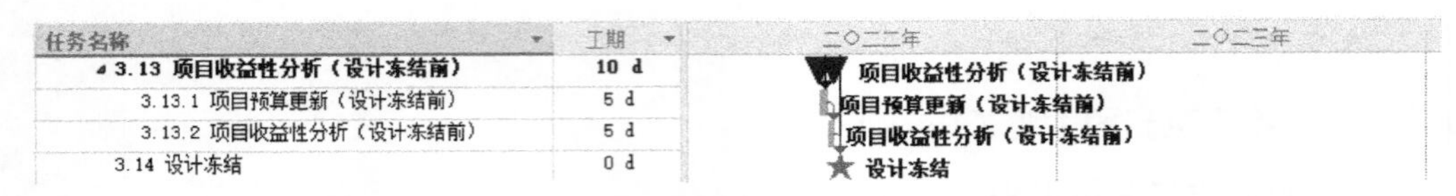

图 6.17　项目收益性分析的子任务及其建议周期与逻辑关系

图 6.18　项目预算更新（设计冻结前）的前置及后续任务

2）项目收益性分析（设计冻结前）的启动前提主要是项目预算更新、产品材料成本更新，以及计划售价更新。项目收益性分析完成后才能提请设计冻结节点评审。具体关系如图 6.19 所示，图中没有体现计划售价的原因是项目预算更新的前提包括了新品上市计划，而新品上市计划中体现了计划售价。

图 6.19　项目收益性分析（设计冻结前）的前置和后续任务

6.2.4　里程碑划分及考量因素

里程碑的级别划分方案见 4.2.4 节，设计和验证阶段建议设定的关键里程碑见表 6.3。

表 6.3　设计和验证阶段的关键里程碑

编号	里程碑名称	位置	级别	意义
1	A 样车试验结果评审	A 样车试验任务的终点	部门级	评价 A 样车试验过程和结果的合理性，给出所验证零部件是否合格的结论，并制定后续工作计划
2	B 样车评审	B 样车试制的终点	分子公司级	评估 B 样车的可制造性、可维修性、法规符合性、质量等多维度的信息，决策是否进行后续试验开发

（续）

编号	里程碑名称	位置	级别	意义
3	B样车试验结果评审	B样车试验的终点	部门级	评价B样车试验过程和结果的合理性，给出所验证零部件是否合格的结论，并制定后续工作计划
4	生产准备启动	初期耐久试验的终点	集团级	评价B样车初期试验过程和结果的合理性，给出试验结论，评估相关零部件设计数据用于生产准备的风险，确认是否可以启动生产准备工作
5	认证完成	所有认证任务完成的终点	部门级	点检所有认证项目的完成情况
6	设计冻结	设计和验证阶段的终点	集团级	设计和验证工作全部完成，可以全面动用生产系统的资源，正式进入生产准备阶段

表6.3中所列节点是建议项目经理直接管控的节点，除此之外，还建议在每个二级任务的终点设置一个里程碑，由与该节点最直接相关的子经理进行管控。

1）A样车试验结果评审：作为部门级评审，由设计及验证（E）子经理作为主持人进行评审，必要时需要邀请技术委员会和质量委员会的相关成员参会。在正式评审前需要准备如下文件：

① 设计试验计划（DVP），点检该阶段计划的执行情况。

② 试验报告，由试验（ET）出具的试验报告，其中记录了试验结果、关键试验过程和试验结论信息。

③ 试验过程记录表，主要记录了试验组织和执行过程中的信息，如整车保养记录、停车检查记录、试验环境记录（如温度、风速）、零部件换装记录等。

④ 试验过程问题记录表（该表也可以作为试验报告的附表），详细记录试验过程中所遇到的问题、解决方案和解决状态。

需要注意的是，试验结果评审的目的并不是比较试验结果与评价标准的差距（因为这通常是显而易见的，不需要评审），而是综合各个方面的信息做出试验是否通过的结论，并为后续试验工作确定方向。这主要是因为试验的过程和结果有高度的复杂性，例如，试验标准要求环境温度为－30℃，但是由于天气原因试验温度为－28℃（如果严格执行标准的话，需要等待下一年的冬季）；试验评价标准要求试验里程为10万千米，但是实际只跑了8万千米（如果严格执行的话，可能需要再等待3个月）。

2）B样车评审：主要工作与A样车评审（见5.2.4节）一致，差异点主要在于B样车将用于可靠性及耐久性试验，需要高度关注装车零部件与设计要求的符合性，因此在B样车评审时需要审查如下文件：

① 厂家自检报告。

② 来料检查报告。

③ 装配过程记录，特别是关键螺栓的拧紧力矩记录等。

④ 让步接收零件清单及让步接收原因。

3）B样车试验结果评审：主持人、参与人、准备的文件及评审要点与A样车试验结果评审基本一致。这是因为A样车和B样车试验的主要差异在于试验项目，评审的管理上是基本一致的。

4）生产准备启动：它是集团级里程碑，因为生产准备工作涉及大量的资金和资源投入，在所有的集团级里程碑中也具有较高的地位（如果最高决策者只能亲自评审一个项目节点，那么推荐选择生产准备启动节点）。该节点的评审通常由项目经理组织，并由产品委员会（见3.3.3节）评审。

在生产准备启动节点评审前需要完成以下几项报告：

① 生产准备启动技术文件（见6.1节）。

② 生产准备计划（见6.1节）。

③ 生产设施建设方案。在批准项目生产设施投资方案（在产品定义阶段）时，通常已经有了涵盖关键信息的生产设施建设方案，在生产准备节点前需要对该方案细化，细化到足够指导生产设施建设，通常包括详细行政审批手续办理方案、节能、环保、安全、卫生等方案，以及最重要的施工方案。

④ 项目收益性分析报告（生产准备启动前）：见6.1节。

5）认证完成：通常由认证（H）子经理主持评审，质量（Q）子经理也是重要的参与者，这主要是因为在关注规定的认证工作完成情况的同时，也需要关注试制、试生产和量产阶段的产品法规符合性，以及量产产品的持续一致性（这种一致性需要设计来保证，通常需要对关键参数设计有较大的裕度）。该节点的评审需要重点审核如下文件：

① 发动机工信、环保、地方环保认证文件；整车工信、环保、CCC、油耗（交通部）、营运安全、地方环保，以及其他法规规定的认证文件（详见6.1节）。

② 认证参数一致性核查报告。

③ PT样车一致性检查报告。

6）设计冻结：它是整车开发项目的标志性事件，标志着项目正式从产品验证阶段过渡到了过程验证阶段。该节点的评审通常由项目经理组织，并由产品委员会评审（见 3.3.3 节）。每个企业针对此节点的评价标准不尽相同，但是通常以下几项工作是必须要完成的：

① C 样车设计数据。

② 可制造性分析及工艺方案。

③ C 样车及 PT 样车的物流计划、制造计划。

④ 整车装配调整说明书。

⑤ 关键零部件的 OTS 认可报告。

⑥ B 样车试验报告及试验问题封闭报告。

⑦ 项目收益性分析。

过阀评审流程采用标准的过阀评审流程（见 3.4.3.1 节）即可。

6.2.5 跨阶段的流程接口关系

设计和验证阶段的主要工作是产品验证（即产品的设计和试验），除了部分生产准备工作之外，没有过多涉及制造体系（即围绕工厂的整个运作体系）。在此阶段之后主要的工作将是过程验证（即验证产品的可制造性），这需要动用大量的资金、调拨大量的人员，还会对整个生产系统产生冲击（通常是生产线停线），因此做好接口管控十分重要。其中几个关键的接口见表 6.4。

表 6.4　设计和验证阶段的主要对外接口

序号	领域	接口位置	影响的阶段	影响的任务
1	范围	设计冻结	后续全部	后续全部
2	进度	设计冻结	后续全部	后续全部
3	收益	项目收益性分析（设计冻结前）	后续全部	每个阶段的收益性分析
4	质量	基于 B 样车的质量目标修正	后续全部	C 样车试验、用户试验、质保路试试验
5	预算	设计冻结	后续全部	后续全部
6	风险	设计冻结	后续全部	后续全部
7	销售	编制新产品上市计划	生产准备	市场推广计划、方案的制定
			伴产	试销完成、正式销售
8	设计及验证	A 样车标定数据释放	生产准备	动力总成标定
		C 样车设计数据释放	生产准备	C 样车开发
		品质基准书冻结	后续所有	C 样车和 PT 样车试制、量产
		关键零部件 OTS 认可	生产准备	零部件 PPAP
9	采购	采购件价格确定（C 样车）	生产准备	采购合同签订

（续）

序号	领域	接口位置	影响的阶段	影响的任务
10	物流	物流规划更新	生产准备	物流方案确认
			试生产	生产验证
		生产、物流设备安装、调试、验收	生产准备	生产建设及调试完成
11	制造	生产、物流设备安装、调试、验收	生产准备	生产建设及调试完成
			试生产	生产验证

注：接口位置列内的所有的接口位置都位于对应任务的终点。

1）范围、进度、预算、风险等领域的成果是所有其他任务的基础，影响到后续所有阶段和所有任务。与产品定义阶段的不同在于，设计和验证阶段试验验证并修正了目标，而产品策划阶段是确定目标。此阶段设计工作已经基本完成，范围、进度和预算已经基本确定，风险也已经得到较为充分的识别。

2）收益和质量领域的接口与产品定义阶段基本一致，只是相关工作（收益分析和质量目标）更为确定（因为产品通过了试验验证）。

3）销售领域接口影响的阶段和任务与产品定义阶段一致，接口的差异在于，产品定义阶段的营销方案细化成了新产品上市计划，新产品上市计划是具有更大的工作指导意义的。

4）设计和验证领域有四个关键的接口，具体如下：

① A 样车标定数据释放，将直接影响生产准备阶段的动力总成标定。通常动力总成标定与整车功能及性能标定是存在非常密集的交互关系的。动力总成初步标定一版数据后释放给整车，整车启动标定，并且标定结果也会随时反馈给动力总成（有些标定数据需要动力总成修改），然后再不断交互，直至形成一版综合最优的数据。

② C 样车设计数据释放，直接影响生产准备阶段的 C 样车试制。

③ 品质基准书冻结。品质基准书（见 6.1 节）中有对零部件的检查要求，这将会对后续的所有类型的样车试制以及整车量产产生影响。

④ 关键零部件 OTS 认可。通常先完成 OTS 认可（即设计师对产品进行认可）才进行 PPAP 认可，OTS 的完成情况直接影响 PPAP 工作。

5）采购件价格确定（C 样车）。经过供应商定点、A/B 样车意向价格的确定后，在 C 样车阶段确定了采购价格。此时的价格几乎就是生产准备阶段的采购合同的价格（在 PPAP 中发现新的问题并调整方案后，价格可能有微调）。

6）物流规划更新影响的阶段与任务与产品定义阶段一致。

7）生产、物流设备安装、调试、验收是漫长的过程，需要通过C样车的试制确认其功能是否满足设计要求，需要通过生产验证测试其能力，所以直接影响生产准备和试生产两个阶段。

6.3 项目管理工作要点

设计和验证阶段是整车产品开发项目中最为复杂的一个阶段，通常也是历时最长、不确定性最强的阶段，所以对这个阶段的管控程度，直接反映了项目管理者的业务能力。此阶段涉及设计、仿真分析、试验、问题解决和部分生产准备工作，也就是说所有领域的工作都实质性地开展了，项目管理的重点在于协调各领域的复杂接口关系，关注计划的执行情况，做好问题管理和风险管控。

6.3.1 项目管理工作

6.3.1.1 范围管理

此阶段范围管理的主要工作如下：

1）渐进明细项目范围：

① 产品方面。在A、B样车试验完成后，组织相关方对整车的性能、质量目标进行修正，对产品配置进行微调。在C样车设计时组织编制整车技术规范（内含锁定的产品配置、技术目标和技术要求），并向所有相关部门发布。在C样车设计冻结前还需要与销售（S）共同对产品的策划目标符合度进行确认。

② 服务和提供服务的能力方面。整车生产能力建设工作在生产准备启动节点后，进入到实质性开展阶段。在销售和售后方面，完成新品上市计划的编制，启动售后服务技术文件及新产品服务准备计划的编制工作。要逐步细化生产能力、销售能力和售后能力的建设范围。

③ 成果方面。基于产品的配置和技术目标的变化，组织调整开发和验证方案，调整和细化相关的技术文件交付要求。

2）商业目标回顾：在每一个节点的评审前都需要对商业目标进行回顾，确保项目的执行符合商业利益要求。

3）管理范围变更：此阶段的变更主要集中在产品配置、技术目标和试验方案的变更，这些变更也会非常频繁。作为项目经理，不要阻碍变更（很多时候总会有这种冲动），而是对所有的变更实施整体变更控制（见5.4节）。毕竟越早变更，变更的成本越低。

4）阶段成果文件的验收：按照已经定义的技术文件交付要求，随时收集并记录技术文件的交付和发放情况。这期间主要的成果为试验报告和设计数据。

6.3.1.2 进度管理

此阶段的主要工作如下：

1）项目主计划更新（第四版和第五版）：需要在生产准备启动和设计冻结前完成对项目主计划的更新。这两次主计划的更新主要是由于试验过程中可能暴露出重大问题，以至于需要对主计划进行更新。在每一次计划更新时都需要与产品策划阶段的主计划（第一版）进行比对，对于变化点要给出解释和变更控制委员会的评审意见，作为附录与项目主计划一并归档管理。

2）二级计划更新：此阶段有以下子计划需要特别关注：

① 销售子计划，重点体现新品上市计划。

② 物流子计划，重点体现物流设备和包装的采购计划，以及C样车和PT样车的物流计划。

③ 制造子计划，重点体现生产设备和自制件工装的采购、安装和调试计划，以及C样车和PT样车的制造计划。

3）管理计划变更：进度计划的变更控制同样遵循基本的变更控制流程（见5.4节）。

6.3.1.3 资源管理

1）人力资源平衡：在此阶段重点平衡设计（ED）和试验（ET）两方面的人力资源，因为在设计和验证阶段最忙碌的就是他们。为了保证此阶段的人力资源平衡，项目经理需要做到以下工作：

① 在提出人力资源需求时要留有裕度，保证在出现突发问题（试验过程中经常出现）时，有适合的人员能够应对。

② 处理好项目之间的进度衔接关系，协同相关项目经理平衡项目之间的人力资源。

③ 提前制定工作包委外方案，通常可以考虑的委外工作包括CAE分析、图样转化（3D转2D）、整车标定、零部件试验等。

2）设备资源平衡：设备资源的短缺及故障是导致项目拖期的重要因素，这一点在设计和验证阶段表现尤为明显。因此，项目经理需要做到以下工作：

① 组织按照优先级对所有试验项目进行排序。

② 确保高优先级项目有备选方案，通常包括准备2台试验样车、随时可以调用的内部或外部设备。

③ 为非核心试验项目或本企业无试验能力的试验项目制定委外方案。

3）成立生产准备小组：见3.3.2节，小组重点负责以下工作：

① 准备生产准备启动评审所需的文件。

② 提前评估生产准备启动的条件是否具备。

③ 推进生产、物流设备的采购、安装、调试和验收工作。

④ 推进工艺方案的制定。

4）成立质量工程小组：见3.3.2节，重点解决试验过程中发现的问题。

5）成立专项问题解决小组：问题解决小组是临时工作小组（见3.3.2节）的一种，主要负责解决某一项具体问题，如车身开裂、整车抖动、排放不合格等问题。这类问题特点如下：

① 对产品开发的成败有重要影响。

② 问题解决难度大。

③ 需要跨部门沟通与合作。

6）释放暂不需要的资源：包括人力资源和设备资源，释放后需要及时通知资源部门及关联项目，以保证资源的利用率。

6.3.1.4 沟通管理

1）召开项目例会：在设计和验证阶段参与的部门更为广泛，而且几乎所有的角色都有实质性工作（区别于纸面工作），所以有必要召开周期性的项目例会。这样的好处如下：

① 方便与会者提前安排个人日程。

② 方便跨部门的沟通。

③ 提升团队凝聚力。

④ 解决复杂问题。

需要注意的是项目例会通常需要各子项目经理及项目核心成员参会，人员涉及广泛，所以需要把握好召开的频率和会议时长。建议每两周召开一次，每次的时长不超过2小时。项目例会重点是通报项目进展、问题和风险，并做出工作部署。要严防针对具体问题的详细讨论（可以召开专题会解决此类问题），这样能够最大程度地节约所有参会者的时间。

2）召开工艺与技术协调会：在设计和验证阶段，产品的技术方案还没有完全锁定，这时根据工艺的需求对技术方案进行调整成本是最低的。此外，在此阶段的设计和试制过程中也会暴露出很多工艺相关问题。因此，有必要召开周期性的工艺和技术协调会。这个会议通常贯穿整个设计和验证过程，并借此把所有大的工艺问题解决。

3）召开生产准备例会：通常在生产准备启动节点后进行，可以由制造（M）子经理组织，每周召开一次，推进生产准备过程的问题解决。

4）召开问题解决例会：这里所要解决的问题是试制和试验过程遇到的技术问题。通常的整车产品开发项目在此阶段会遇到数以百计的问题，每一个问题都需要跟踪、推进和闭环，所以需要由工程质量（QE）组织召开例会，推进问题的解决。和所有的问题解决一样，质量问题的解决也需要分类和分优先级进行管理。建议的方式如下：

① 每周召开一次。

② 按问题归属的部门将问题分成2组或多组，交替进行汇报。

这样的好处是每次会议的讨论事项更少，参与的人数也较少，讨论的问题也更为聚焦，同时减少了“陪会”（陪同参会）的人数。当然，会议的目的并不是借助会议来制定问题解决方案，而是多方协同促进问题解决方案的落实。会议也起到督促问题解决的作用。

5）建立网络沟通群：目前，群聊（见3.4.2.2节）几乎已经是项目管理必不可少的沟通工具。项目经理需要组建一些官方群（项目经理参与管控），如各类例会的群和各种小组的群，也鼓励项目团队成员建立临时性的沟通群。

6）组织、编制、预审、评审项目过阀申请：按照3.4.3.1节介绍的过阀流程组织过阀评审（通常针对集团级的里程碑），以及其他里程碑（见6.2.4节）的评审。

6.3.1.5 风险管理

风险管理的主要工作如下：

1）更新风险登记册：风险的识别、分析与制定应对方案等工作是持续进行的，每识别一个新的风险、执行一步应对方案都需要在风险登记册中体现出来。

2）召开风险应对例会。

3）实施风险应对方案：典型的做法是将风险应对方案列入项目子计划中，然后按照计划推进落实，并将实施进展及结果记录在风险登记册中。在实施过程中注意次生风险的识别与记录。

6.3.1.6　相关方管理

主要工作如下：

1）识别新的相关方：此阶段的新增相关方主要包括试验、认证及生产准备的相关人员。

2）管理相关方参与：项目经理应该持续关注相关方的利益，可以利用权力利益方格（见4.4节）管理其诉求。

6.3.1.7　知识管理

主要工作如下：

1）更新交付物。

2）更新技术文件发放记录（见5.3.1.7节）。

3）编制经验教训登记册（见5.3.1.7节）。

4）召开阶段总结会议，编制阶段总结报告（见5.3.1.7节）。在实际项目管理过程中，总结工作不应该限定在阶段结束后，而是需要实时总结。

5）编制和更新项目问题清单（见6.1节）。

6.3.2　其他业务领域的管控要点

6.3.2.1　质量

项目经理应该重点管控以下工作：

1）试制和试验质量问题跟踪：这两类问题的解决与否直接决定着项目的进展。项目经理要确保所有的问题得到有力和高效的推进，为此需要做到以下工作：

① 建立问题解决机制和模板，统一沟通渠道和方式，如设立问题解决例会、确定问题解决的汇报模板。

② 点检重大问题的解决进度。

③ 重大问题升级，为团队争取更多的资源支持（如关键技术人员、试验设备、资金等）。

④ 以项目的名义向供应商施加压力，帮助促进问题的解决。

2）认证参数一致性核查：此项工作涉及法规的符合性，并决定着产品能否销售。项目经理需要做到以下工作：

① 确保各个版本的样车（C/PT/量产样车）与认证车保持一致。

② 任何法规项的变更要及时传递给认证（H），即重点关注法规相关项目的整

体变更控制。

3）性能和质量目标修正：涉及目标的修正需要协调计算（EC）、工程质量（QE）与销售（S）进行沟通和确认，同时在技术委员会的会议上进行通报（较大的修正可能需要审批）。

6.3.2.2 财务控制

与其他阶段一样，项目经理需要持续关注项目收益性分析的过程及结果。主要包括以下工作：

① 分析预算执行偏差，并及时调整。

② 对预算、成本目标的达成负最终责任。

③ 对项目的商业目标达成情况负最终责任。

6.3.2.3 设计及验证

项目经理重点参与管控如下工作：

1）初期耐久试验：初期耐久试验是决定生产准备启动能否顺利进行的关键因素。项目经理需要做到以下工作：

① 确保所选择的初期耐久试验项目必要而且充分。

② 给予初期耐久试验充分的资源支持。

③ 高效解决试验中的问题。

2）OTS 认可：设计冻结的重要前提，是 PPAP 的前提条件。项目经理需要做到以下工作：

① OTS 认可工作严格嵌入到产品开发流程中（在实践中 OTS 经常被遗忘，以至于直到设计冻结评审前才启动）。

② OTS 的计划体现在设计和验证子计划中，并且有详细的计划进行管控。这是因为 OTS 认可的对象是零部件，每个零部件的 OTS 认可计划不尽相同。

③ 借助 OTS 调动全体设计人员对零部件全流程管理的积极性。

④ 组织设定零部件的 OTS 优先级，高优先级的 OTS 任务亲自参与管控。

6.3.2.4 认证

项目经理重点参与管控如下工作：

1）发动机认证：对于多数整车开发项目，其范围通常不涵盖发动机的开发任务（可能直接外购发动机，也可能是单独的发动机开发项目），也就是说发动机的关键节点受外部条件的限制。项目经理需要建立与发动机供应商或关联项目的沟通机制，确保认证节点的信息能够及时传递过来。

2）整车公告和环保认证：因为认证工作直接影响产品的销售，所以项目经理需要做到以下工作：

① 将各类认证完成的节点列入项目主计划，亲自点检其进度。

② 做好内部认证试验与公告认证的衔接工作，确保认证目标的顺利达成。

③ 关注制定中的法规进展，针对相关项目做好预案。

6.3.2.5 物流和制造

项目经理重点参与管控如下工作：

1）编制 C 样车及 PT 样车的物流及制造计划。

2）生产、物流设备安装、调试和验收。

以上两项工作都需要项目经理确保计划与项目主计划吻合，并组织生产准备小组按周推进相关工作。

6.4 知识、工具与技术

1）核对单：见 4.4 节。在设计和验证阶段主要应用于以下工作：

① 目标符合度检查。通常所有的检查项目都会形成核对单，逐项检查其是否满足策划要求。

② 样车改进设计。在试制和试验过程中会发现并解决很多问题，需要将问题的解决方案汇总形成核对单，在图样发布前逐项检查落实情况。

③ 试制和试验问题的跟踪。

④ 可服务性检查。基于开发经验汇总形成可服务性检查核对单，逐项检查新开发样车的可服务性。

⑤ 认证参数一致性核查。

2）偏差分析：见 2.1.4 节。主要应用于以下工作：

① 项目、试验和设计进度的检查。

② 项目预算的分析。

③ 项目收益性分析。

④ Audit 评审结果分析。对比企业制定的标准值和实际评审结果，分析偏差产生的原因。

3）备选方案分析：见 2.3.4 节。主要应用于试验方案的选择、问题解决方案的选择、供应商的选择、上市方案的制定等任务。

4）风险分析：见2.2.4节。风险分析工作贯穿于项目的所有任务，即在每一项任务计划编制和执行的过程中都需要考虑可能面临的风险，并制定风险应对方案。对于概率和影响较大的风险应列入项目风险登记册进行管理。

5）质量成本：是指与质量活动和成果相关的成本，包括以下几类：

① 预防成本：预防产品缺陷所耗费的成本，如采用完善的业务流程、更高的安全系数、更好的材料、更先进的制造工艺等。

② 评估成本：检查产品的质量状态所耗费的成本，如产品可靠性试验、来料检测、入库检查、现场抽检等活动所耗费的成本。

③ 内部失败成本：未流入客户手中就发现产品缺陷，处理这些缺陷产品所耗费的成本。

④ 外部失败成本：处理已经流入到客户手中的缺陷产品所耗费的成本。

其中，预防成本和评估成本可以统称为一致性成本，花费这些成本的目的是预防失败，是一种主动性的投入。内部失败成本和外部失败成本可以统称为不一致性成本，花费这些成本的目的是处理缺陷带来的后果，是一种被动接受的支出。质量成本最低是项目追求的目标，通常质量成本的最低点出现在一致性成本的边际贡献为零时。

需要注意的是只有预防成本的投入才能够带来真正高质量的产品，评估成本并不会带来高质量，即检查不能提升产品的质量，但是评估成本的投入有利于开发出质量和材料成本综合最优的产品。这也是项目经理需要具备的一个重要质量意识。在处理设计和验证阶段的质量问题时需要频繁地应用质量成本的观念，保证产品的综合最优（投入和产出综合最优、质量和材料成本综合最优）。

6）绩效审查：见5.4节。在产品定义阶段确定了项目目标（包括项目的进度、预算目标）和产品目标，在设计和验证阶段及其后续阶段，项目经理和子项目经理应该对照目标对团队成员的绩效进行审查。通过对绩效审查结果的应用（如奖励、惩罚），促进项目整体绩效的达成。

7）过程分析：通过分析某项任务的详细过程，来发现问题或问题的原因，在汽车产品开发项目中常应用于查找问题的原因。典型的做法是绘制出任务的详细过程（如零部件生产过程、试验的执行过程），然后逐项分析每一个环节可能出现的问题，最终识别出问题点。在设计和验证阶段主要应用于试验问题解决和零部件不合格的原因排查。

8）因果图：这是一种通过将问题逐级分解，以找出问题根本原因的工具，有时也被称为“鱼骨图”。图6.20所示为因果图实例。因果图的第一级分支通常是结构化的，典型的划分方式有以下几类：

①“人、机、料、法、环、测”。即从人员、设备、原材料、方法、环境和测量手段六个方面分析问题产生的原因，这种划分方法通常用于分析制造过程中发现的问题。

② 按照行动步骤。如一个轮胎的安装包括搬运、预装、预紧、拧紧等，通过分析各个步骤查找问题的原因。

③ 按照时间顺序。

④ 按照空间方向。

⑤ 按照责任主体。

对于所有的划分方式来说，都需要满足“全部包含、不可重叠”的原则，即能够涵盖所有的维度，且几个维度之间不存在交叉。

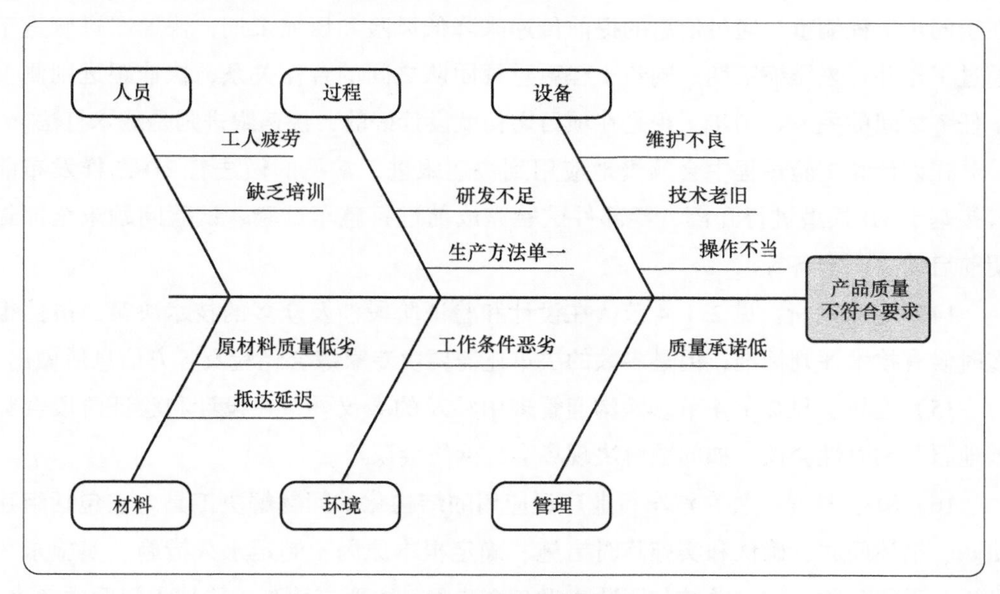

图6.20　因果图实例

在设计和验证阶段主要应用于查找问题原因，如试制和试验过程中发现的问题。

9）流程图：用于显示一项任务的各个步骤的工具。通常在过程分析（见6.4节）前绘制一份流程图，以清晰地展示全部的输入、输出、判断等过程。在设计和验证阶段主要应用于辅助分析问题的原因和过程的潜在风险点。

10）储备分析：见2.3.4节，主要应用于以下工作：

① 进度计划和预算的编制和更新。

② 仿真及试验参数的设计，通常设置高于标准要求的参数，确保通过试验的零部件有必要的风险储备。

11）多标准决策分析：见 2.2.4 节，主要应用于选择解决问题的方案。例如在试验过程中有 1 个零部件失效了，设计师给出了 3 个解决方案，这就需要通过多个标准（成本、周期、质量、供应商级别等）综合评价后给出结论。

12）变更控制：见 5.4 节。无论是技术类的变更还是管理类变更（进度、预算、团队成员等）都需要执行变更控制流程。

13）进度压缩：即压缩项目中某项任务的周期以满足节点要求。典型的进度压缩方式有以下两种：

① 赶工，即通过增加投入来加快任务进度。常见的做法是加班、增加人员和工作外包等。

② 快速跟进，即串行的任务并行开展，类似于同步工程（见 5.4 节），差异点在于同步工程侧重于通过信息的提前传递来降低风险和压缩工期，快速跟进侧重于通过工作并行来压缩工期。同步工程更重视团队之间的合作关系，快速跟进则侧重于任务之间的关系。同步工程是在项目之初就设计好的，快速跟进则是战术打法。

在设计和试验过程中会频繁地应用到快速跟进，常见的做法有 2D 图样发布前直接基于 3D 模型进行开模、零部件试验完成前进行整车试验、试验问题未全部封闭前启动生产准备等。

14）专家判断：见 2.1.4 节。在设计和验证阶段涉及众多的技术决策，虽然很多时候有技术评判标准，但是多数的决策还需要由专家综合经验及各方信息后做出。

15）会议：见 2.1.4 节。除沟通管理中涉及的会议外，在设计和验证阶段会频繁地召开临时性会议，如问题解决现场会、网络会议等。

16）8D：这是一种在汽车行业广泛应用的结构化的问题解决工具。它包括组建团队、描述问题、确认和实施临时措施、确定根本原因、制定永久措施、实施永久措施、采取预防措施、总结与团队建设 8 个步骤，主要应用于重要技术问题的解决。

17）丰田问题解决八步法：它是一种基于 PDCA 循环的结构化的问题解决工具，主要包括明确问题、分析问题（并锁定关键点）、设定目标、查找真因、制定对策、实施对策、过程和结果评价、成果巩固 8 个步骤。它也应用于问题的解决。相对于 8D，该工具应用更为广泛，也可以用于解决管理问题。

18）FMEA：见 5.4 节，主要应用于 DFMEA 和 PFMEA 的编制。

19）OTS：见 5.4 节。在设计和验证阶段将开展 OTS 认可工作，在阶段结束前需要完成所有关键零部件的 OTS 认可。

20）同步工程：见5.4节。在设计和验证阶段，该工具主要应用于工艺与设计的同步。常见的做法是制造工程（ME）参与到零部件的设计过程、供应商参与整车和零部件的设计过程、物流（L）与设计同步编制物流设备规格书等。

6.5 本章小结

1）设计和验证阶段的主要成果有8个，分别是生产准备技术文件、生产准备计划、AB样车试验报告、BC样车设计数据（设计冻结数据）、整车认证及相关文件、OTS认可报告、项目问题清单、项目收益性分析报告。

2）设计和验证阶段的阶段的主要二级任务包括：A样车试验、B样车开发、项目收益性分析、认证、C样车开发、设备及自制工装采购。

3）A样车试验的一项重要任务是整车标定，标定过程中需要释放一版能够满足B样车试验需求的数据，而后再陆续释放其他数据。

4）认证任务包含工信、环保、CCC、油耗等认证工作，需要在设计与验证阶段启动，并最迟在整车SOP之前完成。

5）设计和验证阶段内包含6个关键的里程碑，分别是A样车试验结果评审、B样车评审、B样车试验结果评审、生产准备启动、认证完成、设计冻结。

6）以生产准备启动节点为界，可以将设计和验证阶段分为两个部分。这样划分的目的是尽可能地提前启动生产准备工作，缩短项目周期。

7）设计和验证阶段与后续阶段的接口主要存在于销售、设计及验证、采购、物流、制造领域。其中设计领域的C样车设计数据释放、品质基准书冻结、关键零部件OTS认可对后续阶段的影响最为深远。

8）纵观整个产品开发项目，设计和验证阶段的项目管理工作最为复杂，工作重点是平衡资源、解决问题、管理变更。对于其他领域，需要重点关注质量问题的解决和产品认证的外部接口。

9）质量问题解决是设计和验证阶段的重要工作，过程分析、因果图、流程图、8D和丰田问题解决八步法等工具有助于高效地解决问题。

10）进度压缩工具是加快项目进度的主要工具，其中包含两种手段，分别是赶工和快速跟进，赶工会造成资源投入增加，快速跟进会使项目风险增加。

第 7 章 生产准备

生产准备阶段的主要工作是完成 C 样车试制、零部件的 PPAP 及设备的安装和调试。其阶段目标是初步具备生产合格产品的能力。

生产准备阶段（图 7.1）需要做出一个重要的决策，即整车产品是否可以在生产线上生产。在生产线上生产会对量产产品的生产计划造成冲击，所以在此之前需要确保产品成熟、工艺技术方案成熟、生产和物流设备安装调试完成。

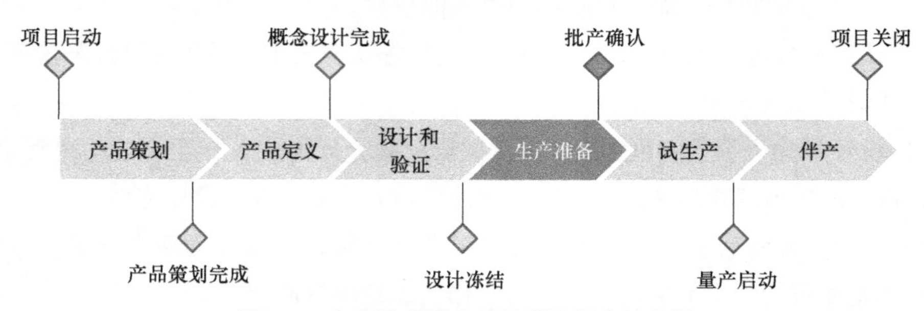

图 7.1　生产准备在产品开发流程中的位置

7.1　主要成果

生产准备阶段的主要成果如下：

1）标准及专利。标准是指在产品开发过程中形成或更新的规范性文件；专利是指在产品开发过程中形成的技术权益。标准和专利的特点是在产品开发项目中的作用较小，但是对产品核心竞争力的构建及企业的发展有长远影响。因此，在产品开发项目中对此应该重视，并在产品策划阶段就做出规划（涵盖在知识产权分析报告中）。

在整车产品开发项目中形成的标准主要包括以下内容：

① 试验标准，即指导如何完成试验的标准，通常包含试验项目、试验流程、评价标准等内容。

② 整车、系统或零部件的技术标准，是对图样技术条件的补充。通常包括关键参数、验证方法及评价标准。

在产品开发项目中形成的专利应该涵盖所有具备新颖性、创造性和实用性的技术。

2）试生产工艺文件。泛指所有的生产工艺文件，通常包括以下内容：

① 工艺流程图。

② 车间平面图，通常是根据工艺流程图的要求，对车间内部进行布置。

③ 特殊特性矩阵图，见表5.4，其反映了特殊特性与工位的对应关系。

④ PFMEA，见6.2.2节。

⑤ 品质基准书，见表6.2，用以对零部件的性能和生产过程进行控制。

⑥ 工艺卡、工序卡和作业指导书。工艺卡是对工艺流程图的分解，工序卡是工艺卡中每一道工序的详细要求，作业指导书则是指导技师进行操作的文件。

⑦ 测量系统分析（MSA）计划。MSA是质量管理体系五大工具之一，在8.4节有简要介绍。

以上文件属于IATF 16949标准中所规定的标准文件，读者可以购买相关书籍进行详细了解。

3）PT样车设计数据。PT样车的设计数据在内容上是与A样车设计数据（见5.1节）一致的。主要区别在于技术文件的成熟度，在具体内容上的差异体现在以下方面：

① 工程图样：主要差异在于体现了为解决C样车试制中发现的问题（主要为生产工艺问题）对图样进行的更改。

② 设计检查表：和工程图样密切相关，记录引起图样变更的问题，并对设计检查表进行完善。

4）PPAP认可报告。关于PPAP详见5.4节，PPAP认可报告是一系列报告的集合，主要包括如下内容：

① 设计文件、更改文件、DFMEA、偏差许可。

② 材料、尺寸及外观检测报告。

③ 设计验证相关的试验报告。

④ PFMEA。

⑤ MSA报告，见8.4节。

⑥ 初始过程能力研究报告，目的是确保生产过程有能力满足企业的要求。

⑦ 零部件提交保证书。

通常所有的新增零部件都需要 PPAP 认可，但是认可工作可以分为不同等级进行管理，有的可以仅提交保证书，有的则需要提交全套文件及样品。

5）标定数据。它是支持整车、动力总成及其它核心零部件顺利运转的数据，也是一类比较特殊的技术文件，仅以数据的形式存在。目前，越来越多的零部件需要计算机控制，所以标定的工作量也越来越多，标定数据也越来越多。主要包括：整车标定数据、发动机及变速器标定数据，以及其他系统及零部件的标定数据，如制动系统、空气悬架系统、后处理系统等。

标定数据的特点包括：完全数字化、版本众多、对性能影响大、相对于零部件的变更成本低、数据之间有交互关系。

对于标定数据，在整车开发过程中需要根据其特点进行管理，重点做到以下几点：

① 严格的版本控制。

② 清晰定义数据接口。

③ 清晰的数据发放记录，既包括面向市场的数据释放，也包括不同标定团队之间的数据发放。

④ 优先考虑通过更改数据解决质量问题。

⑤ 无需等待标定数据的冻结再释放产品图样，因为标定工作通常不会造成零部件的更改。

6）生产物流设备验收报告。从业务需求的角度（基于前期编制的规格书）对生产物流设备进行验收，主要包括以下内容：

① 基础设施验收报告，包括厂房、水、电、燃气、动力等设施的验收报告。

② 生产设备和自制件工装的验收报告，确认设备的能力能够稳定地满足工艺要求，如 Cpk（过程能力指数）大于企业的标准。

③ 物流设备、包装的验收报告，确认物流的路径、流量、包装和仓储等方面满足企业的要求。

多数生产物流设备都是采购获得的，所以采购部门也需要对合同的执行情况进行验收。

7）市场推广计划。在生产准备阶段产品的技术方案已经锁定，同时也会生产出一批 C 样车，销售部门可以利用这些相对完备的技术信息以及实物样车进行市场推广，并提前编制一份计划，主要包括以下内容：

① 推广的产品配置方案、定价方案。

② 推广的区域。

③ 客户群体。

④ 推广策略。

⑤ 推广活动，如展车、试乘试驾、试销、媒体传播等。

⑥ 进度计划及预算。

8）项目收益性分析报告。内容与之前阶段的收益性分析报告基本一致，主要差异点如下：

① 销量预测及目标市场售价的调整。

② 材料成本，主要是由于技术方案及原材料价格的浮动会引起材料成本变化。

③ 由于工艺方案变化所引起的直接制造费用的变化。

④ 项目预算的调整。

7.2 主要工作及步骤

7.2.1 不同项目角色的主要工作内容

生产准备阶段的主要工作由生产准备小组（见3.3.2节）完成，核心目标是初步验证生产过程的能力，为量产奠定基础。在此阶段各项目角色需要承担的工作见表7.1。

带☆标志的为关键任务，相关内容会在下一节详细介绍。项目管理角色的所有工作会在本章的项目管理工作要点中详细介绍。

表7.1 生产准备阶段的主要工作

编号	角色	角色简写	推荐的工作内容
1	项目管理	PM	①更新风险登记册 ②更新交付物提交清单 ③技术文件发放记录 ④编制并更新项目问题清单
2	销售	S	①更新新产品上市计划（销售网络） ②制定市场推广计划（试销、费用、试驾活动、媒体方案、展车等）☆

（续）

编号	角色	角色简写	推荐的工作内容
3	质量	Q	
4	工程质量	QE	①零部件质量问题整改完成 ②C 样车试验问题跟踪
5	制造质量	QM	①自制零部件 PPAP ②C 样车 Audit 评审☆ ③车身质量评审 ④管理层试车 ⑤评估试生产条件 ⑥制造过程问题管理
6	供应商质量	QS	采购件 PPAP☆
7	成本工程	C	①C 样车材料成本核算 ②设计变更成本控制☆
8	财务控制	F	①项目预算更新 ②项目收益性分析
9	设计及验证	E	PT 样车设计数据释放
10	设计	ED	①改进设计 ②OTS 认可收尾 ③最终设计签收
11	计算	EC	C 样车性能验收
12	电子电气	EE	PT 样车 E&E 数据释放
13	造型	ES	材质、花纹、颜色优化确认
14	试验	ET	①C 样车试验 ②动力总成标定
15	认证	H	①专利、标准发布 ②C 样车法规符合性检查 ③整车通用化率检查☆
16	售后	A	售后人员培训☆
17	采购	P	
18	设备采购	PE	
19	零部件采购	PP	采购合同签订
20	物流	L	①物流方案确认（流量、路径、设备、仓储、包装） ②PT 计划生产物流计划下发
21	制造	M	
22	制造规划	MP	生产建设及调试完成

（续）

编号	角色	角色简写	推荐的工作内容
23	制造工程	ME	①C 样车试制 ②工艺文件编制☆ ③确定生产线人员 ④生产人员培训☆ ⑤试生产计划编制 ⑥试生产数据释放 ⑦PFMEA 编制（第三版）
24	试制	MB	

7.2.2 关于几项关键任务

1）S-制定市场推广计划：市场推广计划是新品上市计划的一部分，该计划重点细化了上市推广这一部分内容。通常，在生产准备阶段之后所有的样车都是从生产线上生产的（如第一、二、三轮的试生产车），满足销售需求。很多企业也用最先下线的这批次产品进行展车、试乘试驾和新品试销。在生产准备阶段应该针对这类工作编制详细的工作计划，计划通常包含如下内容：

① 首批销售的网络（销售网点）、车型配置以及价格。

② 上市前的宣传方案，包括渠道（网络、电台、微博、微信、短信等）、文案、话术方案、计划及预算等。

③ 上市前的集客方案，如预存订金、老带新、二手车置换等。

④ 新品到店后的店面活动方案，如上市专场活动、试乘试驾、意向用户的访谈、产品预售等。

⑤ 产品批量上市后的持续传播和推广方案，如广告投放、电话回访、发布试驾报告、竞品对标报告、用户访谈等。

在制定市场推广计划的过程中，需要项目经理组织项目团队为销售（S）提供支持，包括提炼技术卖点（如产品采用了何种新技术、新生产工艺）、提供对标分析数据、材料成本数据、专利获取情况等。

2）QM-C 样车 Audit 评审：Audit 一词来源于拉丁文，是指“复查”。与通常的质量检测的最大不同包括以下几点：

① Audit 评审的对象是合格产品，而质量检测是用来判定产品质量是否合格。

② Audit 评审的视角是用户，而质量检测更侧重于评价产品是否符合工程技术

要求（虽然技术要求也要最终满足用户需求，但不够直接）。

③ Audit 评审更侧重于感官检验，质量检测更侧重于理化检验（用检测工具或设备）。当然，在实际操作过程中，Audit 评审和质量检测也都会用到感官和理化检测两种手段，只是侧重点不同。

Audit 评审的一般程序是：从合格的下线产品中抽样；对照 Audit 评审标准对样车进行评审，并记录；分析和确认缺陷的责任人；形成 Audit 评审报告；反馈结果给生产厂和质量检测部门，归还样车。

3）QS-采购件 PPAP：PPAP 是五大质量工具之一，在 5.4 节中有简要介绍。所有的零部件都需要做 PPAP 认可，只不过对不同的零部件有不同的等级要求。对于采购件通常是由供应商质量（QS）负责，对于自制件通常是由制造质量（QM）负责。项目经理应该确保 PPAP 认可工作嵌入到产品开发主流程中（5.4 节中有介绍），并将其中的关键节点列入项目计划中，定期点检推进。此外，PPAP 认可报告中汇总了众多产品和过程开发文件、报告，并对这些报告进行了检查和评价。项目经理可以以此工具为抓手，提升设计、供应商、试验、生产等领域工作的执行质量。

4）C-设计变更成本控制：设计变更工作贯穿于整车产品开发项目的全过程，其实，所谓 B、C 样车的设计，主要是对前一版本设计数据的变更，那时的设计变更还算是常态，变更的成本也较低。进入生产准备阶段后，很多生产准备设备、工装、检具等已经购买，这时的变更成本更为高昂，所以需要执行严格的设计变更成本控制程序。该程序主要包括以下内容：

① 项目团队成员提出变更请求，并识别变更对项目的影响。

② 项目经理会同生产准备小组成员，评估变更对整个项目的影响。

③ 针对变更制定应对方案。

④ 就变更及应对方案征询相关方的意见，重点包括财务（F）和成本工程（C）。

⑤ 技术委员会做出决策。

⑥ 更新计划、通知相关方、实施变更、记录并反馈变更的实施结果。

项目经理需要重点关注变更对整个项目及关联项目，甚至公司运营的影响，尽可能全面地识别相关方，知会相关方变更的内容，并征询其对此变更的建议。

5）H-整车通用化率检查：通用化率是指通用件占所开发车型零部件中的比例。通常通用化率越高，产品的变化点越少，相应的风险也越低，产品售后保障的成本也越低。因此，很多企业都对新车型设定明确的通用化率目标。在新产品开发项目中，认证（H）部门在产品定义阶段确定该目标。在每个版本样车设计阶段都需要对新增零部件的数量加以控制，即间接控制整车的通用化率。在 C 样车的改进设计过程中要对整车的通用化率进行检查。

6）A-售后人员培训：整车开发项目需要保证所有上市的车能够得到正常的售后保障，所以需要提前完成售后人员培训工作。售后人员的培训应该在产品技术方案基本锁定后进行，建议在C样车试制完成后进行。售后培训工作应该做到以下几点：

① 基于新产品服务准备计划编制售后人员培训计划，明确培训对象、渠道、内容及培训效果评价方式等。

② 编制培训教材，其中既包括整车的内容，也应该包括关键总成和零部件的内容，如发动机、车载智能终端、驱动桥等。

③ 发放培训材料，并分批次进行培训，包括网络、企业内部（请关键售后技师来企业进行培训）、4S店面培训等。

④ 培训答疑与培训效果评价。

7）ME-工艺文件编制：关于工艺文件见7.1节，其中的品质基准书已经在设计和验证阶段冻结，工艺流程图和平面布置图早在生产准备启动时就已经完成，其余文件应该最晚在PT样车设计数据释放后启动。这是因为此时的设计数据已经通过了一轮生产验证（C样车试制），工艺、工序和生产操作细节已经确定。

在工艺文件编制过程中项目经理需要保证以下几点：

① 文件编制的计划符合主计划的要求。

② 发挥生产准备小组的作用，保证设计与生产工艺的高效对接。

③ 管理好生产建设项目（如厂房建设）与工艺文件的接口，如工艺流程图、平面布置图等。

8）ME-生产人员培训：指对生产一线人员及车间管理人员的培训。生产准备阶段的培训工作通常是伴随着以下两项工作进行：

① 生产设备的安装、调试和验收，主要使生产人员了解如何操作设备。

② C样车的生产，主要使生产人员了解所负责工位的详细生产过程和操作要点。

上述两项工作所能覆盖的人员数量有限，所以通常会先由骨干员工参与，然后再由骨干员工进行后续培训。整个培训是一个持续性的工作，后续的试生产环节、量产爬坡环节也都伴随着大量的培训工作。

7.2.3 业务逻辑与参考周期

在生产准备阶段，共有50余项子任务，其中二级任务5项，本节将重点介绍二级任务之间以及二级任务内部各子任务之间的逻辑关系，并给出参考的任务周期。

7.2.3.1　二级任务及其逻辑关系

（1）生产准备阶段的二级任务

1）生产准备项目管理：生产准备阶段的项目管理工作。

2）C 样车开发：主要包括 C 样车的生产、试验及改进设计工作。

3）试销及销售准备：主要包括售后人员培训以及推广计划的编制。

4）试生产准备：主要包括生产和物流设备的验收、零部件的 PPAP、工艺文件的编制，以及生产人员的培训等。

5）项目收益性分析：主要包括评估设计变更成本、更新项目预算，以及项目收益性分析。

图 7.2 所示为生产准备阶段的二级任务及逻辑关系，从图中可以看出各二级任务之间的先后顺序。

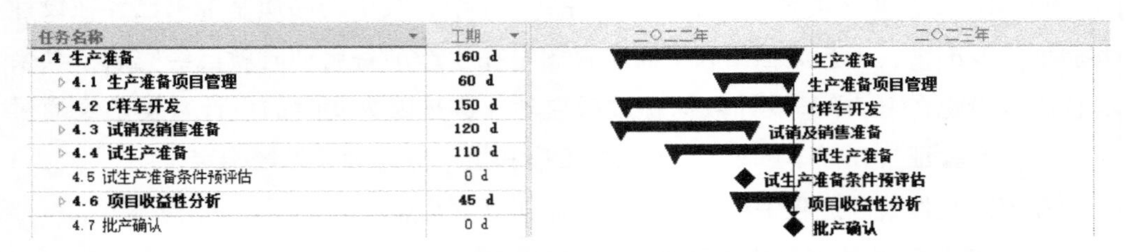

图 7.2　生产准备阶段的二级任务及逻辑关系

（2）生产准备阶段二级任务间的主要逻辑关系

1）生产准备项目管理工作是伴随性工作，贯穿整个阶段。

2）C 样车开发起始于 PBOM（生产 BOM）释放，因为 PBOM 释放后就可以启动 C 样车的生产过程，终止于阶段终点。

3）试销及销售准备工作可以在完成策划目标符合度检查（设计和验证阶段）后启动，该工作可以持续优化，但是需要在项目收益性分析前提供一版最新的预算数据。

4）试生产准备工作是在 C 样车试制完成后启动的，在阶段终点前完成。

5）项目收益性分析在阶段后端，通常是在产品的技术方案变更前完成，以及项目预算调整完成后启动。

7.2.3.2　生产准备项目管理

生产准备项目管理的主要子任务包括以下内容：

1）更新风险登记册。

2）更新交付物提交清单。

3）技术文件发放记录。

4）编制并更新项目问题清单。

以上任务都是伴随性任务，即在项目管理过程中需要实时更新或定期更新。需要注意的是以上只是该阶段的主要项目管理工作，详细工作见 6.3 节。

7.2.3.3　C 样车开发

（1）C 样车开发的主要子任务

1）C 样车生产：主要包括 C 样车的试制、评审和问题整改封闭等。

2）C 样车试验：主要包括 C 样车试验、设计签收、OTS 认可等工作。

3）改进设计：主要包括内外饰方案确认、零部件改进设计，以及标准和专利的起草、发布等工作。

图 7.3 所示为 C 样车开发任务的子任务及其逻辑关系，同时也列出了各项子任务的参考工作周期。

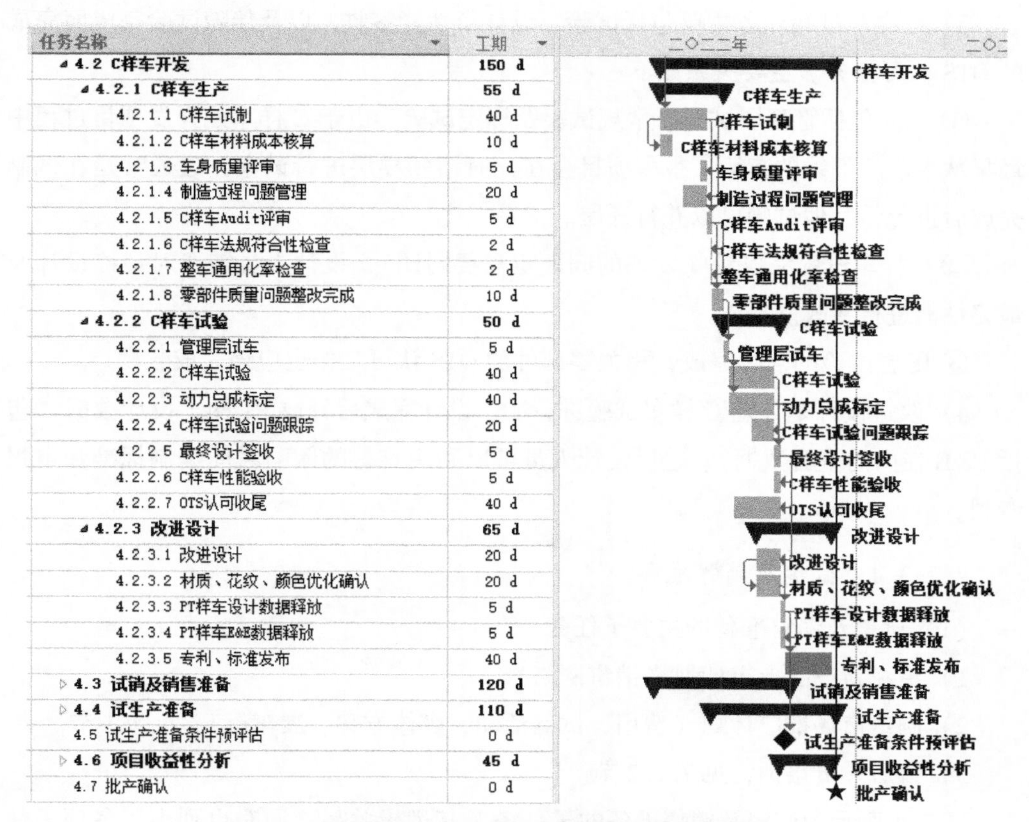

任务名称	工期
4.2 C样车开发	150 d
4.2.1 C样车生产	55 d
4.2.1.1 C样车试制	40 d
4.2.1.2 C样车材料成本核算	10 d
4.2.1.3 车身质量评审	5 d
4.2.1.4 制造过程问题管理	20 d
4.2.1.5 C样车Audit评审	5 d
4.2.1.6 C样车法规符合性检查	2 d
4.2.1.7 整车通用化率检查	2 d
4.2.1.8 零部件质量问题整改完成	10 d
4.2.2 C样车试验	50 d
4.2.2.1 管理层试车	5 d
4.2.2.2 C样车试验	40 d
4.2.2.3 动力总成标定	40 d
4.2.2.4 C样车试验问题跟踪	20 d
4.2.2.5 最终设计签收	5 d
4.2.2.6 C样车性能验收	5 d
4.2.2.7 OTS认可收尾	40 d
4.2.3 改进设计	65 d
4.2.3.1 改进设计	20 d
4.2.3.2 材质、花纹、颜色优化确认	20 d
4.2.3.3 PT样车设计数据释放	5 d
4.2.3.4 PT样车E&E数据释放	5 d
4.2.3.5 专利、标准发布	40 d
4.3 试销及销售准备	120 d
4.4 试生产准备	110 d
4.5 试生产准备条件预评估	0 d
4.6 项目收益性分析	45 d
4.7 批产确认	0 d

图 7.3　C 样车开发的子任务及其建议周期与逻辑关系

(2) C样车开发的子任务主要逻辑关系

1) C样车的试制和试验任务是串行的，因为试制完成是整车试验启动的前提条件。改进设计工作是与试验并行的，这是因为改进设计是为了解决试验中陆续出现的质量问题。

2) C样车生产可以简单的划分为试制、评审与检查、问题整改封闭三个依次进行的任务包。任务包的关系如下：

① 试制任务包包括样车试制、材料成本核算、车身等关键大总成的质量评审，以及过程问题管理。其中材料成本核算工作伴随着零部件采购（属于样车试制的一部分）进行，车身等关键大总成质量评价在试制完成后、交付检查前进行。过程问题管理则伴随整个任务包。

② 评审与检查任务包包括 Audit 评审、法规符合性检查和整车通用化率检查。三项工作可以依次进行，也可以同时进行。

③ 最后，针对评审与检查过程中发现的问题进行整改。

3) C样车试验任务主要包括试验、设计及性能签收，以及伴随试验完成而完成的 OTS 认可任务。主要关系如下：

① 试验包括管理层试车、常规试验及标定试验。由于C样车是开发项目过程中最早从生产厂下线的车辆，很多项目会在此时请领导层进行试车，这通常是在试制完成后进行，其他试验可以并行开展。

② C样车试验完成后（发现的问题也需要封闭），设计人员需要对最终设计及最终性能进行签收。

③ 随着试验的陆续完成，相关零部件的 OTS 认可工作也应该完成收尾。

4) 改进设计是伴随C样车试验进行的，设计完成后释放 PT 样车设计数据（包括 E&E 在内的全套数据）。之后设计人员可以利用难得的闲暇时间编制标准和申报专利。

7.2.3.4 试销及销售准备

(1) 试销及销售准备的主要子任务

1) 更新新产品上市计划（销售网络）。

2) 制定市场推广计划（费用、试驾活动、媒体方案、展车等），见7.1节。

3) 售后人员培训，见7.2.2节。

图7.4所示为试销及销售准备的子任务及其逻辑关系，同时也列出了各项子任务的参考工作周期。

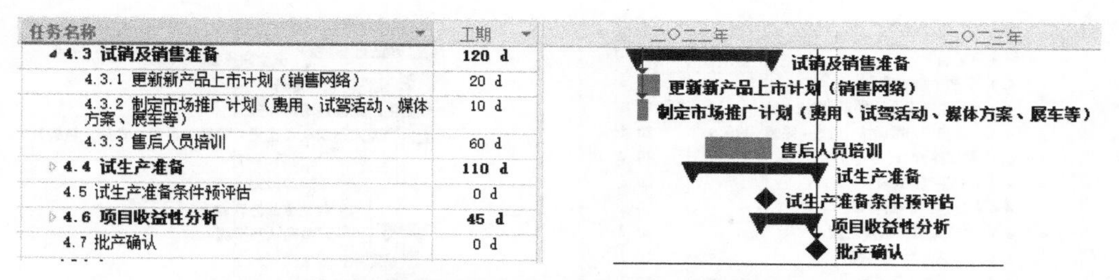

图7.4　试销及销售准备的子任务及其建议周期与逻辑关系

（2）试销及销售准备的子任务主要逻辑关系

1）新产品上市计划需要在策划目标符合度检查（设计和验证阶段）后进行更新，同时启动市场推广计划的编制工作。两项工作都是持续进行，需要根据项目进度、产品技术变更情况、用户及市场变化情况随时进行更新。

2）售后人员培训工作需要最迟在C样车试制完成后启动，因为此时的技术方案已经非常成熟，样车也比较多（通常在10台左右），能够借助样车对售后人员进行培训。

7.2.3.5　试生产准备

（1）试生产准备的主要子任务

1）生产、物流准备：主要包括生产和物流设备的安装、调试、验收工作。

2）零部件PPAP：自制件及采购件的PPAP认可工作。

3）生产人员确认及培训：主要包括生产人员定编，以及生产人员培训工作。

4）试生产文件编制：主要包括工艺文件（见7.1节）、生产及物流计划等文件的编制工作。

5）评估试生产条件：对试生产条件进行综合确认。

图7.5所示为试生产准备的子任务及其逻辑关系，同时也列出了各项子任务的参考工作周期。

（2）试生产准备子任务的主要逻辑关系

1）生产、物流准备任务通常在C样车试制完成后完成，这是因为在C样车试制过程中对整车的生产工艺性进行了验证，工艺方案通常会基于验证结果进行调整。而生产、物流设备的调试及最终确认需要在新形成的工艺方案下进行。

2）自制件和采购件的PPAP工作通常在OTS认可通过后启动，并最晚在第二轮生产验证前完成，因为第二轮生产验证对整车的生产节拍是有要求的。

3）确定生产线的人员通常是在设备安装调试过程中完成的，因为生产线人员也是与生产和物流设备密切相关的。

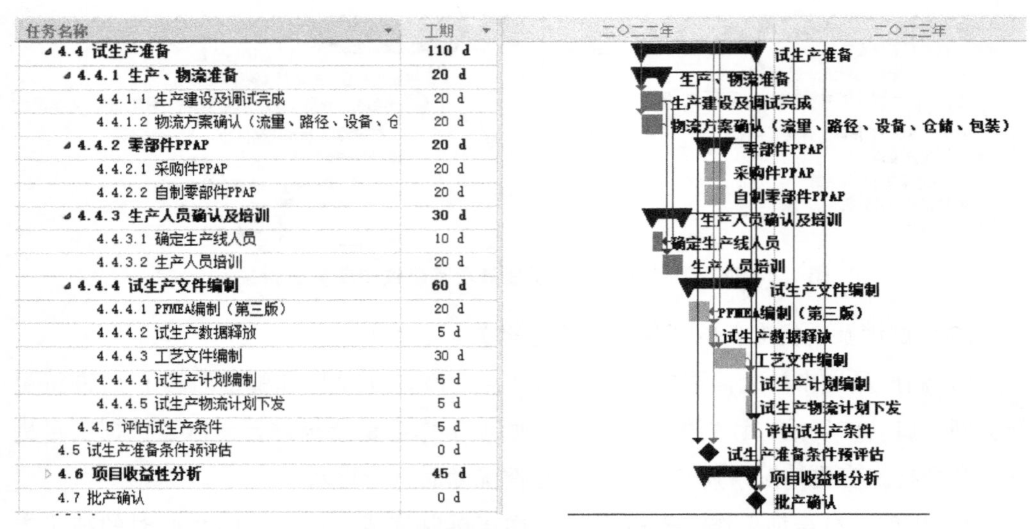

任务名称	工期
4.4 试生产准备	110 d
4.4.1 生产、物流准备	20 d
4.4.1.1 生产建设及调试完成	20 d
4.4.1.2 物流方案确认（流量、路径、设备、仓	20 d
4.4.2 零部件PPAP	20 d
4.4.2.1 采购件PPAP	20 d
4.4.2.2 自制零部件PPAP	20 d
4.4.3 生产人员确认及培训	30 d
4.4.3.1 确定生产线人员	10 d
4.4.3.2 生产人员培训	20 d
4.4.4 试生产文件编制	60 d
4.4.4.1 PFMEA编制（第三版）	20 d
4.4.4.2 试生产数据释放	5 d
4.4.4.3 工艺文件编制	30 d
4.4.4.4 试生产计划编制	5 d
4.4.4.5 试生产物流计划下发	5 d
4.4.5 评估试生产条件	5 d
4.5 试生产准备条件预评估	0 d
4.6 项目收益性分析	45 d
4.7 批产确认	0 d

图 7.5　试生产准备的子任务及其建议周期与逻辑关系

4）生产、物流设备安装调试完成后可以启动生产人员的培训工作，需要注意的是在生产和物流设备调试过程中就应该有部分人员参与其中，间接接受培训。生产和物流设备安装调试完成后进行的是批量、直接的培训。

5）PFMEA 的编制可以与 PT 样车设计数据释放同步进行。

6）PT 样车设计数据释放后可依次进行工艺文件，以及生产和物流计划的编制工作。

最后需要对生产准备的技术类工作进行确认，即评估试生产的条件是否具备，其前置及后续任务如图 7.6 所示。

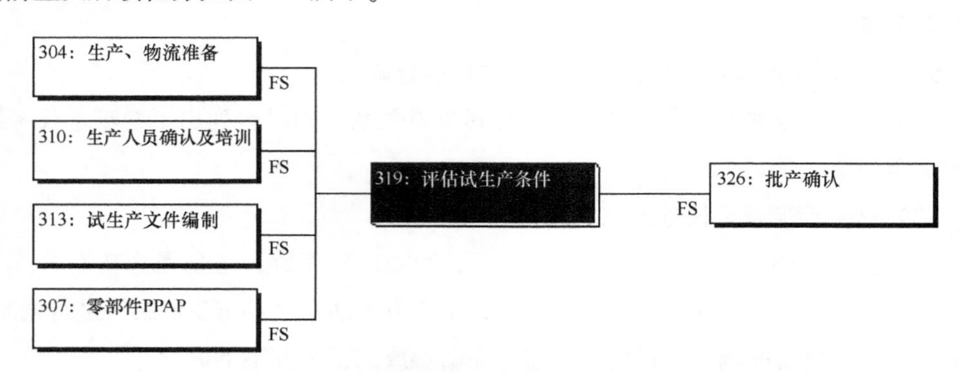

图 7.6　评估试生产条件的前置及后续任务

7.2.3.6　项目收益性分析

（1）生产准备阶段的项目收益性分析主要子任务

1）设计变更成本控制：见 7.2.2 节。

2）采购合同签订：与零部件供应商签订正式的采购合同。

3）项目预算更新。

4）项目收益性分析。

图7.7所示为项目收益性分析的子任务及其逻辑关系，同时也列出了各项子任务的参考工作周期。

任务名称	工期
4.6 项目收益性分析	**45 d**
4.6.1 设计变更成本控制	20 d
4.6.2 采购合同签订	20 d
4.6.3 项目预算更新	5 d
4.6.4 项目收益性分析	5 d
4.7 批产确认	0 d

图7.7　项目收益性分析的子任务及其建议周期与逻辑关系

（2）项目收益性分析子任务的主要逻辑关系

1）设计变更成本控制属于伴随性工作，随着C样车生产而进行，通常需要在PPAP完成前完成。

2）采购合同签订工作的时机，在不同的企业有不同的规定，但是建议最晚也要在PPAP完成后启动。

3）项目预算更新需要在涉及预算调整的工作完成后进行，通常包括试销及生产准备、生产和物流准备、生产人员确认及培训等。其前置和后续关系如图7.8所示。

图7.8　项目预算更新的前置及后续关系

7.2.4　里程碑划分及考量因素

里程碑的级别划分方案见4.2.4节。生产准备阶段建议设定的关键里程碑见表7.2。

表 7.2　生产准备阶段的关键里程碑

编号	里程碑名称	位置	级别	意义
1	C 样车试验结果评审	C 样车试验任务的终点	部门级	评价 C 样车试验、标定过程和结果的合理性，给出整车是否合格的结论，针对问题制定后续工作计划
2	试生产准备条件预评估	PT 样车设计数据释放的终点	分子公司级	评价设计数据、生产物流设备、人员培训等关键试生产准备工作的完成情况
3	批产确认	生产准备阶段的终点	集团级	完成全部生产准备工作，整车产品可以在生产线上进行生产，正式进入试生产阶段

上述节点是建议项目经理直接管控的节点，除此之外，还建议在每一个二级任务的终点设置一个里程碑，由与该节点最直接相关的子经理进行管控。

1）C 样车试验结果评审：由设计及验证子经理作为主持人进行评审，组织形式、交付物要求等与 A 样车试验结果（见 6.2.4 节）评审节点一致。

2）试生产准备条件预评估：它是对生产准备完成情况的一次预确认，主要确认的事项如下：

① 是否完成 PT 样车设计数据释放。

② 生产、物流设备是否准备完成，包括设备、工装、包装准备工作等。

③ 生产人员是否确定并完成培训。

以上三项事情如果完成，则意味着生产准备的主体技术性工作已经完成，也意味与生产建设项目的间的接口工作正式完成。

该节点需要由制造（M）子经理组织，相关分子公司（如生产厂）重点参与，建议邀请质量委员会成员参加，会议结论反馈给项目经理。

3）批产确认：确定生产准备工作是否全部完成，过程的成熟度满足试生产的要求。通常由项目经理组织，并由产品委员会评审（见 3.3.3 节）。过阀评审流程采用标准的过阀评审流程（见 3.4.3.1 节）即可。以下几项工作是评审的重点项：

① 生产、物流准备情况。

② 生产人员配置及培训情况。

③ 工艺文件的编制情况。

④ 零部件的 PPAP 报告。

⑤ 项目收益性分析。

7.2.5　跨阶段的流程接口关系

生产准备阶段的主要工作是过程设计和开发（即产品的生产工艺性），相关工作主要在生产厂的中试车间进行。在此阶段之后主要的工作将是在生产线上进行，涉及生产厂的各个环节，所以需要调拨大量的人员。此外，还会存在较大的停线风险，因此做好接口管控十分重要，其中几个关键的接口见表7.3。

表7.3 生产准备阶段的主要对外接口

序号	领域	接口位置	影响的阶段	影响的任务
1	范围	NA	NA	NA
2	进度	批产确认	后续全部	后续全部
3	收益	项目收益性分析	后续全部	每个阶段的收益性分析
4	质量	NA	NA	NA
5	预算	批产确认	后续全部	后续全部
6	风险	批产确认	后续全部	后续全部
7	销售	制定市场推广计划	试生产	产品定价、试乘试驾等推广活动
8	设计及验证	NA	NA	NA
9	采购	NA	NA	NA
10	物流	试生产物流计划下发	试生产	第一、二、三轮试生产
11	制造	工艺文件编制	试生产	第一、二、三轮试生产
		确定生产线人员		
		生产人员培训		
		试生产计划编制		
		试生产数据释放		

注：接口位置列内的所有接口位置都位于对应任务的终点。

总体上，生产准备阶段的接口相对简单，主要集中在销售、生产和物流三个领域。这主要是因为设计冻结后的整车产品在经过一轮生产试制（C样车试制）后，产品本身的问题及多数的过程问题已经解决，后续只需要关注生产系统的量产能力及新品上市推广即可。

1）范围、进度、预算、风险等领域的成果依然是其他任务的基础，但是进入到生产准备阶段后产品的范围已经确定（因为通过了策划目标符合性检查），在此阶段及后续阶段的变化非常少，不必再特别管控。由于范围已经确定，进度和预算的变化也不会太大，重点关注制造相关的进度和预算即可。产品风险应该已经几乎全部封闭，后续主要关注过程（生产和物流）风险。

2）质量领域的后续阶段工作主要是基于设计和验证阶段确定的目标执行质量管理任务，具体的质量问题解决可能会影响到后续阶段，但是没有需要特别关注的接口。此阶段的收益分析结果及评审结论将继续影响后续阶段的工作。

3）设计及验证领域的主要输出物（PT样车设计数据）将不再直接指导生产，

而是需要转化成试生产数据，所以没有跨阶段的接口。

4）伴随着采购合同的签订，采购领域的主要工作已经完成，后续仅有部分零部件的PPAP需要收尾，所以没有跨阶段的接口需要管理。

5）物流和制造领域几乎所有的任务都与试生产阶段存在密切的关系，主要包括人员、试生产数据、试生产计划（包括物流和制造）和工艺文件四个方面，这些都直接影响试生产阶段的三轮试生产任务。

7.3 项目管理工作要点

生产准备阶段是整车产品开发项目中最主要的过程设计和开发阶段，是保障设计好的产品顺利投产的最关键环节。此阶段涉及了设计、试制（中试）、试验、工艺及销售准备工作，距离产品上市的时间也愈发接近，项目管理的重点在于保证设计与生产物流、销售之间的高效衔接，同时管控此阶段的设计变更。

7.3.1 项目管理工作

7.3.1.1 范围管理

此阶段范围管理的主要工作如下：

1）渐进明细项目范围：

① 产品方面：在设计和验证阶段已经确定，生产准备阶段基于范围变更审批结果进行调整即可。

② 服务和提供服务的能力方面：完成生产和物流设备最终验收，同时，伴随着C样车试制，初步验证整车生产能力。在销售和售后方面，制定市场推广计划，继续售后服务技术文件的编制工作。继续细化生产能力、销售能力和售后能力的建设范围。

③ 成果方面：细化C样车、PT样车的技术文件交付要求。

2）商业目标回顾：确保项目的执行符合商业利益要求。

3）管理范围变更：此阶段的范围变更通常很少，一旦变更会对项目造成巨大影响，所以项目经理需要非常慎重。同样，对所有的变更都需要实施整体变更控制（见5.4节）。

4）阶段成果文件的验收：按照成果文件交付要求验收相关文件。这期间主要的成果为试工艺文件、试验报告和问题解决报告等。

7.3.1.2 进度管理

主要工作如下：

1）项目主计划更新（第六版）：在批产确认节点前更新一版项目主计划，并在过阀评审时审批。不过，通常项目进行到生产准备阶段后，除非市场、法规等方面出项重大变化，否则项目主计划基本不再变更。

2）二级计划更新：此阶段有以下三个子计划需要特别关注：

① 销售子计划，重点是更新新品上市计划和编制市场推广计划。

② 物流子计划，重点是编制试生产的物流计划，该计划需要详细到足以指导第一、二、三轮的试生产工作。

③ 制造子计划，重点是编制试生产计划，该计划要足够指导全部的试生产工作。

3）管理计划变更：进度计划的变更控制同样遵循基本的变更控制流程（见5.4节）。

7.3.1.3 资源管理

主要工作如下：

1）释放暂不需要的资源：进入生产准备阶段后，产品验证的主体工作已经结束，所以需要释放大量的人力资源和设备资源，主要包括设计（ED）、仿真（EC）、试制（MB）、试验（ET）等人力资源，以及与试验相关的试验设备资源。

2）壮大生产准备小组（见3.3.2节）：生产准备小组成员需要承担生产准备阶段的主要工作，因此需要扩大其规模，主要是扩充制造工程（ME）和物流（L）下一级的工作人员。主要包括以下岗位人员：

① 四大工艺（冲压、焊装、涂装、总装）的具体人员。

② 编制生产工艺文件的工艺工程师。

③ 管理生产现场和生产一线人员的车间主任、线长、班长等。

④ 负责来料检测的检查人员。

⑤ 厂内物流、包装和仓储的负责人。

⑥ 设备维护工程师。

生产准备小组在此阶段主要负责的工作包括：安装、调试、验收生产设备；C样车试制和过程中的问题解决；基于问题解决的结果，编制并完善工艺文件；人员培训；编制试生产阶段的工作计划。

3）人力资源平衡：在此阶段重点平衡制造工程（ME）业务范畴内的人力资源，工作重点在于跨项目的人员平衡，项目经理需要做到以下工作：

① 在生产准备启动时就配合制造（M）子经理提出明确的人力资源需求（数量、能力要求、占用时间等）。

② 在人力资源发生冲突时，与资源负责人（通常是厂长或制造工程总监）及相关项目的项目经理沟通，并制定资源平衡方案。

③ 考虑利用组织内部、集团内部资源的可行性，如必要时可以调用试制工艺工程师参与工艺准备工作，借调集团内部的其他生产厂中具备特定技能的人员。

4）设备资源平衡：此阶段比较稀缺的资源主要有中试车间、检测和调试设备。与人力资源平衡工作类似，项目经理需要提前编制计划、代表项目与资源所属部门沟通、积极协调一切可用的资源。

5）成立专项问题解决小组（见第3.3.2节）：主要负责解决C样车试制过程中发现的工艺难题。

7.3.1.4 沟通管理

主要工作如下：

1）召开项目例会：主要是从整个项目层面点检项目进度、问题和风险，协调解决重大问题、处理重大风险，同时对近期工作进行部署。

2）召开生产准备例会：由制造（M）子经理组织每周召开1次，快速推进解决生产准备过程的问题。

3）召开生产现场会：生产准备阶段的工作主要是在生产车间完成的，在这里工作都是以分钟计算，所以所有的问题都需要快速处理。进入生产准备阶段后建议由制造（M）子经理或制造工程（ME）定期（建议每天1次）召开现场会，迅速地推进现场问题解决。

4）组织、编制、预审、评审项目过阀申请：按照3.4.3.1节介绍的过阀流程组织过阀评审（通常针对集团级的里程碑），及其他里程碑的评审（见7.2.4节）。

7.3.1.5 风险管理

风险管理的主要工作有更新风险登记册和实施风险应对计划。进入生产准备阶段后项目的风险数量会大幅减少，主要风险集中在制造和销售领域，可以不再召开风险例会，相关内容可以在项目例会中统筹管控。

7.3.1.6 相关方管理

主要工作有识别新的相关方（主要有制造和物流领域的工作人员），以及持续管理相关方的参与。管理的重点由设计和验证人员逐步转向销售、售后、生产和物流人员。

7.3.1.7 知识管理

主要工作如下：

1）更新交付物。

2）更新技术文件发放记录（见5.3.1.7节）。

3）编制经验教训登记册（见5.3.1.7节）。

4）召开阶段总结会议，编制阶段总结报告（见5.3.1.7节）。在实际项目管理过程中，总结工作不应该限定在阶段结束后，而是需要实时总结。

5）编制和更新项目问题清单（见6.1节）。

7.3.2 其他业务领域的管控要点

7.3.2.1 销售

项目经理重点参与和管控市场推广计划（见7.2.2节）的编制工作，并为销售提供如下支持：

1）组织生产系统生产满足市场推广需求的车辆（通常在第二、三轮试生产中生产）。

2）组织设计和验证团队、制造团队为销售提炼技术卖点（先进的产品技术、试验技术、生产技术等）。

3）提供必要的资金支持。

7.3.2.2 成本

项目经理重点参与和管控设计变更成本控制（见7.2.2节）工作，项目经理需要做到以下工作：

1）协助变更的提出者识别变更对整个项目的影响，特别是对项目收益性的影响。

2）协调销售、生产、设计和质量等方面的分歧，制定综合最优的变更方案。

3）通报变更评审结果给相关项目及相关方。

7.3.2.3 财务控制

项目经理需要持续关注项目收益性分析的过程及结果，确保项目预算、产品成本和项目的商业目标达成。

7.3.2.4 物流和制造

项目经理需要重点参与和管控生产和物流准备工作，主要包括生产建设、生产和物流设备的安装、调试和验收。这些工作涉及跨项目、跨组织的协调。项目经理需要确保项目主要计划得到有效的执行，并主动协调跨项目的问题（如生产建设项目与产品开发项目），将可能影响项目主计划的问题和风险升级至产品委员会。

7.4 知识、工具与技术

1）偏差分析：见2.1.4节，主要用于分析进度、预算和质量等相关任务的达成状态与所设定目标间差距。分析的对象包括OTS、PPAP、质量问题解决、售后及生产线人员培训的进度、预算达成情况、Audit评审的分值、整车通用化率目标的达成情况等。

2）质量成本：见6.4节，在处理工艺问题时需要运用质量成本意识。常见的应用场景如下：

① 为了预防装配错误，有两种方式可以选择：一种是在零部件中增加防呆措施；另一种是采用一种比较复杂的装配工艺。

② 一个小零部件有1%的缺陷率，但是通过来料检测能够识别出来，评估是采用设计变更的方式还是通过来料检测的方式来解决这个问题。

③ 整车在出库检测时有1%的小缺陷不能检测出来，是引进昂贵的检测设备，或者是进行耗时漫长且花费不菲的设计变更，还是任其流入市场通过索赔弥补用户的损失。

面对这些场景，基于质量成本的分析能够帮助项目经理做出最优决策。

3）过程分析：见6.4节，在生产准备阶段经常用于分析制造过程的质量问题。其应用如下：

① 分析一个零部件瑕疵出现的原因，就需要分析零部件的制造、包装、物流的全过程。

② 分析生产线终检发现的问题，就需要逆序分析整个制造过程。

4）变更控制：见5.4节，除了常见的进度变更、预算变更、团队成员变更、技术目标变更外，在生产准备阶段最重要的应用就是设计变更成本控制（见7.2.2节）。

5）培训：见5.4节，生产准备阶段的主要培训有售后人员培训和生产人员培训。除此之外，还有面向设备维护人员和销售人员进行的培训。这期间的培训主要是为产品顺利投产及销售服务。

6）会议：见2.1.4节，在生产准备阶段召开的主要会议有项目例会、生产准备例会和生产现场会议。比较有特色的为生产现场会，会议召开的地点在生产现场而非会议室，会议召开的频率为每天。

7）8D：见6.4节，用以处理制造过程中的问题和C样车试验中发现的问题。

8）丰田问题解决八步法：见6.4节，用以处理制造过程中的问题和C样车试验中发现的问题。

9）PPAP：见5.4节，在生产准备阶段将开展PPAP认可工作。在阶段结束前需要完成所有关键零部件的PPAP认可，剩余零部件需要在第二轮生产验证前完成。

7.5 本章小结

1）生产准备阶段的主要工作成果有8个，包括：标准及专利、试生产工艺文件、PT样车设计数据、PPAP认可报告、标定数据、生产物流设备验收报告、市场推广计划、项目收益性分析报告。

2）生产准备阶段的主要二级任务有生产准备项目管理、C样车开发、试销及销售准备、试生产准备、项目收益性分析。

3）生产准备阶段的关键里程碑有C样车试验结果评审、试生产准备条件预评估、批产确认。

4）生产准备阶段的物流和制造领域与后续阶段存在密切的关系，在此阶段所做的成果将直接影响整车的试生产。

5）生产准备阶段的项目管理重点是扩充生产准备人员队伍、做好设备和人力资源平衡、召开生产准备和生产现场会议。

6）项目经理需要具备质量成本意识，运用质量成本工具做出决策。

第8章 试生产

试生产阶段的主要工作是完成第一、二、三轮试生产工作，验证物流和制造能力。阶段目标是具备稳定、批量生产合格产品的能力。

试生产阶段（图8.1）需要作出一个重要的决策，即整车产品是否可以批量上市。产品批量上市后将直接交付给终端客户，因此，需要在试生产阶段全面确认产品和过程的成熟度，确保其满足上市标准。

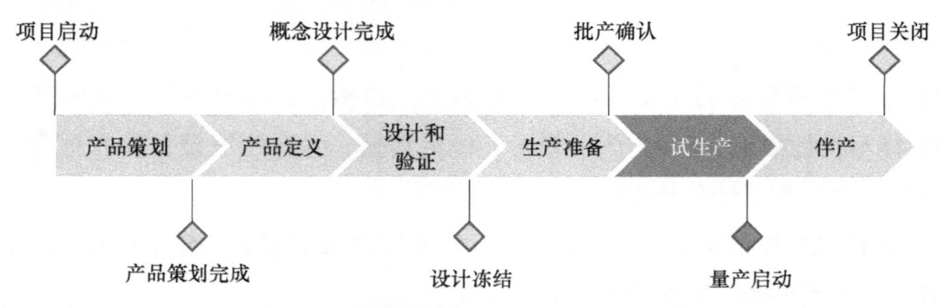

图8.1 试生产在产品开发流程中的位置

8.1 主要成果

试生产阶段的主要成果如下：

1）试乘试驾报告。试乘试驾活动是试生产阶段的重要营销活动，也是新产品开发项目的第一次大规模营销活动。活动的目的如下：

① 宣传产品与品牌，集客。

② 收集关键用户对产品的评价和建议，收集网评信息。

③ 与竞品车的对比分析。

④ 完善新产品上市计划。

基于此，试乘试驾报告通常包括：活动背景信息，包括目的、时间、地点、邀请的媒体等；活动的行程，通常包括参观（生产线、博物馆、试验中心等）、产品交流、试乘试驾；活动成果，包括试乘试驾体验总结、集客信息、宣传报道信息和受众反馈信息等；对新品上市计划的建议。

2）设计变更实施报告。点检所有设计变更项的实施状态，并总结形成的报告，通常包括以下内容：

① 设计变更清单，包括申请信息、审批结论。

② 设计变更的实施时间，包括技术文件下发时间、生产准备体现时间。

③ 试生产验证结果。

④ 带条件释放的原因、条件及正式释放计划。

⑤ 结论，要总结设计变更的总体实施情况、列出风险项，并给出建议。

3）质量问题封闭报告。汇总所有质量问题封闭情况信息的报告，既包括工程质量问题，也包括制造质量问题。如果企业有成熟的质量问题跟踪管理系统，那么该报告则很简单，包括以下内容：

① 汇总质量分类分布情况，如不同级别问题的占比、不同责任人主体负责问题的占比。

② 质量问题封闭情况，包括质量问题在设计检查表、FMEA 等文件中的体现情况。

③ 未封闭问题清单、解决进展、风险分析。

④ 结论。

如果企业没有 IT 系统对问题进行管理，那么质量（Q）子经理除上述文件外，还需要整理出一份全部质量问题解决过程记录表，以及相关文档。

4）生产一致性验证报告。它是以试生产样车为试验对象的功能、性能试验报告。生产一致性验证的目的在于确认生产线上批量下线的整车产品性能是否能够稳定地满足设计要求。生产一致性验证报告的内容与普通的试验报告基本一致，即体现试验大纲、标准、对象、试验条件、试验结果和试验结论。

5）生产测试报告。针对三轮试生产的总结报告，包括以下内容：

① 生产测试计划。

② 试生产中的发现问题及解决情况。

③ 生产系统各项指标的达成情况，如节拍、平均停线时间、下线产品合格率等。

④ 测量系统分析（MSA）报告，目的是了解测量系统是否满足检测要求。其内

容包括：基础信息（量具、基准件信息、基准值、测量人等）、原始数据、控制图、结论和建议。MSA 工具的介绍见 8.4 节。

⑤ 过程能力研究报告，目的是研究过程能力是否满足质量要求，其内容包括：基础信息（工位、工序、设备、零部件、操作人员等）、原始数据、控制图（判断系统是否稳定）、直方图（验证是否正态分布），结论及改进建议。过程能力研究工具的介绍见 8.4 节。

⑥ 结论。

6）量产工艺文件。与生产准备阶段形成的工艺文件类似，主要包括：工艺流程图、车间平面图、特殊特性矩阵图、PFMEA、品质基准书、工艺卡、工序卡和作业指导书。区别在于，此时的量产工艺文件已经通过了生产验证，内容更加翔实和准确。

7）材料成本复核报告。对整车的材料成本进行复核，确认全部零部件 PPAP 后的最终合同价格，对于已经存在的差异及潜在差异进行分析，并给出结论和建议。

8）项目收益性分析报告。主体内容与之前阶段的收益性分析报告一致，主要差异点如下：

① 销量预测，以及目标市场售价的调整。

② 材料成本，此处是经过复核的量产前的最终整车材料成本。

③ 项目预算，此处体现项目预算的实际执行情况。

④ 实际费用预测，基于生产测试结果，更新制造相关的费用预测值。

⑤ 项目收益性分析结果，此处体现产品量产前的最终结果。

8.2 主要工作及步骤

8.2.1 不同项目角色的主要工作内容

试生产阶段的主要工作由生产准备小组（见 3.3.2 节）完成，核心目标是验证生产过程的能力，保证产品和过程具备量产条件。在此阶段，各项目角色需要承担的工作见表 8.1。

带☆标志的为关键任务，相关内容会在下一节详细介绍。项目管理角色的所有工作会在本章的项目管理工作要点中详细介绍。

表8.1 试生产阶段的主要工作

编号	角色	角色简写	推荐的工作内容
1	项目管理	PM	①项目目标核查 ②更新风险登记册 ③更新交付物提交清单 ④技术文件发放记录 ⑤更新项目问题清单
2	销售	S	①产品定价 ②试乘试驾☆ ③更新新产品上市计划
3	质量	Q	质量问题封闭确认☆
4	工程质量	QE	C样车试验问题跟踪
5	制造质量	QM	①PT样车Audit评审 ②PT样车一致性验证 ③PT过程问题管理 ④自制件PPAP收尾 ⑤编制质保路试计划☆ ⑥量产条件确认
6	供应商质量	QS	采购件PPAP收尾
7	成本工程	C	整车材料成本复核
8	财务控制	F	①项目预算更新 ②项目收益性分析
9	设计及验证	E	①确认设计变更实施状态☆ ②量产车设计数据释放
10	设计	ED	改进设计
11	计算	EC	PT样车性能验收
12	电子电气	EE	
13	造型	ES	CTF样车验收
14	试验	ET	用户试验
15	认证	H	①PT样车法规符合性确认 ②整车通用化率确认 ③全部认证工作完成
16	售后	A	①发布随车说明书、售后服务手册、配件清单、配件图册 ②确定索赔工时 ③完成诊断仪开发 ④关键市场售后配件就位

（续）

编号	角色	角色简写	推荐的工作内容
17	采购	P	
18	设备采购	PE	
19	零部件采购	PP	售后配件合同签署
20	物流	L	①物流能力确认 ②出厂发运方案确认
21	制造	M	
22	制造规划	MP	确认制造能力
23	制造工程	ME	①满负荷下整车生产验证☆ ②PFMEA 编制（第四版） ③量产工艺及相关文件确认 ④编制生产爬坡计划☆ ⑤第一轮试生产 ⑥第二轮试生产 ⑦第三轮试生产
24	试制	MB	

8.2.2 关于几项关键任务

1）S-试乘试驾：组织客户、媒体对新车型进行试乘试驾，形成报告（见 8.1 节）。作为一种宣传活动，企业通常有固定的流程可以遵循，主要包括以下内容：

① 制定活动方案，明确目的、时间、场地、邀请人员和流程等。

② 编制活动文案，包括宣传软文、技术卖点汇总等。

③ 组织活动并收集信息，同步利用各种媒介进行宣传。

④ 总结形成报告。

在试乘试驾活动中项目经理是一个重要参与者，主要负责在活动前协助销售（S）准备样车、经费、技术卖点和软文；在活动中作为产品开发负责人介绍和推广产品，收集用户和媒体的反馈信息；在活动后基于活动成果组织调整销售、售后、生产等工作。

2）Q-质量问题封闭确认：确认全部质量问题的封闭情况并形成报告（见 8.1 节）。该工作通常由质量（Q）子经理牵头梳理整个开发过程中发现的质量问题，并确认所有质量问题的关闭情况。如果项目从立项之初就采用“一张表”对项目中的问题进行管理，那么此时的工作会很容易，因为伴随着问题的逐个解决，问题的封闭情况会实时更新。如果采用分散的质量问题管理方式，那么此时的工作相对复杂，而且容易遗漏。作为项目经理需要做到以下工作：

① 确保所有的质量问题得到统一的记录、跟踪、点检和推进。

② 协助推动在试生产阶段依然遗留问题的解决。

③ 统筹协调制定风险应对方案，因为此时通常还有些遗留的问题，这些问题可能在产品量产后的一段时间依然不能封闭，为防止市场上出现批量事故，项目经理应组织制定风险应对方案。

3）QM-编制质保路试计划：质保路试是对小批量生产的车型进行的试验，通常试验车数量较大（6～10 辆，甚至可以多达 20 余辆），试验工况更接近于用户实际使用情况。通常，质保路试是对新开发车型上市前的最后一次试验，起到“守门人”的作用。质保路试计划通常包括以下内容：

① 编制试验大纲（确认试验对象、数量、路线、标准等要求）。

② 试验准备计划。

③ 试验实施及问题跟踪计划。

项目经理在质保路试过程中应确保试验计划与项目主计划相匹配，推进问题解决，并组织同步进行的产品宣传活动。有些企业会对这批试验样车进行特殊的包装、安排特殊的路线，并适当安排一些中途活动。这样，既能够达成试验目的，也能起到很好的宣传作用。

4）E-确认设计变更实施状态：统计全部设计变更申请的实施状态并形成报告（见 8.1 节）。项目经理需要组织设计及验证（E）子经理汇总变更日志中的设计类变更申请，并确认所有变更申请的实施状态。对于在 SOP 前不能实施的变更，要制订出过渡计划和风险应对计划。其中的重大风险要列入项目风险登记册，并亲自管理。

5）ME-满负荷下整车生产验证：在设计节拍下，对整个新产品的生产系统进行验证，包括物流、制造（冲压、焊装、涂装、总装）、测量、质检、辅助等系统。完成生产验证后会得到零部件检测结果、关键控制点的测量数据、实际生产节拍、下线检测结果等各种生产系统形成的数据。基于这些数据制造工程（ME）经理需要组织相关人员对以下几个方面进行评审：

① 物流、制造、检测设备及工装夹具的能力。

② 整车及自制件的生产工艺。

③ 质量控制程序。

④ 工人、技师的业务技能。

⑤ 采购件的质量表现（基于来料检测数据）。

6）ME-编制生产爬坡计划：它是指生产系统在达到设计产能之前的排产计划。之所以要制订一份这样的计划，主要是因为以下三方面的因素：

① 物流和制造系统达到设计产能是需要一定时间的，这主要是因为操作人员技能的熟练掌握需要时间，工装和设备投入使用初期的故障率会比较高，零部件的供应在初期可能是不稳定的。即便已经经历了三轮试生产，通常这些因素也是无法完全规避的。

② 市场和用户对新车的接受、认可和购买需要一定的时间。生产体系需要按照市场需求的节奏进行生产。

③ 新车的市场质量表现存在不确定性，如果大批量销售可能出现批量索赔。

基于以上原因，企业在编制生产爬坡计划时需要十分慎重。通常需要由制造工程（ME）牵头，组织销售（S）、售后（A）、设计及验证（E）、采购（P）、质量（Q）等多个领域的人员共同研究确定。项目经理（PM）需要在其中发挥最终把关者的作用，因为项目经理不仅需要对整个开发过程负责，还需要对投产初期的市场和质量表现负责，当然也需要对公司的整体商业利益负责。

8.2.3 业务逻辑与参考周期

在试生产阶段，共有50余项子任务，其中二级任务6项，本节将重点介绍二级任务之间以及二级任务内部各子任务之间的逻辑关系，并给出参考的任务周期。

8.2.3.1 二级任务及其逻辑关系

（1）试生产阶段的二级任务

1）试生产项目管理：试生产阶段的项目管理工作。

2）PT样车开发：主要包括第一、二、三轮试生产、用户试验及质保路试试验、改进设计等任务。

3）量产准备：主要包括工艺文件完善、PPAP收尾、物流和制造能力确认等任务。

4）销售准备：主要包括产品最终定价、宣传，以及销售计划更新工作。

5）售后准备：主要包括售后文件编制、首批备件铺货、售后供应合同签署等任务。

6）项目收益性分析：项目SOP前的最终收益计算。

图8.2所示为试生产阶段的二级任务及逻辑关系，从图中可以看出各二级任务

之间的先后顺序。

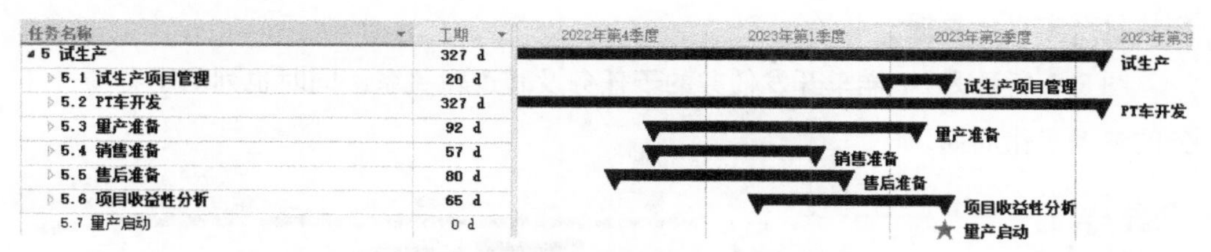

图 8.2　试生产阶段的二级任务及其逻辑关系

（2）试生产阶段二级任务的主要逻辑关系

1）阶段工作的主线是第一、二、三轮试生产任务，伴随着试生产同步开展销售和售后准备工作。

2）项目管理工作伴随整个阶段的各项任务。项目收益性分析任务在第三轮试生产、销售准备和售后准备任务完成后进行。

3）PT 样车开发任务之所以在量产启动之后还有工作，是因为其中的用户试验任务会持续到项目伴产阶段。

8.2.3.2　试生产项目管理

试生产阶段的项目管理任务如下：

1）项目目标核查：在产品正式投产前，核查全部项目目标的达成情况。

2）更新风险登记册。

3）更新交付物提交清单。

4）技术文件发放记录。

5）更新项目问题清单。

除项目目标核查外，该阶段的主要项目管理任务都是伴随性工作，伴随着整个阶段所有任务的开展而开展。项目目标核查任务事实上也需要在每个阶段都进行，在试生产阶段单独提出的原因是这是最重要的一次项目目标核查任务。该任务通常是伴随着项目收益性分析任务进行的。所有项目管理任务将在 8.3 节详细介绍。

8.2.3.3　PT 样车开发

（1）PT 样车开发的主要子任务

1）第一轮试生产：包含第一轮试生产的全套工作，主要有试生产、Audit、法规符合性检查、一致性检查、造型和性能验收等。

2）小批量试生产：主要包括第二轮和第三轮试生产任务。

3）试验：主要包括用户试验和质保路试试验任务。

4）改进设计：基于工艺和试验过程中发现的问题，对设计图样进行改进，并释放量产车设计数据。

图 8.3 所示为 PT 样车开发任务的子任务及其逻辑关系，同时也列出了各项子任务的参考工作周期。

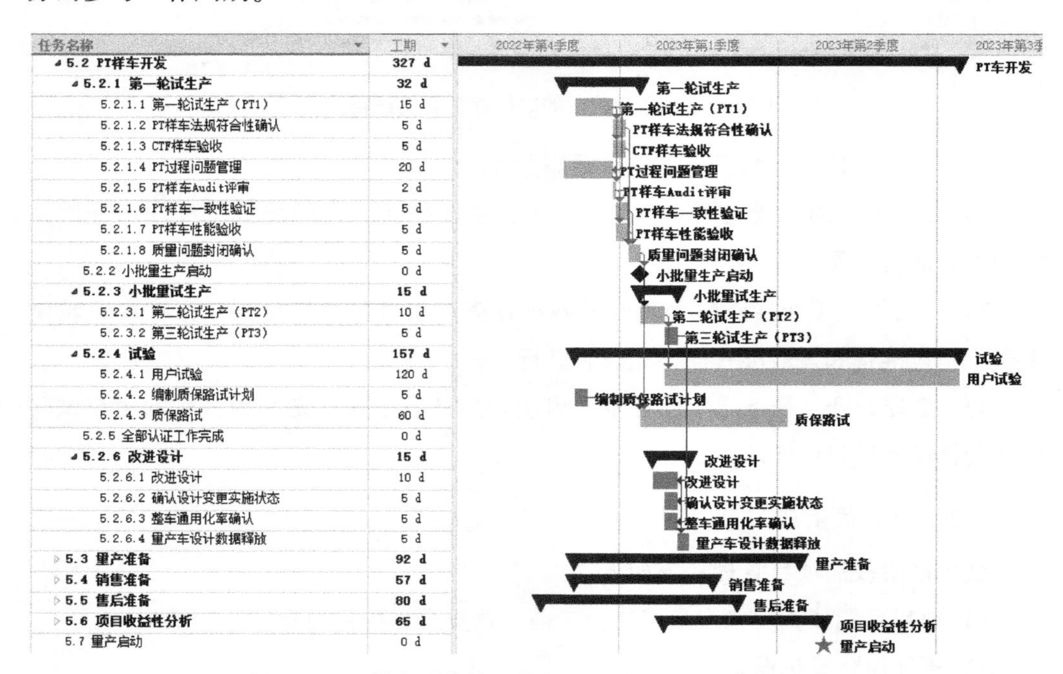

任务名称	工期
5.2 PT样车开发	327 d
5.2.1 第一轮试生产	32 d
5.2.1.1 第一轮试生产（PT1）	15 d
5.2.1.2 PT样车法规符合性确认	5 d
5.2.1.3 CTF样车验收	5 d
5.2.1.4 PT过程问题管理	20 d
5.2.1.5 PT样车Audit评审	2 d
5.2.1.6 PT样车一致性验证	5 d
5.2.1.7 PT样车性能验收	5 d
5.2.1.8 质量问题封闭确认	5 d
5.2.2 小批量生产启动	0 d
5.2.3 小批量试生产	15 d
5.2.3.1 第二轮试生产（PT2）	10 d
5.2.3.2 第三轮试生产（PT3）	5 d
5.2.4 试验	157 d
5.2.4.1 用户试验	120 d
5.2.4.2 编制质保路试计划	5 d
5.2.4.3 质保路试	60 d
5.2.5 全部认证工作完成	0 d
5.2.6 改进设计	15 d
5.2.6.1 改进设计	10 d
5.2.6.2 确认设计变更实施状态	5 d
5.2.6.3 整车通用化率确认	5 d
5.2.6.4 量产车设计数据释放	5 d
5.3 量产准备	92 d
5.4 销售准备	57 d
5.5 售后准备	80 d
5.6 项目收益性分析	65 d
5.7 量产启动	0 d

图 8.3　PT 样车开发的子任务及其建议周期与逻辑关系

（2）PT 样车开发的子任务主要逻辑关系

1）三轮试生产任务是依次进行的，改进设计工作伴随着每次试生产任务，直至第三轮试生产完成后才完成，并最终释放量产车设计数据。试验是利用试生产出来的样车进行的。

2）一轮典型的试生产任务包括试生产、检查和问题封闭三大部分。具体要求如下：

① 试生产包括试生产及过程中发现的问题解决，两项工作是同步完成的。

② 检查则包括 Audit 评审、法规符合性检查、CTF 样车验收、PT 样车一致性验证及性能验收，通常先进行 Audit 评审，然后可以并行进行其他工作。

③ 问题封闭是指检查中发现的问题解决并封闭，通常在全部检查工作完成后还需要进行一段时间。

3）第二轮和第三轮试生产的工作与第一轮基本一致，项目可以根据需要增加或减少工作任务。与第一轮的差异点主要在于生产的节拍和生产样车的数量。具体要求如下：

① 第一轮对生产节拍没有要求，生产样车的数量通常在5台以内。

② 第二轮要能够连续生产，节拍最好接近设计要求，生产的样车通常为10～20台。

③ 第三轮要求生产节拍与设计节拍一致，生产样车的数量通常在20台以上（不同的车型数量差异很大，通常乘用车更多一些，商用车则更少一些）。

4）试验任务主要包含用户试验和质保路试两类试验，通常要求如下：

① 用户试验利用第二轮或第三轮试生产的样车，样车以较高的折扣价卖给用户，用户定期反馈使用中发现的问题。样车投放量在20台左右。

② 质保路试试验利用第一轮或第二轮试生产的样车，通常由制造质量（QM）按照一定的试验规程进行，在SOP前完成。样车投放量通常小于10台。

5）与其他阶段改进设计略有不同的地方在于，试生产阶段的改进设计过程中，需要确认全部设计变更的执行情况以及整车通用化率。

8.2.3.4 量产准备

（1）量产准备的主要子任务

1）量产文件编制：主要任务为编制量产工艺文件（见8.1节）和生产爬坡计划（见8.1节）。

2）PPAP收尾：对在生产准备阶段没有完成PPAP认可的零部件进行收尾。

3）生产及物流确认：最后确认生产和物流的能力是否满足量产要求。

4）量产条件确认：确认量产前的所有技术性工作已经全部完成。

图8.4所示为量产准备的子任务及其建议周期与逻辑关系，同时也列出了各项子任务的参考工作周期。

（2）量产准备子任务的主要逻辑关系

1）量产文件编制、PPAP收尾、生产及物流确认工作之间的关系是，通常先进行PPAP收尾，然后在第二轮和第三轮生产验证任务前后完成其他两项任务。

2）PFMEA文件是伴随量产设计数据释放完成而完成的，工艺文件确认工作则是第三轮试生产活动完成后启动的（事实上在每一轮的试生产过程中都会对工艺文件进行确认，不过这里指的是最终确认和完善）。生产爬坡计划可以在完成第一轮试生产后启动，并在后续工作中逐步完善。

3）PPAP收尾是指完成本应该在生产准备阶段完成的PPAP认可任务，这些工作需要最迟在第二轮试生产启动前完成。其前置及后续任务如图 8.5 所示，其中的“批产确认”里程碑见 7.2.4 节。

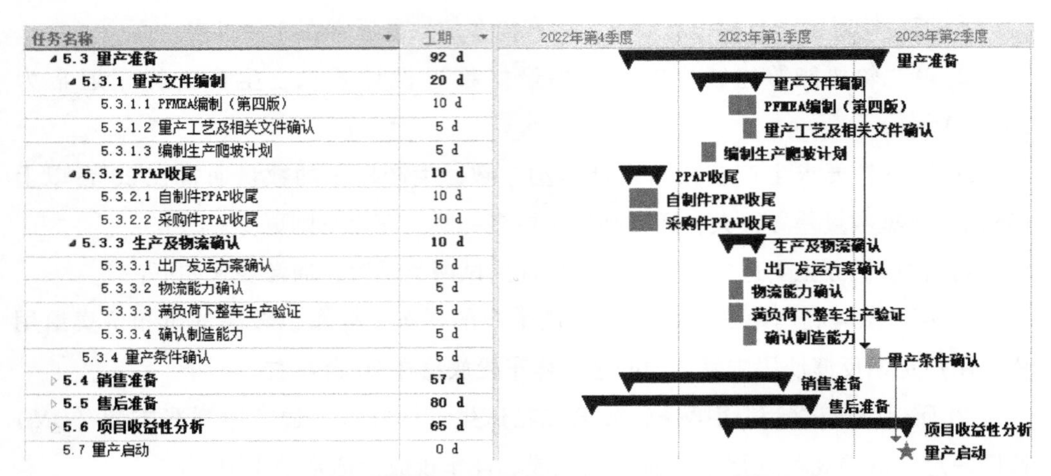

任务名称	工期
5.3 量产准备	92 d
5.3.1 量产文件编制	20 d
5.3.1.1 PFMEA编制（第四版）	10 d
5.3.1.2 量产工艺及相关文件确认	5 d
5.3.1.3 编制生产爬坡计划	5 d
5.3.2 PPAP收尾	10 d
5.3.2.1 自制件PPAP收尾	10 d
5.3.2.2 采购件PPAP收尾	10 d
5.3.3 生产及物流确认	10 d
5.3.3.1 出厂发运方案确认	5 d
5.3.3.2 物流能力确认	5 d
5.3.3.3 满负荷下整车生产验证	5 d
5.3.3.4 确认制造能力	5 d
5.3.4 量产条件确认	5 d
5.4 销售准备	57 d
5.5 售后准备	80 d
5.6 项目收益性分析	65 d
5.7 量产启动	0 d

图 8.4　量产准备的子任务及其建议周期与逻辑关系

图 8.5　PPAP 收尾任务的前置及后续任务

4）物流能力确认和满负荷下整车生产验证两项任务是伴随第三轮试生产而完成的。出厂发运方案确认和确认制造能力两项任务通常是在第三轮试生产完成后进行的，这两项任务是指最终确认，需要编制确认报告。

8.2.3.5　销售准备

（1）销售准备的主要子任务

1）产品定价：制定量产车的标准售价。

2）试乘试驾：泛指以试乘试驾为核心的产品宣传活动。

3）更新新产品上市计划：形成 SOP 前的最终新品上市计划。

图 8.6 所示为销售准备的子任务及其建议周期与逻辑关系，同时也列出了各项子任务的参考工作周期。

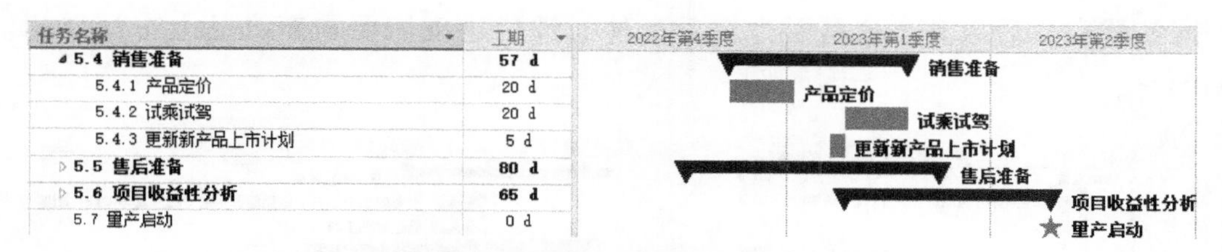

图8.6　销售准备的子任务及其建议周期与逻辑关系

（2）销售准备子任务的主要逻辑关系

1）产品定价、试乘试驾及更新新产品上市计划三项任务都需要在项目收益性分析前完成，因为它们可能影响产品定价或影响项目预算，而这些都与项目收益性分析密切相关。

2）产品定价工作可以在批产确认（见7.2.4节）后启动，适当结合试生产的结果。

3）试乘试驾任务需要样车，所以通常在第二轮试生产后正式启动。

4）更新新产品上市计划需要基于生产爬坡计划（更确切的说法是相互影响），所以通常是在生产爬坡计划发布后进行。

8.2.3.6　售后准备

（1）售后准备的主要子任务

1）发布随车说明书、售后服务手册、配件清单、配件图册：所有随车文件准备完毕。

2）确定索赔工时：针对新的系统和零部件维修和索赔设定标准工时。

3）完成诊断仪开发：完成诊断仪的开发或更新。

4）售后配件合同签署。

5）关键市场售后配件就位：结合新品上市计划，完成首批上市网络的配件铺货。

图8.7所示为售后准备的子任务及其建议周期与逻辑关系，同时也列出了各项子任务的参考工作周期。

（2）售后准备子任务的主要逻辑关系

1）随车文件发布、确定索赔工时和完成诊断仪开发三项任务均是在完成量产车设计数据释放后完成。

2）售后配件合同签署需要在PPAP收尾后开始，当然合同的签署是分批进行的，无需在所有零部件都通过PPAP认可后再启动相关工作。

3）关键市场售后配件就位需要在新产品上市计划更新完成且售后配件合

同签署完成后启动。这是因为售后配件的铺货进度需要与新产品上市计划相配合。

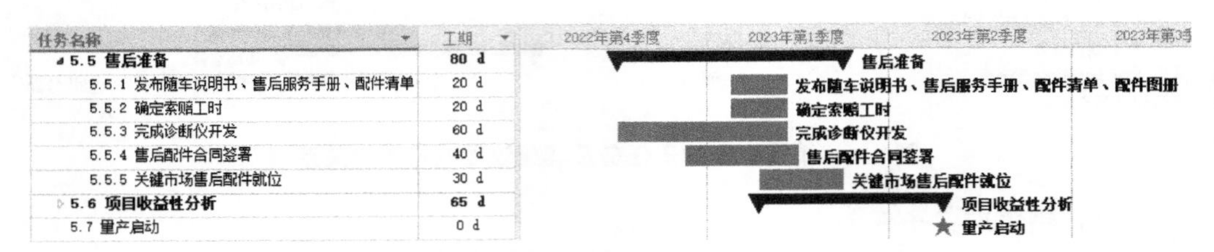

图 8.7　售后准备的子任务及其建议周期与逻辑关系

8.2.3.7　项目收益性分析

（1）项目收益性分析的主要子任务

1）整车材料成本复核：在 SOP 前核算最终的整车材料成本。

2）项目预算更新：主要是更新销售、售后方面的预算。

3）项目收益性分析。

图 8.8 所示为项目收益性分析的子任务及其建议周期与逻辑关系，同时也列出了各项子任务的参考工作周期。

任务名称	工期
5.6 项目收益性分析	65 d
5.6.1 整车材料成本复核	5 d
5.6.2 项目预算更新	5 d
5.6.3 项目收益性分析	5 d
5.7 量产启动	0 d

图 8.8　项目收益性分析的子任务及其建议周期与逻辑关系

（2）项目收益性分析子任务的主要逻辑关系

1）在改进设计完成后，可以启动整车材料成本复核工作，因为这时的设计数据已经是 SOP 前的最终数据。

2）要更新所有已经花费的项目预算信息，同时对后续可能要发生的预算也要进行更新，主要涉及质保路试预算、生产预算、销售预算和售后预算。项目预算更新的前置及后续任务如图 8.9 所示。

8.2.4　里程碑划分及考量因素

里程碑的级别划分方案见 4.2.4 节内容。试生产阶段建议设定的关键里程碑见表 8.2。

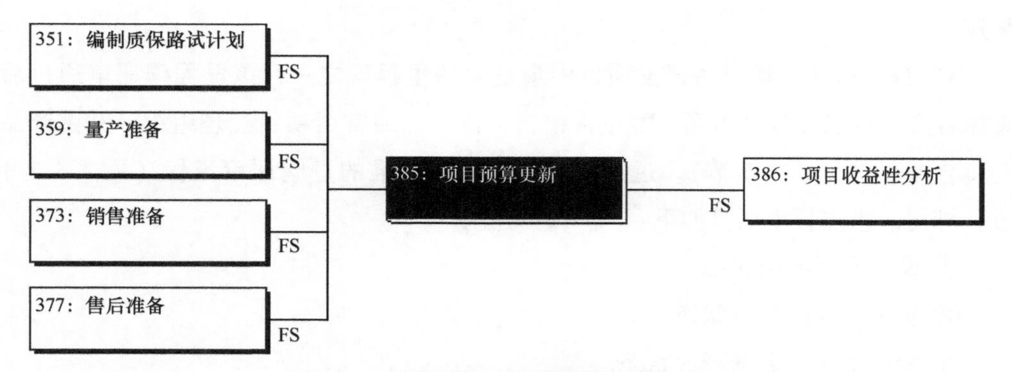

图8.9　项目预算更新的前置及后续任务

表8.2　试生产阶段的关键里程碑

编号	里程碑名称	位置	级别	意义
1	小批量生产启动	第一轮试生产任务的终点	分子公司级	完成新车的首次线上生产，具备小批量生产的能力
2	全部认证工作完成	认证任务的终点	部门级	再次确认所有认证项目的完成情况
3	量产启动	试生产阶段的终点	集团级	完成全部试生产工作，可以稳定地向市场供应新开发的整车产品

表8.2中所列节点是建议项目经理直接管控的节点，除此之外，还建议在每一个二级任务的终点设置一个里程碑，由与该节点最直接相关的子经理进行管控。

1）小批量生产启动：即确认第二轮试生产任务启动的条件是否具备。该节点需要由制造（M）子经理组织，相关分子公司（如生产厂）重点参与，重点评审如下项目：

① 第一轮试生产中发现的问题的封闭情况。

② PPAP收尾工作的完成情况。

③ 工艺文件的有效性。

④ 设备、工装的功能是否满足要求。

⑤ 操作人员及生产现场管理人员的业务技能。

2）全部认证工作完成：即确认全部认证工作是否已经完成。该里程碑与设计和验证阶段的认证完成（见6.2.4节）里程碑是一致的，在这里再次设置此节点的原因如下：

① 在很多新产品开发项目中，全部认证工作完成的时刻位于试生产阶段。

② 全部认证工作完成是量产启动的一个重要前提，有必要进行再次确认。

③ 不同的企业有不同的节点设置方式，本书提到的两种设置方式都有企业在

采用。

3）量产启动：新产品开发项目中最重要的里程碑之一，该里程碑评审通过后意味着产品可以投放到市场，并正常销售。该节点通常由项目经理组织，并由产品委员会评审（见3.3.3节）。过阀评审流程采用标准的过阀评审流程（见3.4.3.1节）即可。重点评审项目如下：

① 设计变更实施状态。

② 质量问题的解决状态。

③ 量产车设计数据释放状态。

④ 过程能力确认结果，包括制造和物流设备、工装、操作人员技能、工艺文件有效性等。

⑤ 产品定价及上市计划。

⑥ 售后准备工作完成情况。

⑦ 项目收益性分析结果。

总体上，量产启动节点是对产品和过程成熟度的最终确认。

8.2.5 跨阶段的流程接口关系

试生产阶段的主要工作是产品和过程确认，相关工作主要在生产厂的正规生产线上进行。在此阶段之后产品将批量上市，项目的工作量也将大幅减少。该阶段的几个关键的接口见表8.3。

表8.3 试生产阶段的主要对外接口

序号	领域	接口位置	影响的阶段	影响的任务
1	范围	NA	NA	NA
2	进度	量产启动	伴产	项目关闭
3	收益	项目收益性分析	伴产	项目收益性最终评估
4	质量	NA	NA	NA
5	预算	量产启动	伴产	项目决算
6	风险	量产启动	伴产	项目总结
7	销售	更新新产品上市计划	伴产	产品销售
8	设计及验证	NA	NA	NA
9	采购	NA	NA	NA
10	物流	NA	NA	NA
11	制造	编制生产爬坡计划	伴产	生产爬坡

注：接口位置列内的所有的接口位置都位于对应任务的终点。

试生产阶段的接口集中在销售和制造领域，因为后续的伴产阶段属于项目的收尾阶段，新产品开发项目工作比较少，属于项目工作与运营工作的交汇点。而与运营工作相关度最高的两个领域正是销售和制造。要注意以下工作要点：

1）范围、进度、收益、质量、预算、风险领域的工作已经基本完成，后续要做的是总结与后续评价。

2）更新的新产品上市计划会影响到伴产阶段的产品销售。

3）生产爬坡计划在伴产阶段将指导生产爬坡工作。

8.3 项目管理工作要点

8.3.1 项目管理工作

按照APQP的阶段划分方法，试生产阶段是整车产品和过程的确认阶段，是产品上市前的最后一个阶段。此阶段最主要的工作是三轮试生产，即通过试生产确认产品和过程的成熟度。项目管理的重点在于核查项目各项工作的完成情况、释放资源、协调推进产品销售与制造工作。

8.3.1.1 范围管理

主要工作如下：

1）商业目标回顾：系统地回顾项目的商业目标完成情况，进入此阶段时，项目成败几乎已经成为定局。项目经理需要收集相关信息为项目总结、项目绩效评价做准备，并执行必要的行动，确保后续的任务符合商业利益要求。

2）阶段成果文件的验收：这期间主要验收的内容如下：

① 工艺文件、质保路试试验报告、质量问题封闭报告、生产测试报告等常规报告。

② 伴随着人力资源释放而需要收集的工作总结报告、工作过程文件等。

3）渐进明细项目范围：主要包括以下几个方面：

① 产品方面：已经基本锁定，发生变化的可能性很小，基于范围变更审批结果进行微调即可。

② 服务和提供服务的能力方面：制造能力满足设计要求。销售及售后的准备工作也已经完成，启动新产品推广活动，逐步具备销售及售后能力。

③ 成果方面：细化用户试验及质保路试试验的技术文件交付要求。

4）管理范围变更：对所有的变更都需要实施整体变更控制（见5.4节）。

8.3.1.2 进度管理

主要工作如下：

1）项目主计划更新（第七版）：在量产启动节点前更新一版项目主计划，并在过阀评审时汇报。此时项目的主要工作已经完成，后续发生变化的可能性及变化产生的影响都很小，所以通常不需要在过阀评审时审批项目主计划。

2）二级计划更新：此阶段有以下三个子计划需要特别关注：

① 销售子计划，重点是更新新产品上市计划和编制市场推广计划。

② 制造子计划，重点是编制生产爬坡计划（见8.2.2节）。

③ 质量子计划，重点是编制质保路试计划（见8.2.2节）。

3）管理计划变更：进度计划的变更控制同样遵循基本的变更控制流程（见5.4节），在审批计划变更申请时，需要重点关注其对制造及销售计划的影响。

8.3.1.3 资源管理

主要工作如下：

1）释放暂不需要的资源：逐步释放人力资源和设备资源，主要包括生产准备小组的成员（见7.3.1.3节）。到量产启动节点时，项目的大部分资源已释放完毕，仅保留伴产阶段所必需的人力资源，如项目经理（PM）、销售（S）、售后（A）和制造（M）。

2）促使生产准备小组向制造运营团队转变：生产准备小组是阶段性存在的，在试生产的阶段的初期（主要是第一轮试生产期间）会有很多临时性工作需要借助生产准备小组推动。随着临时性问题的解除，生产准备小组更多做的是本职工作。因此，项目经理需要促进这种转变，如将生产准备小组的部分工作逐步移交给生产管理人员（如线长、班组长等）。

3）人力和设备资源平衡：主要需要跨项目平衡设计（ED）资源，因为此时大部分设计（ED）人员已经投入到新的产品开发项目中了，而在试生产过程中还会不时发生一些问题，需要设计人员来解决。

8.3.1.4 沟通管理

主要工作如下：

1）召开项目例会：项目例会的频次会逐渐降低，参会人员的范围也随着人力资源的释放而逐步缩小。

2）召开生产现场会：建议继续由制造（M）子经理或制造工程（ME）定期（建议每天1次）召开现场会，迅速地推进现场问题解决。

3）组织、编制、预审、评审项目过阀申请：按照3.4.3.1节的过阀流程组织过阀评审（通常针对集团级的里程碑），及其他里程碑的评审（见7.2.4节）。

8.3.1.5 风险管理

风险管理的主要工作有更新风险登记册和实施风险应对计划。风险主要集中在销售、售后和制造领域，可以在项目例会上进行统筹管控。

8.3.1.6 相关方管理

识别新的相关方（主要是销售、售后及制造的工作人员），持续管理相关方的参与。

8.3.1.7 知识管理

知识管理的主要工作如下：

1）更新交付物。

2）更新技术文件发放记录（见5.3.1.7节）。

3）编制经验教训登记册（见5.3.1.7节）。

4）召开阶段总结会议，编制阶段总结报告（见5.3.1.7节）。项目组可以在量产启动节点后召开项目总结会，而不必等到项目关闭时。这是因为此时项目的直接参与者还比较多，量产启动节点又是一个非常有象征意义的节点。如果到项目关闭节点时召开项目总结会，参与的人数会大幅减少。

5）编制和更新项目问题清单（见6.1节）。

8.3.2 其他业务领域的管控要点

8.3.2.1 销售和制造

项目经理重点参与和管控新产品上市计划的更新工作，以及生产爬坡计划的编制工作，要确保做到以下工作：

1）两个计划之间相互协调，如产品的产量与市场的销量相协调。

2）两个计划与项目的风险相协调，即带风险上市的产品要确保产量和销量都在受控的范围内。

3）新品上市计划与售后配件的铺货计划相协调。

8.3.2.2 财务控制

项目经理需要重点关注量产启动前的项目收益性分析工作，因为此时的项目收益性水平几乎就代表了项目的最终收益性水平，所以要确保做到以下工作：

1）整车的材料成本基于零部件的采购合同进行了复核。

2）项目的预算执行情况及资金占用情况都如实体现。

3）产品的定价及销量预测要以最新的新产品上市计划为准。

4）所有的制造相关费用以试生产的实测数据为准。

5）所有的偏差要有分析，必要时需要有应对计划。如整车材料成本较目标值高，则需要有原因分析，以及后续的降成本工作计划。

8.4 知识、工具与技术

1）访谈：见2.1.4节，在试乘试驾活动中，需要通过访谈了解用户、媒体及专家的意见和建议。

2）市场调查：见2.1.4节，在更新新产品上市计划时，需要再次调查市场的需求情况。此阶段的市场调查活动通常与新产品的宣传活动相结合，调查的结果通常也不会对产品的配置和特性提出变更要求，更多是对新产品上市计划进行调整。

3）观察：见2.1.4节，在试乘试驾活动中，通过观察了解用户、媒体及专家的真实诉求和评价。

4）核对单：见2.2.4节，在编制设计变更实施报告和质量问题封闭报告时，都需要借助核对单逐个核查变更申请和质量问题的处置情况。

5）偏差分析：见2.1.4节，核查项目目标时，需要借助此工具分析现状与目标的差距。

6）挣值分析：见4.4节，用货币化的方式评估当前项目的范围、进度和预算情况。挣值分析工具在每个阶段都需要用到，特别是在试生产阶段的量产启动节点前，有必要对项目整体及各子项目进行一次系统的挣值分析。

7）绩效审查：见5.4节，除了常规的定期（根据公司规定以月或季度为周期）绩效审查外，还需要在项目的关键节点进行绩效审查。在量产启动前需要审查的对象及内容如下：

① 项目整体目标的达成情况。

② 子项目的目标达成情况。

③ 项目团队成员，特别是即将离开项目的团队成员个人及所对应业务的目标达成情况。

8）团队建设：见2.3.4节，在量产启动节点通过后，项目通常需要进行以下几项重要的团队建设活动：

① 召开项目总结会。

② 团队庆祝活动。

③ 离开团队的项目成员欢送活动。

需要特别关注的是，面向即将离开团队的人员的团队建设活动。如果活动举办得成功，那么将能够很好地弥合在项目开展过程中的分歧，也能够为下一次合作奠定基础。

9）变更控制：见5.4节，此阶段的变更会比较少，但是影响可能是很大的，如新实施的一个法规可能造成即将开发完成的车型重新设计。项目经理需要关注潜在的变更需求，关注变更对销售和制造领域造成的影响。

10）知识管理：见2.3.4节，在量产启动节点前，项目经理需要组织收集和存档几乎全部的显性知识。为了使隐性知识显性化，还需要组织召开经验教训总结会，将所总结的知识同样归档管理。当然，经验教训总结会的召开也会促进隐性知识在团队成员之间的传递，进而提升组织的知识水平。

11）会议：见2.1.4节，在试生产阶段需要召开的会议主要有项目例会、生产现场会、阶段总结会。

12）MSA：即测量系统分析，是IATF 16949标准中的五大质量工具之一。进行测量系统分析的目标是了解测量系统是否满足检测要求。因为在新产品开发项目中通常会产生新的测量需求，即测量系统需要更新，所以需要做测量系统分析。分析的时机是试生产阶段，因为此时产品没有上市，且有样本数量能够满足分析需求。测量系统分析的主要流程如下：

① 编制分析计划。

② 人员、设备和样品准备。

③ 稳定性分析。

④ 偏倚、线性、重复性分析。

⑤ 编制分析报告。

作为项目经理需要了解其作用、开展时机及交付物。关于测量系统分析的书很多，读者可以购买或借用，以详细了解其内容。

13）过程能力研究：同样是质量管理体系中的典型工具，其目的是研究过程能力是否满足质量要求。与测量系统分析一样，在新产品开发项目的试生产阶段需要开展相关工作，主要流程如下：

① 编制研究计划。

② 过程标准化，即按照企业规定管理生产系统的各个要素。

③ 标准化作业并收集数据。

④ 数据计算分析。

⑤ 编制研究报告，给出管理建议。

读者可以购买或借用 IATF 16949 相关书籍，其中通常会有关于过程能力研究的详细介绍。

8.5 本章小结

1）试生产阶段的主要成果有 8 个，分别是试乘试驾报告、设计变更实施报告、质量问题封闭报告、生产一致性验证报告、生产测试报告、量产工艺文件、材料成本复核报告、项目收益性分析报告。

2）试生产阶段的主要二级任务有 6 个，分别是试生产项目管理、PT 样车开发、量产准备、销售准备、售后准备、项目收益性分析，其中最重要的是三轮试生产任务。

3）生产爬坡计划是该阶段的一个关键计划，该计划需要同时满足生产系统的能力需求、市场需求，以及风险控制需求。同时该计划也是重要的跨阶段接口文件。

4）该阶段有三个重要的里程碑，分别是小批量生产启动、全部认证工作完成、量产启动。其中量产启动是项目中最关键的里程碑之一，通过该里程碑意味着产品可以批量投放市场。

5）此阶段项目管理的重点是核查项目各项工作的完成情况（特别是项目商业目标的达成情况）、释放资源、协调推进产品销售与制造工作。

6）有两个工具能够帮助判断生产系统是否具备量产能力，分别是测量系统分析（MSA）和过程能力研究。

第9章
伴产

伴产阶段的主要工作是完成产品试销和用户试验、全面总结项目过程、释放项目资源、关闭项目。阶段目标是实现从项目到运营的过渡。

伴产阶段（图9.1）需要做出一个重要的决策，即项目是否可以关闭。项目关闭后预算将关闭，资源将全部释放，因此需要在伴产阶段确保项目目标达成、结束全部项目工作、完成工作移交和工作总结。

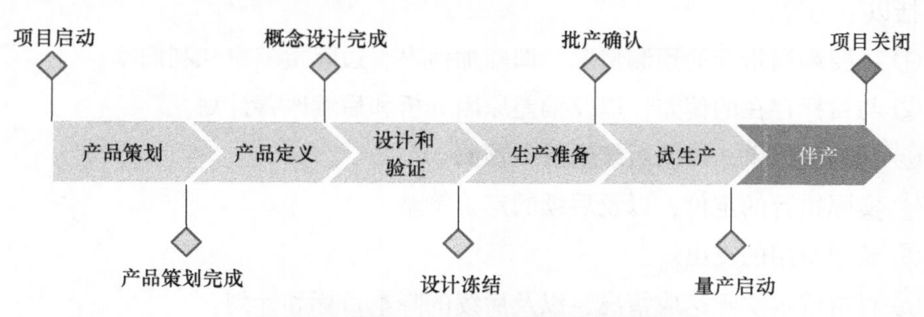

图9.1　伴产在产品开发流程中的位置

9.1　主要成果

伴产阶段的主要成果如下：

1）项目总结报告：即项目的最终总结报告，其内容通常与产品策划报告（见4.1节）相呼应，主要包括以下内容：

① 项目目标的达成情况，包括销量目标、售价目标、成本目标、收益目标、技术目标等。

② 项目进度、预算的执行情况。

③ 生产建设方案的执行情况（如果没有列入单独项目进行管理）。

④ 产品的初期市场表现，包括新品上市计划的执行情况及初期的质量表现。

⑤ 交付物提交及归档情况。

⑥ 工作移交情况，一些由项目组承担的任务移交给对应的业务部门。

⑦ 经验及教训总结，包括良好经验的推广方案，以及从失败中汲取的教训。

2）用户试验报告：它是新产品开发项目中的最后一个试验报告，其内容与常规的试验报告一致，主要包括以下内容：

① 试验目的、标准。

② 试验用户、车辆、设备、环境信息。

③ 试验结果、关键试验过程记录。

④ 试验结论。

3）项目收益性最终评估报告：可以作为项目总结报告的一部分，也可以单独提交，其内容与产品策划阶段的项目收益性分析报告（见4.1节）相呼应，通常既体现策划的内容，又体现规划目标的达成情况，同时还需要对偏差进行分析。它主要包括以下内容：

① 主要利润指标的预测情况，即附加值率、边际贡献率和利润率。

② 与目标存在的偏差，以及偏差原因分析和后续改善计划。

③ 试销的结果，以及后续销量的预测。

④ 实际执行的定价，以及后续的定价策略。

⑤ 营销费用的支出。

⑥ 材料成本实际达成情况，以及后续的降本目标和计划。

⑦ 实际研发投入，以及费用均摊规则。

⑧ 固定费用均摊情况。

⑨ 其他信息，包括采购年降、财务成本、市场价格变动等预测信息。

项目的主要内容是前两项，其余属于辅助信息。

4）市场反馈报告：汇总试销车型的市场反馈信息，为评价项目绩效、改善产品设计和销售策略提供依据。它主要包括以下内容：

① 销量，重点是目标的达成情况及差异分析。

② 质量表现情况，可以参考3MIS和6MIS等指标。

③ 用户对产品的满意度，包括最满意的特性、最不满意的特性、综合满意度等。

④ 经销商对产品的满意度。

⑤ 与竞品车的对比分析。

9.2 主要工作及步骤

9.2.1 不同项目角色的主要工作内容

伴产阶段的主要工作由销售（S）、制造（M）、项目管理（PM）和部分设计和验证（E）人员完成，核心目标是项目工作的顺利交接与项目收尾。在此阶段各项目角色需要承担的工作见表9.1。

带☆标志的为关键任务，相关内容会在下一节详细介绍。项目管理角色的所有工作会在本章的项目管理工作要点中详细介绍。

表9.1 伴产阶段的主要工作

编号	角色	角色简写	推荐的工作内容
1	项目管理	PM	①项目总结 ②项目材料归档 ③解散项目团队
2	销售	S	①产品试销 ②市场反馈收集与分析☆ ③正式销售
3	质量	Q	上市后质量问题跟踪与解决
4	工程质量	QE	
5	制造质量	QM	量产车 Audit 评审
6	供应商质量	QS	
7	成本工程	C	
8	财务控制	F	①项目决算 ②项目收益性最终评估☆ ③项目审计☆
9	设计及验证	E	伴产阶段技术服务
10	设计	ED	设计总结☆
11	计算	EC	①整车性能评价 ②CAE 分析模型完善与工作总结
12	电子电气	EE	
13	造型	ES	
14	试验	ET	用户试验跟踪与反馈☆

（续）

编号	角色	角色简写	推荐的工作内容
15	认证	H	认证、专利、标准及通用化工作总结
16	售后	A	配件全部到位
17	采购	P	
18	设备采购	PE	
19	零部件采购	PP	
20	物流	L	物流持续优化
21	制造	M	
22	制造规划	MP	
23	制造工程	ME	①量产工艺持续优化 ②生产爬坡
24	试制	MB	

9.2.2 关于几项关键任务

1）S-市场反馈信息收集与分析：形成市场反馈报告（见9.1节）。该项任务与数据收集与分析流程（见2.1节）基本相同，但是其调研对象更为聚焦，即新投放到市场的车型。可以将其划分为两类：由企业组织的经常性的定性和定量调查，调查用户对产品的喜好程度、产品的质量表现；第三方调查，如J. D. Power公司的新车质量调查（IQS）、魅力质量调查（APEAL）及可靠性质量调查（VDS）。

调研的方式比较多样，有调查问卷、访谈、观察、试验测试等。项目经理可以参与到调研过程中，重点发挥以下作用：

① 协调解决调查中发现的问题，如产品质量问题、营销方案、售后和服务政策等，以促进产品在商业上取得成功。

② 总结项目开发过程中的问题（有些是在伴产阶段才发现的），为企业，也为自己的后续工作奠定基础。

2）F-项目收益性最终评估：形成项目收益性最终评估报告（见9.1节）。为了完成项目收益性的最终评估，需要收集非常多的信息，仅靠财务控制（F）人员是很难完成的，因此需要项目经理做到以下工作：

① 在项目的开发过程中注意相关信息的收集与汇总，最好能制度化地定期收集。

② 在伴产阶段协调获取相关信息。

③ 分析项目实际收益与目标的偏差，并牵头制定改善方案。

项目收益性的评估关乎项目的最终评价，项目经理应积极参与其中，并以此为契机，用商业的视角审视与总结项目。

3）F-项目审计：审计是一种在项目中广泛应用的工具，详见9.4节。在伴产阶段的项目审计属于项目终期审计，即系统地审视项目过程和结果。涉及的主要审计项目如下：

① 配置项审计：审计产品配置的正确性，确保所有销售（S）规划的产品配置需求得到满足，配置变更管理的过程完整，有完整的记录和审批。

② 采购审计：审计项目采购过程的合规性，包括合同和采购过程的完整性、正确性和有效性。

③ 质量审计：审计项目过程是否合规，包括是否遵守了企业规定、流程、制度和模板等。

④ 风险审计：审计风险应对过程的有效性。在项目的执行过程中需要定期进行审计（可以在风险例会上进行），在伴产阶段重在回顾风险应对过程，积累经验教训。

4）ED-设计总结：目的是总结设计工作的经验教训，为持续提升设计能力奠定基础。设计总结可以分为以下两大类：

① 技术方案的总结：总结整车、系统和零部件技术方案的优缺点，形成总结报告，为后续车型的设计提供参考。

② 技术细节的总结：通常是基于设计问题的，需要将所有的设计问题落实到设计检查表和DFMEA这两个技术文件中。

这两类总结之间通常没有明确的界限。为了对后续设计工作提供更有效的指导，建议将总结落实到设计检查表和DFMEA这两个文件中。

5）ET-用户试验跟踪与反馈：用户试验是一种比较特殊的试验。其主要特点包括：①试验人员为用户，而非企业员工；②试验场地通常分布在全国各地，或较大的一片区域内，而非试验场；③试验条件是贴近用户实际使用情况的，而非标准化的，如油品、尿素、冷却液、维修保养等都存在不规范的风险。

以上特点决定了用户试验的管理难度更大，也需要试验（ET）工程师和项目经理在以下几方面投入更多的精力：

① 严格的合同约束，明确里程、工况、数据反馈等方面的要求，预防纠纷。

② 定期进行用户试验数据收集。

③ 快速地处理试验中的各种问题，将用户的停工损失降到最低。

④ 协调服务站网络做好用户试验车的维修、保养和服务工作。

⑤ 定期进行用户调研，了解没有上报的问题（通常是用户不易察觉的痛点）。

9.2.3 业务逻辑与参考周期

在伴产阶段，共有30余项子任务，其中二级任务8项，本节将重点介绍二级任务之间以及二级任务内部各子任务之间的逻辑关系，并给出参考的任务周期。

9.2.3.1 二级任务及其逻辑关系

（1）伴产阶段的二级任务

1）伴产项目管理：伴产阶段的项目管理工作。

2）生产：包括生产爬坡和正式生产等任务。

3）试验：主要是用户试验的跟踪及反馈。

4）设计及验证工作总结：主要包括设计及验证各个领域的总结，以及认证、专利和标准相关的总结工作。

5）产品销售：主要包括产品试销及正式销售相关任务。

6）售后：主要包括配件铺货及初期市场质量问题解决等任务。

7）持续优化：物流和制造的持续优化。

8）项目收益性分析：主要包括项目决算、项目收益性最终评估和项目审计等任务。

图9.2所示为伴产阶段的二级任务及逻辑关系，从图中可以看出各二级任务之间的先后顺序。

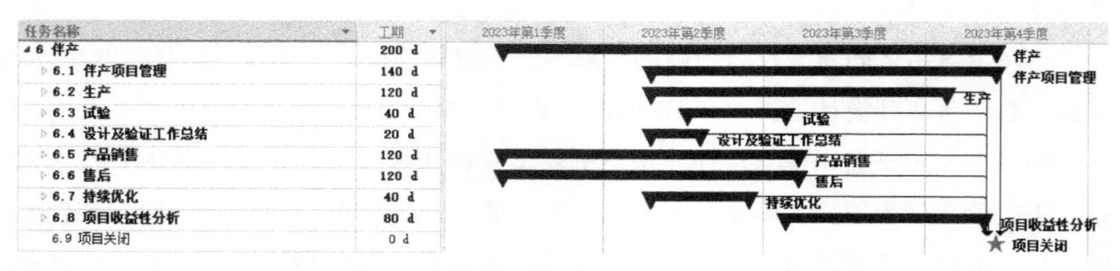

图9.2 伴产阶段的二级任务及其逻辑关系

（2）伴产阶段二级任务的主要逻辑关系

1）伴产项目管理工作主要是伴随性工作，其中项目材料归档和团队全部解散任务集中在阶段末期。

2）量产启动节点评审通过后即可启动伴产阶段的生产任务，其周期由生产爬坡计划计划决定。设计及验证工作总结和持续优化任务也是在量产启动节点后启动。

3）伴产阶段的试验任务是伴随用户试验开展而开展的，也随着用户试验结束而结束。

4）项目收益性分析任务中的项目决算耗时较长，通常其决定了该二级任务的工作周期。最终收益性评估完成后项目才可以关闭。

9.2.3.2　伴产项目管理

伴产项目管理的主要子任务如下：

1）项目总结：完成项目的最终总结工作，形成项目总结报告（见9.1节）。该任务通常在量产启动节后启动即可。

2）项目材料归档：项目材料按照企业规定移交档案室，进行归档管理。

3）解散项目团队：正式结束项目，释放全部项目资源。

图9.3所示为伴产项目管理的子任务及其逻辑关系，同时也列出了各项子任务的参考工作周期。其中项目仅列出了主要子任务，详细项目管理工作见9.3节。

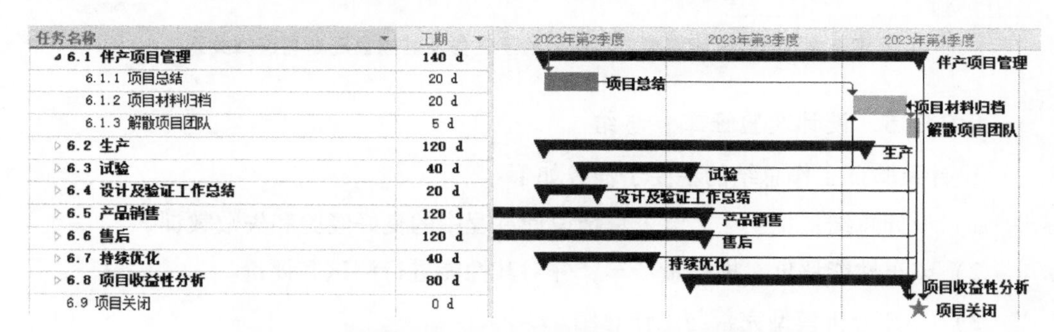

图9.3　伴产项目管理的子任务及其建议周期与逻辑关系

9.2.3.3　生产

生产的主要子任务如下：

1）生产爬坡：按照生产爬坡计划组织生产工作。

2）量产车Audit评审：按照企业规定对量产车型进行抽查，该任务可以是生产爬坡任务的一个伴随性工作。

图9.4所示为伴产阶段主要二级任务的子任务及其逻辑关系，同时也列出了各项子任务的参考工作周期。从图中可以看出生产爬坡任务在伴产阶段中所处的位置。关于量产车Audit评审，图中仅列出了第一次评审，事实上在生产爬坡过程中会有多次Audit评审工作。

9.2.3.4　试验

试验的主要子任务是用户试验跟踪与反馈，即伴随着用户试验进行试验管理工作。其建议周期与逻辑关系如图9.4所示。

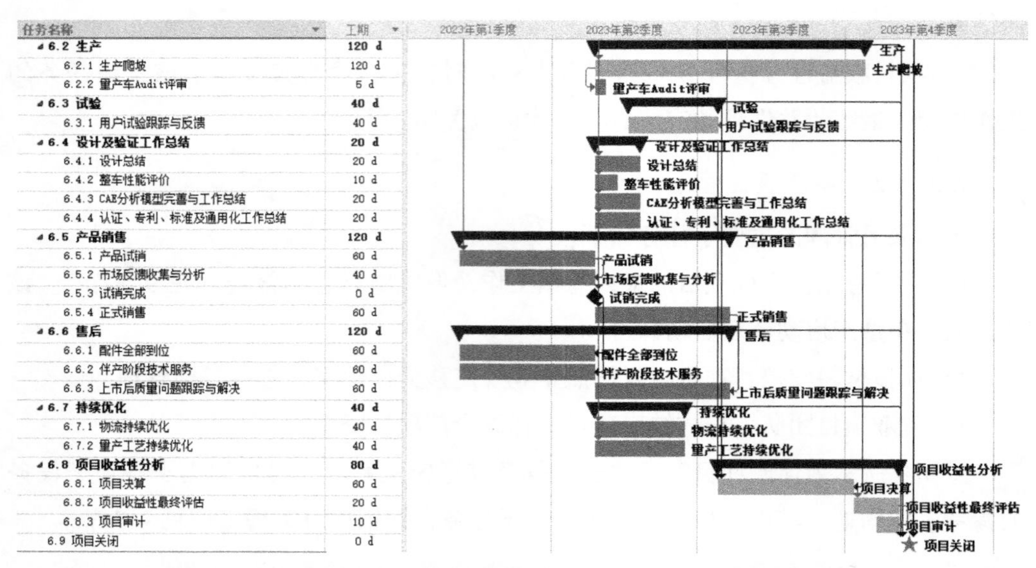

图 9.4　伴产阶段主要二级任务的子任务及其建议周期与逻辑关系

9.2.3.5　设计及验证工作总结

设计及验证工作总结的主要子任务如下：

1）设计总结：见 9.2.2 节，总结设计过程中的良好经验和失败教训。

2）整车性能评价：抽检量产车，并对其性能进行测试和评价。

3）CAE 分析模型完善与工作总结。

4）认证、专利、标准及通用化工作总结。

各项子任务的建议周期与逻辑关系如图 9.4 所示，这些总结和评价工作都是在量产启动节点后启动，其周期通常无强制要求，在项目关闭前完成即可。

9.2.3.6　产品销售

（1）产品销售的主要子任务

1）产品试销：针对局部市场的销售，所交付的车辆通常为 PT 样车或生产爬坡初期所生产的车辆。

2）市场反馈收集与分析：伴随产品试销而进行的数据和信息收集工作。

3）正式销售：针对全部目标市场的销售，所交付的车辆通常是生产爬坡中后期和稳定生产的车辆。

各项子任务的建议周期与逻辑关系如图 9.4 所示。

（2）产品销售子任务的主要逻辑关系

1）产品试销任务通常是在第二轮或第三轮试生产任务完成后正式开展的，因为此时才开始有较大批量的车辆供应。市场反馈收集与分析伴随其开展。

2）正式销售有两个前提，分别是试销完成和量产启动（见8.2.4节），伴随其进行的任务是上市后质量问题跟踪与解决。其前置及后续任务如图9.5所示。

图9.5　正式销售的前置及后续任务

9.2.3.7　售后

售后的主要子任务如下：

1）配件全部到位：已经完成所有关键配件（主要是新增件、保养件、选装件）的全网络铺货。

2）伴产阶段技术服务：伴随产品试销任务而进行的技术服务工作。

3）上市后质量问题跟踪与解决：伴随产品正式销售而进行的常规售后服务。

各项子任务的建议周期与逻辑关系如图9.4所示。

9.2.3.8　持续优化

（1）持续优化的主要子任务

1）物流持续优化。

2）量产工艺持续优化：持续优化主要集中在生产系统，之所以需要优化主要是基于以下因素：

① 制造过程的数据。目前几乎所有企业都采用统计过程控制（SPC）工具（见9.4节）统计和分析制造过程数据，并基于数据采取必要的措施。

② 市场需求。市场的需求可能超过预期，也可能低于预期，生产系统需要根据情况进行调整。

③ 环境变化情况。供应链、新技术和法规等多种企业外部因素可能发生变化，生产系统也需要进行调整。

（2）持续优化的大方向

1）人员的增减、素质提升、调整等。

2）工具和技术，包括设备、工装、燃料动力等方面的调整。

3）流程和方法，包括工序、工艺流程、管理方案等方面的调整。

持续优化工作通常在量产启动节后持续进行，各项子任务的建议周期与逻辑关系如图 9.4 所示。

9.2.3.9　项目收益性分析

(1) 项目收益性分析主要子任务

1) 项目决算：对项目的预算执行情况进行全面的总结。

2) 项目收益性最终评估：见 9.2.2 节。

3) 项目审计：见 9.2.2 节。

各项子任务的建议周期与逻辑关系如图 9.4 所示。

(2) 项目收益性分析的主要逻辑关系

1) 项目决算是对项目全部预算执行情况的总结，其前提是项目的结算工作全部完成，而项目结算工作完成的前提是相关任务完成。其前置及后续任务如图 9.6 所示。

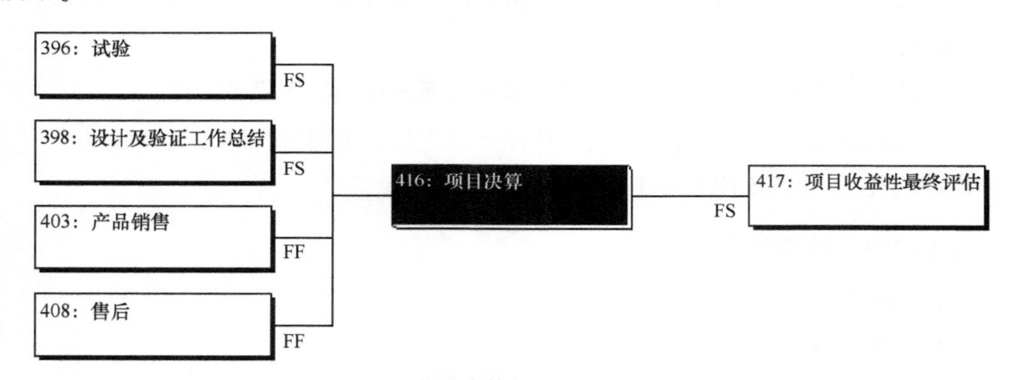

图 9.6　项目决算的前置及后续任务

2) 项目收益性最终评估和项目审计可以同步进行，在项目决算后开展。

9.2.4　里程碑划分及考量因素

里程碑的级别划分方案见 4.2.4 节。伴产阶段建议设定的关键里程碑见表 9.2。

表 9.2　生产准备阶段的关键里程碑

编号	里程碑名称	位置	级别	意义
1	试销完成	产品试销任务的终点	分子公司级	产品试销完成，试销过程中发现的问题得到有效解决，具备正式销售的条件
2	项目关闭	伴产阶段的终点	集团级	新产品开发项目的全部任务完成，完成项目决算和最终收益性分析，释放全部项目资源

表9.2中列出了建议项目经理直接管控的节点，除此之外，还建议在每一个二级任务的终点设置一个里程碑，由与该节点最直接相关的子经理进行管控。

1）试销完成。设置该节点的主要目的是确认正式销售的条件是否具备，包括制造、物流、销售和售后等方面。该节点需要由销售（S）子经理组织，制造（M）、物流（L）、售后（A）等子项目相关负责人重点参与，重点评审如下内容：

① 产品试销完成，市场反馈的问题已经得到解决。

② 配件全部全部到位。

③ 4S店或服务站的技术服务能力满足量产需求。

④ 生产系统具备量产能力。

⑤ 技术风险已经得到控制。

2）项目关闭。该节点的目的是正式宣告项目结束，文件归档，并释放全部资源。在很多公司这个里程碑的级别不是很高，主要是因为在此节点几乎不涉及资金方面的决策。但是因为此阶段涉及项目的审计和最终评价，所以本书将其设定为集团级里程碑，并建议由项目经理（PM）组织评审会议，并由产品委员会进行评审，主要评审内容如下：

① 用户试验完成，并且试验中发现的问题得到解决。

② 完成项目总结，确认项目目标的达成情况，形成项目总结报告（见9.1节）。

③ 完成项目收益性最终评估与项目审计。

④ 完成工作移交，主要是将前期由项目组落实的工作移交给相关的部门。

⑤ 完成项目资料的归档管理。

⑥ 释放项目全部资源。

以上仅是常规的评审内容，作为最后一个里程碑的评审会，建议在会议上由产品委员会成员对项目进行复盘和总结，为后续的产品开发项目提供指导。

9.2.5 跨阶段的流程接口关系

伴产阶段是整车产品开发项目的最后一个阶段，类似于APQP中的反馈、评定和纠正措施阶段，差异点在于在此阶段除总结与完善外，还有一些实质性的工作。当然，作为最后一个阶段，已经没有与后一阶段的接口关系了，但是作为项目的终点，其与运营的接口依然存在，详见表9.3。

表 9.3 伴产阶段的主要对外接口

序号	领域	接口位置	影响的部门	备注
1	收益	项目收益性最终评估	财务、销售	产品开发项目的收益性分析中包含了对未来销量的预测
2	质量	上市后质量问题跟踪与解决	质量、技术中心	可能会遗留一些质量问题
3	风险	项目总结	技术中心	可能会遗留一些技术风险
4	销售	市场反馈收集与分析	销售	市场分析的结果会对未来的产品销售产生长期的影响
5	物流	物流持续优化	物流	
6	制造	量产工艺持续优化	制造	

注：接口位置列内的所有接口位置都位于对应任务的终点。

产品开发项目与运营的接口主要存在于收益、物流和制造等领域，此外还包括一些工作敞口，如质量、风险和销售等。

1）在收益领域，项目关闭前会形成项目收益性最终评估报告（见 9.1 节），报告中有关于未来销量和售价的预测，最终的收益性评估结果也是基于这些预测结果。在后续的运营工作中，所开发整车产品的销量和售价通常会偏离预测，所以在运营工作中还需要持续监控相关指标的偏差，并对项目的收益性做出更新。有些企业在核算项目收益性时用投资回收期这一指标，而整车产品开发项目的投资回收期通常会长于项目周期，从这一点也可以很好地理解项目收益性分析工作在项目关闭后还依然存在的原因。

2）质量和风险领域还会依然存在一些质量问题或是风险敞口，要求在项目关闭时关闭所有的敞口是不现实的，因为关闭有些敞口会耗时很长或需要一定的时机。对于这些敞口，项目经理需要组织移交给相应的业务部门作为日常运营的一部分进行管理。

3）销售领域的运营本身就包括数据收集与分析工作，将“市场反馈收集与分析”任务纳入项目管理的范围是因为在伴产阶段相关的工作较为密集，项目组集中管理的效率更高一些，但这只是临时性的。在项目关闭前需要与对应的业务部门做好工作移交。

4）物流和制造领域的持续优化工作也是正常运营工作的一部分，在伴产阶段进行项目化管理是为了更高效地落实优化方案，在项目关闭后，需要与运营部门进行工作交接。

9.3 项目管理工作要点

9.3.1 项目管理工作

按照APQP的阶段划分标准，伴产阶段既包括产品和过程确认阶段的工作，也包括反馈、评定和纠正措施阶段的工作。此阶段最主要的工作是项目总结与工作移交。项目管理的重点在于确认项目目标的达成状态、完成项目总结与工作移交、释放全部项目资源、关闭项目。

9.3.1.1 范围管理

主要工作如下：

1）商业目标确认：以编制项目总结报告（见9.1节）为抓手，系统地回顾商业目标的达成状态，并对其中的偏差进行分析。

2）项目成果文件的验收：也可以称为范围确认，即最终验收所有项目范围内（产品、服务能力和成果三方面）的可交付成果。验收工作分为以下两部分：

① 伴产阶段的成果文件验收，主要有用户试验报告、上市后的质量问题分析报告、工艺优化报告等。

② 对照企业或PMO（项目管理办公室）的要求点检和验收全部项目成果文件。

3）管理范围变更：在此阶段的范围变更申请非常少，但是影响非常大（越是靠近项目终点，变更的影响越大）。对所有的变更都需要实施整体变更控制（见5.4节）。

9.3.1.2 进度管理

主要工作如下：

1）项目主计划更新（第八版）：在项目关闭前最后更新一版项目主计划，并将其作为项目总结的一部分归档管理。

2）管理计划变更：此阶段主要的进度计划变更是生产爬坡计划变更，变更时需要重点考虑其对销售、售后、制造和技术方等方面的影响。变更过程要遵循基本的变更控制流程（见5.4节）。

9.3.1.3 资源管理

主要工作是释放项目资源，其中包括人力资源和设备资源。需要注意的是每一个资源释放的前提均是完成相应领域的收尾工作（主要是总结及工作移交）。通常是在项目关闭节点评审后释放全部资源，包括项目经理本人。

9.3.1.4　沟通管理

主要工作如下：

1）召开项目例会：此时的项目例会频率会进一步降低，仅是因需召开，都可以不再称为“例会”。

2）召开生产现场会：项目组织的生产现场在此阶段会逐渐过渡给生产系统的运营人员，过渡的前提是不再出现批量的需要跨部门协调的工作。

3）组织、编制、预审、评审项目过阀申请：按照3.4.3.1节的过阀流程组织过阀评审（通常针对集团级的里程碑），及其他里程碑的评审（见7.2.4节）。

9.3.1.5　风险管理

此阶段的风险主要集中在销售、售后和制造领域，需要持续地对风险登记册进行点检和更新。此外，有些风险并不能在项目关闭前关闭，因此需要将其移交给对应的业务部门进行管控。

9.3.1.6　相关方管理

识别新的相关方（主要是需要承接项目移交任务的运营人员），并且持续管理相关方的参与。

9.3.1.7　知识管理

知识管理的主要工作如下：

1）汇总交付物。

2）汇总技术文件发放记录（见5.3.1.7节）。

3）汇总经验教训登记册（见5.3.1.7节）。

4）召开收尾总结会：通常在各领域的总结工作完成后，在项目关闭节点前进行。参会者包括项目主要成员（建议也邀请已经离开项目组的主要成员），目的是回顾项目完成情况、肯定团队成员的工作业绩、表彰核心贡献者，为解散项目团队做准备。与阶段总结会类似，这也需要形成总结报告（见5.3.1.7节）。

5）汇总项目问题清单：见6.1节，确认所有问题的封闭情况，对于在项目关闭节点前不能封闭的问题，需要移交给相关业务部门。

9.3.2 其他业务领域的管控要点

9.3.2.1 销售、售后和制造

项目经理需要跟踪试销过程中发现的设计、零部件供应、制造、技术服务等多方面的问题，并协调资源推进问题解决。管理的难点在于很多人员已经离开此项目组并进入其他项目，因此项目经理需要做到以下工作：

① 预留一些关键人员在项目组，直至主要问题解决。

② 利用个人领导力和职权，组织已经离开团队的人员解决问题。

③ 组织相关业务部门解决相关问题。

9.3.2.2 财务控制

财务控制领域在此阶段的工作都需要项目经理深度参与，包括以下两项：

① 项目收益性最终评估。项目经理需要协调相关信息给财务控制（F）人员，并针对与目标存在的偏差，组织相关人员分析其原因，制定后续补救或推广措施。

② 项目审计。通常由项目经理陪同审计，为审核员提供信息支持、解答疑问，组织相关人员参与审计。

9.4 知识、工具与技术

1）访谈：见第2.1.4节，在试销过程中需要通过一对一或一对多的方式获取顾客、经销商、媒体、一线销售人员、售后人员等对产品的评价。

2）市场调查：见2.1.4节，在试销过程中对某一群体进行调查，如竞争对手、某一细分用户群体、经销商群体等。调查需要得到产品、营销方案、促销策略、服务政策等多方面的评价信息。

3）团队建设：见2.3.4节，项目在伴产阶段通常会组织一些团队建设活动，如庆功会、总结会、聚餐等。此时的团队建设工作可能不能直接为项目创造更好的绩效，但是能够增加相关方对项目的满意度、增加团队成员的荣誉感、降低离开团队的失落感，为企业增加团队的凝聚力，也为后续的产品升级和换代项目奠定基础。

4）审计：审计是用于确定项目活动是否遵循了组织和项目的政策、过程与程序的一种结构化且独立的过程。审计工作可以由企业内部的专业部门完成（如审计

部、PMO等），也可以由第三方完成；可以在项目进展过程中进行，也可以在项目结束后进行，或者兼而有之。项目中的审计主要包括配置项审计、采购审计、质量审计和风险审计。无论是何种审计，审计的目的如下：

① 确认过程和文件的合规性（最主要目的）。

② 确认应对措施的有效性。

③ 识别和推广最佳实践。

④ 识别和规避不良实践。

⑤ 针对问题与偏差提出改进思路。

项目经理需要组织相关方积极地参与审计工作，以便对工作方案进行优化。

5）产品分析：见2.1.4节，在试销过程中对新推出的产品及竞品进行功能、性能、价值、质量表现等方面的对比分析。

6）SPC（统计过程控制）：IATF 16949标准中的五大质量工具之一，在整车产品开发项目中，SPC的主要目的是评估制造过程的稳定性。SPC工作的切入点通常是第三轮试生产或伴产阶段，主要流程如下：

① 选定控制对象，通常是某个新零部件的特殊特性。

② 收集数据，绘制分析用控制图，进行稳定性分析及改善。

③ 进行过程能力分析（见8.4节）及改善。

④ 绘制控制用控制图。

⑤ 定期统计数据并分析。

SPC将在产品的制造过程中持续开展，用以确定过程是否受控，其分析结果也是工艺优化的重要依据。关于SPC的书很多，读者可以购买或借用，以详细了解其内容。

9.5 本章小结

1）伴产阶段的主要成果有4个，分别是项目总结报告、用户试验报告、项目收益性最终评估报告、市场反馈报告。

2）伴产阶段的主要二级任务有8个，分别是伴产项目管理、生产、试验、设计及验证工作总结、产品销售、售后、持续优化、项目收益性分析。

3）项目总结工作是伴产阶段的一项重要工作，各个领域都需要完成相应的总结工作，项目经理作为项目的负责人需要完成整个项目的总结工作。同时，总结和文件归档也是释放资源的重要前提。

4）伴产阶段的重要里程碑有两个，分别是试销完成和项目关闭。

5）审计是保证项目过程和文件合规的重要工具，项目中的审计包括：配置项审计、采购审计、质量审计和风险审计。

6）SPC（统计过程控制）的主要目的是评估制造过程的稳定性，评估发现的异常因素是工艺优化的重要依据。

第 10 章 动力总成产品开发简介

传统燃油（或燃气）动力的整车动力总成包括发动机、变速器和驱动桥。从技术复杂度上看，这三大总成的技术复杂度最高；从整车成本构成看，这三大总成占整车成本的30%以上；从盈利能力上看，这三大总成的利润率通常高于整车利润率；从战略作用上看，这三大总成的自主开发能力很大程度上决定着整车企业的自主开发能力。综上，动力总成是整车的最重要组成部分，也是整车企业运营的最重要组成部分。因此，动力总成的开发管理在整车产品开发项目管理中占据重要位置。

整车也可以视为一个比较特殊的大总成，从这点来看，它与动力总成的差异并不大。此外，与整车一样，动力总成作为汽车工业制品，其开发管理也符合基本的APQP程序。因此，动力总成与整车开发的相同点要远多于差异点。作为整车产品开发项目经理，仅仅意识到两者的异同还是不够的，更重要的是识别两者之间的联系，以便更好地管控整车产品开发项目。

如前文所述，动力总成的技术复杂度很高，这就导致了其开发流程和管控要点非常复杂。限于篇幅本书不能够对其进行详细介绍，仅以发动机总成为例，对其开发流程、里程碑、与整车开发的异同及联系进行介绍。

10.1 动力总成产品开发流程简介

关于动力总成产品开发的阶段划分方法，在不同的企业有不同的方案，有些企业甚至弱化阶段的概念或不进行阶段划分。无论如何划分，都不会影响动力总成开发的主要工作流程，而主要工作流程在不同的企业之间差异是很小的，这是由产品的固有属性决定的。本章的目的正是在于介绍这些工作流程。此外，为了便于读者快速理解一个阶段内的主要工作，本书依然采用整车产品开发项目的阶段划分方法对动力总成的开发流程进行划分，动力总成产品开发项目主流程和关键里程碑如图10.1所示。

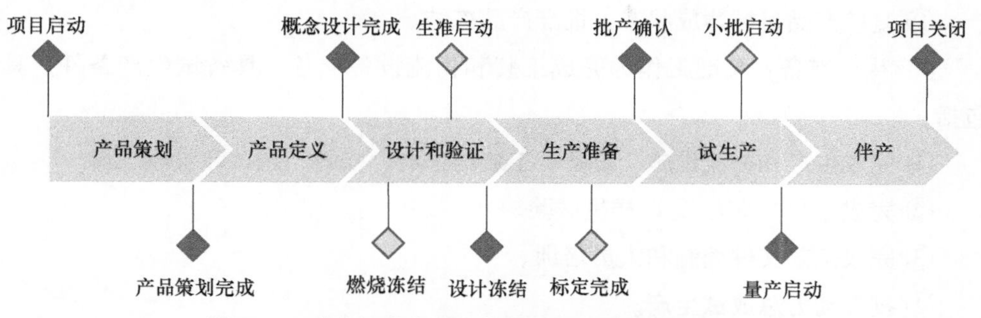

图10.1　动力总成产品开发项目主流程及关键里程碑

动力总成产品开发流程共分为以下六个阶段：

1）产品策划：关键工作为完成总成产品策划，制定项目目标和计划。具体包括：

① 编制立项报告，正式启动项目。

② 完成产品对标分析、概念方案制定、各领域工作策划及可行性评估。

③ 初步确定项目目标，包括进度、预算、收益、质量及技术目标。

④ 批准动用大量设计资源，启动产品详细开发。

2）产品定义：关键工作为完成仿真分析和三维设计，锁定项目目标。具体包括：

① 锁定机舱边界，完成总成产品的三维设计。

② 完成性能及结构的仿真分析，锁定技术方案和技术目标。

③ 确定各领域的工作实施方案，包括物流、制造、采购、质量、销售、售后等。

④ 锁定项目目标（该目标将作为正式考核的依据），包括进度、预算、收益等。

⑤ 批准动用设计、试制及试验等资源，启动工程开发工作。

3）设计和验证：关键工作为完成总成试制、试验验证和总成标定，冻结设计方案。具体包括：

① 完成工艺评审，发布工程图样。

② 完成性能样机装配，通过总成性能开发验证，冻结燃烧系统。

③ 完成A样机装配，启动性能、标定及初步耐久试验，冻结5C件。

④ 5C件开模，关键件冻结，批准生产准备投资，正式启动生产准备工作。

⑤ 启动总成认证工作（公告、CCC、环保等）。

⑥ 完成 B 样机装配，启动可靠性及耐久性试验（包括台架和整车试验）。

⑦ 通过试验认证及零部件 OTS 认可，设计冻结。

⑧ 复核产品目标达成状态，批准产品冻结。

4）生产准备：关键工作为完成工装和物流设备准备，具备试生产条件。具体包括：

① 完成生产和物流设施、设备、工装的采购、安装、调试和验收工作。

② 完成 C 样机装配及 C 样机试验。

③ 完成工艺文件编制和人员培训。

④ 批准动力总成试生产。

5）试生产：关键工作为完成总成试生产，具备量产条件。具体包括：

① 完成一至三轮的样机试生产。

② 完成 PPAP 认可。

③ 完成生产、物流、检测和控制能力的确认。

④ 完成总成的生产一致性测试、质保路试测试，启动用户试验。

⑤ 批准总成产品批量交付。

6）伴产：关键工作为总成产品完成生产爬坡、批量供货和工作移交，项目关闭。具体包括：

① 完成项目总结（包含各个业务领域）。

② 完成总成产品生产爬坡。

③ 完成用户使用试验，相关问题闭环。

④ 完成项目工作移交。

⑤ 释放项目资源。

⑥ 批准项目关闭。

10.2 动力总成产品开发的关键里程碑及意义

动力总成产品开发项目的关键里程碑及意义详见表 10.1。

表 10.1 动力总成产品开发项目的关键里程碑及意义

编号	里程碑名称	所属阶段	级别	意义	备注
1	项目启动	产品策划	集团级	标志着项目拿到批文，正式开始	

（续）

编号	里程碑名称	所属阶段	级别	意义	备注
2	产品策划完成	产品策划	集团级	产品策划工作全部完成，可以据此决策是否调动人力资源进行产品定义	
3	技术方案评审	产品定义	分子公司级	基于 CAE 结果评估技术方案的可行性、前瞻性，锁定技术目标，决策是否进行详细设计	
4	性能样机评审	产品定义	部门级	基于产品概念改制出性能样机，用于燃烧系统开发，评估样机是否满足性能开发要求	独特
5	概念设计完成	产品定义	集团级	产品定义工作全部完成，项目目标锁定，可以据此决策是否调动人力资源进行设计及验证	
6	燃烧冻结	设计和验证	部门级	完成燃烧系统开发试验，确定燃烧系统配置及关键参数	独特
7	A 样机评审	设计和验证	分子公司级	评估 A 样机的可制造性、可维修性、质量等多维度的信息，决策是否进行后续试验开发	
8	A 样机试验结果评审	设计和验证	部门级	完成整机初步标定，通过功能及性能试验，通过初期耐久试验，5C 件冻结，启动 5C 件的开模	独特
9	生产准备启动	设计和验证	集团级	评价 A 样机试验过程和结果的合理性，给出试验结论，评估相关零部件设计数据用于生产准备的风险	
10	B 样机评审	设计和验证	分子公司级	评估 B 样机的可制造性、可维修性、质量等多维度的信息，决策是否进行后续试验开发	独特
11	B 样机试验结果评审	设计和验证	部门级	完成 50% 的标定任务，完成台架及整车的可靠性及耐久性试验，硬件冻结	独特
12	认证完成	设计和验证	部门级	点检所有认证项目的完成情况	
13	设计冻结	设计和验证	集团级	设计和验证工作全部完成，可以全面动用生产系统的资源，正式进入生产准备阶段	
14	标定完成	生产准备	部门级	标定工作基本完成，具备小批量投放的条件（后续还将持续优化）	独特

（续）

编号	里程碑名称	所属阶段	级别	意义	备注
15	批产确认	生产准备	集团级	完成全部生产准备工作，整机产品可以在生产线上进行生产，正式进入试生产阶段	
16	小批量生产启动	试生产	分子公司级	完成新机的首次线上生产，具备小批量生产的能力	
17	小批量样机试验结果评审	试生产	部门级	完成小批量样机的耐久试验和性能复验，确认小批量产品的一致性	独特
18	量产启动	试生产	集团级	完成全部试生产工作，可以稳定地供应新开发的整机产品	
19	用户试验完成	伴产	部门级	完成用户使用试验，确认试验问题关闭	独特
20	项目关闭	伴产	集团级	新产品开发项目的全部任务完成，完成项目决算和最终收益性分析，释放全部项目资源	

从表 10.1 中可以看出，作为阶段界限的里程碑与整车产品开发项目基本一致。这是因为这些节点均涉及对资源的决策，如预算批复、人力资源和设备资源的启用或释放，在这些方面几乎所有的汽车产品都是类似的。真正体现整车和总成产品差异的是级别较低的里程碑，具体如下：

1）性能样机评审：动力总成中的性能样机可以类比整车开发项目中的骡子车。与骡子车仅用于边界确认和摸底测试不同，性能样机将用于燃烧系统开发（包括喷射系统、燃烧室、喷射策略、进气系统、增压系统等），其在动力总成开发中起到非常关键的作用，所以需要组织评审以确认其是否满足试验要求。

2）燃烧冻结：与整车不同的是动力总成需要进行热力学相关的开发，主要是燃烧系统开发。这是整机关键性能（动力性、经济性、NVH、排放）实现的基础，所以有必要对开发结果进行评审，以确认燃烧系统的配置及关键参数。

3）A 样机试验结果评审：A 样机可以对比整车产品开发项目的 A 样车，不同的是在 A 样机试验中需要进行初期耐久试验，以提前锁定 5C 件，而且 5C 件也是生产准备的关键零部件。

4）B 样机评审：与整车的 B 样车评审在生产准备启动节点之前不同，动力总成的 B 样机通常在之后。主要是因为 5C 件的生产准备周期非常长，以及 A 样机的试验项目比较多。

5）B样机试验结果评审：独特的地方体现在对标定数据的要求，发动机通常需要在B样机阶段进行排放耐久试验，而这需要比较完整的标定数据。

6）标定完成：不同于整车标定任务，动力总成的标定周期更长，与机械开发（硬件开发）存在交互关系，所以在整个项目中需要设定若干个标定数据释放节点。此处的标定完成，仅表示可以有条件释放给小批量样机，事实上标定工作将持续进行，直至项目关闭。

7）小批量样机试验结果评审：相对于整车，通常动力总成的耐久性要求更高，所以通常会利用小批量样机进行长时间的耐久试验，这既考核小批量样机的耐久性，也考核了其生产一致性。

8）用户试验完成：对于整车产品开发项目，用户试验可以是一个可选项，但是对于动力总成来说，多数企业将其视为必要试验，试验中发现的问题也是改进设计的重要依据。

10.3 动力总成产品开发的关键路径

动力总成产品开发项目（以发动机开发为例）的关键路径如图10.2所示。通常有以下三条关键路径（不同开发难度的项目会有所不同）：

1）以结构件（硬件）开发为主线的路径：路径上的关键任务为产品设计、A样机试制、一轮机械开发、B样机试制、二轮机械开发、小批量样机试制、样机一致性验证。这条路径的任务主要关注了动力总成产品的结构、功能、可靠性和耐久性。在电子控制零部件大面积普及以前，这条路径通常是动力总成产品开发的唯一关键路径。

2）以性能开发为主线的路径：路径上的关键任务包括性能样机试制、燃烧系统开发、台架标定、整车标定。这条路径以性能开发为主，其中的多数工作为标定。随着电控零部件的增多，标定的工作量也越来越大、越来越重要。目前，这条路径基本与结构开发路径同时作为项目的关键路径。

3）以生产准备开发为主线的路径：路径上的关键任务包括产品设计、A样机试制、一轮机械开发、生产准备、小批量生产。对于全新开发的动力总成产品（需要新建或大规模调整生产系统），这条路径通常会成为关键路径。不过，对于多数企业来说，这种类型的动力总成产品开发项目较少，所以这条路径多数情况下会作为项目的次关键路径。

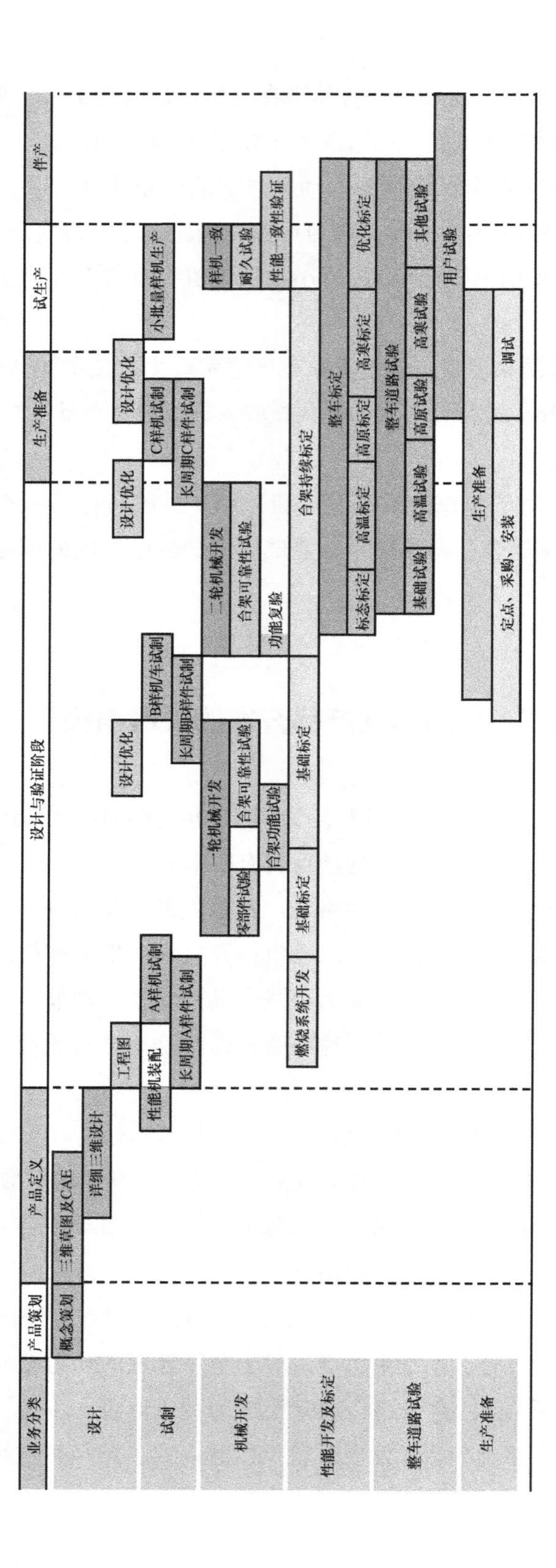

图10.2 发动机产品开发项目的关键路径

10.4 动力总成开发与整车开发的异同

通过前面章节的内容可以看出，动力总成开发与整车开发的流程接近，相似点多于差异点。

(1) 主要的相似点

1) 阶段划分相似：即动力总成可以和整车采用同样的阶段划分方式进行管理。这是因为，同样作为汽车工业制品，其开发的基本逻辑（即依次进行产品策划、产品开发、过程开发、产品和过程确认）是一致的，都遵循 APQP 的基本程序。

2) 关键里程碑相似：即项目启动、产品策划完成、概念设计完成、生产准备启动、设计冻结、批产确认、量产启动、项目关闭这七个节点的评审和决策内容基本一致。这主要有以下两个原因：

① 里程碑的设定与阶段划分强相关，阶段相同则里程碑相近。

② 高层级（集团级）里程碑决策的内容通常与投入和产出相关，即与经营相关，与技术关系较弱。整车和总成的主要差异在技术而非经营上，所以里程碑相近。

3) 各阶段内的工作相似：其中售后、采购、物流、认证、成本工程等工作基本是一致的；销售、设计和验证、制造略有不同，而这三方面是由产品的属性差异导致的。

(2) 主要的差异点

1) 销售对象不同：整车是直接面向用户的，而动力总成通常是面向整车厂。这决定了以下差异点：

① 策划的侧重点方式不同。整车更关注用户的需求，动力总成关注的是多款整车的需求；用户的感知与偏好是整车策划的重要考量因素，而动力总成则更重视技术指标；整车更趋向于多样化，动力总成更倾向于平台化。

② 对造型的关注度显著不同。动力总成很少关注产品的造型。

③ 营销方式不同。整车的营销形式更丰富，动力总成的营销形式单一。

2) 应用的技术不同：通常动力总成的技术复杂度更高，零部件的工况更为苛刻（高温、高压、高速），技术风险也更大。这会导致以下差异点：

① 技术开发团队与整车开发完全不同。

② 试验内容比整车更多，试验周期比整车更长，试验问题关闭的条件也更为苛刻。

③ 生产准备内容和投资规模不同。整车的冲压和焊接更多一些，而动力总成的铸造及精密加工更多一些。动力总成的投资可能会更大。

④ 项目的周期不同。通常动力总成的开发周期更长一些。

3）产品的生命周期不同：通常全新动力总成的生命周期在 10 年以上，要高于整车（5～10 年）。所以动力总成的开发更为慎重，所选择的技术方案也要考虑得更为长远。

10.5 动力总成开发与整车开发之间的关系

动力总成是整车中的部件，隶属于整车。但是，由于其本身的复杂性和重要性，又与其他部件不同。为了降低产品的技术风险，企业通常不会在一个整车开发项目中开发一款全新的动力总成，即动力总成的全新开发与整车其他系统的全新开发是异步进行的。常规的做法是成立单独项目组开发一款新的动力总成产品，与此同时启动一个整车项目（仅做技术升级，不做全新开发）配合完成动力总成的开发。这两个项目的关系如图 10.3 所示，具体要求如下：

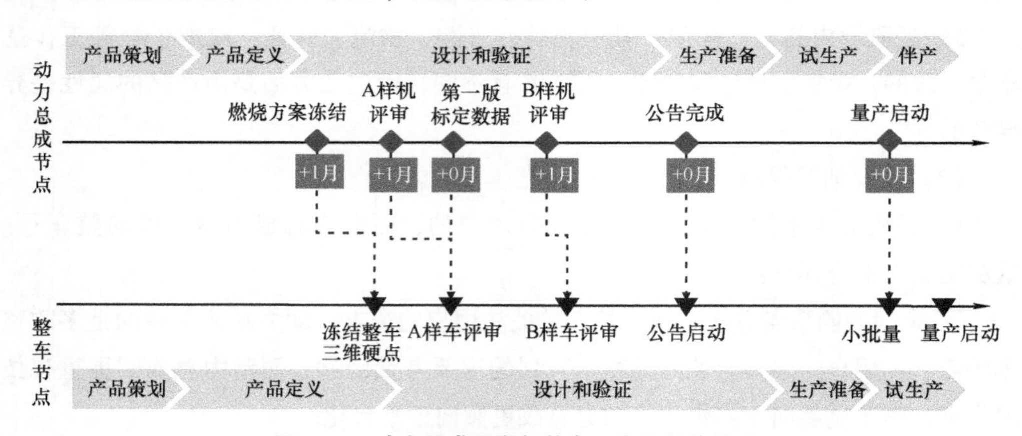

图 10.3 动力总成开发与整车开发之间的关系

1）动力总成燃烧方案冻结应该在整车三维硬点冻结前完成，建议提前周期为 1 个月。这是因为发动机的增压系统、进气系统、排气系统通常需要在燃烧方案冻结后才能锁定，而这些系统将影响整车的机舱布置。

2）A 样机评审需要在 A 样车评审前完成，建议时间为 1 个月。这是因为 A 样车的装配需要有 A 样机才可以，通常在样机就位后还需要装配和调试一段时间。

3）动力总成的第一版标定数据需要在 A 样车评审时完成，这是因为 A 样车需要进行一些基本的功能、性能和部分标定试验，启动这些试验的前提是具有一版动力总成标定数据，保证整车具备基本的行驶功能。

4）B样机评审需要在B样车评审前完成，建议提前1个月。这是因为B样车的装配需要B样机。

5）发动机需要在整车公告启动前完成公告的申报及公示。这是因为法规规定申报整车公告的前提是具备发动机公告。

6）发动机的量产启动节点需要在整车小批量试生产启动节点前完成。这是因为发动机作为整车的一个部件，需要在小批量前完成PPAP，这间接要求发动机具备量产条件。

以上仅介绍了其中的关键节点，除此之外动力总成开发项目与整车开发项目还存在很多交互点，如在产品策划阶段的产品特性交互、在产品定义阶段的数模交互、在设计和验证阶段的标定数据交互、试验数据交互等。这些都需要整车项目管理人员梳理清接口关系，并做好接口管理。

10.6 外购动力总成需要重点关注的事项

目前，多数乘用车企业采用自制发动机，同时采购部分变速器。而商用车企业还普遍存在动力总成外购的情况。外购动力总成对于整车产品开发项目管理来说是一个难点，也是一个风险点。主要的风险包括：沟通不畅、决策效率低、技术变更、技术问题解决速度慢，以及样件及小批量件供应存在拖期风险。

项目经理需要重点关注如下事项：

1）建立高效的沟通和决策机制，例如每周召开工作层面的对接会，每月召开高层领导对接会，确保问题得到及时响应并封闭。

2）关键阶段要求动力总成供应商派驻企业内部，如产品设计、整车标定、排放测试等阶段。

3）建立关键技术方案变更的预警机制，预防突然的技术变更对整车开发造成的冲击。

4）提前下发动力总成样件的采购计划，建议在产品策划阶段提供整个项目不同时间的样机需求及其技术要求。

5）针对具体问题组建虚拟专项多功能小组。

10.7 本章小结

1）与整车产品开发项目一致，动力总成产品开发项目可以划分六个阶段，分别为：产品策划、产品定义、设计和验证、生产准备、试生产、伴产。

2）动力总成产品开发项目的关键路径有三条，分别是：以结构件（硬件）开发为主线的路径、以性能开发为主线的路径、以生产准备开发为主线的路径。

3）动力总成产品开发项目与整车产品开发项目阶段划分相似、关键里程碑相似、各阶段内的工作相似，销售对象不同、应用的技术不同、产品的生命周期不同。

4）动力总成产品开发项目的五个节点与整车产品开发项目密切相关，分别是：燃烧方案冻结、A 样机评审、第一版标定数据发布、B 样机评审、认证完成、量产启动。

5）如果整车项目采用外购总成，项目经理要与总成供应商建立高效的沟通和决策机制，预防沟通不畅、决策效率低，以及技术风险。

第 11 章
专题

11.1 项目里程碑的常见划分及命名方式

（1）项目中设置里程碑的原因

1）以里程碑为分界线，将一系列任务划分为若干阶段，方便进度管控。

2）用里程碑表示标志性任务的起点或终点，方便决策任务是否启动，或检查任务是否完成。

3）用以表明关键接口的位置，即里程碑代表某几项任务之间的接口。

通常高级别的里程碑的设定会考虑到以上三个因素，低级别的可能只涉及其中的一个或两个。

（2）项目里程碑的划分方式

不同企业基于这些考虑，并结合汽车产品开发项目的特点，选择里程碑的划分方式也不尽相同，主要可以分为以下几种：

1）以投资决策需求为出发点设定项目的里程碑。通常在最高级的里程碑采用这种方式，因为这一级别里程碑的决策者通常为公司最高决策者，他们关心的是投资与收益。比较有代表性的里程碑有项目启动、产品策划完成、生产准备启动。

2）以产品和过程的成熟度为划分依据，设定项目里程碑。代表性的里程碑有概念设计完成、A/B/C 样车评审、设计冻结、批产确认、量产启动等。这种划分方法能够方便地了解产品的成熟度。

3）以时间刻度或里程刻度为依据而设定里程碑。这种里程碑更近似于检查点，用以检查某些任务的进度。代表性的里程碑有高层级的季度会议节点、标定完成10%的里程碑、试验里程完成 50% 的里程碑、台架耐久试验完成 80% 的里程碑等。

多数企业根据里程碑级别、决策者，以及任务属性的不同，灵活地选择划分方式。事实上，多数里程碑会在不同的划分方式中找到一个平衡点，这样能够通过较少的里程碑，来满足不同决策者的需求。

（3）项目里程碑的命名方式

一个里程碑承载的信息越多越难于命名，常见的方式有以下几种：

1）用数字命名里程碑，如节点 1、里程碑 1、质量门 1 等，数字可以是正序，也可以是逆序。这样的好处是里程碑名非常简短，直接以抽象的数字代号代表其背后的复杂信息，企业内部沟通起来也很方便，缺点是对于不太熟悉里程碑命名初衷的人很难通过数字获取项目进度信息。这种命名方式通常仅适用于集团级里程碑。

2）以代表性任务命名里程碑（本书采用的是这种方式），如产品策划完成、概念设计完成、生产准备启动等。这样的好处是能够通过名称直接了解里程碑所代表的最关键任务，缺点是忽略了该里程碑所代表的其他任务。

3）以投资决策命名里程碑，如项目启动、投资方案确认、项目关闭。这样好处是便于了解最关键决策事项，缺点是很难通过名称判断项目进度和任务。通常这种方式也只应用于集团级里程碑。

11.2 项目中的关键里程碑、意义及精简方案

纵观整个汽车产品开发项目共有 8 个集团级里程碑、8 个分子公司级里程碑，各里程碑所处阶段及其意义见表 11.1 和表 11.2。

表 11.1 汽车产品开发项目中的集团级里程碑

编号	里程碑名称	阶段	方案 1	方案 2	方案 3	意义
1	项目启动	产品策划	√	√		标志着项目拿到批文，正式开始
2	产品策划完成	产品策划	√	√		产品策划工作全部完成，可以据此评价是否调动人力资源进行产品定义
3	概念设计完成	产品定义	√			产品定义工作全部完成，可以据此评价是否调动人力资源进行设计及验证
4	生产准备启动	设计和验证	√	√	√	评价 B 样车初期耐久试验过程和结果的合理性，给出试验结论，评估相关零部件设计数据用于生产准备的风险，做出生产准备投资政策

（续）

编号	里程碑名称	阶段	方案1	方案2	方案3	意义
5	设计冻结	设计和验证	√			设计和验证工作全部完成，可以全面动用生产系统的资源，正式进入生产准备阶段
6	批产确认	生产准备	√			完成全部生产准备工作，整车产品可以在生产线上进行生产，正式进入试生产阶段
7	量产启动	试生产	√	√	√	完成全部试生产工作，可以稳定地向市场供应新开发的整车产品
8	项目关闭	伴产	√			新产品开发项目的全部任务完成，完成项目决算和最终收益性分析，释放全部项目资源

表11.2　汽车产品开发项目中的分子公司级里程碑

编号	里程碑名称	阶段	方案1	方案2	方案3	意义
1	技术策划完成	产品策划	√			技术策划完成，收益、售后、采购、制造、物流等基于技术方案的策划工作可以正式启动
2	技术方案评审	产品定义	√	√	√	对整车的技术方案进行总体评审，评估技术方案和目标的全面性、前瞻性和可行性，决策是否进行详细设计
3	造型确定	产品定义	√	√		评审造型方案，决策造型相关数据是否发布，以及系统及零部件的详细设计工作是否可以初步冻结
4	A样车评审	产品定义	√			评估A样车的可制造性、可维修性、法规符合性、质量等多维度的信息，决策是否进行后续试验开发
5	B样车评审	设计和验证	√	√		评估B样车的可制造性、可维修性、法规符合性、质量等多维度的信息，决策是否进行后续试验开发
6	试生产准备条件预评估	生产准备	√			评价设计数据、生产物流设备、人员培训等关键试生产准备工作的完成情况

（续）

编号	里程碑名称	阶段	方案1	方案2	方案3	意义
7	小批量生产启动	试生产	√	√	√	完成新车的首次线上生产，具备小批量生产的能力
8	试销完成	伴产	√			产品试销完成，试销过程中发现的问题得到有效解决，具备正式销售的条件

在项目实践中，要求每个里程碑都按照所规定的级别进行评审是存在难度的，有时也是不必要的。这是因为项目的级别不同（关于项目级别划分方法见3.1节），对应的审批级别也应该是不同的。此外，决策者的时间通常是企业的稀缺资源，在资源通量不足的时候，有必要对决策事项精简。表11.1和表11.2中的方案1、方案2、方案3即为三种不同的方案，读者可以根据项目的级别，参考所示方案进行精简。

需要注意的是，被精简的里程碑并不是不再评审，而是降级评审。如集团级的项目启动里程碑可以按照分子公司级的评审标准进行评审。

11.3 汽车产品开发项目的关键路径

汽车产品开发的关键路径如图11.1所示，共有以下几种类型：

1）以结构设计和验证为主的物态开发路径：主要任务包括概念策划、产品设计、A样车试制、A样车试验、B样车设计和试制、B样车试验、C样车设计及试制、C样车试验、小批量样车生产、质保路试和用户试验。这条路径主要验证结构件的可靠性、耐久性和生产一致性。

2）以造型开发为主线的造型路径：主要任务包括造型定义、A面冻结、CTF冻结、确认和验收等。这条路径的主要目的是确定产品造型方案，以及方案的技术可行性、工艺可行性、市场接受度等。如图11.1所示，造型这条路径在设计和验证阶段，就与B样车试制任务重合了，原因如下：

① 造型工作的独特性主要体现在造型定义和A面冻结阶段，这些都确定后与常规零部件的开发差异不大。

② 造型方案定型后同样需要通过试验验证车身及内外饰的可靠性和耐久性，这对于车身及内外饰来说也是非常重要的。

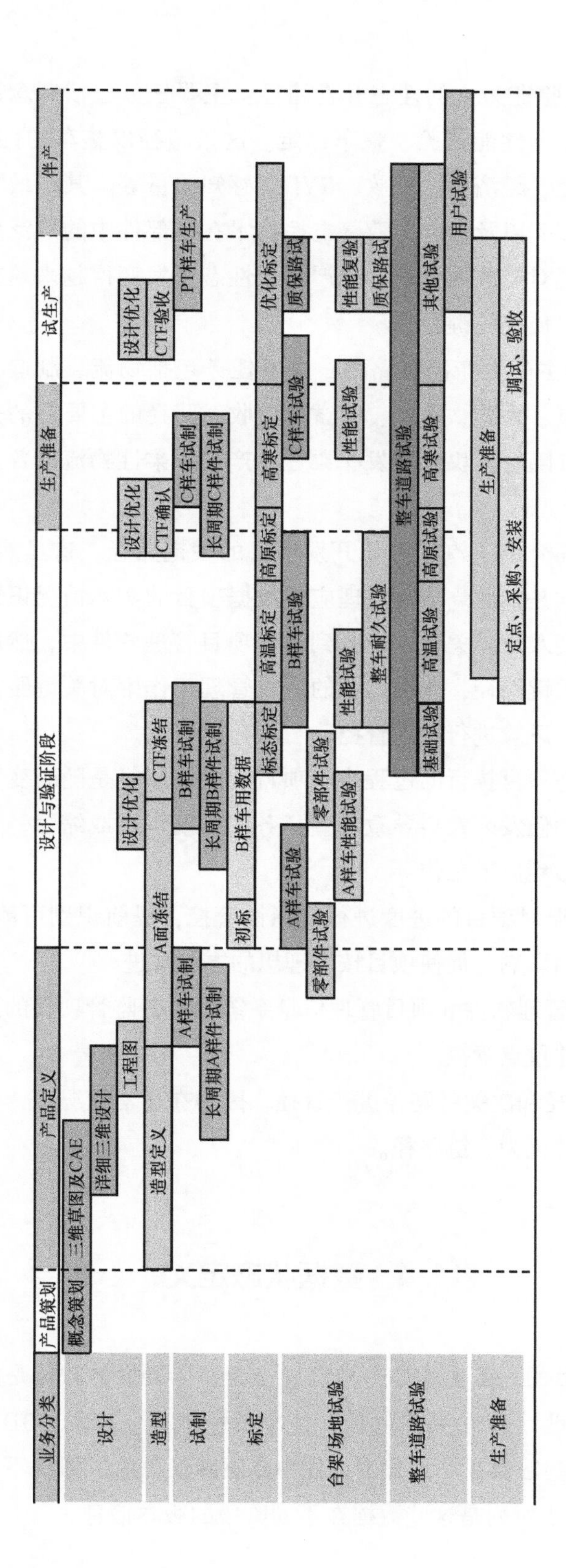

图11.1 汽车产品开发项目的关键路径

3）以性能开发和验证为主的性态开发路径：主要任务包括概念策划、产品设计、A样车试制、A样车性能试验、整车标定。这条路径以整车的性能开发为主，开发的性能包括动力性、经济性、排放、NVH、感知质量等。其中最关键的工作为系统仿真分析、性能试验以及标定。随着电控技术在零部件中的广泛应用、用户对感知质量的重视、法规对排放的要求日趋严苛，性态开发变得越来越重要，未来将逐步取代物态开发这一传统关键路径。

4）以生产准备为主的生产准备路径：主要任务包括物流、制造、模具、工装等的规格书定义、定点、采购、安装、调试和验收。路径的主要目的是提升整车产品制造过程的成熟度。随着模块化开发、柔性生产线、柔性物流的普及，这条路径的重要度有所降低。

以上仅从宏观层面介绍了汽车产品开发项目的关键路径，这虽然具有普遍性，但并不代表所有项目均是如此。项目经理应该根据项目的实际情况识别项目的所有任务，明确任务的周期及逻辑关系，录入到专业项目管理软件中，然后识别出项目的真实关键路径、次关键路径，并在后续的项目管理工作中对关键路径及次关键路径上的任务、负责人、风险进行重点管控。

需要注意的是，在项目执行的过程中，项目的关键路径是随时变化的，这主要是因为随时可能出现的偶发因素会导致某些任务的周期延长或缩短。为了应对这种变化，项目经理需要做到以下工作：

① 基于风险登记册对项目的进度进行前瞻性管控，提前识别可能的影响因素，并通过对相关因素施加影响，促使项目按照理想的方向推进。

② 采用专业项目管理软件和项目管理信息系统，动态监管项目的进度，实时识别项目的关键路径，并重点管控。

③ 同时对关键路径和次关键路径进行管控，因为在通常情况下，关键路径的变化模式是次关键路径转化为关键路径。

11.4 数据状态定义

汽车产品开发项目的一条主线是产品设计，而设计方案的载体是数据。典型的整车产品开发项目中设计数据主要包括：整车特征清单、BOM、3D数模和图样、DFMEA、PFMEA。这些数据在产品开发过程中是不断演化的，即在不同的阶段有不同的数据版本。表11.3所列是这些数据在不同阶段的版本信息。

表11.3 数据清单及不同阶段的数据版本

数据	产品策划	产品定义	设计和验证	生产准备	试生产	伴产
整车特征清单	V1	V2	—	—	—	—
BOM	V1	V2	V3&V4	V5	V6	—
3D数模及图样	V1（可选）	V2	V3&V4	V5	V6	—
DFMEA	骡子车	A	B&C	PT	量产车	—
PFMEA	可选	可选	V1&V2	V3	V4	—

这些数据的主要演化关系如下：

1）整车特征清单中包含各个模块、子组、部件的技术状态描述。在产品策划阶段形成V1版，并被包含在产品需求规格书中。在产品定义阶段形成V2版，并包含在产品实施规格书中。因为在产品定义阶段整车的详细目标将会锁定，所以整车特征清单也会锁定。在设计和验证阶段会输出整车技术条件，这个文件中会包含整车特征清单中的内容，但与V2版本相比变化不大，主要是对其进行再次确认。

2）BOM、3D数模和图样是最关键的三个工程技术文件，它们是在每一个阶段都进行演化的（基于试制、试验、试生产的结果），并且成熟度不断提高。每一版样车的试制都需要这三个文件的支撑，所以它们也与样车的版本一一对应。

3）DFMEA和PFMEA是重要的质量工具，其中DFMEA与3D数模和图样有对应关系，在每一个版本的3D数模和图样形成前都需要首先编制DFMEA。PFMEA的编制是从设计和验证阶段开始的，在样车试制（或试生产）前需要更新编制一版。

11.5 样车状态及相关试验

在汽车产品开发项目中的各个阶段都有对应的样车，样车的技术成熟度是随着项目的推进而逐渐成熟的。每个阶段的样车用途也不相同，具体见表11.4。

表11.4 不同阶段的样车状态和相关试验

阶段	产品策划	产品定义	设计和验证	生产准备	试生产	伴产
样车版本	骡子车	A	B	C	PT	量产车
试制地点	试制车间	试制车间	试制车间	中试场	生产线	生产线
零部件	手工	手工、软模	软模、正规模具	OTS样件	PPAP样件	PPAP样件
主要试验	结构和性能	性能	性能和耐久	性能和耐久	质保和用户	—

各个版本的样车状态及相关试验如下：

1）产品策划阶段装配的骡子车：它是一种模块的生硬组合，通常不是依靠工程图样进行试制（有些情况下会依据样车的局部图样），而是基于整车特征清单或粗略的3D模型。骡子车的样子比较奇怪，有时两款车上的部件会生硬地连接在一起，有时也会缺少某些部件或某些功能，但是需要详细验证的部位又装配得比较精细。它的主要作用如下：

① 粗略验证某些结构，如新的发动机是否适用于老的发动机舱。

② 简要地验证某些功能和性能，如冷却、进气、排气系统的匹配性和电控系统的部分控制功能等。

2）产品定义阶段的A样车：它是第一版基于正规工程图样试制的样车。试制的地点通常是试制车间，采用的专用零部件主要为手工样件或软模件。样车的作用是进行整车的性态指标开发，具体如下：

① 验证整车及各系统的尺寸结构及可装配性。

② 测试整车及各个系统的功能和性能。

③ 进行整车的数据标定。

④ 在认证节点十分紧迫的情况下，用于整车的认证试验。

3）设计和验证阶段的B样车：它是第一版主体采用模具件装配出来的样车（不需要验证的结构可以采用手工件）。装配地点通常为试制车间。样车的用途如下：

① 整车及系统的性能复验。

② 整车及系统的可靠性及耐久性试验。

③ 整车及系统的标定。

④ 整车的认证试验。

4）生产准备阶段的C样车：它是采用OTS认可样件，在中试车间装配出来的样车。主要作用如下：

① 验证整车的装配工艺性。

② 性能复验，可靠性及耐久性补充试验。

③ 管理层试车。

④ 整车展示，参加车展或其他以展示为主的新车推广活动。

⑤ 整车及动力总成标定。

⑥ 制造、物流及售后骨干人员培训。

5）试生产阶段的PT样车：它是第一版采用PPAP零部件装配形成的样车，装配地点为正式生产线。主要用途如下：

① 验证主要自制件的制造工艺性，以及整车的装配工艺性。验证生产系统的制造能力和通量。

② 展车、试乘试驾。

③ 产品试销。

④ 质保路试和用户试验。

⑤ 生产线一线人员培训。

6）伴产阶段的量产车：它是按照设计的生产节拍在整车生产线上生产出来的商品车。主要作用如下：

① 商品销售。

② 整车的量产性能评价。

③ 部分标定数据优化。

11.6 五大质量工具之间的关系

（1）IATF 16949 标准中规定的五大质量工具

1）APQP（Advanced Product Quality Planning）：产品质量先期策划，或产品质量先期策划及控制计划（Advanced Product Quality Planning and Control Plan），在本书中的介绍见3.2节。应用该工具的目的是用结构化的流程和程序来确保所开发的产品满足客户要求。需要注意的是本书所描述的汽车产品开发流程正是基于APQP而编制的。

2）FMEA（Failure Mode & Effect Analysis）：失效模式和影响分析，在本书中的介绍见5.4节。应用该工具的目的是识别产品和过程的潜在失效模式，并分析其影响，找出预防和改善措施，从而提升产品和过程的质量。

3）PPAP（Production Part Approval Process）：生产件批准程序，在本书中的介绍见5.4节。应用该工具的目的是确保零部件的设计、供应商的生产过程能力、节拍满足企业要求。

4）MSA（Measurement System Analyse）：测量系统分析，在本书中的介绍见8.4节。应用该工具的目的是用统计学的方式，分析测量系统是否满足相关参数的测量要求，如不满足则分析其主要因素。

5）SPC（Statistical Process Control）：统计过程控制，在本书中的介绍见9.4节。

应用该工具的主要目的是借助统计的方法及时了解试生产过程的受控状态，识别造成失控的主要因素并采取措施，确保过程受控。

（2）其他三项与质量管理密切相关的工具

1）DVP（Design Verification Plan）：设计验证计划，在本书中的介绍见5.1节。应用该工具的目的是汇总整车及零部件所有的验证计划，以便合理地安排试验顺序，点检其执行情况，进而确保整车及零部件的功能、性能、可靠性和耐久性满足设计要求。

2）OTS（Off Tooling Sample）：工装样件，在本书中的介绍见5.4节。应用该工具的目的是确保零部件满足设计要求。

3）过程能力研究，在本书中的介绍见8.4节。应用该工具的目的是研究过程能力是否满足质量要求。

以上8种工具在产品开发流程中的位置如图11.2所示。

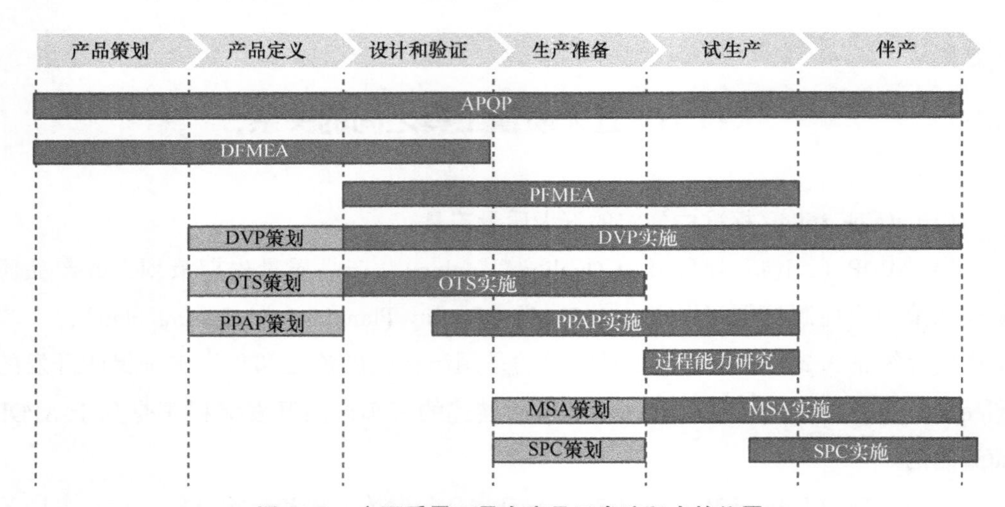

图11.2　主要质量工具在产品开发流程中的位置

需要注意的是，图11.2中展示的是整车视角。如果从零部件供应商视角看，各工具在整车产品开发流程中的位置会提前（因为项目通常会要求供应商提前完成相关工作）。

（3）各工具的简要逻辑关系

1）APQP贯穿整个项目过程，因为它是指导整个开发过程的程序性文件。程序中也规定了其他工具在产品开发项目中的应用计划。

2）DFMEA是FMEA工具的具体应用，其中规定了所有潜在失效模式的验证方案。DVP中的验证方案主要来自于DFMEA。

3）PFMEA 是 FMEA 工具的具体应用，通常 PFMEA 中的失效模式对应相应零部件 DFMEA 中的失效原因，PFMEA 中的失效后果对应相应零部件 DFMEA 中的失效模式，具体如图 5. 17 所示。

4）OTS 认可文件是一种阶段性汇总文件，其中包括了零部件 APQP 中规定的诸多内容，如图样、DFMEA、DVP、设计验证报告等。

5）PPAP 认可文件也是一种阶段性汇总文件，其中除包括 OTS 认可文件的全部内容外，还包括相应零部件的过程能力研究报告、MSA 报告、SPC 报告。

6）MSA 和 SPC 通常不能够涵盖全部零部件的全部特性，只能选择关键零部件的特殊特性，而哪些特性属于特殊特性，正是 DFMEA 文件中重要度参数所体现的。

11. 7　关键技术文件之间的关系

在整车产品开发项目中会产生数量庞大的文件，而在所有的文件中，技术类文件与产品的关系最为密切，对产品的质量、成本及技术竞争力的影响也最大，所以在管理过程中需要对此类文件特别关注。

（1）关键技术文件

技术文件可以粗略的划分为产品设计文件和过程设计文件，具体如下。

1）产品设计文件包括以下内容：

① 特征清单，见 4. 2. 2 节。

② 特殊特性清单，见 5. 1 节。

③ 设计检查表，见 5. 1 节。

④ DFMEA，见 5. 4 节。

⑤ 工程图，见 5. 1 节。

⑥ 技术条件，见 5. 1 节。

⑦ 技术协议，见 5. 1 节。

⑧ 设计验证计划，见 5. 1 节。

⑨ 试验大纲是指导试验用的技术性文件，通常包括确认试验对象、试验标准、试验场地、试验条件，以及记录要求、试验计划等内容。

⑩ 试验报告。

⑪ 装配调整说明书，见 6. 1 节。

⑫ 品质基准书，见 6. 2. 2 节。

2）过程设计文件包括以下内容：

① PFMEA，见5.4节。

② 特殊特性矩阵图，见5.2.2节。

③ 工艺流程图，见7.1节。

④ 车间平面图，见7.1节。

⑤ 工艺卡、工序卡和作业指导书，见7.1节。

各类技术文件之间的关系如图11.3所示。

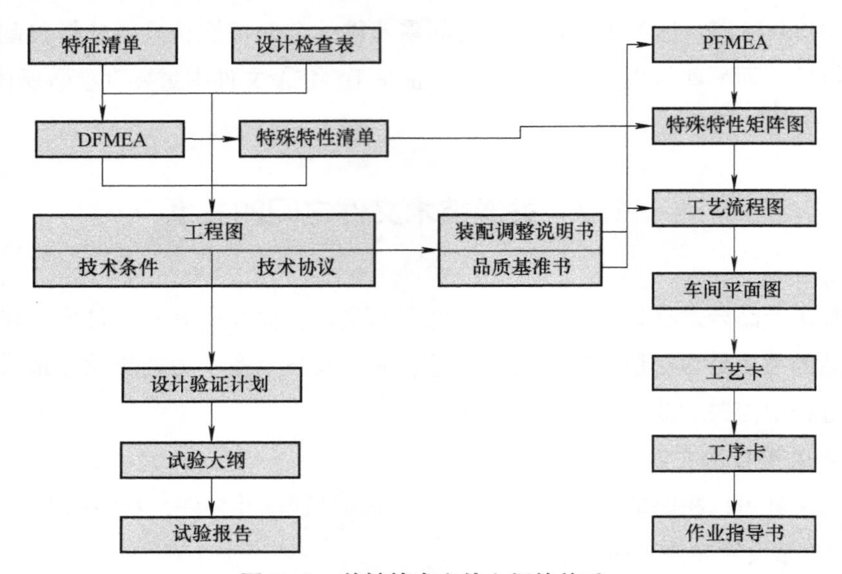

图11.3 关键技术文件之间的关系

(2) 各技术文件之间的简要逻辑关系

1）特征清单是设计的源头文件，是对整车技术方案的文字性描述，设计师可以据此进行工程图设计，同时也可以基于此找出相似零部件的DFMEA文件，指导设计。

2）设计检查表是一个专业组的历史积累文件，设计师在设计工程图的过程中可以据此预防常见错误。

3）DFMEA文件中重要度高的特性被视为特殊特性，被记录在特殊特性清单中。特殊特性清单中的特性值需要在工程图中用特殊的符号标注。

4）通常的工程图包含零部件图、尺寸公差要求和技术条件，但是，有些时候技术条件并不能完全列在工程图中，这需要单独的文件进行记录。通常的文件包括技术条件和技术协议。这两种文件也是工程图的一部分。

5）设计验证计划是基于技术要求而制定的，是对全部试验的汇总。试验大纲是对设计验证计划中某一项试验的细化，详细规定试验的要求。试验报告是试验大纲的执行结果。

6）产品设计文件和过程设计文件之间的重要接口文件是装配调整说明书（整车级）和品质基准书（零部件级），这两个文件都是基于工程图，并由设计人员编制的，其中包含了设计对制造工艺和质量检测的要求。

7）PFEMA 是基于工程图、装配调整说明书、品质基准书编制的，其中的特殊特性将被列入特殊特性矩阵图进行管控。其中的预防措施将指导各类过程设计文件的编制，重点是工艺流程图和工艺卡。

8）特殊特性矩阵图中既包括特殊特性清单（设计）中的产品特殊特性，也包括 PFMEA 中的过程特殊特性。它也将指导后续工艺文件的编制。

9）工艺流程图、车间平面图、工艺卡、工序卡、作业指导书之间是逐步明确和细化的关系，从宏观的流程框图，细化到指导工人一步步操作的作业指导书。

11.8 认证与整车和总成之间的关系

新开发的整车在上市前需要多个国家权威部门的认证，主要包括工信部的整车公告认证、生态环境部的整车环保认证、认监委的 CCC 认证、交通部的油耗认证和营运货车安全技术条件认证等。整车产品通过认证或公示是产品上市及运营的前提，而且认证工作有窗口期和一定的周期，所以在整车产品开发项目中应该高度关注认证工作。整车产品认证的流程如图 11.4 所示。

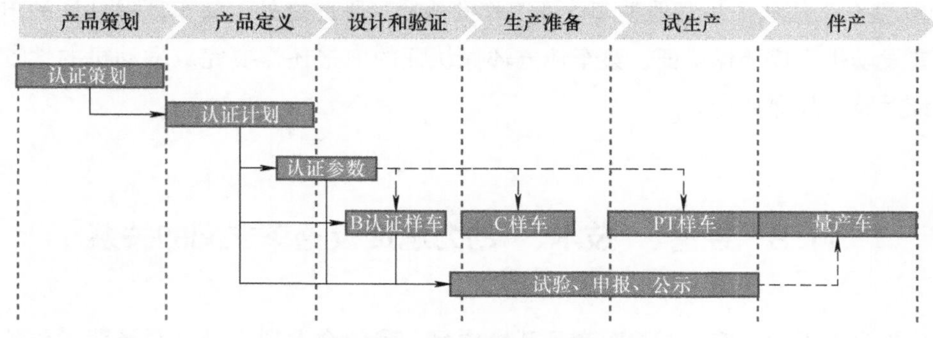

图 11.4 整车产品认证流程

1）主要逻辑脉络如下：

① 认证工作可以粗略分为三个阶段：计划阶段（策划和计划）、准备阶段（准备认证参数和样车）、实施阶段（试验、申报、公示）。

② 在产品策划阶段，同步进行认证的策划工作，在产品定义阶段编制出详细的认证计划。详细技术方案锁定后即可收集认证参数。在进行 B 样车试制时装配出用于各项认证的样车。

③ 对各个版本的样车都需要进行认证参数一致性核查。在认证通过前的核查是基于提报的认证参数，在认证通过后的核查是基于公示文件。

项目经理在管控整车产品开发项目时，还需要了解发动机及整车各项认证之间的关系，具体如图 11.5 所示。

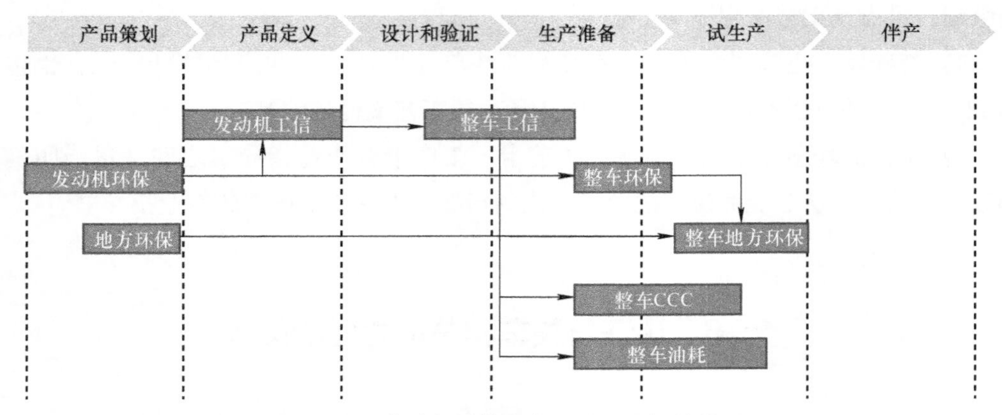

图 11.5　发动机及整车各项认证之间的关系

2）主要逻辑关系如下：

① 总体上看，需要先完成发动机的认证，然后才能进行整车认证。

② 和整车认证相关的发动机认证有发动机环保认证、工信认证及地方环保认证。对于发动机，通常是先通过环保认证再通过工信认证。

③ 整车工信认证是其他整车认证工作的前提，除此之外，整车环保认证的申报还需要发动机完成环保认证，整车地方环保认证的申报还需要完成发动机的地方环保认证及整车环保认证。

11.9　经营、技术、动力总成及整车之间的关系

从更为宏观的角度来看整车产品开发项目，我们会发现它是公司经营工作的一部分。与其相关的经营工作还包括基础研究、技术开发和生产。公司的永续经营与持续提升的前提是处理好经营生命周期、产品生命周期和技术生命周期之间的关系，如图 11.6 所示。

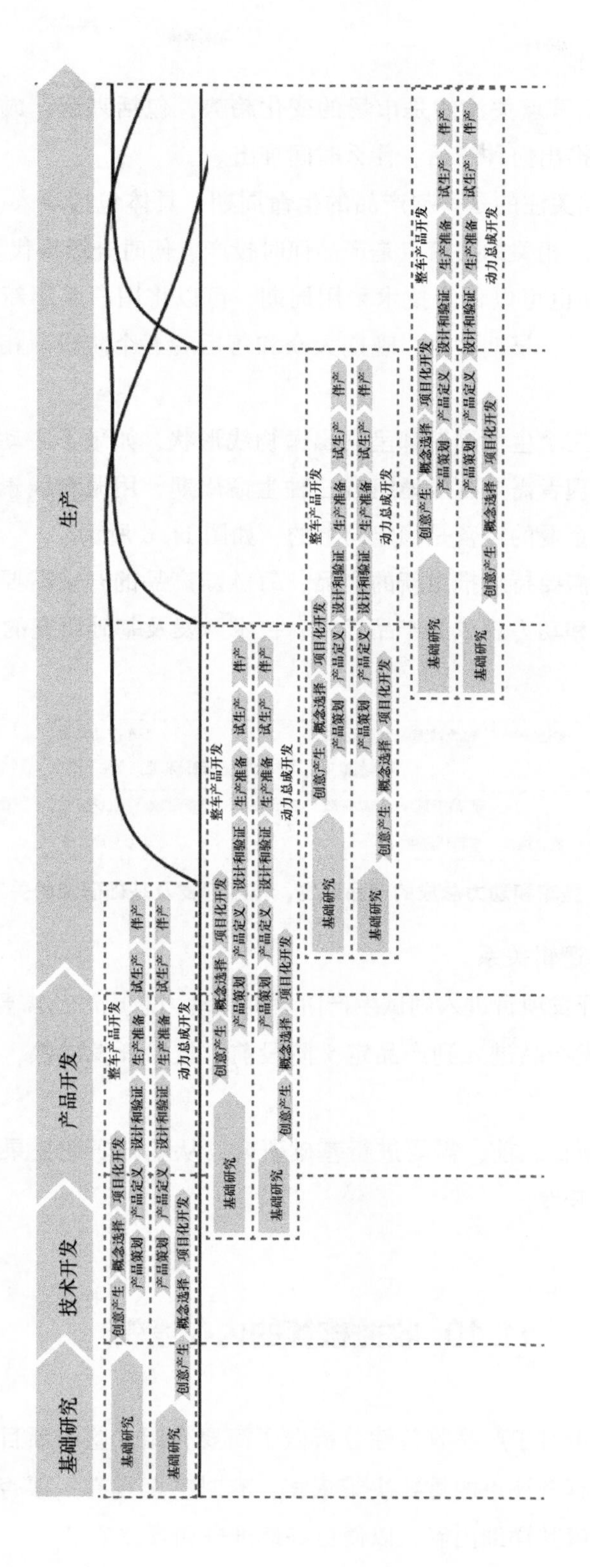

图11.6 整车和动力总成产品经营、产品开发、技术开发及基础研究的关系

（1）三个生命周期

1）经营生命周期重点关注的是市场的变化趋势，包括兴起、成长、成熟和衰退。相关的决策点是推出何种产品、什么时间推出。

2）产品生命周期关注的是一款产品的生命周期，具体包括导入、成长、成熟、饱和、衰退五个阶段。相关的决策点是产品何时投产、何时升级换代、何时退市。

3）技术生命周期也可以称为技术采用周期，可以将用户采用新技术的过程分为创新者、早期采用者、早期大众、晚期大众和落后者五个阶段。相关的决策点是何时推出何种技术。

总体上看，以上三个生命周期都呈现出抛物线形状，如果不主动管控，那么将来必然是下滑的。管理者需要有效地组合三种生命周期，用抛物线累积出稳定或向上的曲线，进而保障企业的经营是稳定向上的，如图 11.6 所示。

企业的永续经营需要持续推出新的产品，每款新产品的开发需要前期的基础研究和技术开发。整车和动力总成的产品开发、技术开发及基础研究的关系如图 11.7 所示。

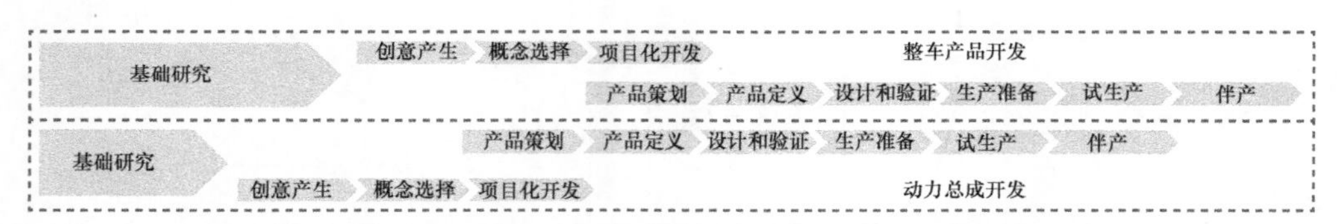

图 11.7　整车和动力总成的产品开发、技术开发及基础研究的关系

（2）其中的主要逻辑关系

1）在整车产品开发项目进入到试生产阶段前，动力总成产品需要 SOP。

2）在整车和总成产品进入到产品定义阶段前，技术开发成熟，技术开发项目结项。

3）在技术开发项目之前，需要进行基础研究，从基础研究成果中选择有市场潜力的技术进行技术开发。

11.10 收益核算的内在逻辑

在本书的 4.1 节中对于产品收益性分析做了简要介绍，鉴于项目的收益性分析结果是项目中各个里程碑评审的重要决策依据，有时甚至具有一票否决的作用，所以项目经理有必要了解其详细内涵，以便更好地推进和管控项目。

11.10.1 单台车的收益性评价

评价单台车收益水平的指标主要有三个，分别是附加值率、边际贡献率和利润率。为得到这些指标还需要收集一些财务支撑数据，具体见表 11.5。

表 11.5 收益性分析所需的数据输入

编号	输出值	指标负责人	计算输入	输入者	备注
1	计划售价	销售	市场预测	销售	
2	材料成本	设计	技术策划结果 成本分析结果 采购询价结果 历史数据	设计 成本工程 零部件采购	
3	销售政策	销售	市场预测	销售	
4	销量	销售	市场预测	销售	
5	变动费用	财务	财务预算 历史数据	财务	
6	固定费用	财务	财务预算 历史数据	财务	其中的研发投入 = 总投入/销量

其中的主要计算关系是：

附加值 = 计划售价 − 材料成本 − 销售政策

计划净收入 = 计划售价 − 销售政策

边际贡献 = 附加值 − 变动费用

利润 = 边际贡献 − 固定费用

附加值率 = 附加值 ÷ 计划净收入

边际贡献率 = 边际贡献 ÷ 计划净收入

利润率 = 利润 ÷ 计划净收入

相关注意事项及名词解释如下：

1）为了方便理解，上面的计算公式没有考虑税费，实际计算时需要考虑。

2）计划售价的含义与“官方指导价”类似，是一种名义上的售价，实际可能因为促销等因素影响而降低。该值由销售（S）基于市场预测给出。

3）材料成本是指 1 台车的原材料费用。如果是采购件，则计入采购价；如果是自制件，则计入原材料价。该值由采购（P）、成本工程（C）及设计（ED）共同给出。

4）销售政策是指在计划售价中提前考虑并予以预留的促销费用。该值由销售

（S）基于市场预测给出。

5）计划净收入是指扣除销售政策后，实际销售1台车得到的收入。该值由计算得出。

6）变动费用是指因制造并销售1台车而直接产生的费用，如一线工人的工资、生产1台车发生的水电费用、车的检查费用、保修费用等。这些费用的特点是制造并销售车才发生，如果不制造并销售车则不发生。该值由财务控制（F）基于历史数据给出。

7）利润是指净收益，即收入扣除全部投入后所赚的钱。该值由计算得出。

8）固定费用是指均摊到每1台车上的固定支出，如管理人员工资、研发投入、折旧等。这些费用的特点是无论是否制造及销售车，这些费用都会发生。该值由财务控制（F）基于历史数据给出。

11.10.2 项目总体收益性评价

单台车的收益性分析能够方便地对比新开发车型与已经量产车型的收益水平，但是不能完全反映出销量的贡献，以及项目的总体投资和收益情况。为此，需要设定总体收益性评价指标，常见指标如下：

1）投资回收期：即净现金流量累计现值等于零的时间，可以根据现金流量表进行计算。企业通常会有投资回收期目标，如果时间长于目标，那么则项目不可行。

2）净现值：即未来收入现值与支出现值的差额。通常净现值为正，则项目可行，否则项目不可行。

3）内部报酬率：即净现值为零时的折现率，是对净现值的一种替代。内部报酬率大于企业标准，则可行，否则不可行。

这些指标的特点是都考虑到了产品整个销售期间（从上市到退市）的销售表现，并对项目的总体投资收益做出评价。

11.10.3 不同阶段的收益性分析工作重点

在不同的项目阶段，收益性分析的侧重点也有所不同，具体如图11.8所示。

在产品策划和产品定义阶段，项目收益性分析的工作是基于企业的标准（如对附加值率的规定、利润率的规定），推导出项目目标（如材料成本目标、售价目标），进而影响产品的技术方案选择和市场选择。

在设计和验证阶段、生产准备阶段则是基于定义好的目标去执行相关工作，项目收益性分析的工作重点是分阶段评价目标的达成状态。

在试生产阶段后期及伴产阶段，项目收益性分析的主要工作是评估项目收益性目标的达成状态。在此期间新开发的车型开始投放市场，并为企业创造收益，财务控制部门则按照日常运营的要求统计收益情况。

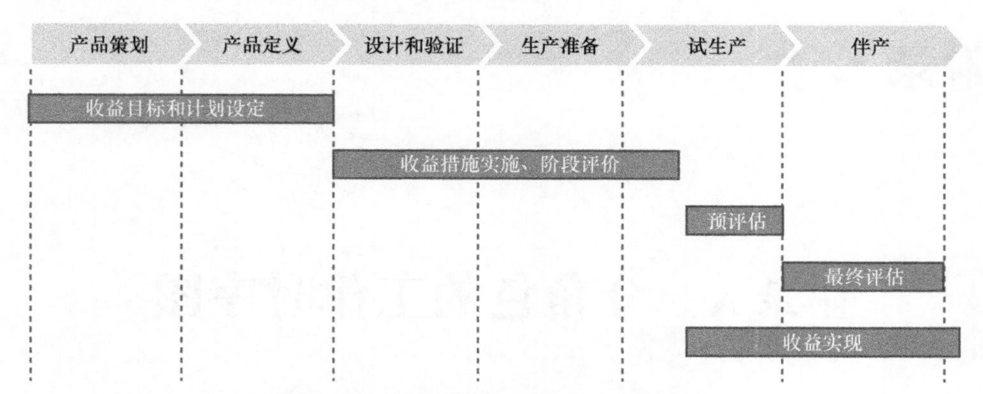

图11.8　不同阶段的收益性分析工作重点

附录

附录 A　分角色的工作时序图

A.1 项目管理工作时序图

工作主题	产品策划	产品定义	设计	验证	生产准备	试生产	伴产
节点	产品策划完成	概念设计完成	生产准备启动	设计冻结	批产确认	量产启动	项目关闭
组织及相关方	成立项目组 识别相关方、管控参与↻	成立同步工程组	质量工程组 生产准备组			项目向运营过渡	团队解散
项目范围	立项建议书 策划报告	实施规格书	目标回顾↻	整车技术规范			项目移交
项目计划	第一版主计划↻ 二级计划	二版 三版 ▼各级子计划↻ 关键外部接口定义	四版	五版	六版	七版	八版
关键沟通	▼启动会	▼开踢会 ▼例会↻	▼工艺技术协调会↻ ▲问题解决例会↻	▼生产准备例会↻	▼生产现场会↻		总结会▼
风险管控	▼风险识别会	▼风险例会、审计↻					
知识管理	流程裁剪、清单编制	收集、记录↻	▼阶段总结会↻				项目总结 汇总、收尾

注：↻表示该工作持续滚动进行；▼表示关键节点。

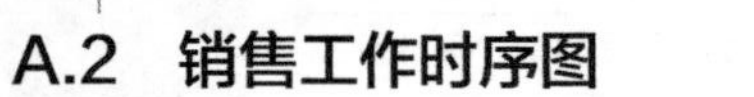

A.2 销售工作时序图

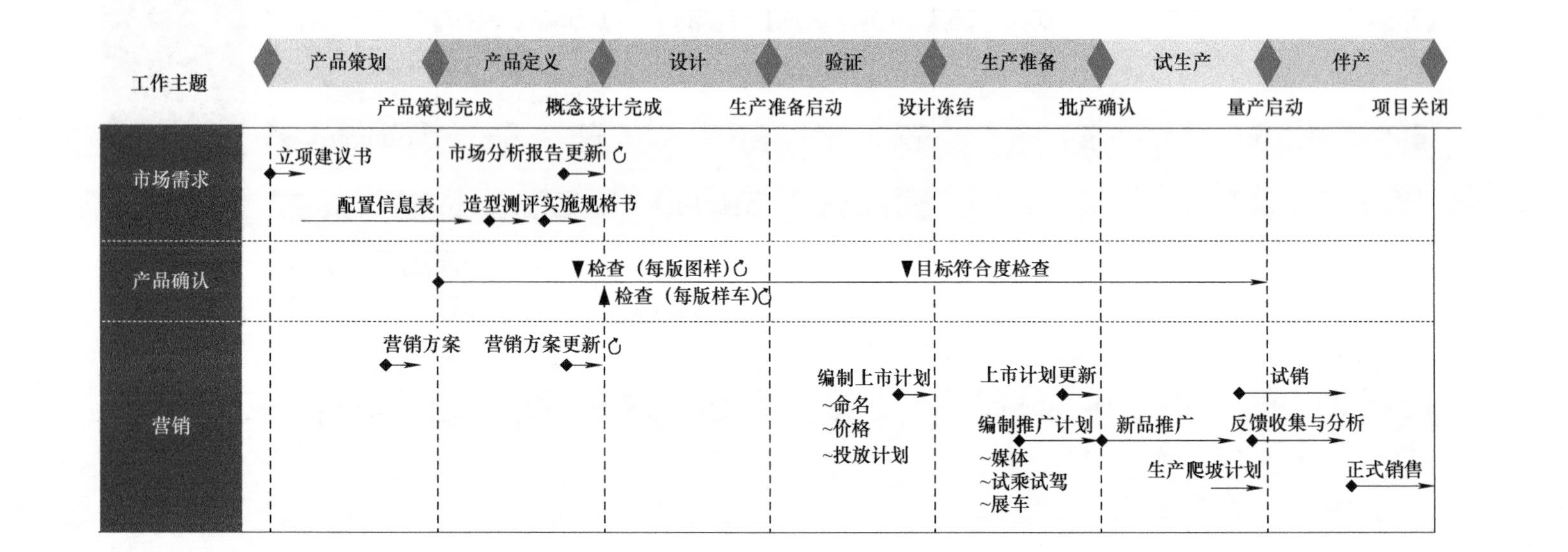
工作主题
产品策划
产品定义
设计
验证
生产准备
试生产
伴产
产品策划完成
概念设计完成
生产准备启动
设计冻结
批产确认
量产启动
项目关闭
市场需求
立项建议书
市场分析报告更新
配置信息表
造型测评实施规格书
产品确认
▼检查（每版图样）
▼目标符合度检查
▲检查（每版样车）
营销
营销方案
营销方案更新
编制上市计划
~命名
~价格
~投放计划
上市计划更新
编制推广计划
~媒体
~试乘试驾
~展车
新品推广
生产爬坡计划
试销
反馈收集与分析
正式销售

A.3 质量和工程质量工作时序图

工作主题

产品策划 | 产品定义 | 设计 | 验证 | 生产准备 | 试生产 | 伴产

产品策划完成 | 概念设计完成 | 生产准备启动 | 设计冻结 | 批产确认 | 量产启动 | 项目关闭

总体质量

总体目标设定 | 总体目标确定

制定质量控制计划 | 最终计划及预算

质量门预审

质量审计

质量策划

历史质量信息收集

对标

目标设定 | 目标确定 | A车 | 质量目标修正 | B车

制定质量控制计划及预算

产品问题跟踪

试制质量问题跟踪 | A车 | B样车 | C样车 | PT1 | PT2 | PT3

试验质量问题跟踪 | B试验 | C试验 | 质保路试试验 | 用户试验

产品确认

认证参数一致性核查 | 公告车/B样车 | C样车 | PT车 | 量产车

质量目标评估 | 图样释放评估 | 报价单/A车 | B车 | C车 | PT车 ▽ | 量产车 ▽

注: ▽表示可选节点。

A.3.1 制造质量工作时序图

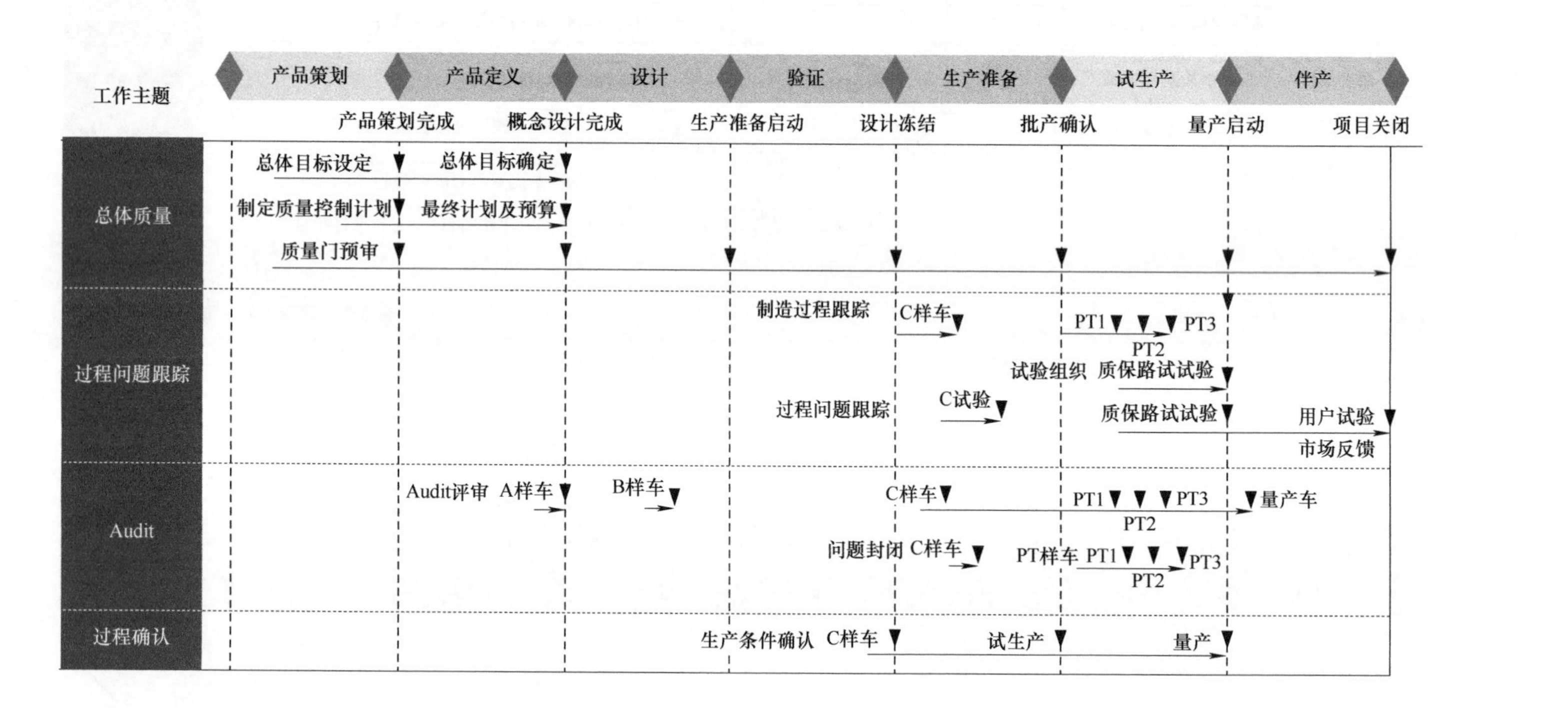

A.3.2 供应商质量工作时序图

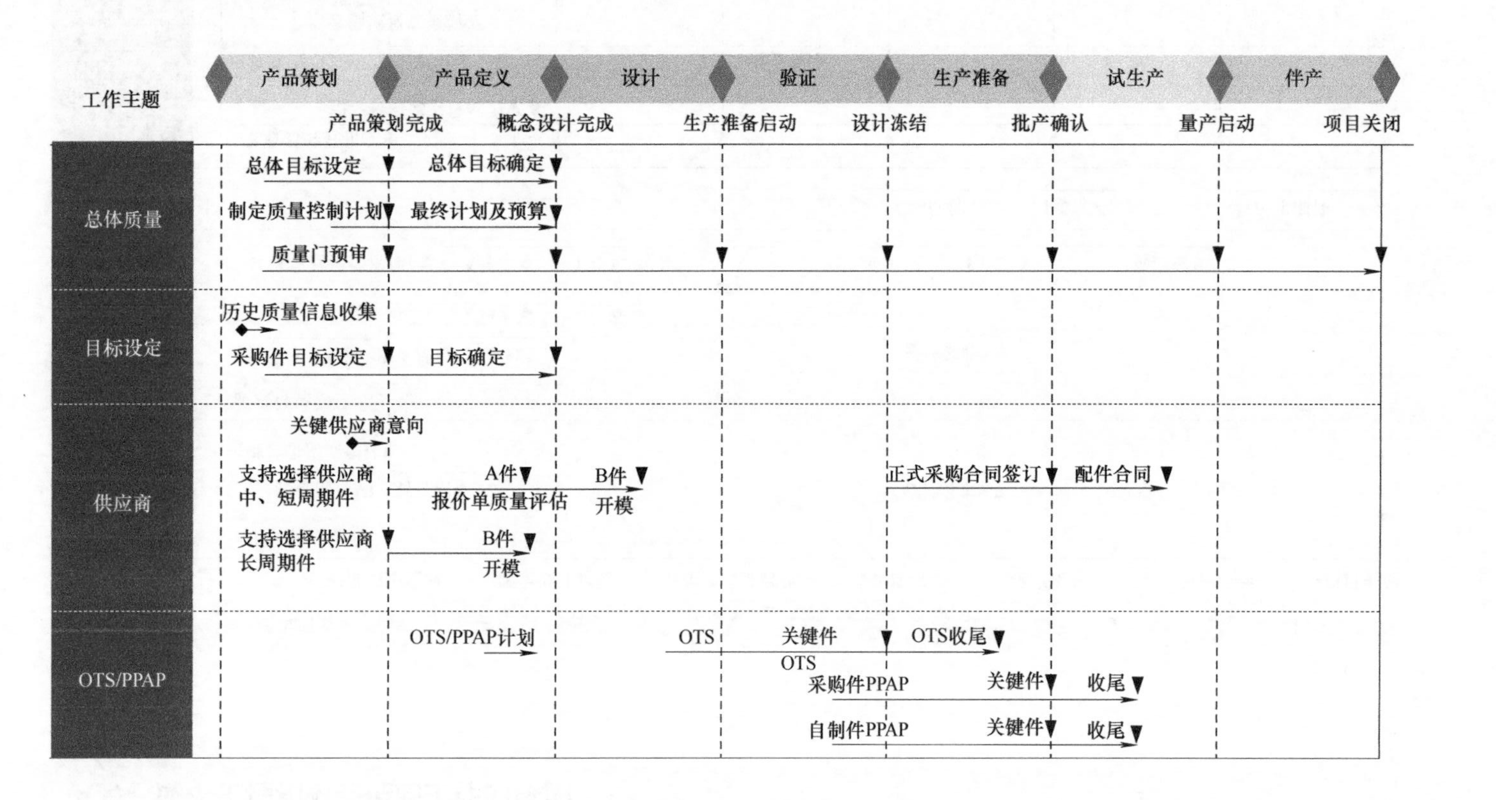

A.4 成本工程和财务控制工作时序图

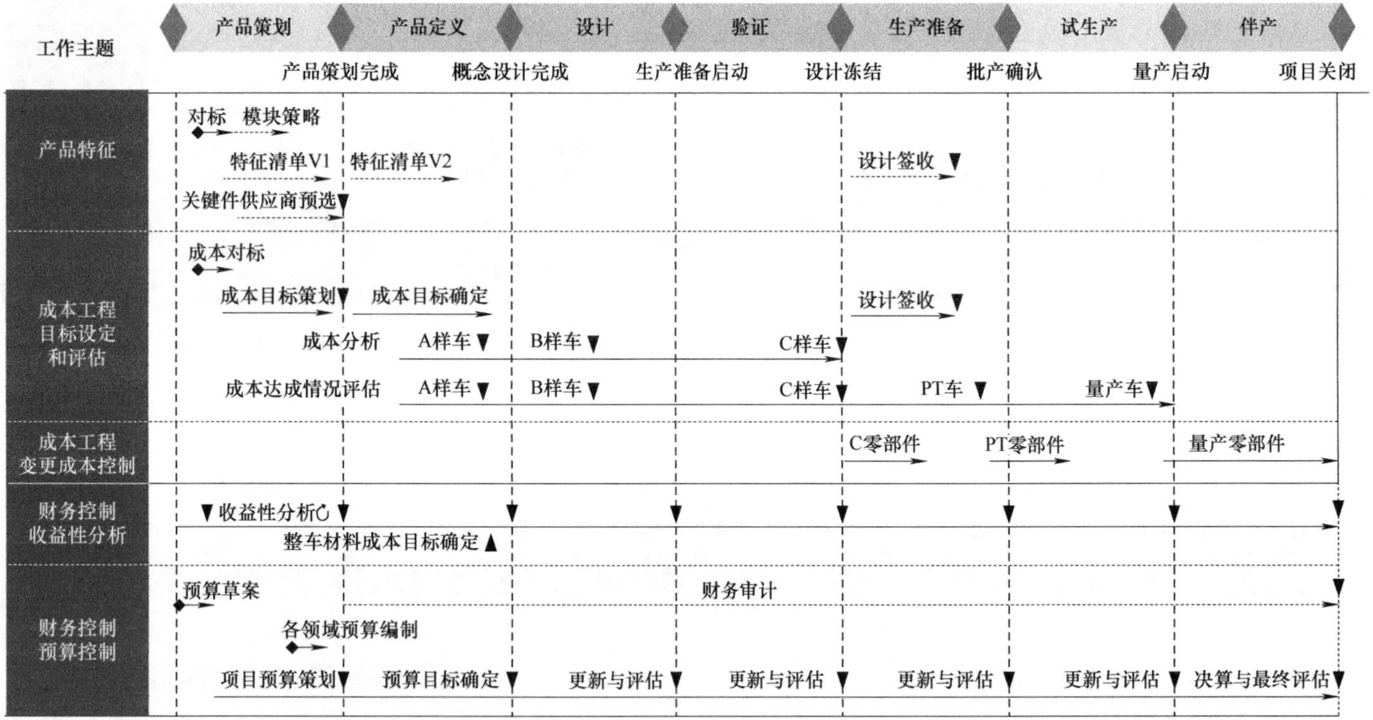

工作主题

产品策划　产品定义　设计　验证　生产准备　试生产　伴产

产品策划完成　概念设计完成　生产准备启动　设计冻结　批产确认　量产启动　项目关闭

产品特征

对标　模块策略

特征清单V1　特征清单V2

关键件供应商预选

设计签收

成本工程目标设定和评估

成本对标

成本目标策划　成本目标确定

设计签收

成本分析　A样车　B样车　C样车

成本达成情况评估　A样车　B样车　C样车　PT车　量产车

成本工程变更成本控制

C零部件　PT零部件　量产零部件

财务控制收益性分析

收益性分析

整车材料成本目标确定

财务控制预算控制

预算草案

财务审计

各领域预算编制

项目预算策划　预算目标确定　更新与评估　更新与评估　更新与评估　更新与评估　决算与最终评估

A.5 设计及验证工作时序图

工作主题	产品策划	产品定义	设计	验证	生产准备	试生产	伴产
	产品策划完成	概念设计完成	生产准备启动	设计冻结	批产确认	量产启动	项目关闭
规格书	对标 先行技术整合 整车需求规格书 零部件需求规格书	实施规格书 实施规格书		整车技术规范		总结	总结
总体方案	总体匹配及结构设计 关键供应商意向	长、中、短周期零部件识别					
数据释放		A样车设计数据释放 长周期件B数据	B数据 长C	C数据 品质基准书	PT数据	量产数据	
方案确认		A样车评审 A样车试验评审	B样车	B试验	C样车 C试验	PT1 PT2 PT3 质保路试试验	用户试验

A.5.1 设计工作时序图

工作主题	产品策划	产品定义	设计	验证	生产准备	试生产	伴产
里程碑	产品策划完成	概念设计完成	生产准备启动	设计冻结	批产确认	量产启动	项目关闭
产品特征	对标 模块策略 特征清单V1 关键件供应商预选	特征清单V2			设计签收		
设计	骡子车设计 BOM V1	硬点冻结 A样车零部件设计 BOM V2	B零部件 BOM V3 B样车装配调整说明书	C零部件 BOM V4 C样车装配调整说明书	PT零部件 BOM V5	量产零部件 BOM V6	总结
设计确认		零部件性能确认	试验结论分析A车 初期耐久	试验结论分析B车	试验结论分析C车		
DFMEA	DFMEA骡子车 特殊特性（每版图样）	DFMEA A车	DFMEA B车	DFMEA C车	DFMEA PT车	DFMEA 量产车	
OTS		OTS计划	OTS	关键件 OTS	OTS收尾		

注：┈┈→表示引用其他角色的工作内容。

A.5.2 电子电气工作时序图

工作主题

产品策划 产品定义 设计 验证 生产准备 试生产 伴产

产品策划完成 概念设计完成 生产准备启动 设计冻结 批产确认 量产启动 项目关闭

产品特征
对标 模块策略
特征清单V1 特征清单V2
关键件供应商预选
设计签收

硬件开发
对标 硬件设计 A零部件 B零部件 C零部件 PT零部件 量产零部件
硬件试验 A零部件 B零部件 C零部件
搭载整车试验 A车 初期耐久 B车 C车 质保路试试验 用户试验
量产车

软件开发
对标 软件开发 A车 B车 C车（冻结） 持续优化 量产车 版本升级
架构供应商选择 测试 测试计划 网络、HIL、集成、EMC测试
标定 标定计划 整车、总成标定
B车试验用数据释放

设备开发
生产检测设备方案策划 规格 规格完善 采购、安装、调试、验收

A.5.3 造型工作时序图

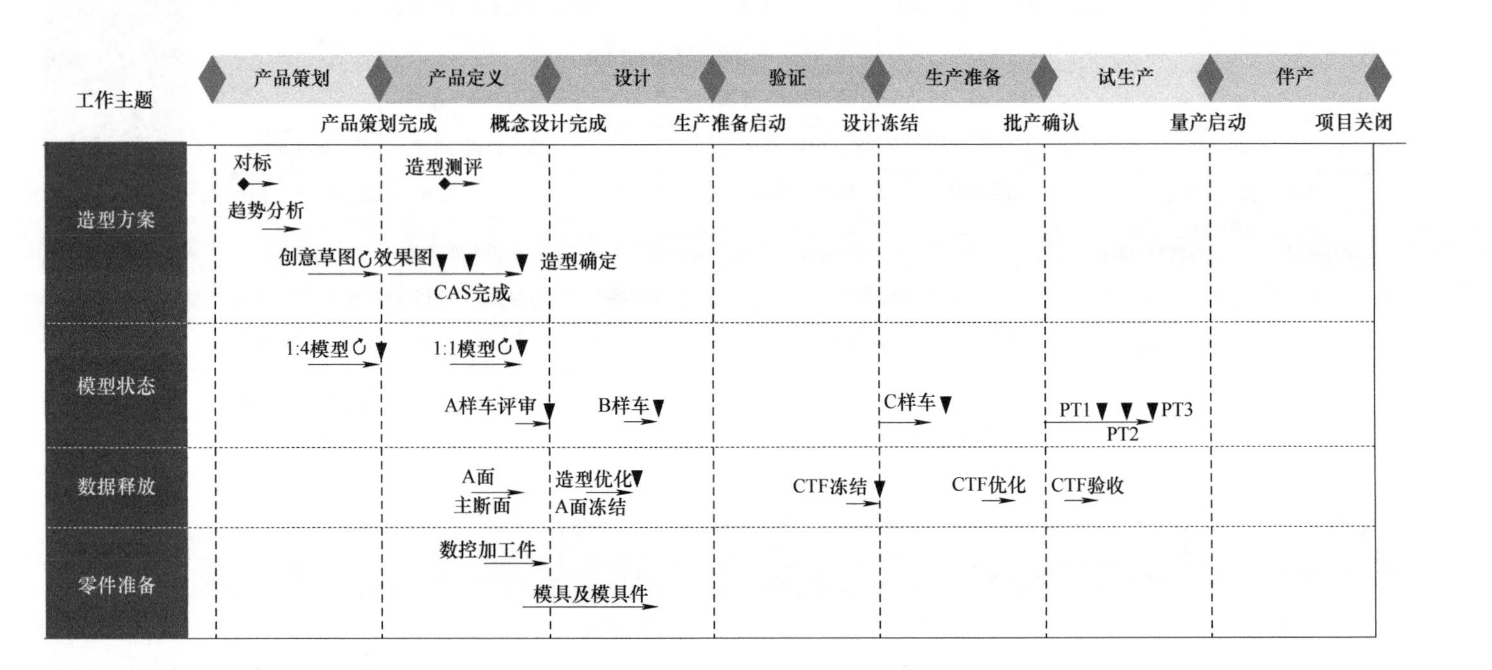
工作主题
产品策划
产品定义
设计
验证
生产准备
试生产
伴产
产品策划完成
概念设计完成
生产准备启动
设计冻结
批产确认
量产启动
项目关闭
造型方案
对标
造型测评
趋势分析
创意草图
效果图
CAS完成
造型确定
模型状态
1:4模型
1:1模型
A样车评审
B样车
C样车
PT1
PT2
PT3
数据释放
A面
主断面
造型优化
A面冻结
CTF冻结
CTF优化
CTF验收
零件准备
数控加工件
模具及模具件

A.5.4 计算工作时序图

工作主题	产品策划	产品定义	设计	验证	生产准备	试生产	伴产
里程碑	产品策划完成	概念设计完成	生产准备启动	设计冻结	批产确认	量产启动	项目关闭
目标设定	对标；整车性能分析（概念选择）；整车性能目标策划	性能目标确定；系统、部件性能目标确定	目标修正A车	目标修正 B车			
计算分析	计算分析 骡子车	A车；试验结论分析 A车；模型校正优化 A车	B车	试验结论分析 B车；模型校正优化 B车			
性能验收		零部件性能确认 A件	B件		样车性能验收 C车	PT车；整车性能评价	模型完善与总结

A.5.5 试验工作时序图

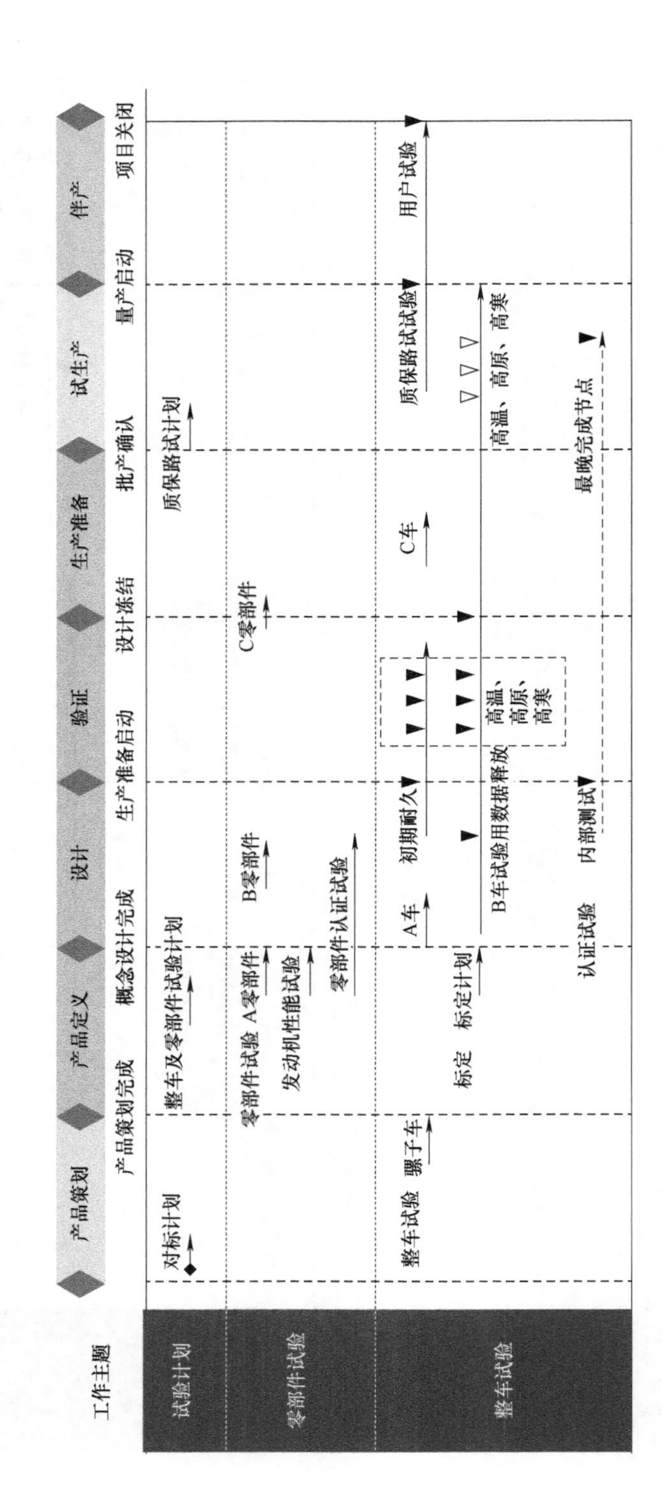
工作主题
产品策划
产品定义
设计
验证
生产准备
试生产
伴产
产品策划完成
概念设计完成
生产准备启动
设计冻结
批产确认
量产启动
项目关闭
试验计划
对标计划
整车及零部件试验计划
质保路试计划
零部件试验
零部件试验
A零部件
发动机性能试验
零部件认证试验
B零部件
C零部件
整车试验
整车试验
骡子车
A车
初期耐久
C车
质保路试试验
用户试验
标定
标定计划
B车试验用数据释放
高温、
高原、
高寒
高温、高原、高寒
认证试验
内部测试
最晚完成节点

A.6 认证工作时序图

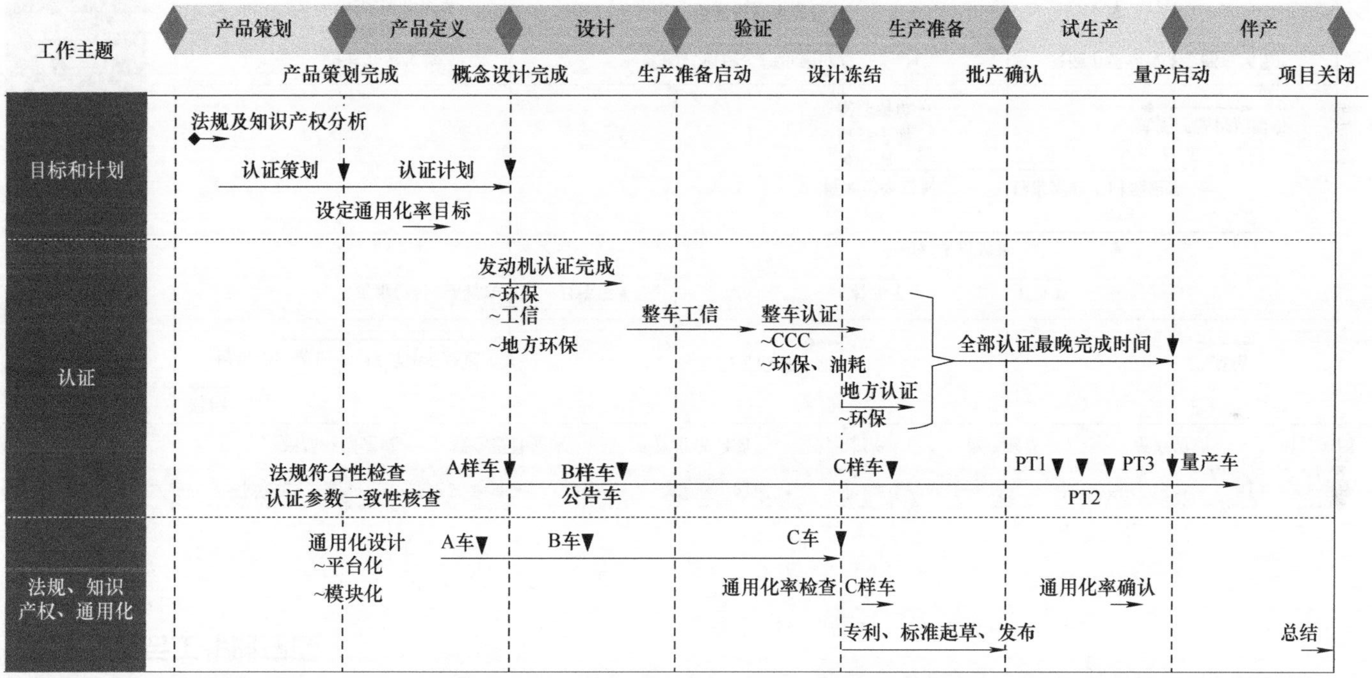

工作主题

产品策划 | 产品定义 | 设计 | 验证 | 生产准备 | 试生产 | 伴产

产品策划完成 | 概念设计完成 | 生产准备启动 | 设计冻结 | 批产确认 | 量产启动 | 项目关闭

目标和计划

法规及知识产权分析

认证策划

认证计划

设定通用化率目标

认证

发动机认证完成
~环保
~工信
~地方环保

整车工信

整车认证
~CCC
~环保、油耗

地方认证
~环保

全部认证最晚完成时间

法规符合性检查
认证参数一致性核查

A样车

B样车
公告车

C样车

PT1

PT2

PT3

量产车

法规、知识产权、通用化

通用化设计
~平台化
~模块化

A车

B车

C车

通用化率检查

C样车

专利、标准起草、发布

通用化率确认

总结

A.7 售后工作时序图

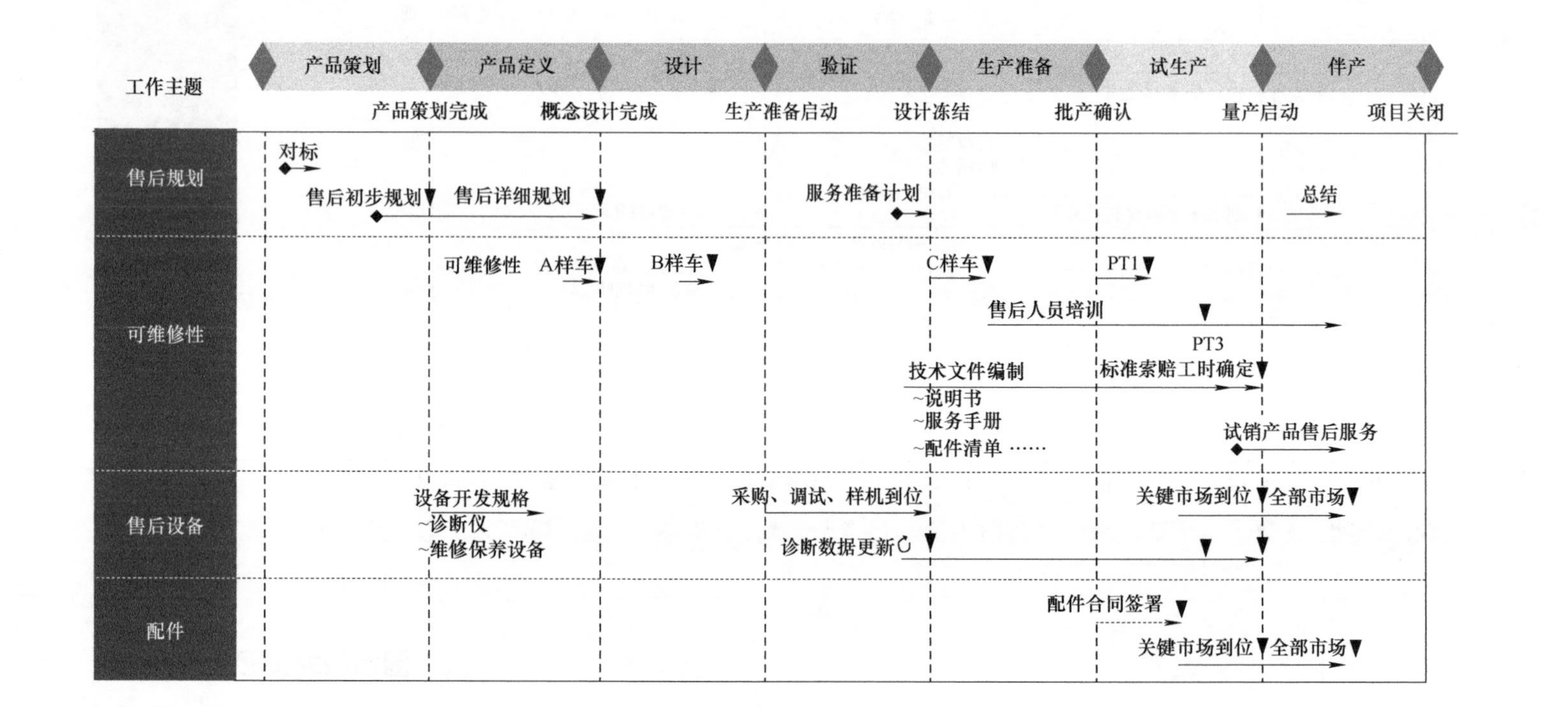
工作主题
产品策划
产品定义
设计
验证
生产准备
试生产
伴产
产品策划完成
概念设计完成
生产准备启动
设计冻结
批产确认
量产启动
项目关闭
售后规划
对标
售后初步规划
售后详细规划
服务准备计划
总结
可维修性
可维修性
A样车
B样车
C样车
PT1
售后人员培训
PT3
技术文件编制
~说明书
~服务手册
~配件清单 ……
标准索赔工时确定
试销产品售后服务
售后设备
设备开发规格
~诊断仪
~维修保养设备
采购、调试、样机到位
诊断数据更新
关键市场到位
全部市场
配件
配件合同签署
关键市场到位
全部市场

A.8 采购工作时序图

工作主题	产品策划	产品定义	设计	验证	生产准备	试生产	伴产
	产品策划完成	概念设计完成	生产准备启动	设计冻结	批产确认	量产启动	项目关闭
采购规划	初步确定采购策略；设备工装投入评估；采购工程报告		设备工装投入确认				总结
设备、工装、服务采购		技术交流、概念竞争；自制件工装定点；自制件开模启动		设备定点；采购	安装、调试、验收		
零部件采购	对标样车采购；关键件供应商预选	技术交流、概念竞争；能力评估；意向价；供应商定点；模具投资方案；长周期件开模启动	意向价 B件；开模 检具设计	价格确定	PT数据；合同签署 生产	量产数据；配件	
PPAP		OTS/PPAP计划		采购件PPAP；自制件PPAP	关键件；关键件	收尾；收尾	

A.9 物流工作时序图

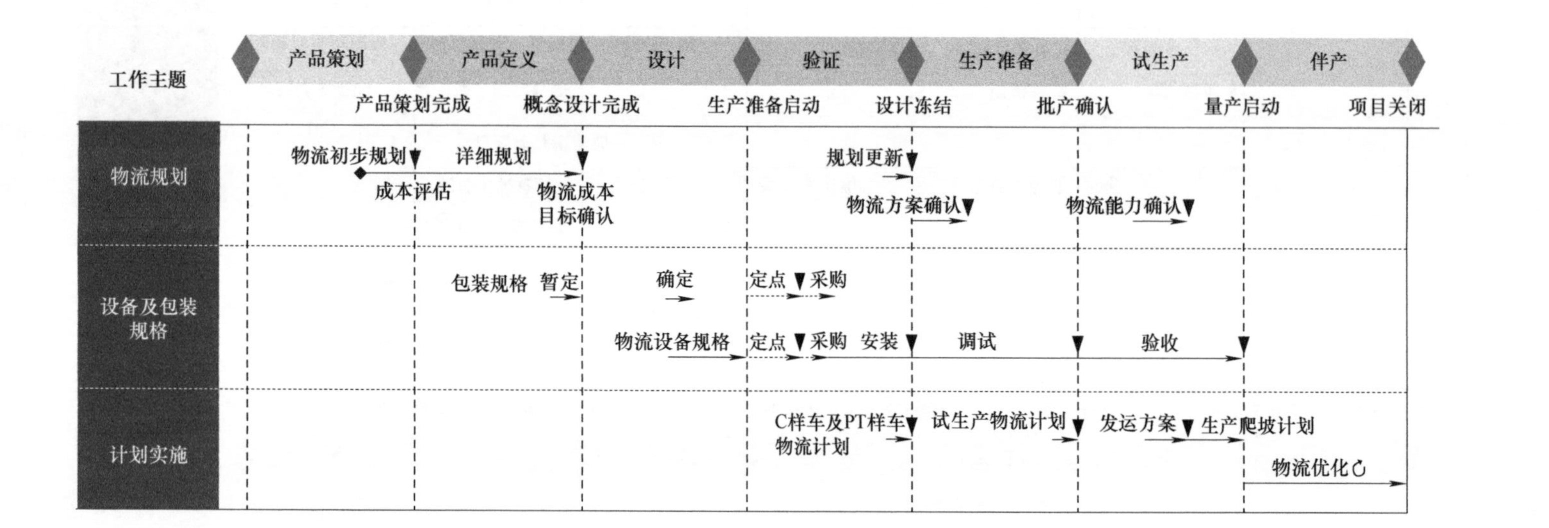
工作主题
产品策划
产品定义
设计
验证
生产准备
试生产
伴产
产品策划完成
概念设计完成
生产准备启动
设计冻结
批产确认
量产启动
项目关闭
物流规划
物流初步规划
详细规划
成本评估
物流成本
目标确认
规划更新
物流方案确认
物流能力确认
设备及包装
规格
包装规格
暂定
确定
定点
采购
物流设备规格
定点
采购
安装
调试
验收
计划实施
C样车及PT样车
物流计划
试生产物流计划
发运方案
生产爬坡计划
物流优化

A.10 制造和制造规划工作时序图

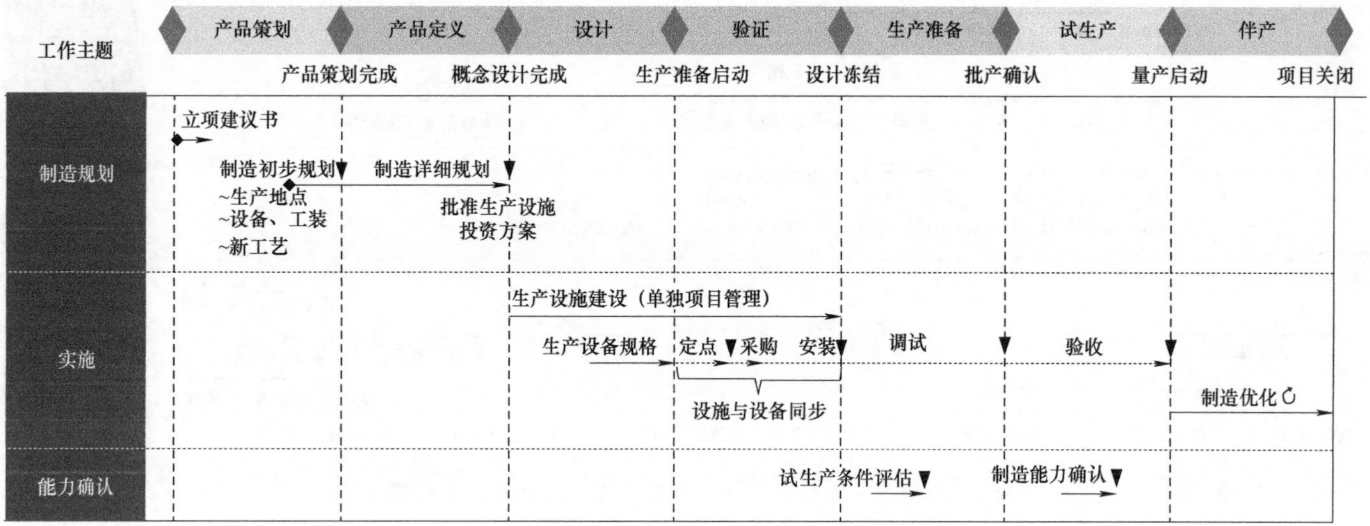

工作主题

产品策划　产品定义　设计　验证　生产准备　试生产　伴产

产品策划完成　概念设计完成　生产准备启动　设计冻结　批产确认　量产启动　项目关闭

制造规划

立项建议书

制造初步规划

~生产地点

~设备、工装

~新工艺

制造详细规划

批准生产设施投资方案

实施

生产设施建设（单独项目管理）

生产设备规格

定点

采购

安装

设施与设备同步

调试

验收

制造优化

能力确认

试生产条件评估

制造能力确认

A.10.1　制造工程工作时序图

工作主题	产品策划	产品定义	设计	验证	生产准备	试生产	伴产
里程碑	产品策划完成	概念设计完成	生产准备启动	设计冻结	批产确认	量产启动	项目关闭
工艺方案及可行性	对标　新技术可行性分析 工艺初步方案 骡子车工艺性分析（局部）	工艺详细方案	工艺方案基于B样车		工艺方案基于C样车		工艺优化
工艺文件			PFMEA B车　V1	PFMEA C车　V2 PBOM 特殊特性矩阵图	PFMEA PT车 V3 试生产数据 工艺文件	PFMEA 量产车 V4 量产工艺文件	
设备、工装、人员		自制件工装规格 自制件开模启动		定点　采购　安装	调试 确定生产人员 生产人员培训	验收 满负荷生产验证	
生产				C样车及PT样车制造计划	试生产制造计划 C样车	生产爬坡计划 PT1　PT2　PT3	生产爬坡

A.10.2 试制工作时序图

附录 B　名词解释

1）引领时尚者：泛指对产品、技术和时尚前沿敏感，且能够影响周围人员购买倾向的人员。比较有代表性的引领时尚者是关注产品发布会的人、购买最新款产品的人、积极参与用户论坛的人。

2）痛点：近年来互联网营销中非常热门的营销术语，泛指破坏用户体验的设计，如夏季室外车辆的高温、偶尔踩错的加速踏板和制动踏板、A 柱的视觉死角等。

3）对标：即对比分析，通常对比分析的对象是标杆产品，即在同一细分市场内表现最优秀的一个或几个产品。

4）落地：即得到有效的执行，从理念、设想和计划，变为实实在在的成果。

5）硬点：即没有弹性的点，既可以指计划中的刚性约束，也可以指三维设计中的刚性边界。

6）立项：即正式成为一个项目，用作动词时，表示争取项目得到批复的过程。

7）拖期：即没有达成进度目标。

8）可靠性：在需要时完成规定功能的能力（来源：IEC 60050-192）。通俗的解释是在规定的条件下，在规定的时间内，产品完成规定功能的能力。如还是比较难于理解的话，可以将其简单地理解为产品在正常使用情况下是否容易坏，容易坏则代表可靠性差，不容易坏则代表可靠性好。常见的可靠性评价指标有 3MIS、12MIS、平均故障间隔里程和首次故障里程等。

9）耐久性：长时间生存且不出现退化磨损的能力。通俗的解释是，产品在正常使用情况下能够用多久。常见的耐久性评价指标有 B10 寿命和耐腐蚀性等。

10）开模：指开始制作模具。

11）质量成本：包含一致性质量成本和非一致性质量成本。一致性质量成本是指预防质量问题发生和质量检测的成本，包括培训、质量体系贯标、采用更好的检测设备等。非一致性质量成本包括内部失败成本（返工、废弃）和外部失败成本（召回、索赔）。

12）模块：该技术概念是指若干零部件组合形成的、具有特定功能的整体。通常一个模块具有固定的接口尺寸和应用条件。模块的概念类似于玩具中的积木，一个总成或零部件模块化设计后，能够方便地在不同的整车产品中匹配和应用，甚至不需要任何验证。

13）PDCA 循环：计划 P（Plan）、实施 D（Do）、检查 C（Check）、处置 A（Act）几个单词的缩写。它表示了一种基本的做事逻辑，即先编制计划，然后实施，在实施的过程中要不断检查，实施完成后要总结。最早该循环应用于质量管理领域，现在已经广泛应用在项目管理、流程管理、目标管理等各个方面。

14）竞品：与所开发车型处于同一档次、占据同一细分市场的产品，与所开发的产品存在明显的竞争关系。

15）标杆产品：相对所开发车型，其档次更高一些，但还处在同一产品类别中，通常其在产品品质、口碑及市场占有率等方面是所开发产品的榜样。

16）附加值率：新产品在研发、生产、制造过程中增值部分所占产品实际收入的比例，产品的实际收入是整车商品售价扣除营销费用、返点和税费等费用后的值。其背后的意义是企业每收入 1 元钱中，由产品的开发而创造的价值是多少钱。

17）边际贡献率：附加值扣除可变成本后所占产品实际收入的比例。其背后的意义是不考虑固定费用的均摊，企业每收入 1 元钱净赚多少钱。

18）利润率：边际贡献扣除固定费用后所占实际收入的比例。其背后的意义是企业每收入 1 元钱净赚多少钱。

19）二次开发：一种主机厂和供应商合作开发的模式，在汽车行业普遍采用，通常集中在比较核心的零部件上。在这些领域核心技术被几家国际公司垄断。

20）B10 寿命：在正常的使用条件下，10% 的整车出现寿命故障时的运行里程或时间。

21）平均故障间隔里程（MTBF）：整车在正常的使用条件下，在规定的时间内运行里程或时间总数与故障次数之比。

22）平均首次故障里程（MTTFF）：整车在正常使用条件下，在规定的时间内发生首次故障时运行里程或时间的平均值。

23）12MIS/3MIS：整车在正常的使用条件下，1000 台车在 12 个月内发生故障的次数；同理，3MIS 为 3 个月内发生故障的次数。

24）骡子车：正式样车之前的一种样车，通常是在同平台的车型上直接改装而来，其设计数据十分简单，通常只体现主要的技术变化点。其装配过程通常也比较简陋，很多零部件直接借用供应商提供的样品（也可能是供应商给其他厂家供货的正式产品）。其用途主要是验证主要目标的合理性和确认物理边界，如新的项目需要确定在一个整车平台上匹配一款新发动机的合理性，而且整车平台和发动机都是量产的，那么可以将二者装配在一起，并简单测试其动力性、经济性及冷却系统的匹配性等指标。

25）扩点：汽车行业普遍采用的术语，是指针对某一零部件，在现有供应商的基础上增加新的供应商。

26）关键路径：项目中最长的一条或几条任务链，决定了项目最短的完成时间。关键路径上的每个任务的总浮动时间都是小于等于零的。

27）次关键路径：长度仅短于关键路径的任务链（可能有一条或多条）。关键路径被成功缩短后，次关键路径将决定项目的最短完成时间。次关键路径也是项目风险管控的重点，因为某些风险的发生将会导致次关键路径变成关键路径。

28）自由浮动时间：在不延误任何紧后活动最早开始日期或违反进度制约因素的前提下，某进度活动可以推迟的时间量。

29）总浮动时间：在不延误项目完成日期或违反进度制约因素的前提下，进度活动可以从其最早开始日期推迟或拖延的时间量。

30）防呆措施：该技术概念用以表示一种特殊的技术方案，该方案可以保障相关人员在任何情况（例如发呆）下都不会出现错误操作。这种理念被广泛应用在产品设计、设备设计、工具和检具设计上；在管理上也有应用，如设计一种流程，保证其在任何情况下都会被正确执行。

31）过程能力：在仅受普通因素影响下的加工能力，即消除了异常波动的生产设备或系统的加工能力。可以用6σ（固有变差）表示，其值越小表示过程能力越强。

32）敞口：没有关闭的问题或风险。

33）5C件：发动机上重要的5个零部件，分别是缸盖（Cylinder head）、缸体（Cylinder block）、曲轴（Crankshaft）、连杆（Connector）、凸轮轴（Camshaft）。

附录 C 知识、工具与技术清单

整车产品开发项目管理过程中所需要用到的知识、工具与技术众多，本书仅选择一些较为常用而且重要的工具做简要介绍。为帮助项目经理查阅各种工具应用在汽车产品开发项目的哪一个阶段，以下表格中列出了每种知识、工具与技术及其在产品开发的阶段。在工具首次出现时介绍得较为详细，在后续阶段如果用到同样的工具将引用第一次出现的阶段，同时对在当前阶段的应用做补充说明。

表 C.1 知识、工具与技术索引表

编号	知识、工具、技术	汽车研发总体流程				汽车产品开发流程					
		数据收集与分析	产品和技术组合规划	技术开发	项目管理	产品策划	产品定义	设计和验证	生产准备	试生产	伴产
1	标杆对照	√		√							
2	访谈	√								√	√
3	市场调查	√		√						√	√
4	统计抽样	√									
5	观察	√								√	
6	焦点小组		√								
7	头脑风暴		√	√							
8	核对单		√			√	√	√		√	
9	回归分析	√									
10	趋势分析	√									
11	偏差分析	√						√	√	√	
12	假设情景分析	√									

（续）

编号	知识、工具、技术	汽车研发总体流程				汽车产品开发流程					
		数据收集与分析	产品和技术组合规划	技术开发	项目管理	产品策划	产品定义	设计和验证	生产准备	试生产	伴产
13	假设条件和制约因素分析	√	√	√							
14	备选方案分析			√				√			
15	风险分析		√	√				√			
16	质量成本								√		
17	成本效益分析			√							
18	决策树分析					√					
19	挣值分析					√				√	
20	自制或外购分析					√	√				
21	绩效审查						√	√		√	
22	过程分析							√	√		
23	相关方分析		√	√							
24	SWOT 分析		√								
25	技术绩效分析			√							
26	因果图							√			
27	流程图							√			
28	储备分析			√				√			
29	思维导图		√	√	√						
30	多标准决策分析		√	√				√			
31	投票		√								
32	演示				√						
33	团队建设			√			√			√	√
34	审计										√
35	变更控制						√	√	√	√	

（续）

编号	知识、工具、技术	汽车研发总体流程				汽车产品开发流程					
		数据收集与分析	产品和技术组合规划	技术开发	项目管理	产品策划	产品定义	设计和验证	生产准备	试生产	伴产
36	集中办公			√			√				
37	分解		√		√	√					
38	知识管理			√						√	
39	项目报告			√							
40	资源优化						√				
41	滚动式规划		√	√			√				
42	培训						√		√		
43	供方选择分析						√				
44	进度压缩							√			
45	专家判断	√	√	√				√			
46	会议	√		√		√	√	√	√	√	
47	产品分析	√									√
48	参数估算	√									
49	信息管理	√									
50	PEST	√									
51	8D							√	√		
52	丰田问题解决八步法							√	√		
53	Project				√						
54	PMBOK				√						
55	附加值率、边际贡献率和利润率					√					
56	可靠性与耐久性之间的关系					√					

（续）

编号	知识、工具、技术	汽车研发总体流程				汽车产品开发流程					
		数据收集与分析	产品和技术组合规划	技术开发	项目管理	产品策划	产品定义	设计和验证	生产准备	试生产	伴产
57	浴盆曲线					√					
58	任务之间的四种关系					√					
59	接口与接口管理					√					
60	应对威胁的四种策略					√					
61	应对机会的四种策略					√					
62	权力/利益方格					√					
63	FMEA						√	√			
64	质量控制计划						√				
65	OTS						√	√			
66	PPAP						√		√		
67	同步工程						√	√			
68	MSA									√	
69	过程能力研究									√	
70	SPC										√

参考文献

[1] Project Management Institute. 项目管理知识体系指南（PMBOK 指南）[M].6 版. 北京：电子工业出版社，2018.

[2] 朱一凡. NASA 系统工程手册 [M]. 北京：电子工业出版社，2012.

[3] 曹建海. 经济全球化与中国汽车产业发展 [J]. 管理世界，2003（4）：68-76.

[4] 于涛，刘长玉，王高山. 基于因子分析的区域产品质量影响因素评价 [J]. 东岳论丛，2013，034（002）：101-105.

[5] 唐韬智. 竞争情报的 SWOT 分析法与竞争战略选择 [J]. 情报杂志，2002（03）：36-37.

[6] 汉斯-亨利奇·阿尔特菲尔德. 商用飞机项目：复杂高端产品的研发管理 [M]. 北京：航空工业出版社，2013.

[7] 王绍印. 故障模式和影响分析（FMEA）[M]. 广州：中山大学出版社，2003.

[8] 董双财. 测量系统分析 [M]. 北京：中国计量出版社，2006.

[9] 张智勇. IATF 16949 质量管理体系五大工具最新版一本通 [M]. 2 版. 北京：机械工业出版社，2017.

[10] 袁学成，胡湘洪. 统计过程控制（SPC）体系实施指南 [M]. 北京：中国标准出版社，2009.

[11] 王海军. 产品质量先期策划（APQP）实用指南 [M]. 北京：机械工业出版社，2019.